यूरोप का इतिहास

यूरोप का इतिहास

कुसुम वाजपेयी

इशिका पब्लिशिंग हाउस
जयपुर दिल्ली

इशिका पब्लिशिंग हाउस

ए -25, ''गणेश सदन'', गली न. 4, आदर्श बस्ती,
बी.एल. हाउस के पास, टोंक फाटक,
जयपुर-302018 (राजस्थान) भारत
फोन : 0141-2761280, Mob. 9887532741
Email: ishikapublishinghouse@yahoo.in

दिल्ली कार्यालय : 102, प्रथम मंजिल, 'सत्यम हाउस'
4324/3, अंसारी रोड़, दरियागंज, नई दिल्ली - 110 002
फोन : 011-45652440

ISBN: 9788189471583

टाइपसेटिंग : बी.एस. कम्प्यूटर्स, जयपुर

मुद्रक : थॉमसन प्रेस, नई दिल्ली

प्रस्तावना

मध्यकालीन युग में यह विचारधारा व्याप्त थी कि मानव के जीवन का कोई सार नहीं है अतः मानव जीवन सारहीन है। अर्थात् इस जीवन की सुख-सुविधा का प्रयास न करके, मरणोपरान्त जीवन के लिए पुण्य अर्जित करने के कार्य में संलग्न रहना चाहिए। मनुष्य को धर्मनिष्ठ और सरलता का जीवन व्यतीत करना चाहिए, चर्च के नियमों का पालन करना चाहिए। पुनर्जागरण काल में यह विचारधारा त्याग दी गई और मानव-जीवन को सुख-सुविधामय बनाने एवं भौतिक जीवन को महत्त्वपूर्ण बनाने का कार्य किया जाने लगा। मानववादियों ने मध्ययुगीन व्यवस्था के खिलाफ पूरे जोश के साथ आवाज उठाई। इन लोगों का विचार था कि धार्मिक विषयों के अध्ययन अध्यापन बंद कर उसके स्थान पर विज्ञान, भूगोल, इतिहास तथा सौन्दर्य शास्त्र का अध्ययन-अध्यापन किया जाए।

संयोग-वियोग, प्रेम-घृणा, नारी सौन्दर्य तथा दाम्पत्य जीवन जैसी सामाजिक समस्याओं जैसे विषयों को अधिक महत्त्व दिया, न कि मोक्ष को। मानववादियों ने इसी लोक को स्वर्ग बनाने पर बल दिया। मानव-स्वतन्त्रता तथा राष्ट्रीय निष्ठा पर बल दिया। पारलौकिक जीवन के प्रति जो धारणाएँ मध्यकाल से चली आ रही थीं उनके प्रति आस्था खत्म हो गई। मठों की क्रियाओं को हास्यास्पद समझा जाने लगा। भौतिकवादी शिक्षा को सम्बल प्राप्त हुआ। धीरे-धीरे मानववाद ने यूरोप की जनता को आन्दोलित करने के विचार से भर दिया परिणामस्वरूप धर्म-सुधार आन्दोलन का मार्ग प्रशस्त हुआ।

कला के क्षेत्र में जो प्रगति हुई उस पर धार्मिक प्रभाव का बिल्कुल असर नहीं था। मध्यकालीन स्थापत्य के समय में गोथिथ शैली थी उस शैली को छोड़ दिया गया और प्राचीन ग्रीक शैलियों—डोरियन, आयोनियन आदि को अपनाया गया। इसी तरह चित्रकला जगत में भी नया विकास हुआ। लियोनार्डो द विंसी, माइकेल एंजेलो, रैफेल, टीशियन आदि प्रसिद्ध चित्रकार पुनर्जागरण काल के प्रतिनिधि रहे हैं। चित्रकला में यथार्थ सौन्दर्य एवं मनोवैज्ञानिकता का पुट आ गया। इसी प्रकार मूर्तिकला, संगीत कला के क्षेत्रों में तीव्र विकास देखने को मिला।

मध्यकाल में वैज्ञानिक प्रगति सम्भव ही नहीं थी। संसार के सम्बन्ध में यह धारणा पुष्ट थी कि पृथ्वी सभी ग्रहों का केन्द्र है एवं सभी ग्रह पृथ्वी की परिकल्पना करते हैं। यह विचार कैथोलिक चर्च स्वीकार करता था क्योंकि इससे पृथ्वी की महत्ता बढ़ती थी। इस विचार का विरोध करना अधार्मिक माना जाता था। पुनर्जागरणकाल में यह विचार अस्वीकृत कर दिया गया। कोपरनिकस, टाकोब्रही, केपलर आदि पुनर्जागरणकालीन विद्वानों ने यह सिद्ध किया कि पृथ्वी कई ग्रहों में से एक ग्रह है, संसार का केन्द्र पृथ्वी नहीं, बल्कि सूर्य है और पृथ्वी भी अन्य ग्रहों के समान सूर्य की परिक्रमा करती है। इस तरह ज्ञान-विज्ञान के हर क्षेत्र में पुनर्जागरण काल नवीन विकासों का काल था। खगोलशास्त्र, चिकित्साशास्त्र, भौतिकशास्त्र, गणित, रसायनशास्त्र आदि सभी क्षेत्रों में उल्लेखनीय विकास हुआ।

कुसुम वाजपेयी

अनुक्रमणिका

1

यूरोप का परिचय

पुनर्जागरण का तात्पर्य पुरानी व्यवस्था की समाप्ति और नवीन व्यवस्था का उदय है। पुनर्जागरण से पहले बहुत-से क्षेत्रों में जड़ता आ गई थी। सामाजिक, धार्मिक, आर्थिक, राजनीतिक व कला संस्कृति के क्षेत्र भी इस जड़ता से अछूते नहीं थे। दूसरे शब्दों में अगर कहें तो मध्यकाल के आडंबरों, अंधविश्वासों तथा प्रयासों को समाप्त करना था तथा उसके स्थान पर भौतिकवाद, व्यक्तिवाद, स्वतंत्रता की भावना, उन्नत आर्थिक व्यवस्था तथा राष्ट्रवाद का प्रतिष्ठापन करना पुनर्जागरण है। मानववादो तथा, आलोचनात्मक प्रवृत्ति, धार्मिक युद्धों के पश्चात् धर्म निरपेक्ष संस्कृति का उत्थान, कांसटेटिनोपाल का पतन व इटली के समृद्ध विरासत ने पुनर्जागरण को स्थापित करने में योगदान दिया। इसके अतिरिक्त यथार्थवाद का विकास होने के कारण भी पुनर्जागरण को गति मिली। वैज्ञानिक व भौगोलिक आविष्कार, छापेखाने के आविष्कार व क्रूसडेस ने भी पुनर्जागरण को गति प्रदान करने में भरपूर मदद की।

पुनर्जागरण ने मानववादी दृष्टिकोण जिसका उन्नत ज्ञान से है को स्थापित किया। इसके अतिरिक्त भौतिकवाद, धर्मनिरपेक्ष शिक्षा, आर्थिक क्षेत्र की व्यापक गतिविधियाँ, वैज्ञानिक व भौगोलिक प्रगति पुनर्जागरण की महत्वपूर्ण विशेषता है। साथ ही पुनर्जागरण से राष्ट्रीयता की भावना का अद्वितीय विकास हुआ और धर्म के प्रति आलोचनात्मक प्रवृत्ति का जन्म हुआ।

'पुनर्जागरण' का अर्थ मध्ययुगीन विश्रृंखलता में जो सभ्यता सोई हुई थी उसके प्राचीन ग्रीको-रोमन आदर्शों के आधार पर जगाने से है, अर्थात् प्राचीन ग्रीको-रोमन संस्कृति के पुनर्प्रचलन से है। आधुनिक युग के प्रारम्भ में पश्चिमी यूरोप में 1453 ई. से 1650 ई. तक साहित्य, वास्तुकला, चित्रकला, मूर्तिकला, दर्शन, विज्ञान आदि के क्षेत्र में जो भी गतिविधियाँ हुईं, चाहे उनका आधार प्राचीन ग्रीको संस्कृति-रोमन संस्कृति रहा हो या उनका नया विकास हुआ हो, सभी का अध्ययन 'पुनर्जागरण' के अन्तर्गत किया जाता है। स्पष्ट है कि पुनर्जागरण सिर्फ ग्रीको-रोमन संस्कृति की ओर फिर से ध्यान देना ही नहीं था, बल्कि उन्हीं आदर्शों पर नवीन विकास का सृजन करना भी था। इस शब्द का प्रयोग व्यापक अर्थ में किया जाना चाहिए। इस संदर्भ में राबर्ट एरगॉन्स महोदय ने यह प्रकाश डाला है कि, "सांस्कृतिक पुनर्जागरण का आशय मध्य-युग से आधुनिक युग को लाने वाले उन सभी परिवर्तनों से है जैसे—सामंतीय व्यवस्था का पतन, प्राचीन साहित्य के अध्ययन के प्रति अभिरुचि, राष्ट्रीय राज्यों का उत्कर्ष, आधुनिक विज्ञान का आरम्भ, गतिशील अक्षरों तथा छापाखाने का आविष्कार, बारूद, कुतुबनुमा का आदिष्कार, नए व्यापारिक मार्गों की खोज, नए देशों तथा अमेरिका की खोज एवं प्रारम्भिक पूँजीवाद के विकास से है।" ऐसे ही विचार फिशर ने भी प्रकट किए हैं, "सर्वप्रथम इटली के नगरों में प्राचीन यूनानी तथा रोमन कला, साहित्य, संस्कृति का पुनर्गठन, मानववादी आन्दोलन का प्रारम्भ, धार्मिक क्षेत्र में प्राचीन यूनानी सभ्यता का समावेश, स्थापत्य तथा चित्रकला का नवीन स्वरूप, व्यक्तिवादी तथा स्वतन्त्र व्यापार के सिद्धान्तों का विकास, नवीन रुचि, नया दृष्टिकोण, वैज्ञानिक तथा ऐतिहासिक आलोचना, छापेखाने का आविष्कार, दर्शन तथा धर्मशास्त्र का नवीन स्वरूप एवं विवेचन आदि विशेषताओं को सामूहिक रूप से सांस्कृतिक पुनर्जागरण कहते हैं।" इसी प्रकार डी. डब्ल्यू. साउथगेट ने भी प्रकाश डाला है कि—"पुनर्जागरण के अन्तर्गत अन्वेषण की भावना का विकास हुआ, विचारधारा तथा कार्य में स्वतन्त्रता की भावना का विकास हुआ; अब भूतकाल की शिक्षाओं, अन्धविश्वासों एवं परम्पराओं को बिना सवाल किए लोग स्वीकार करने को सहमत नहीं थे। मध्ययुगीन संस्थाओं के प्रति एक आलोचनात्मक प्रवृत्ति थी, जो समय के साथ बढ़ती गई।"

इस प्रकार पुनर्जागरण के परिणामस्वरूप समस्त यूरोप में विचारों में क्रान्ति पैदा हुई। जनता का जीवन के प्रति मोह पैदा हुआ। सांसारिक सुखों ने भी उन्हें अपनी ओर आकृष्ट किया। पुनर्जागरण ने मध्ययुगीन आडम्बरों, अन्ध-विश्वासों तथा प्रथाओं को खत्म किया एवं उसके स्थान पर व्यक्तिवाद, भौतिकवाद, स्वतन्त्रता की भावना,

उन्नत आर्थिक व्यवस्था तथा राष्ट्रवाद को प्रतिष्ठापित किया। फर्ग्यूसन एवं ब्रून ने ठीक ही लिखा है कि, ''पुनर्जागरण का युग महत्वपूर्ण परिवर्तनों का युग था, जिसमें बहुत कुछ मध्यकालीन था, कुछ स्पष्टतः आधुनिक एवं कुछ स्वयं में विशिष्ट था। इसने मध्य तथा आधुनिक युगों के बीच के रिक्त स्थान को पाट दिया, फिर भी यह महान् राजनीतिक, सामाजिक, भौतिक तथा बौद्धिक जागृति का सांस्कृतिक काल था।''

पुनर्जागरण की विशेषताएँ

पुनर्जागरण की प्रमुख विशेषताओं को निम्नलिखित पंक्तियों में स्पष्ट किया गया है–

1. मध्यकालीन युग में यह विचारधारा व्याप्त थी कि मानव के जीवन का कोई सार नहीं है अतः मानव जीवन सारहीन है। अर्थात् इस जीवन की सुख-सुविधा का प्रयास न करके, मरणोपरान्त जीवन के लिए पुण्य अर्जित करने के कार्य में संलग्न रहना चाहिए। मनुष्य को धर्मनिष्ठ और सरलता का जीवन व्यतीत करना चाहिए, चर्च के नियमों का पालन करना चाहिए। पुनर्जागरण काल में यह विचारधारा त्याग दी गई और मानव-जीवन को सुख-सुविधामय बनाने एवं भौतिक जीवन को महत्त्वपूर्ण बनाने का कार्य किया जाने लगा।

2. प्रसिद्ध इतिहासकार हेज के अनुसार मानववाद के द्वारा ही नवजागरण (पुनर्जागरण) की शुरुआत हुई। पुनर्जागरण काल के सभी विद्वानों ने मानववादी दृष्टिकोण अपनाया। 'मानववाद' शब्द की उत्पत्ति लैटिन भाषा के ह्यूमनिट्स शब्द से हुई है। इसका आशय उन्नत ज्ञान से है। ये सभी विद्वान धर्म में व्यापक रूप में फैली बुराइयों के खिलाफ थे तथा धर्मेतर जीवन की महत्ता में यकीन रखते थे। पुनर्जागरण काल की प्रमुख विशेषता यह थी कि प्राचीन ग्रीको-रोमन साहित्य का व्यापक पठन-पाठन होने लगा और उसके आदर्शों को जीवन में अपनाया जाने लगा। इस विचारधारा की शुरुआत इटली से हुई जो जर्मनी, इंग्लैंड, फ्रांस, स्पेन, नीदरलैंड आदि सभी पश्चिमी देशों में फैल गई। दांते, पैट्रार्क, इरैस्मस आदि प्रसिद्ध मानववादी विद्वान थे।

मानववादियों ने मध्ययुगीन व्यवस्था के खिलाफ पूरे जोश के साथ आवाज उठाई। इन लोगों का विचार था कि धार्मिक विषयों के अध्ययन अध्यापन बंद कर उसके स्थान पर विज्ञान, भूगोल, इतिहास, तथा सौंदर्य शास्त्र का अध्ययन-अध्यापन किया जाए। संयोग-वियोग, प्रेम-घृणा, नारी सौन्दर्य तथा दाम्पत्य जीवन जैसी सामाजिक समस्याओं जैसे विषयों को अधिक महत्त्व दिया, न कि मोक्ष को।

मानववादियों ने इसी लोक को स्वर्ग बनाने पर बल दिया। मानव-स्वतन्त्रता तथा राष्ट्रीय निष्ठा पर बल दिया। पारलौकिक जीवन के प्रति जो धारणाएँ मध्यकाल से चली आ रही थीं उनके प्रति आस्था खत्म हो गई। मठों की क्रियाओं को हास्यास्पद समझा जाने लगा। भौतिकवादी शिक्षा को सम्बल प्राप्त हुआ। धीरे-धीरे मानववाद ने यूरोप की जनता को आन्दोलित करने के विचार से भर दिया, परिणामस्वरूप धर्म-सुधार आन्दोलन का मार्ग प्रशस्त हुआ।

3. मध्यकाल में वैज्ञानिक प्रगति सम्भव ही नहीं थी। संसार के सम्बन्ध में यह धारणा पुष्ट थी कि पृथ्वी सभी ग्रहों का केन्द्र है एवं सभी ग्रह पृथ्वी की परिकल्पना करते हैं। यह विचार कैथोलिक चर्च स्वीकार करता था क्योंकि इससे पृथ्वी की महत्ता बढ़ती थी। इस विचार का विरोध करना अधार्मिक माना जाता था। पुनर्जागरणकाल में यह विचार अस्वीकृत कर दिया गया। कोपरनिकस, टाकोब्रही, केपलर आदि पुनर्जागरणकालीन विद्वानों ने यह सिद्ध किया कि पृथ्वी कई ग्रहों में से एक ग्रह है, संसार का केन्द्र पृथ्वी नहीं, बल्कि सूर्य है और पृथ्वी भी अन्य ग्रहों के समान सूर्य की परिक्रमा करती है। इस तरह ज्ञान-विज्ञान के हर क्षेत्र में पुनर्जागरण काल नवीन विकासों का काल था। खगोलशास्त्र, चिकित्साशास्त्र, भौतिकशास्त्र, गणित, रसायनशास्त्र आदि सभी क्षेत्रों में उल्लेखनीय विकास हुआ।

4. पुनर्जागरण के परिणामस्वरूप आर्थिक क्षेत्रों में व्यापक गतिविधियाँ दृष्टिगत हुईं। औद्योगिक क्रान्ति इसी का परिणाम थी। इससे 1400 ई. से 1700 ई. तक यूरोप में व्यापक आर्थिक बदलाव हुए। बैंकिंग, पूँजीवाद (Capitalism), वाणिज्यवाद (Mercantilism) इत्यादि का विकास हुआ और आधुनिक औद्योगिक विश्व की आधारशिला तैयार हुई। व्यापक भौगोलिक खोजें हुईं। अमेरिका की खोज एवं वहाँ उपनिवेश स्थापित करने का कार्य आरंभ हुआ। अफ्रीका एवं एशिया में भी यूरोपीय व्यापारी पहुँचे। इस तरह व्यापार-वाणिज्य भू-मध्यसागरीय क्षेत्र से निकलकर विश्व-स्तर पर आ पहुँचा और उसके मुख्य केन्द्र अटलांटिक तटीय नगर हो गए। मध्यकाल में आर्थिक प्रगति अवरुद्ध थी। धन-संचय की अपेक्षा सादगीपूर्ण जीवन की महत्ता थी, परन्तु पुनर्जागरण ने आर्थिक प्रगति का नवीन पाठ प्रारम्भ कर दिया।

5. मध्यकाल में शिक्षा चर्च के अन्तर्गत थी। स्वतन्त्र चिन्तन को प्रेरित करने वाले विषय (इतिहास, राजनीतिशास्त्र) इत्यादि नहीं पढ़ाए जाते थे। यूरोप के लगभग सभी विश्वविद्यालयों में धार्मिक प्रभाव छाया हुआ था, परन्तु पुनजार्गरण काल में धर्मेत्तर शिक्षा का द्रुत गति से विकास हुआ। अब बिना किसी भय के इतिहास, राजनीतिशास्त्र जैसे विषयों का अध्ययन-अध्यापन होने लगा था।

6. पुनर्जागरण काल की एक विशेषता धर्म के प्रति आलोचनात्मक प्रवृत्ति थी। धर्म में विभिन्न प्रकार की कुरीतियाँ, रूढ़ियाँ एवं अन्धविश्वास व्यापक रूप से फैला था जिसके विरूद्ध लोग सतर्क हो गए एवं उन्हें दूर करने के लिए आंदोलन होने लगे। पुनर्जागरण ने तार्किकता को प्रोत्साहित किया। मानववादी विद्वानों ने चर्च की बुराइयों को प्रगट करना प्रारम्भ कर दिया। इसके परिणामस्वरूप धर्म के क्षेत्र में धर्म-सुधार आन्दोलन का सूत्रपात हो गया था।

7. कला के क्षेत्र में जो प्रगति हुई उस पर धार्मिक प्रभाव का बिल्कुल असर नहीं था। मध्यकालीन स्थापत्य के समय में गोविथ शैली थी उस शैली को छोड़ दिया गया और प्राचीन ग्रीक शैलियों—डोरियन, आयोनियन आदि को अपनाया गया। इसी तरह चित्रकला जगत में भी नया विकास हुआ। लियोनार्डो द विंसी, माइकेल एंजेलो, रैफेल, टीशियन आदि प्रसिद्ध चित्रकार पुनर्जागरण काल के प्रतिनिधि रहे हैं। चित्रकला में यथार्थ सौन्दर्य एवं मनोवैज्ञानिकता का पुट आ गया। इसी प्रकार मूर्तिकला, संगीत कला के क्षेत्रों में तीव्र विकास देखने को मिला।

8. पुनर्जागरण काल की यह विशिष्टता रही है कि सभी देशों में राष्ट्रीयता की भावना की अभूतपूर्व प्रगति हुई। राष्ट्रीय राजतंत्रों और राष्ट्रीय साहित्य का सूत्रपात हुआ।

पुनर्जागरण आन्दोलन पर प्रभाव डालने वाले तत्त्व

पुनर्जागरण अचानक होने वाली घटना नहीं थी। मूल में बहुत अधिक समय लगा था। इसकी पृष्ठभूमि बनने का काम नवीं शताब्दी से ही आरंभ हो गया था और पन्द्रहवीं शताब्दी के आते-आते अनेक राजनीतिक, आर्थिक, धार्मिक तथा सांस्कृतिक तथ्य उपस्थित हो गए, जिनके कारण यह सांस्कृतिक पुनर्जागरण इटली में प्रारम्भ हुआ और बहुत अल्प समय में ही समस्त पश्चिमी यूरोप में फैल गया। इसके प्रमुख कारणों को हम इस तरह समझ सकते हैं :

1. कांसटेंटिनोबल का पतन—सन्1453 ई. में कांसटेंटिनोपाल का पतन हो गया। यह घटना यूरोप की आर्थिक एवं सांस्कृतिक अवस्था को प्रभावित किया। पुनर्जागरण का तात्कालिक कारण माना जाता है। कांसटेंटिनोपाल के पतन एवं वहाँ तुर्कों का कब्जा हो जाने से वहाँ के यूनानी विद्वान भागकर इटली आए और अपने साथ बाइजेंटाइन सभ्यता की समृद्ध विरासत लाए। यहाँ के नगर राज्यों में संरक्षण प्राप्त कर उन्होंने यूनानी साहित्य का प्रचार किया और लोगों को भौतिक विकास की ओर उन्मुख किया। अतः इटली में सांस्कृतिक पुनर्जागरण का उदय हो गया।

2. इटली की समृद्ध विरासत—पुनर्जागरण इटली से ही प्रारम्भ हुआ था, इसके कुछ प्रेरक तत्व थे। इटली में प्राचीन रोमन सभ्यता की विरासत सुदृढ़ थी, उनमें हमेशा यह भावना बलवती बनी रही कि वे प्राचीन रोमनों की संतति हैं, वे अपनी प्राचीन संस्कृति पर गर्व करते थे। पश्चिमी यूरोप के अन्य देशों की अपेक्षा इटलीवासी चर्च की बुराइयों, पोपों के संकीर्ण विचारों से अधिक अवगत थे। इटली की संस्कृति में धर्म-निरपेक्ष तत्त्व अधिक बलशाली थे; इटालियन विश्वविद्यालय रोमन कानून, औषधिशास्त्र आदि की शिक्षा में धर्म-ग्रन्थों की अपेक्षा अधिक रुचि रखते थे। इटालियन सरासेनिक, बाइजेंटाइन संस्कृतियों से अधिक प्रभावित हो चुके थे। इटली के नगर राज्य आर्थिक समृद्धि, बौद्धिक एवं कलात्मक उन्नति के प्रमुख आधार बन गए थे, इससे इटली में उत्तर मध्ययुग से ही साहित्यिक प्रगति दृष्टिगत होने लगी थी। इसी प्रगति, समृद्धि ने वह पृष्ठभूमि निर्मित की जिससे पुनर्जागरण का सूत्रपात हुआ।

3. सरासेनिक एवं बाइजेंटाइन सभ्यताओं का प्रभाव—'सरासेन सभ्यता' जो एक मुस्लिम सभ्यता थी अपने ज्ञान-विज्ञान, कला तथा व्यापार के प्रधान क्षेत्र के रूप में तेरहवीं शताब्दी के अन्त तक अपने उत्कर्ष पर थी। इस सभ्यता का पश्चिमी यूरोप पर जब धार्मिक युद्धों (Crusades) के दौरान प्रभाव पड़ा तो वहाँ मध्यकालीन संकीर्णता खत्म होने लगी। इसी प्रकार बाइजेंटाइन सभ्यता के प्रभाव ने भी मध्यकालीन संकीर्णता के खत्म होने में योगदान दिया। बाइजेंटाइन सभ्यता 1453 ई. तक स्थापित रही थी। यह प्राचीन ग्रीक सभ्यता की विरासत को संजोए हुए थी। धार्मिक युद्धों के दौरान ही पश्चिमी यूरोप के लोगों का बाइजेंटाइन सभ्यता के लोगों से गहन सम्पर्क हुआ था। पश्चिमी यूरोप के सांस्कृतिक पुनर्जागरण में इन दोनों ही संस्कृतियों ने महत्वपूर्ण भूमिका निभाई।

4. धार्मिक तथा धर्मेतर पोषकों का योगदान—पुनर्जागरण के अभ्युदय में धर्मनिरपेक्ष तथा धार्मिक दोनों ही तत्वों का महत्वपूर्ण योगदान रहा था। धार्मिक पोषकों में अनेक पोप जैसे निकोलस पंचम, पायस द्वितीय, जूलियस द्वितीय, लियो दशम आदि थे। ये सभी पोप धर्मशास्त्रों में रुचि रखने की अपेक्षा धर्मेतर संस्कृति के पोषक थे। इन सभी से पुनर्जागरण के अभ्युदय में मदद मिली।

5. उत्तर मध्यकालीन प्रवृत्तियों का प्रभाव—तेरहवीं शताब्दी के उपरांत सामंतवादी युग की अधिकांश विलक्षण संस्थाओं का पतन हो गया था। सामंतवाद, पवित्र रोमन साम्राज्य, पोपशाही की सार्वजनिक सत्ता, व्यापार तथा उद्योग की श्रेणी-प्रथा सब कुछ कमजोर होती जा रही थी। गोथिक गिरजाघरों का युग अब

खत्म हो गया था। मध्यकालीन दर्शन की उपेक्षा तथा उससे घृणा की प्रवृत्ति प्रारम्भ हो गई थी। जीवन की मध्यकालीन आर्थिक तथा नैतिक व्याख्याएँ सारहीन हो रही थीं।

नवीन मानववादी प्रवृत्तियों पर अधिक बल दिया जा रहा था। शिक्षा का प्रसार भी इन्हीं नगरों में मध्यम को भी निवास करने लगा। शिक्षा का प्रसार भी इन्हीं क्षेत्रों में होने के कारण यह पुनर्जागरण का केंद्र बना।

अन्य प्रमुख तत्व—पुनर्जागरण के अभ्युदय के कुछ अन्य प्रमुख कारण भी स्वीकार किए जाते हैं, जैसे—रोमन कानून के अध्ययन का पुनर्प्रचलन, विश्वविद्यालयों की स्थापना से ज्ञान के क्षेत्र में वृद्धि, कला के क्षेत्र में यथार्थवाद का विकास, वैज्ञानिक अन्वेषण की भावना, अरस्तु के अध्ययन का लोगों की विचारधारा पर प्रभाव, मध्यकालीन पारलौकिकता का ह्रास इत्यादि। पुनर्जागरण के कारणों में दो और महत्त्वपूर्ण तथ्य भी स्वीकार किए जाते हैं—(i) क्रूसेड्स (ईसाइयों का धर्मयुद्ध), (ii) छापेखाने का आविष्कार।

क्रूसेड्स की तुलना में ई. एम. बर्न्स के कथन को अधिक तर्कसंगत कहा जा सकता है। क्रूसेड्स का बौद्धिक प्रभाव काफी कम था।

क्रूसेड्स का बौद्धिक प्रभाव अधिक नहीं माना जा सकता। इसक समर्थन ई. एम. बर्न्स ने भी किया है । वहीं 'छापेखाने के आविष्कार'को भी पुनर्जागरण का कारण नहीं माना जा सकता परंतु पुनर्जागरण के प्रसार में इसका प्रभाव अवश्य स्वीकार किया जाएगा। ई. एम. बर्न्स ने लिखा है कि, "पुनर्जागरण के प्रत्यक्ष कारणों में इसका महत्त्व क्रूसेड्स से भी कम था। पन्द्रहवीं शताब्दी के मध्य के पहले किसी छापेखाने के लगाए जाने का उल्लेख नहीं मिलता है। पहला प्रकाशन 1454 ई. में जर्मनी के मेन्ज नगर में हुआ था। इटली में पुनर्जागरण इसके पहले ही उदित हो गया था। सही मायने में इटली में पुनर्जागरण की शुरुआत छापाखाना लगाने के डेढ़ शताब्दी पहले 1300 ई. में हुई थी। यह भी उल्लेखनीय है कि प्रारम्भिक छापेखाने से धार्मिक किताबें और लोकप्रिय कहानियाँ ही अधिक छपी थीं। अतः छापेखाने का प्रभाव पुनर्जागरण के विकास पर पड़ा न कि उसके कारणों में निहित था।"

इटली एवं अन्य पश्चिमी यूरोपीय देशों में पुनर्जागरण, उदय तथा विकास पुनर्जागरण काल में साहित्य, वास्तुकला, चित्रकला, मूर्तिकला, संगीत एवं विज्ञान के क्षेत्रों में काफी विकास हुआ था। इसमें प्राचीन ग्रीको-रोमन आदर्शों का अनुसरण एवं नवीन विकास, दोनों का कार्यों पर अधिक बल दिया गया।

पुनर्जागरण का प्रभाव

1. आर्थिक—मध्ययुगीन आर्थिक जीवन अपेक्षाकृत आसान और व्यवस्थित था। उनके आर्थिक जीवन का मुख्य आधार कृषि था, दूसरे आर्थिक संबंधों की नियोजक संस्थाएँ कम थीं। मुख्य रूप से 'गिल्ड' विभिन्न कामगारों और कारीगरों को संगठित और निर्देशित करती थीं। इनका संगठन अत्यन्त कठोर था। शनैः-शनैः इससे आर्थिक जीवन के विकास का मार्ग अवरुद्ध हो गया। तेरहवीं शताब्दी के उपरांत यात्राएँ, व्यवसाय और जटिलताएँ बढ़ने लगीं। आर्थिक जीवन में उत्पादन और वितरण दोनों के स्वरूप बदलने लगे। व्यक्ति और समाज के परस्पर हित सामान्य नहीं रह गए। हितों की टकराहट स्पष्ट होने लगी। जीवन में बाजार छाने लगा। पुनर्जागरण के साथ स्थितियाँ घनीभूत होकर सामने आने लगीं।

पन्द्रहवीं शताब्दी आते-आते उत्पादन के साधन बदलने लगे। व्यापार का क्षेत्र बढ़ा। लोग नगरों की ओर आकर्षित हुए। धन संचय हुआ। स्टॉक कंपनियों तथा बैंकों का जन्म हुआ। पूँजीवादी व्यवस्था का सूत्रपात हो गया। उत्पादन के बढ़ने से साधन जुटाना अनिवार्य हो गया। श्रम की खरीद प्रारम्भ हो गई। पहले की भाँति व्यापार आसान नहीं रहा। व्यापार में नियम और कानूनों की आवश्यकता पड़ी अतः राज्य का हस्तक्षेप प्रारम्भ हो गया। राज्य और धनी वर्ग में निकटता आने से श्रमिक वर्ग असहाय अनुभव करने लगा। बाजार की गतिविधियाँ राजनीति और सामान्य जन के जीवन से सम्बद्ध हो गईं। बाजारों की आवश्यकता ने उपनिवेशों का महत्त्व बढ़ा दिया और उपरांत में उपनिवेशवादी और साम्राज्यवादी प्रवृत्तियों का सूत्रपात हुआ।

इस तरह आर्थिक जीवन जटिलतर होने लगा। उत्पादन बढ़ने से समाज में धन की वृद्धि हुई। परन्तु वितरण समान न होने से आर्थिक विषमता और बढ़ी, समाज में असन्तोष झलकने लगा। इस प्रकार पुनर्जागरण की अभिव्यक्ति जीवन के विभिन्न क्षेत्रों में बहुत स्पष्ट रूप में हुई। मनुष्य के दृष्टिकोण में जो बदलाव दृष्टिगत हुआ वह राजनीति से बाजार और बाजार से व्यक्ति के अपने जीवन तक प्रत्येक जगह दिखाई पड़ने लगा। इन अर्थों में पुनर्जागरण एक क्रमिक विकास का परिणाम भले ही हो, पर उसके प्रभाव क्षेत्र और बदलाव की गहराई को देखते हुए उसके महत्त्व को क्रांतिकारी अनुभव किया जा सकता है।

2. धार्मिक—पुनर्जागरण का धार्मिक प्रभाव 'धर्म सुधार आन्दोलन' का रूप ले चुका था। चर्च का एकाधिकार समाप्त होने लगा था। कैथोलिक चर्च में अनेक बदलाव किये गये, जो टूटकर सम्प्रदाय का रूप ले चुके थे।

धर्म के स्वरूप में किसी भी प्रकार का बदलाव चर्च को सहन नहीं था। चर्च से प्रारम्भिक पोपों की निःस्पृहता, सेवाभाव और विद्वता खत्म हो चुकी थी। समस्त मध्ययुग में पुरातन धर्म की न तो कोई समयानुकूल व्याख्या की गई और न ही उसमें कोई बदलाव किया गया। शनैः-शनैः चर्च रूढ़ियों, अंधविश्वासों, भ्रष्टाचार और शोषण के केन्द्र बन गए थे। पुनर्जागरण ने जब विवेक और व्यक्तिवाद की स्थापना की और समाज में सांसारिक दृष्टिकोण को प्रबल बनाया तो धार्मिक स्थिति की आलोचना का अध्याय प्रारम्भ हुआ। पुनर्जागरण के उपरांत समाज पर धर्म का प्रभाव न सिर्फ गौण होता गया, बल्कि स्वयं कैथोलिक चर्च में बदलाव हुए और प्रोटेस्टेंट चर्च राष्ट्रीय आवश्यकताओं के अनुकूल बनने लगे।

3. सामाजिक—प्राचीन यूरोपियन समाज में कुलीनता का महत्व था; राजा, सामंत और पादरी के अतिरिक्त कोई सम्मान का पात्र नहीं समझा जाता था। पुनर्जागरण के साथ-साथ नागरिक जीवन का महत्त्व बढ़ने लगा क्योंकि नगरों में धन था और धन का अर्जन और संग्रह करने वाला मध्यवर्ग भी नगरों में रहता था। व्यक्ति का महत्व बढ़ने से व्यक्तिवादी चिंतन ने अमूर्त समष्टि जैसे चर्च के प्रभाव को चुनौती दी और व्यक्ति पहले की अपेक्षा मुक्ति की आवश्यकता अधिक अनुभव करने लगा। हमेशा से विद्यमान सामाजिक विषमताओं पर अब दृष्टि पड़ने लगी। समाज में तनाव के लक्षण दृष्टिगत होने लगे।

मध्यकाल के दौरान सामाजिक व्यतीत करना काफी सरल था। सामंतवाद तथा समाज के आधार माने जाते थे। अंधविश्वासी होने के कारण लोग भाग्य पर अधिक ध्यान देते थे। राज्याधिकारियों की तुलना में पादरियों को अधिक शक्तियाँ प्राप्त थीं अंतर्विरोध स्पष्ट न होने के कारण संघर्षों का स्वरूप भी सतही था। जिन साधनों से धन की प्राप्ति होती थी उसका विकास होने लगा था।

इस प्रकार पुनर्जागरण के साथ-साथ सामाजिक मूल्यों और संस्थाओं में मौलिक बदलाव होने लगा। इसके परिणाम स्वरूप संतुलन विनष्ट होने लगा, तनाव में वृद्धि हुई। आधुनिक समाज की संरचना का नया अध्याय प्रारम्भ हुआ।

4. राजनीतिक—पुनर्जागरण का प्रभाव विभिन्न क्षेत्रों पर विशेष रूप से पड़ा था अतः हमें दोनों पर पड़ने वाले प्रभावों को निम्न प्रकार से स्पष्ट किया गया है—पुनर्जागरण के पहले यूरोपियन समाज का कूटनीतिक जीवन पूर्ण रूप से सामंती था। राजा भी सामंतों की दलबंदी में घिरा रहता था। नवीन परिस्थितियों में सामंतवाद के निर्बल हो जाने से मध्यवर्ग का प्रभाव बढ़ा। इससे राजा भी अपनी शक्ति बढ़ाने में समर्थ हुए। शनैः-शनैः राष्ट्रीय राजतंत्र का विकास प्रारम्भ हुआ। फ्रांस में फ्रांसिस

प्रथम और हेनरी चतुर्थ एवं इंग्लैण्ड में हेनरी अष्टम और एलिजाबेथ के शासनकाल में राष्ट्रीयता के आधार पर केन्द्रीय शासन सुदृढ़ हुआ। इस समय राजा में सम्पूर्ण राष्ट्र की शक्ति केन्द्रित है इस बात को स्वीकार किया जाने लगा। यह कूटनीतिक जीवन के विकास-क्रम में एक महत्वपूर्ण कदम था। मध्यकाल तक का यूरोप सामंती विभाजनों के होते हुए भी सम्राट और पोप की छत्रछाया में एकता के सूत्र में सम्बद्ध था।

पुनर्जागरण के बाद जिन राज्यों का उदय हुआ उनमें संगठित छोटी इकाइयों का जन्म हुआ। लैटिन के स्थान पर अंग्रेजी, फ्रांसीसी, जर्मन और स्पेनिश आदि भाषाओं के कारण राष्ट्रों का आंतरिक संगठन सुदृढ़ हुआ एवं उनकी शक्ति बढ़ने लगी। इस बढ़ती शक्ति के वाहक मध्यवर्ग का महत्व बढ़ने लगा और शनैः-शनैः राजसत्ता की भागीदारी में राजा और मध्यवर्ग की परिस्थितिजन्य निकटता भी बढ़ने लगी। सत्ता के संघर्ष में सामंत, राजा और मध्यवर्ग के त्रिकोण में सामंत अकेला रहने लगा। इस तरह सामंती व्यवस्था के पतन के लिए इन दो तत्त्वों (राजा और मध्यवर्ग) के बीच की प्रारम्भिक निकटता निर्णायक सिद्ध हुई।

पुनर्जागरण ने यूरोप के साथ-साथ विश्व के अन्य राज्यों को नवीन संकल्पना दी और व्यक्ति एवं राज्य के सम्बन्धों के नवीन आधारों की पृष्ठभूमि तैयार की थी। व्यक्ति और राष्ट्र की अस्मिता की स्पष्टतर व्याख्या और उनके सम्बन्धों की आर्थिक संगठित रूपरेखा ने 'आधुनिक राज्य' की नींव बनाई। कूटनीतिक संघर्ष में इस आधुनिकता का आधार उन्हीं मूल्यों में निहित था, जिनका पुनर्जागरण पोषक बना था।

पुनर्जागरण का विस्तार—इटली में पुनर्जागरण भी सर्वप्रथम हुआ था। परंतु धीरे-धीरे इसका प्रसार फ्रांस, जर्मनी, तथा इंग्लैंड आदि शहरों में भी होने लगा था। 'नवीन विद्या' पर काफी बल दिया गया था। पेरिस में स्थित 'कालेज द फ्रांस' काफी महत्वपूर्ण माना जा सकता है। पेरिस के ही विलियम बूंदे ने प्राचीन यूनान तथा रोम के अध्ययन में महत्वपूर्ण भूमिका निभाई। सम्पूर्ण पश्चिमी यूरोप में एरास्मस द्वारा नवीन विचारों का प्रसार किया गया था। जर्मन क्षेत्र में मार्टिन लूथर पुनर्जागरण की नवीन चेतना को धर्म-सुधार आंदोलन का रूप प्रदान करने में सफल रहा था। पश्चिमी यूरोप की विभिन्न राष्ट्रीय भाषाओं (फ्रांसीसी, अंग्रेजी आदि) का अभूतपूर्व विकास पुनर्जागरण के दौर में हुआ। इन भाषाओं में कविता और नाटकों के क्षेत्र में सार्वकालिक रचनाएँ लिखी गईं। मार्टिन लूथर ने जर्मन भाषा को इस तरह गढ़ा कि उसका बाइबिल का जर्मन अनुवाद अत्यन्त लोकप्रिय हुआ और कालांतर में प्रसिद्ध

कवियों शिलर और गेटे का मार्ग प्रशस्त हुआ। स्पेनिश भाषा में सरवेंटीज ने 'डॉन क्विकजोट' नामक एक क्लासिक रचना की। इस तरह पुनर्जागरण के दौर में साहित्य और विचारों के क्षेत्र में अभूतपूर्व विकासक्रम प्रारम्भ हुआ। दर्शन और विज्ञान के क्षेत्र में मुक्ति की ओर उन्मुख मानव ने अपनी जिज्ञासा और विवेक के सहारे प्रकृति के रहस्यों का उद्‌घाटन कार्य प्रारम्भ किया और वह निरन्तर शक्तिमान होता गया।

विभिन्न कलाओं के क्षेत्र में नए सौन्दर्य-बोध और नए माध्यमों के सहारे सौन्दर्य का ऐसा सृजन प्रस्तुत किया जाने लगा, जिसके प्रमाण बर्लिन, बोना, लन्दन, पेरिस और रोम के संग्रहालयों में सुरक्षित हैं। पश्चिमी यूरोप के विभिन्न नगरों में पुनर्जागरण शैली में निर्मित भवन आज भी उस शैली की गरिमा का स्मरण कराते हैं। कलाओं के क्षेत्र में लियोनार्दो के अधिकांश स्केच और अभ्यास चित्र इंग्लैण्ड के राजप्रासाद में सुरक्षित हैं। उसके अन्तिम निवास फ्रांस के लुआर प्रदेश में स्थित महल में, उसकी वैज्ञानिक प्रतिभा के उदाहरण टैंकों, हवाई जहाजों, क्रेन जैसे अनेक यंत्रों के मॉडल सुरक्षित हैं और उस पुनर्जागरण युग की 'मोनालिसा' आज भी पेरिस के 'लूव्र' संग्रहालय का सबसे चर्चित आकर्षण स्वीकार की जाती है।

मूल्यांकन—पुनर्जागरण की प्राचीन प्रेरणाओं पर निर्भर एक नवीन विचारधारा का जन्म हुआ जो सामंजस्य स्थापित करने के साथ -साथ कुछ प्रमुख दिशाओं का अन्वेषक भी हो सका। यूनान और रोम की सभ्यताएँ ईसाई धर्म के प्रादुर्भाव के पहले की थीं और बारह सौ वर्षों में ईसाई धर्म ने यूरोप में एक ऐसा केन्द्रित परंतु व्यापक प्रभाव स्थापित कर लिया था कि उससे इतर (भिन्न) कुछ भी स्वीकार न था। यूनान की गरिमा अरब विद्वानों ने सँजोकर रखी, नहीं तो यूरोप से वह लुप्त हो चुकी थी। धर्म की घुटन से क्षुब्ध लोगों ने इसे संजोकर रखा। यूनानी गरिमा से ताजगी (स्फूर्ति) का अनुभव किया गया, फिर ऐसी स्फूर्ति प्राप्त की कि पहले इटली और फिर समस्त पश्चिमी यूरोप और रोम की सभ्यताओं का उत्तराधिकारी बन गया। पुनर्जागरण के युग में सामाजिक मूल्य की पुनर्प्रतिष्ठा प्रारम्भ हुई। भौगोलिक अन्वेषणों ने अमेरिका के रूप में नई दुनिया का पता मानव-समुदाय को दिया, साथ ही पुरानी दुनिया में एक नई दुनिया की रचना धीरे-धीरे अस्तित्व में आने लगीं।

मानव मस्तिष्क की अपरिमित सम्भावनाओं का पता चलने लगा। मनुष्य की शक्ति को उसकी वैज्ञानिक विजयों ने बढ़ाना प्रारम्भ किया। पुनर्जागरण ने न सिर्फ कैथोलिक चर्च के एकाधिकार को तोड़ दिया बल्कि अधिक आडम्बरहीन एवं सरल सम्प्रदायों का सूत्रपात भी किया था। अन्ततोगत्वा राज्य और धर्म के मध्य एक लक्ष्मण-रेखा निर्मित हो गई। धर्म की पकड़ से मुक्त और विवेक एवं विज्ञान से युक्त

नवीन जीवन-दर्शन मनुष्य और उसके परिवेश को समझने एवं निरन्तर प्रगति की ओर बढ़ने के लिए यथास्थिति में बदलाव की तैयारी में लगे रहने की प्रेरणा देने लगा। इस तरह यह कहना युक्तिसंगत है कि, "एक बार पुनः यूरोप पुनर्जागरण के उपरांत उन कार्यकलापों का केन्द्र बन गया, जिनके आधार पर आने वाली चार शताब्दियों का इतिहास बनने वाला था।" इस सर्वेक्षण से यह स्पष्ट हो गया कि मध्ययुग में भी यूरोप का व्यक्ति क्रियाशील था, उसकी चेतना विभिन्न क्षेत्रों में अभिव्यक्ति पाती थी, परन्तु धर्म और सामंतवाद से समाज इतना आक्रान्त था कि व्यक्ति अपने को पूरी तरह मुक्त नहीं पाता था। चर्च और राज्य, पोप और शासक की मिलीभगत से साधारण जनता को अत्यधिक प्रताड़ित किया जाता था। एक प्रकार की सामाजिक घुटन व्याप्त थी। रचनात्मक शक्तियों की अभिव्यक्ति के मार्ग में अवरोध पैदा किए जाते थे। समाज असहिष्णुता, अंधविश्वास, चमत्कार में आस्था तथा जड़ता का काफी प्रभाव था। जिज्ञासा, चेतना, संघर्ष अपवाद थे, नियम नहीं थे।

इस तरह पुनर्जागरण ने राजनीतिक, सामाजिक, धार्मिक और आर्थिक युग को व्यापक और गहनता से प्रभावित किया। पुनर्जागरण ने यूरोप और अप्रत्यक्ष रूप से संपूर्ण विश्व के कूटनीतिक जीवन को राज्य की नवीन संकल्पना दी और व्यक्ति एवं राज्स के संबंधों के नवीन आधारों की पृष्ठभूमि तैयार की। पुनर्जागरण के अंतर्गत मानव को समाज का केंद्र माना जाने लगा। नये जीवन तथा नयी-नयी संस्थाओं का विकास होने तथा सामाजिक मूल्यों और संस्थाओं में नैतिक बदलाव होने लगा। पुनर्जागरण का धार्मिक प्रभाव 'धर्म सुधार आंदोलन' के रूप के में नजर आने लगा। कैथोलिक चर्च में बदलाव हुए और प्रोटेस्टेंट चर्च राष्ट्रीय आवश्यकताओं के अनुकूल करने लगे। आर्थिक गतिविधियों ने जटिलता पैदा कर दी।

यूरोप में धर्म-सुधार आन्दोलन

धार्मिक क्षेत्र के अंतर्गत पंद्रहवीं शताब्दी में पश्चिमी यूरोप में काफी परिवर्तन नजर आने लगा था, जिसे धर्म सुधार आंदोलन की संज्ञा दी जाती है। इतिहासकारों द्वारा इसे धर्म सुधार की श्रेणी में रखा गया है। रोमन कैथोलिक चर्च की स्थापना मध्यकाल में यूरोप के बर्बर जातियों के प्रभावों से बचाने के लिए रोमन कैथोलिक चर्च की स्थापना की गई थी। शुरुआत में तो इस चर्च ने काफी अच्छे कार्य किये थे परंतु शीघ्र ही पंद्रहवीं शताब्दी के अंत में इसमें काफी कमियाँ नजर आने लगी थीं। पोप जिसका आदेश धार्मिक क्षेत्र में सर्वोपरि स्वीकार किया जाता था, स्वयं को ईश्वर का प्रतिनिधि समझने लगा था। पोप किसी भी राजा को पदच्युत कर सकता था, किसी

भी देश के चर्च को बन्द कर सकता था एवं किसी भी व्यक्ति को ईसाई धर्म से बहिष्कृत कर सकता था। पोप अपनी बढ़ती शक्ति के प्रभाव से धार्मिक क्षेत्र के अतिरिक्त कूटनीतिक मामलों में भी हस्तक्षेप करने लगा था। इस तरह तत्कालीन चर्च तथा पोप में व्याप्त बुराइयों के विरोध में सोलहवीं शताब्दी में इंग्लैण्ड एवं यूरोप में जो आन्दोलन हुआ, उसे 'धर्म-सुधार आन्दोलन' के नाम से जाना गया है। वास्तव में, यह आन्दोलन यूरोप की धार्मिक प्राचीन रूढ़िवादिता के खिलाफ था। यद्यपि तेरहवीं शताब्दी से चर्च में परिवर्तनों का दौर शुरू हो चुका था, परंतु आधुनिक युग में बदलाव लाभदायक सिद्ध नहीं हुए। यूरोपवासियों के पुर्नजागरण के परिणामस्वरूप यूरोप वासियों में बुद्धि का काफी विकास होने लगा था। इसी समय अनेक विद्वानों ने पोप की आचारहीनता, भ्रष्टता तथा विलासिता को देखकर जनता को अपने भाषणों तथा लेखों से पोप तथा अन्य पादरियों की वास्तविक स्थिति से अवगत कराया। परिणामस्वरूप जनमत आन्दोलित हो गया और वह अब राजी न था कि अपने धार्मिक कार्यों को भ्रष्ट व्यक्तियों तथा कलुषित ढंग से कराएँ। अतः धर्म सुधार आन्दोलन काफी प्रबल होता गया तथा धीरे-धीरे समस्त यूरोप में समस्त इसका प्रभाव दृष्टिगोचर होने लगा। इस आन्दोलन को मूर्त रूप देने एवं सफल बनाने में जर्मनी के मार्टिन लूथर ने महत्वपूर्ण भूमिका निभायी। उसने पोप का घोर विरोध किया एवं एक नवीन सम्प्रदाय (Protestant) को जन्म दिया। लूथर के प्रयत्नों से पोप एवं तत्कालीन धार्मिक व्यवस्था के खिलाफ एक तीव्र आन्दोलन दृष्टिगत हुआ, जिसके समक्ष पोप की शक्ति और प्रभाव का अंत होने लगा।

धर्म सुधार आन्दोलन के प्रमुख कारण

1. धार्मिक कारण—धर्म सुधार आंदोलन के प्रारंभ होने में कोई एक कारण जिम्मेदार नहीं था बल्कि इस आंदोलन के प्रारंभ होने में निम्नलिखित कारण जिम्मेदार हैं। ब्रह्मचर्य के नियम का उल्लंघन करते थे। अपने पद को साधन बनाकर सांसारिक सुखों की प्राप्ति के लिए लालायित रहते थे। चर्च जुआ एवं शराब के अड्डा बन चुके थे। चर्च की उत्पत्ति दैवी स्वीकार की जाती थी और श्रद्धालु ईसाइयों का धार्मिक, बौद्धिक एवं आर्थिक शोषण किया जाता था। चर्च के पदों की बिक्री की जाने लगी। ऐसे लोग बिशप, पादरी बनाए जाने लगे जो नितान्त अयोग्य थे। पोप अलेक्जेण्डर षष्टम (1492-1503 ई.) चरित्रहीन था। पोप जूलियस द्वितीय (1503-1513 ई.) मुख्यतया सैनिक कार्यों में रुचि रखता था, उसे धार्मिक कार्यों से घृणा थी, वह रोमन कैथोलिक चर्च को सुसंगठित कर इटालियन राज्य में परिवर्तित करना चाहता था।

पोप लियो दशम (1513-1521 ई.) अपने धार्मिक कर्तव्यों को भूलकर कला और साहित्य में रुचि लेता था। क्षमापत्रों की बिक्री धर्म सुधार आन्दोलन के लिए तात्कालिक कारण बनी। कालान्तर में पोप ने चर्च के इस अधिकार का दुरुपयोग करना प्रारम्भ किया। इसे धन एकत्र करने का स्रोत बना लिया और क्षमा-पत्रों का विक्रय किया जाने लगा एवं यह कहा जाने लगा कि जो लोग क्षमा-पत्र खरीद लेंगे, उनके सम्पूर्ण पाप धुल जाएँ। उनको स्वर्ग में स्थान मिलेगा। इस अवधारणा ने क्षमा-पत्रों को स्वर्ग में प्रवेश के लिए टिकट की भाँति मानना प्रारम्भ कर दिया। विक्रय का कार्य बैंकपतियों को दिया जाने लगा, जो कमीशन के आधार पर बेचने लगे। इसका कोई निर्धारित मूल्य नहीं था। भोले-भाले लोगों को बैंकपतियों के एजेन्टों ने यह विश्वास दिलाना प्रारम्भ किया कि अगर वे क्षमा-पत्र खरीद लेंगे तो उन्हें स्वर्ग में स्थान मिल जाएगा एवं वे नरक की यातना से बच जाएँगे। पोप लियो दशम् रोम में सन्त पीटर के चर्च के पुनर्निर्माण के लिए धन एकत्र करने में संलग्न था अतः उसने अनुचित साधनों से अधिकाधिक धन जुटाना प्रारम्भ किया। पोप द्वारा चर्च के पदों तथा क्षमा पत्रों को बेचा जाने लगा जिससे प्रतिवर्ष उन्हें लगभग दस लाख डॉलर की आमदनी होती थी। इस प्रकार इन तुच्छ कार्यों द्वारा चर्च तथा पोप की प्रतिष्ठा में और अधिक गिरावट होने लगी तथा चर्च के संगठन में बिखराव होने लगा था। जिससे रोमन चर्च की छवि दिन पर दिन खराब होने लगी जिससे धर्म सुधार आंदोलन को काफी बढ़ावा मिला।

2. कूटनीतिक कारण—उत्तर-मध्य युग से ही अनेक देशों में लोगों में स्वतन्त्रता की भावना का काफी विकास हुआ था। ये लोग पोप को विदेशी मानते थे तथा विदेशी हस्तक्षेप के पक्षधर नहीं थे। चर्च द्वारा किये जाने वाले तुच्छ कार्यों से जनता से पहले से काफी गुस्से में थी जिसके परिणामस्वरूप धर्म सुधार-आंदोलन को काफी बल मिला था। राजा के अलावा सभी रोमन कैथोलिक चर्च का विरोध कर रहे थे। इंग्लैण्ड, फ्रांस और जर्मनी में यह माना जाने लगा था कि पोप को यहाँ आन्तरिक मामलों में हस्तक्षेप करने का कोई अधिकार नहीं है। चौदहवीं शताब्दी के मध्य में 'स्टेच्यूट्स ऑफ प्रोवाइजर्स एवं प्राएमुनायर' के द्वारा पोप को इंग्लैण्ड में चर्च के पदाधिकारियों की नियुक्ति के लिए मनाही कर दी गई। इंग्लैण्ड की अदालतों से रोम में मुकदमों की अपील बन्द करा दी गई। इसी प्रकार फ्रांस में भी 'प्रागमेटिव सैन्कसन ऑफ बर्जेस' के द्वारा फ्रांस के पोप के अधिकार को पूर्णतः खत्म कर दिया गया। धार्मिक कृत्य सम्पादित कराने का अधिकार प्रत्येक जिले में सिविल न्यायाधीशों को दे दिया गया। जर्मनी में भी राजाओं ने पोप को बिना राजाओं की सहमति प्राप्त

किए नियुक्तियाँ करने पर पाबन्दी लगा दी। इस तरह धर्म-सुधार आन्दोलन के पीछे कूटनीतिक कारण भी निहित थे।

3. आर्थिक कारण—धर्म-सुधार आन्दोलन की आर्थिक पृष्ठभूमि भी निर्मित हो चुकी थी। चर्च का एक विशाल आर्थिक साम्राज्य था, जो पश्चिमी यूरोप के सभी देशों में छाया हुआ था। इन देशों से प्रतिवर्ष कर के रूप में प्रभूत मात्रा में धन पोप को प्राप्त होता था। विभिन्न देशों में चर्च के पास अपनी भूमि भी थी जो कि राजाओं अथवा सामंतों के द्वारा समय-समय पर चर्च को दान में दी गई थी। चर्च की जमीन पर राजा कर नहीं लगा सकता था। उस जमीन का कर चर्च को ही प्राप्त होता था। इसके अतिरिक्त प्रत्येक देश के कैथोलिक मतानुयायी को 'पीटर्स पेन्स' एवं 'टाइथ' नामक कर चर्च को देने पड़ते थे। क्षमा-पत्रों की बिक्री, पदों की बिक्री, नियमों से छूट के लिए दिया गया शुल्क, अपील के लिए दिया गया शुल्क आदि साधनों से अत्यधिक धन पोप के पास जमा होता था; पहले इस धन का उपयोग धार्मिक कार्यों के लिए किया जाता था, परन्तु शनैः-शनैः इसका प्रयोग धर्मेत्तर कार्यों एवं अपने निजी व्यय में प्रयुक्त किया जाने लगा था। अतः अब लोग इसे अपना आर्थिक शोषण समझने लगे थे। कुछ भ्रष्ट पोप इस धन को अपनी विलासिता हेतु उपयोग में लाने लगे थे, इस तथ्य से पोप और उसकी यह व्यवस्था जनता की दृष्टि में निंदनीय बन गई थी। इसके अतिरिक्त राजाओं एवं सामन्तों की लोलुप दृष्टि चर्च की जमीनों पर थी। राजा अपने देश की समग्र जमीन पर अपना ही आधिपत्य चाहते थे। इस धन से राजा अपने सैन्य-संसाधनों को बढ़ाना चाहते थे एवं अपनी आर्थिक स्थिति को सुदृढ़ बनाना चाहते थे। अपने देश से प्रभूत मात्रा में धन का विदेश भेजा जाना राष्ट्रीयता की दृष्टि से भी उन्हें असह्य हो रहा था। धनिक वर्ग भी चर्च के खिलाफ था। चर्च का व्यापार, वाणिज्य के प्रति प्रतिकूल विचार धनिकों के असन्तुष्ट होने का कारण था। चर्च सादगी के जीवन को महत्व देता था। वह विलासिता तथा सम्पन्नता के खिलाफ था। चर्च की दृष्टि में मुनाफाखोरी, सूदखोरी पाप थे; ये विचार व्यापार-वाणिज्य के बढ़ते हुए दौर के युग में किसी को भी स्वीकार्य नहीं हो सकते थे। अतः अधिकांश लोग चर्च में सुधार लाने और उसे आर्थिक प्रगति में सहायक एवं समयानुकूल बनाने के पक्षधर बन गए थे।

4. मानववादी विद्वानों का प्रभाव—धर्म-सुधार आन्दोलन के लिए परोक्ष रूप से मानववादी विद्वानों का प्रभाव स्वीकार किया जा सकता है। बढ़ता हुआ धर्मेतर तथा सांसारिक दृष्टिकोण धर्म के दायरे और अधिकार को सीमित करने के लिए तत्पर था। ईसाई मानववादियों ने चर्च के दोषों को प्रकाश में ला दिया था।

5. तात्कालिक कारण—क्षमापत्रों की बिक्री धर्म-सुधार आन्दोलन का तात्कालिक कारण था। 1517 ई. में सिद्धान्तहीन तपस्वी टेटजेल क्षमा-पत्रों को बेचता हुआ सैक्सनी राज्य की सीमा पर पहुँचा; उस समय मार्टिन लूथर सैक्सनी (जर्मनी) के विश्वविद्यालय में प्राध्यापक था। लूथर ने टेटजेल द्वारा जनता का लूटे जाने का काफी विरोध किया उसने क्षमा-पत्रों की बिक्री पर रोक लगाते हुए बिक्री के खिलाफ '95 आक्षेप' लिखकर 31 अक्तूबर 1517 ई. को ब्रिटेनवर्ग के चर्च के द्वार पर चिपका दिया। शीघ्र ही उसे व्यापक जनसमर्थन मिल गया। यहीं से धर्म-सुधार आन्दोलन का सूत्रपात हुआ। शनैः-शनैः यह आन्दोलन जर्मनी के अनेक राज्यों, डेनमार्क, नार्वे और स्वीडन में फैल गया।

जर्मनी धर्म-सुधार आन्दोलन

धर्म-सुधार आन्दोलन जर्मनी से ही क्यों प्रारम्भ हुआ? इसके कुछ प्रमुख कारण थे। धर्म सुधार आंदोलन की शुरुआत जर्मनी में होने के कारण प्रमुख कारण क्या थे इसकी जानकारी देते हुए यह कहा गया है यह काफी पिछड़ा था तथा कूटनीतिक एकता का अभाव था। सही मायने में जर्मनी में कोई कार्यक्षम केन्द्रीय सत्ता नहीं थी। यही कारण है कि जब फ्रांस और इंग्लैण्ड में पोप को विदेशी समझा जा रहा था और उसके अधिकार सीमित किए जा रहे थे, जर्मनी पूर्ण रूप से चर्च के शोषण का शिकार बना हुआ था। अन्य देशों की तुलना में जर्मनी में चर्च का शोषण कहीं अधिक था। अतः अब मार्टिन लूथर ने चर्च के खिलाफ आक्षेप उठाया तो सभी असन्तुष्ट तत्त्व उससे सहमत हो गए। फलतः जर्मनी में धर्म-सुधार आन्दोलन प्रारम्भ हो गया।

मार्टिन लूथर (1483-1546 ई.)

इनका जन्म जर्मनी के सैक्सनी राज्य के इस्लीडेन नामक ग्राम में 10 नवम्बर, 1483 ई. को एक कृषक परिवार में हुआ था। उसके पिता का नाम हैन्सलूथर था जो एक गरीब किसान थे। कृषि से प्रचुर आय न होने के कारण हैन्सलूथर एक खान में कार्य करने हेतु मैन्सफील्ड चला गया था। लूथर ने लिखा है कि "मेरा निर्धन पिता एक खान में कार्य करता था एवं मेरी माता को अपनी पीठ पर लकड़ियाँ ढोनी पड़ती थीं; परन्तु शीघ्र ही हैन्सलूथर की स्थिति में सुधार हो गया और वे नगर-सभा के सदस्य हो गए। इस तरह मार्टिन लूथर में किसानों की शक्ति और सरलता थी, साथ ही उसमें हठ और बौद्धिक प्रखरता भी थी। उसके पिता उसे वकील बनाकर घर की प्रतिष्ठा बढ़ाना चाहते थे अतः उसे एरफर्ट विश्वविद्यालय भेजा गया; परन्तु वहाँ उसने कानून

की जगह धर्मशास्त्र का अध्ययन प्रारम्भ किया। उसका मन उद्वेलित रहने लगा, वह आगस्टीनियन भिक्षुओं में शामिल हो गया और अन्त में ब्रिटेनवर्ग विश्वविद्यालय में धर्मशास्त्र का प्रोफेसर नियुक्त हुआ। लूथर का विश्वास इस तथ्य में दृढ़ था कि सिर्फ आस्था और विश्वास से मुक्ति प्राप्त हो सकती है। मार्टिन लूथर ने रोम की यात्रा की, अभी तक वह पूर्ण रूप से श्रद्धालु था। रोम पहुँचकर उसे भावोद्रेक हुआ, उसने भावुक होते हुए कहा—''पवित्र रोम! शहीदों के खून ने तुम्हें पवित्र बनाया है, मेरा शत्-शत् प्रणाम स्वीकार करो।'' परन्तु रोम की यात्रा में उसका मोहभंग अवश्य हुआ होगा जैसा कि प्रत्येक विवेकपूर्ण तीर्थयात्री का होता है, तीर्थस्थानों पर फैले भ्रष्टाचार को देखकर उसके मन में यह भावना उत्पन्न होने लगी कि मात्र माला जपने अथवा बाह्य आडम्बर से मुक्ति नहीं मिल सकती। इसी मध्य एक ऐतिहासिक घटना घटित हुई।

1517 ई. में क्षमापत्रों को बिक्री करता हुआ पोप का एक प्रतिनिधि टेटजेल ब्रिटेनवर्ग पहुँचा। पोप को संत पीटर के चर्च के पुनर्निर्माण हेतु धन की आवश्यकता थी। टेटजेल कहता घूम रहा था—''जैसे ही क्षमापत्रों के लिए दिए गए सिक्कों की खनक गूँजती है, उस आदमी की आत्मा जिसके लिए धन दिया गया है सीधे स्वर्ग में प्रवेश कर जाती है।'' ऐसी बातों पर से विश्वास उठ रहा था। क्षोभ प्रत्येक ओर व्याप्त था, परन्तु मार्टिन लूथर अकेला था, जिसने साहस के साथ भोली जनता के साथ किए जा रहे इस मजाक और शोषण का विरोध किया। उसने दृढ़ता के साथ कहा कि यह धर्म के मूल सिद्धान्तों की स्पष्ट अवहेलना है। उसने इस तरह की पिच्यानवें बातें (95 Thesis) लिखकर एक चर्च के द्वार पर चिपका दीं। इस कृत्य से तहलका मच गया। लूथर चर्चित हो गया। कुछ लोग इस विरोध पत्र से आतंकित हो गए, कुछ भयभीत हो गए और कुछ अस्पष्ट रूप से समर्थन देने लगे।

मार्टिन लूथर अभी चर्च के अधिकार को खुली चुनौती नहीं दे रहा था, परन्तु पोप ने लूथर का विशेष प्रभाव पड़ा। उसने उसे भिक्षुओं के मध्य कहासुनी (Squeal among Monks) कहकर टाल दिया।

मार्टिन लूथर ने तीन पुस्तकें प्रकाशित कीं—An address to the nobility of the German Nation (जर्मन सामंत वर्ग को सम्बोधन) में उसने चर्च की अपार सम्पत्ति का वर्णन करते हुए जर्मन शासकों को विदेशी प्रभुत्व से मुक्त होने के लिए प्रेरित किया। उसने स्पष्ट रूप से कहा कि चर्च के तंत्र में पवित्रता नाम की कोई चीज नहीं है। दूसरी पुस्तक, ईश्वर के चर्च की कैद में उसने पोप और उसकी व्यवस्था पर प्रहार किया। अपनी तीसरी पुस्तक ईसाई मनुष्य की मुक्ति में उसने

अपने मुक्ति के सिद्धान्तों का प्रतिपादन किया और ईश्वर की अनुकंपा पर अटूट विश्वास की प्रतिष्ठा थी।

लूथर के कार्यों से पोप अत्यन्त क्षुब्ध हो गया और उसने लूथर को धर्मच्युत कर दिया। पोप के निर्देश को लूथर ने सभी के समक्ष जलाकर बगावत का स्वर तीव्र कर दिया। उसकी रचनाओं को गैरकानूनी करार दिया गया और उसे कानूनी सुरक्षा से वंचित कर दिया गया। लूथर के मित्रों ने उसे सुरक्षित स्थान पर पहुँचाकर उसकी रक्षा की। इस बीच उसने अपना अध्ययन जारी रखा। उसने बाइबिल का जर्मन अनुवाद किया जो न सिर्फ अत्यन्त लोकप्रिय हुआ बल्कि उसे आज भी जर्मन भाषा और साहित्य के विकासक्रम में एक महत्वपूर्ण उपलब्धि स्वीकार किया जाता है।

मार्टिन लूथर को समझाने का मानववादी मेलांकथन एवं अन्य मित्रों ने प्रयत्न किया, परन्तु विचारों में साम्य नहीं स्थापित हो पाया। लूथर ने जिन सुधारों की बात की उन्हें जब नहीं माना गया तो उसने विरोध (Protest) किया। शनैः-शनैः उसे और उसके अनुयायियों को प्रोटेस्टेंट कहा जाने लगा। कालान्तर में अन्य कैथोलिक चर्च विरोधी लोग भी इसी नाम से जाने गए।

मार्टिन लूथर के विचार बहुत आसान थे। उसने ईसा और बाइबिल की सत्ता स्वीकार की, परन्तु पोप और चर्च की दिव्यता और निरंकुशता को नकार दिया। चर्च द्वारा निर्धारित कर्मों के स्थान पर उसने आस्था को मुक्ति का साधन बताया। संस्कारों में उसने सिर्फ तीन नामकरण, प्रायश्चित और प्रसाद को स्वीकार किया। चर्च में चमत्कार पर बहुत विश्वास था। जनता को मूर्ख बनाने का यह एक आसान तरीका था, स्पर्श मात्र से रोगी का ठीक हो जाना, ईसा को समर्पित रोटी और शराब का मांस और खून में परिवर्तित हो जाना आदि विश्वासों को उसने मानने से इंकार कर दिया। चर्च में व्याप्त आडम्बर को भी उसने नकार दिया। अपने लेखों द्वारा जर्मन भाषी जनता में दूर-दूर तक अपने विचारों को प्रचारित किया। उसके विचार लोकप्रिय हुए एवं राष्ट्रीय स्फूर्ति को बल प्राप्त हुआ।

लूथर के प्रोटेस्टेंट अनुयायी उग्र होने लगे और अनेक स्थानों पर मूर्तियाँ तोड़ दीं, मठों को लूट लिया। लूथर ने उग्रवादियों का विरोध किया। इसी बीच दक्षिण-पूर्वी और मध्य जर्मनी के किसानों ने बगावत कर दी। पन्द्रहवीं शताब्दी से ही उनका असन्तोष मुखर होने लगा था। सामंतों द्वारा शोषित किसान अपनी आर्थिक और सामाजिक विषमता से पीड़ित थे; उन्होंने जब लूथर के सिद्धान्तों की जानकारी प्राप्त की तो प्रोत्साहित होकर उग्र-विरोध पर उतर आए। किसानों ने समझा कि उनको वास्तविक नेतृत्व प्राप्त हो गया है। किसानों की प्रमुख माँगे थीं—(i) अर्धगुलामी की

स्थिति (Serfdom) का अंत; (ii) न्यायपूर्ण कर व्यवस्था, (iii) मनमाने ढंग से सजा देने, सामंतों के शिकार संबंधी विशेषाधिकारों और बेगार का अंत। इन माँगों को धार्मिक आन्दोलन ने बल दिया।

प्रारम्भ में लूथर को इस आन्दोलन से सहानुभूति थी, परन्तु 1529 के उपरांत आन्दोलन के जनवादी और हिंसक चरित्र से वह भयभीत हो गया। उसने शासकों से आग्रह किया कि इस आन्दोलन का जल्द से जल्द समाप्त कर दिया जाए। अतः किसानों द्वारा किये जाने वाली बगावत को दबा दिया तथा भारी संख्या में किसानों की नृशंस हत्या कर दी गयी।

लूथर ने इस आन्दोलन के दमन के लिए शासकों को क्यों प्रेरित किया था, इसका उत्तर अधिक कठिन नहीं है, वह जानता था कि अशांति बढ़ने पर उसके विचारों का विस्तार अवरुद्ध हो जाएगा और नेतृत्व उसके हाथ से निकल जाएगा। गरीब और निरक्षर किसानों से उसे बहुत मदद नहीं मिल पाएगी।

1530 के पश्चात् सम्राट चार्ल्स पंचम ने अपनी समस्याओं से कुछ छुटकारा पाने पर लूथरवाद को दबाने का हरसंभव प्रयास किया। 1545 ई. में ट्रेंट में एक सभा हुई, परन्तु प्रोटेस्टेंट लोगों के संबंध में कोई निर्णय नहीं हो पाया। सम्राट चार्ल्स पंचम का एक और प्रयत्न विफल हो गया। जर्मन प्रोटेस्टेंट शासकों ने एक संघ बना लिया। यह सम्राट चार्ल्स पंचम के खिलाफ पहला राष्ट्रीय कार्य था। शनैः-शनैः प्रोटेस्टेंट और कैथेलिक शासकों के बढ़ते तनाव ने गृहयुद्ध का रूप धारण कर लिया। बाह्य शक्तियों ने भी कूटनीतिक हित में हस्तक्षेप करना प्रारम्भ किया। युद्ध का अन्त आग्सबर्ग की संधि के उपरांत ही हुआ।

1546 ई. में मार्टिन लूथर की मृत्यु हो गई। निस्संदेह सुधारवादियों के इतिहास में लूथर का स्थान बहुत महत्वपूर्ण है। आधुनिक युग का आह्वान करने वालों में उसकी गणना की जा सकती है। फिशर के विचार में लूथर का महत्व इस बात में निहित नहीं है कि वह मौलिक था, बल्कि इसमें है कि वह सच्चा प्रतिनिधि था। चर्च में इकट्ठा होते निरुत्पादक धन को रोककर, उसने व्यवसाय को परोक्ष रूप से बढ़ाया और पूँजीवादी व्यवस्था की जड़ें सुदृढ़ होने लगीं। उसका जर्मन भाषा का उपयोग प्रशंसनीय था। वह जर्मन गद्य का जनक कहा जा सकता है। उसने एक ऐसा उत्साहवर्धक जर्मन गीत लिखा और संगीतबद्ध किया जिसे Marssieaze (क्रान्तिकालीन फ्रांसीसी आह्वान गीत) कहा गया। शनैः-शनैः उसका विस्तार उत्तरी जर्मनी के बाहर डेनमार्क, स्वीडन और नार्वे तक हो गया। अपने जीवन काल में ही उसे प्रोटेस्टेंट विचारों के स्थायित्व पर विश्वास हो गया था, परन्तु सही मायने में

औपचारिक स्वीकृति उसकी मृत्यु के दस वर्षों पश्चात् ही मिल पाई। लूथर ने एक प्रकार से संत पाल का मुखौटा धारण कर लिया था। उसने जिस सम्प्रदाय को जन्म दिया वह निरंकुश राजतंत्र के अनुकूल था। उसने चर्च और जर्मन भाषा को स्पष्ट करने का प्रयत्न किया था। सही मायने में जर्मन राष्ट्रवाद को जीवन्त और संगठित करने वालों में लूथर अग्रणी है।

आम्सबर्ग की संधि—जीवन-पर्यन्त संघर्षरत सम्राट चार्ल्स पंचम ने व्यथित होकर राज्य का परित्याग कर दिया। उसके भाई फर्डिनेण्ड ने ही अंत में प्रोटेस्टेंट लोगों से समझौते की नीति का पथ प्रशस्त किया। 1555 ई. में आम्सबर्ग नामक स्थान पर जर्मन शासकों की सभा (DIET) में एक संधि पर हस्ताक्षर हुए। संधि के अनुसार—प्रत्येक शासक को (जनता को नहीं) अपना और अपनी प्रजा का धर्म चुनने की स्वतन्त्रता दे दी गई, 1552 ई. के पहले प्रोटेस्टेंट लोगों ने चर्च की जो सम्पत्ति अपने अधिकार में कर ली थी, वह उनकी स्वीकार कर ली गई, लूथरवाद के अतिरिक्त अन्य किसी वाद को मान्यता नहीं दी गई, कैथोलिक क्षेत्रों में बसने वाले लूथरवादियों को अपना विश्वास छोड़ने पर विवश नहीं किया गया, धार्मिक आरक्षण के सिद्धान्तों के अनुरूप प्रोटेस्टेंट बनने पर कैथोलिक बिशपों को अपना स्थान छोड़ना आवश्यक हो गया।

इस संधि ने एक सीमा तक धार्मिक संघर्ष को हल किया, परन्तु कुछ प्रमुख त्रुटियाँ भी निहित रहीं। संधि में व्यक्ति को नहीं शासक को धार्मिक स्वतन्त्रता दी गई थी जो बहुत समय तक मान्य नहीं रह सकती थी। दूसरे, सिर्फ लूथरवाद की मान्यता पक्षपातपूर्ण और गलत थी क्योंकि ज्विंग्ली और काल्विन के अनुयायियों को भी वही अधिकार प्राप्त होने चाहिए थे। सम्पत्ति सम्बन्धी निर्णय भी अव्यावहारिक और सैद्धान्तिक दृष्टि से गलत था; कैथोलिक लोगों के साथ पक्षपात अपनाया गया था। परिणामस्वरूप आम्सबर्ग की संधि धार्मिक कलह का निबटारा न कर सकी; अन्तिम निर्णय लगभग एक शताब्दी के पश्चात् वेस्टफेलिया की संधि द्वारा सम्भव हुआ। इस संधि से सिर्फ इतना ही हुआ कि सोलहवीं शताब्दी के उत्तरार्द्ध में जर्मनी धार्मिक युद्धों से बचा रहा।

उलरिक ज्विंग्ली (1484-1531 ई.)

मार्टिन लूथर ने जिस प्रकार जर्मनी में धर्म-सुधार आन्दोलन की शुरुआत की थी, उसी प्रकार उलरिक ज्विंग्ली ने स्विट्जरलैण्ड में इसका प्रसार किया था। ज्विंग्ली का जन्म स्विट्जरलैण्ड में विल्डहास नामक स्थान पर 1 जनवरी, 1484 ई. को एक

सम्पन्न परिवार में हुआ था। उसने वियना और वासेल में शिक्षा प्राप्त की थी। 1506 ई. में वह पादरी नियुक्त हुआ। पादरी के पद पर 15 वर्ष तक कार्य करने के उपरान्त उसे धर्म में प्रचलित भ्रष्टाचार तथा बुराइयों का अंत करने का काफी प्रयास किया था। ज्विंग्ली इरैस्मस एवं लूथर के विचारों से प्रभावित था। 1519 ई. में उसको अन्तःप्रेरणा हुई और वह एक सुधारक बनने के लिए दृढ़-प्रतिज्ञ हो गया।

तत्कालीन समय में स्विट्जरलैण्ड पवित्र रोमन साम्राज्य के अन्तर्गत था, परन्तु उसके 13 जिले (कैंटन) स्वतन्त्र गणतन्त्रों की तरह थे। ज्विंग्ली ने धर्म-ग्रन्थों का गम्भीर अध्ययन करके अपने देश की गणतन्त्रात्मक पद्धति के सहारे धर्म को नए ढंग से परिभाषित करना प्रारम्भ किया। उसने हमेशा इस तथ्य पर बल दिया कि वह लूथरवाद से अलग एक स्वतन्त्र सम्प्रदाय का प्रवर्तक है। लूथर और ज्विंग्ली के बीच सम्पर्क तो स्थापित हुआ, परन्तु सहमति न हो सकी क्योंकि दोनों की कार्य-पद्धति भिन्न थी। 1525 ई. में उसने रोम से अलग होकर एक Reformed Church की स्थापना कर ली। ज्विंग्ली के विरोध का कूटनीतिक आधार भी था। स्विस सैनिक किसी देश की सेना में भर्ती हो जाते थे। ज्विंग्ली जानता था कि इस कार्य में अपने स्वार्थों के लिए चर्च का भी हाथ रहता था। वह बाइबिल को धर्म का एकमात्र स्रोत स्वीकार करता था। वह पादरियों के कुँआरेपन का भी विरोधी था। उसने स्वयं विवाह किया और उसके अनुयायी प्रत्येक ढंग से चर्च के विरोधी हो गए। शनैः-शनैः उसका प्रभाव ज्यूरिख और बर्न नामक नगरों पर पूर्ण रूप से स्थापित हो गया; परन्तु पिछड़े हुए क्षेत्रों के लोग कट्टर कैथोलिक बने रहे जब ज्विंग्ली ने उन्हें बलपूर्वक अपनी ओर करना चाहा तो स्विट्जरलैण्ड में एक गृहयुद्ध प्रारम्भ हो गया, जिसमें ज्विंग्ली की मृत्यु लड़ाई के दौरान हो गयी थी और कैथोलिक शक्तियों की विजय हो गई। अन्त में कापेल की संधि (1531 ई.) द्वारा वही निर्णय हुआ जो लूथरवाद के सन्दर्भ में पच्चीस वर्षों उपरान्त आग्सबर्ग में हुआ था, अर्थात् धर्म के सम्बन्ध में अन्तिम अधिकार स्थानीय सरकारों को मिल गया। फलतः आज भी जर्मनी की तरह स्विट्जरलैण्ड में भी कुछ लोग कैथोलिक हैं और कुछ प्रोटेस्टेंट।

उलरिक ज्विंग्ली के धार्मिक विचार एवं लूथरवाद से भिन्नता

ज्विंग्ली ने 1523 ई. में ज्यूरिख की धर्म-सभा में हुए वाद-विवाद के सन्दर्भ में 67 निबन्ध (67 Thesis) लिखे थे जिनमें अपने सुधारवादी विचारों को उजागर किया था, निम्न प्रकार स्पष्ट किया गया है—

ज्विंग्ली बाइबिल को सर्वोच्च मानता था और उसे ही धर्म का मूल स्रोत मानता

था। लूथर बाइबिल को महत्वपूर्ण मानता था। ज्विंग्ली का कथन था कि अर्पित की जाने वाली रोटी और शराब, ईसा मसीह के शरीर तथा रक्त के सूचक मात्र हैं। और इसका महत्त्व सिर्फ सांकेतिक है। उसमें कोई नया तत्व समाहित नहीं हो जाता है। यह धर्मशास्त्रों में उल्लिखित वास्तविक घटना का स्मरण मात्र कराती है। लूथर के इस विचार से कि अर्पण-क्रिया के उपरांत रोटी और शराब में कोई नया तत्त्व उसी प्रकार आ जाता है जैसे गर्म होने पर लोहे में आग, ज्विंग्ली सहमत नहीं था। ज्विंग्ली का आम जनता में अधिक विश्वास था। लूथरवाद सिर्फ उच्च वर्ग के ही सहयोग पर टिका हुआ था। ज्विंग्ली लोकतन्त्रात्मक आधार पर धर्म के साथ-साथ कूटनीतिक सुधार भी चाहता था। लूथर ने राज्य को चर्च के ऊपर माना था। इस प्रकार ज्विंग्ली और लूथर के विचारों में अधिक भिन्नता थी। कुछ बातों में वे एक-दूसरे से सहमत भी थे। दोनों सुधारक यह मानते थे कि पाप से मुक्ति के लिए विश्वास ही जरूरी है। दोनों ने पादरियों को विवाह करने का अधिकार दिया। लूथर की भाँति ज्विंग्ली ने भी पोपशाही, समूह प्रार्थना, संतों की पूजा, उपवास, तीर्थ-यात्रा आदि कैथोलिक विचारों का खण्डन किया। सही मायने में लूथर, गूढ़-विद्या और सिद्धान्त में आस्था रखता था। परन्तु ज्विंग्ली तर्क और क्रियात्मक धर्म के प्रति आकर्षित था।

जॉन काल्विन

धर्म सुधार आंदोलन की शुरुआत सर्वप्रथम मार्टिन लूथर के द्वारा की गई थी। है, परन्तु काल्विन पहला सुधारक था जो अटूट विश्वास के साथ एक ऐसा पवित्र सम्प्रदाय स्थापित करना चाहता था जो किसी देश तक सीमित न रहे, बल्कि जिसका क्षेत्र अन्तर्राष्ट्रीय हो। काल्विन ने कुछ अर्थों में लूथर से भी अधिक सफलता अर्जित की।

काल्विन फ्रांस के नोयों नगर का निवासी था। अपने माता-पिता की आज्ञानुसार उसने चर्च की छात्रवृत्ति पर पेरिस में धर्म और साहित्य का गहन अध्ययन किया और तदोपरान्त वह कानून के अध्ययन में लीन हो गया, वहाँ वह लूथर के समर्थकों के प्रभाव में आया। 1533 ई. में काल्विन के अन्दर एक आध्यात्मिक जागरण हुआ जिसके परिणामस्वरूप वह कैथोलिक धर्म में व्याप्त कुरीतियों को खत्म करने के लिए कटिबद्ध हो गया। वह प्रचार कार्य में लग गया। उसके अनुयायियों की संख्या शनैः-शनैः बढ़ने लगी। फ्रांस के शासक फ्रांसिस ने उस पर प्रतिबन्ध

लगाना चाहा, अतः वह फ्रांस छोड़कर स्विट्जरलैण्ड चला गया, वहाँ वह ज्विंग्ली के सम्पर्क में आया। वहीं उसने कैथोलिक चर्च के समानांतर प्रोटेस्टेंट चर्च के सिद्धान्त प्रतिपादित करने के लिए एक महत्त्वपूर्ण पुस्तक ईसाई धर्म के मूलभूत सिद्धान्त लिखी।

1536 ई. में काल्विन जेनेवा गया। वहाँ उसने अपनी अद्भुत संगठन क्षमता से नगरवासियों को संगठित करके कूटनीतिक तथा धार्मिक स्वतन्त्रता का पथ प्रशस्त किया। फलतः कृतज्ञ नगरवासियों ने उसे नगर का प्रमुख धर्म शिक्षक नियुक्त कर दिया। यहीं से नगर पर उसके निरंकुश प्रभुत्व की स्थापना हुई। शीघ्र ही जेनेवा एक धर्मप्रधान 'नगर-राज्य' बन गया, जिसका काल्विन सर्वोच्च नेता और नियंता था। चाहे धर्म-सम्बन्धी कार्य हों अथवा कूटनीतिक तथा प्रशासकीय, उसका निर्णय अन्तिम होता था। उसने एक विशुद्ध भौतिकवादी व्यवस्था स्थापित की जिसमें मनोरंजन के लिए कोई स्थान नहीं था। सामान्य सी चारित्रिक दुर्बलता पर वह कठोर दंड देता था। वह स्वयं एक सरल-सादगीपूर्ण जीवन व्यतीत करता था। शनैः-शनैः सम्पूर्ण यूरोप में उसकी ख्याति स्थापित हो गई।

उसने बाइबिल का फ्रेंच अनुवाद कराया। स्कूल और विद्यालय स्थापित कराए। जेनेवा विश्वविद्यालय प्रोटेस्टेंट शिक्षा के लिए सम्पूर्ण यूरोप में चर्चित हो गया था। उसे प्रोटेस्टेंट पोप कह कर पुकारा जाने लगा।

काल्विन का सिद्धान्त ईश्वरवाद पर आधारित है। ईश्वर की इच्छा से ही सब कुछ होता है। इसलिए मनुष्य की मुक्ति न 'कर्म' से हो सकती है न 'आस्था' से। वह तो बस ईश्वर के 'अनुग्रह' से हो सकती है। मनुष्य के जन्म लेते ही यह निर्णीत हो जाता है कि उसका उद्धार होगा या नहीं। इसे ही 'पूर्व नियति का सिद्धान्त' (Doctrine of Predestination) कहते हैं। इस दृष्टि से इससे भाग्यवादिता प्रबल होनी चाहिए थी, परन्तु काल्विनवाद ने इसके ठीक विपरीत एक उत्साह और दैवी प्रेरणा का संचार अपने अनुयायियों में किया। काल्विनवादी यह समझकर कार्यरत हो गया कि यह तो उसकी नियति है। इस नियतिवादिता का आर्थिक सन्दर्भ में यह अर्थ था कि व्यवसाय की प्रतिस्पर्धा भरी दुनिया में सफलता या असफलता मनुष्य के कार्यों की दक्षता पर नहीं बल्कि 'अज्ञात उच्च आर्थिक शक्ति' पर निर्भर करती है।

काल्विन ने बाइबिल पर विश्वास रखा, परन्तु चर्च की उसकी कल्पना ऐसी थी कि सभी धर्मपरायण लोगों की वह एक अमूर्त परंतु जीवन्त संस्था बन जाए। काल्विन के विचार में चर्च व्यक्ति और ईश्वर के बीच कोई माध्यम नहीं बन सकता

था। व्यक्ति का ईश्वर के साथ सीधा सम्बन्ध हो सकता है। उसने संस्कारों का महत्व और कम कर दिया। काल्विन ने व्यक्ति के पवित्र आचरण को महत्व प्रदान किया था।

काल्विन ने समस्त संगठन लोकतांत्रिक आधार पर किया था। यद्यपि धार्मिक संगठन और राज्य पृथक-पृथक् थे, परन्तु धर्म सम्बन्धी निर्णय सामान्य जनता व धर्माधिकारियों के प्रतिनिधि मिल-बैठकर करते थे। उसने प्रौढ़ लोगों (Presbitors) को अत्यधिक महत्त्व प्रदान किया था। इसी कारण इस सम्प्रदाय का नाम ही 'प्रेसबिटेरियनिज्म' पड़ गया था।

काल्विन ने नैतिक अनुशासन पर बहुत बल दिया था। एक समिति हमेशा लोगों पर दृष्टि रखती थी और रंच-मात्र भूल पर भी कठोर दंड देती थी। आचरण और व्यवहार में काल्विनवाद के थोड़ा भी विरुद्ध जाने पर मृत्युदंड तक की सजा दी जाती थी। इस तरह अपने अनुयायियों के मध्य लोकतांत्रिक होते हुए भी दूसरों के प्रति काल्विनवाद असहिष्णु था।

स्विट्जरलैंड में काल्विन के विचारों को मान्यता प्राप्त होने के पश्चात् उसकी मात् भूमि में भी उसका प्रचार शनैः-शनैः बढ़ने लगा। काल्विनवाद खास रूप से पूँजीपति में ज्यादा लोकप्रिय हुआ। फ्रांस में काल्विन के अनुयायी यूगनों कहलाते थे। संख्या में कम होते हुए भी इनका प्रभाव अधिक था। उत्तरी नीदरलैंड्स में बहुमत में काल्विनवादी थे और वहाँ एक नए सम्प्रदाय 'Dutchrefood Religion' का उदय हुआ। जर्मनी में भी काल्विनवाद को मान्यता प्राप्त हुई थी।

काल्विन तत्कालीन पूँजीवादी व्यवस्था के अनुसार था। एक ओर वह कठोर अनुशासन थोपता था और दूसरी ओर उसके सम्प्रदाय का संवैधानिक ढाँचा प्रजातांत्रिक और गणतंत्रात्मक था।

लूथर और काल्विन की तुलना

लूथर और काल्विन दोनों के व्यक्ति, सिद्धान्त एवं कार्य-शैली में एक दूसरे से काफी भिन्न थे। दोनों धर्मसुधारकों ने लगभग एक ही समय कैथोलिक चर्च का विरोध कर अलग सम्प्रदाय स्थापित किए थे। दोनों ही धर्म सुधारकों को पसंद नहीं थे। पोप की सत्ता दोनों ही धर्मसुधारकों को पसंद नहीं था। दोनों ही धर्मसुधारकों ने मध्यम वर्ग को प्रभावित किया तथा आडम्बर का विरोध किया। फिर भी दोनों धर्मसुधारकों के सुधार के तरीके पूर्णतया भिन्न थे, जिसे निम्न तालिका में प्रकट किया गया है—

1. लूथर राजा और धर्म के बीच स्पष्ट रेखा नहीं खींच सका। काल्विन राजा और धर्म के कार्यक्षेत्रों में स्पष्ट विभाजन करता था।
2. लूथर आजीवन जर्मन किसान बना रहा और चर्च को बिना पूरी तरह नकारे जर्मनी के राष्ट्रीय हितों को ध्यान में रखकर थोड़े से बदलाव से संतुष्ट रहा। जबकि काल्विन एक सुसंस्कृत फ्रांसीसी था, उसने सूक्ष्म अध्ययन के उपरांत अपने धर्म के सभी अनुयायियों का अन्तर्राष्ट्रीय और मूलतः भिन्न संगठन बनाया।
3. लूथर आस्था को मुक्ति का आधार मानता था। काल्विन के लिए कर्म या आस्था से कोई अन्तर नहीं पड़ता था क्योंकि व्यक्ति की नियति पहले से निश्चित होती है।
4. लूथर ने तीन संस्कारों को स्वीकार किया और वह चमत्कारों को सूचक के रूप में स्वीकार करने को राजी था। काल्विन ने सिर्फ दो संस्कार स्वीकार किए एवं चमत्कारों को पूर्णतया नकार दिया।
5. लूथर जर्मन शासकों के प्रभाव से कभी मुक्त नहीं हो सका था। काल्विन अपेक्षतया कूटनीतिक प्रभाव से मुक्त था।
6. लूथर ने अपने अनुयायियों के चरित्र और आचार-व्यवहार पर खास ध्यान नहीं दिया, जबकि काल्विन ने चारित्रिक अनुशासन को अत्यधिक महत्व दिया।
7. लूथर ने धर्म के संगठन के क्षेत्र में कोई सुनियोजित और व्यवस्थित तंत्र नहीं बनाया। राजतंत्रीय व्यवस्था को मानने के कारण राज्य द्वारा ही लूथरवाद का प्रचार-प्रसार हुआ। काल्विन पूर्ण रूप से लोकतान्त्रिक व्यवस्था को मानता था यद्यपि यह विरोधाभास उसमें मिलता है कि लोकतांत्रिक व्यवस्था में भी उसकी अपनी निरंकुशता बनी हुई थी।
8. लूथर ने परम्पराओं को किसी सीमा तक स्वीकार किया। काल्विन ने सर्वथा नए ढंग से धर्म की व्याख्या की।

उपर्युक्त सारणी से यह स्पष्ट होता है कि लूथर अपेक्षतया नम्र, सहिष्णु था जबकि काल्विन अत्यधिक असहिष्णु, कट्टर था। अन्त में लूथरवाद जर्मन राजाओं के हाथ की कठपुतली बन गया, परन्तु काल्विनवाद ने हालैण्ड में एक गणतंत्र की स्थापना की एवं इंग्लैण्ड और स्कॉटलैण्ड में गणतन्त्रवादी दलों को जन्म दिया। लूथरवाद ने जर्मनी में विध्वंस का सूत्रपात किया, परन्तु काल्विनवाद ने हालैण्ड की मुक्ति का पथ प्रशस्त किया था।

आंग्ल चर्च

मध्यकालीन चर्च की बुराइयों के खिलाफ अनेक तत्त्व जोर पकड़ रहे थे। लोग वाईक्लिफ की शिक्षाओं को स्मरण करते रहते थे। 'पायर्स प्लाऊमैन' और 'द कैन्टरबरी टेल्स' आदि कृतियों से पादरियों की स्वार्थपरता का नग्न चित्र जन-मानस पर अपना प्रभाव अंकित कर रहा था; लोग इस अतिलोलुप वर्ग और उसकी अंधविश्वासग्रस्त प्रणाली से काफी नाराज थे। इंग्लैण्ड के शासक भी पोप के बढ़ते प्रभाव, हस्तक्षेप से क्षुब्ध थे। राष्ट्रीयता की भावना का काफी प्रसार हो रहा था। पोप विदेशी प्रतीत होने लगा था। इंग्लैण्ड के बुद्धिजीवियों में लूथरवाद का प्रभाव बढ़ रहा था। जॉन कोलेट, सर टामस मूर आदि विद्वान् सुधारों की माँग कर रहे थे। इन्हीं परिस्थितियों में एक व्यक्तिगत कारण भी पैदा हो गया, जिससे हेनरी अष्टम 1509-1547 ने पोप से सम्बन्ध-विच्छेद कर लिया और रोम के खिलाफ खुली बगावत कर थी।

हेनरी अष्टम ने अपने भाई की विधवा कैथरीन से पोप की अनुमती से शादी कर लिया परंतु कुछ दिन बाद हेनरी को ऐनी बोलेन (Anne Boleyn) नामक युवती से प्रेम हो गया और वह उससे विवाह करने को उत्सुक हो गया। हेनरी अष्टम ऐनी बोलेन से तभी विवाह कर सकता था, जब पोप उसका कैथरीन से तलाक का निवेदन स्वीकार कर ले। पोप क्लीमेण्ट सप्तम (Pole Clement VII) ने तलाक की अनुमति नहीं दी। कैथरीन पवित्र रोमन सम्राट और स्पेन के राजा चार्ल्स पंचम की बुआ थी। पोप चार्ल्स पंचम को नाराज नहीं करना चाहता था, अतः उसने तलाक स्वीकार करने से इन्कार कर दिया। हेनरी अष्टम हर दशा में ऐनी बोलेन से विवाह करना चाहता था। इंग्लैण्ड की संसद, देश से पोप की सत्ता को समाप्त करना चाहता था।

हेनरी अष्टम अपने को एक अच्छा कैथोलिक समझता था। चर्च की सेवाएँ पूर्ववत् चलती रहीं। अधिकांश पादरियों ने हेनरी अष्टम के प्रति निष्ठा की शपथ ली। हेनरी मठों (Monastri) की धन-सम्पत्ति पर पोप और उसकी पोपशाही का खुलकर विरोध करने का निर्णय किया। सदियों से पोप के हस्तक्षेप और आर्थिक नुकसान के कारण असन्तुष्ट इंग्लैण्ड में पोप विरोधी नीति अपनाने में कठिनाई नहीं हुई। सबसे पहले उसने रोम भेजे जाने वाले धन पर प्रतिबन्ध लगा दिया, तदोपरान्त क्रेनमर को कैंटरबरी का बिशप बनाया। इसी बिशप से अपने और कैथरीन के सम्बन्ध-विच्छेद के आदेश की घोषणा करवाई और ऐन बोलीन से विवाह कर लिया। पोप क्लीमेंट सप्तम ने भी क्रुद्ध होकर हेनरी अष्टम को धर्मच्युत घोषित कर दिया। अब

औपचारिक रूप से इंग्लैण्ड और रोम की पृथकता की पृष्ठभूमि बन गई थी। हेनरी अष्टम के परामर्श से संसद ने अनेक कानून पारित करके रोम से विच्छे को कानूनी रूप प्रदान किया। इंग्लैण्ड के शासक को इंग्लैण्ड के चर्च का सर्वोच्च अधिकारी घोषित किया। इस कानून का उल्लंघन करने बाले के लिए मौत की सजा निर्धारित की गई। कैथोलिक चर्च से, इन राजाज्ञाओं के तहत, तत्काल सम्बन्ध टूट गया; जिन उच्च पादरियों को यह नवीन व्यवस्था स्वीकार नहीं हुई, उन्हें मृत्यु-दंड दिया गया; टॉमस मूर जैसे चर्चित व्यक्ति को भी अपने प्राणों से हाथ धोना पड़ा। हेनरी अष्टम रोम से पृथक् होकर इंग्लैण्ड का स्वतन्त्र चर्च बनाए रखने के प्रति दृढ़-प्रतिज्ञ हो गया; मठ (Monastri) जो चर्च के गढ़ थे, उनकी अपार सम्पत्ति हेनरी ने अधिकृत कर ली। उसने इस संस्था का एक प्रकार से अन्त कर दिया। उसके समय में आंग्ल चर्च न पूर्णतया कैथोलिक रह सका और न प्रोटेस्टेंट ही।

एडवर्ड षष्टम के युग में आंग्ल चर्च को प्रोटेस्टेंट स्वरूप प्रदान किया गया। सोमरसेट और क्रेनमर ने मिलकर चर्च से चित्र और सजावट के सामान हटवा दिए। प्रार्थनाएँ लैटिन से अंग्रेजी में होने लगी। क्रेनमर ने 'English Book of Common Prayer' नामक पुस्तक प्रकाशित करवाई और प्रसिद्ध 42 सिद्धान्तों की घोषणा हुई। इनमें प्रोटेस्टेंट और कुछ सीमा तक काल्विनवादी विचारों को स्थापित किया गया। एडवर्ड षष्टम का संरक्षक सोमरसेट अपना काम पूरा करने के पूर्व ही षड्यंत्र का शिकार हो गया। परन्तु दूसरे संरक्षक नार्थम्बरलैण्ड ने उसे पूरा किया। एडवर्ड षष्टम की 1553 ई. में मृत्यु हो गई, जिससे प्रोटेस्टेंट सुधार की नीति को गहरा आघात लगा। अब कैथरीन की पुत्री मेरी शासन की उत्तराधिकारी थी। वह कैथोलिक धर्म की समर्थक थी। उसने अपने कार्यकाल (1553-1558 ई.) में अपने दो पूर्ववर्ती शासकों (हेनरी अष्टम, एडवर्ड अष्टम) के कार्यों को पूर्ण रूप से नकार दिया। रोम से पुनः सम्बन्ध स्थापित किया गया। संसद को अपने पारित किए गए कानूनों को बदलना पड़ा। पोप के आदेश से पूर्व स्थिति को लाने का हरसंभव प्रयास किया गया। विरोधियों के साथ नृशंसता का व्यवहार किया गया। क्रेनमर को जिन्दा जला दिया गया। मेरी ने कैथोलिक धर्म में अपनी कट्टर आस्था को प्रगट करते हुए, उस समय के सबसे अधिक कैथोलिक समर्थक शासक स्पेन के फिलिप द्वितीय से विवाह कर लिया। इंग्लैण्ड की जनता ने मेरी के इस कृत्य को राष्ट्रीय अपमान के रूप में स्वीकार किया। कानून के बावजूद प्रोटेस्टेंट विचारधारा फैलती रही। 1558 ई. में मेरी बिना संतान का जन्म दिए भगवान को प्यारी हो गयी। शासन सत्ता हेनरी अष्टम एवं ऐन बोलीन की पुत्री एलिजाबेथ को प्राप्त हुआ।

एलिजाबेथ योग्य प्रशासक सिद्ध हुई, उसे धर्म से उतना ही लगाव था, जितना प्रशासन के लिए जरूरी हो। उसके शासनकाल (1558-1603 ई.) में ही आंग्ल धर्म का अन्तिम स्वरूप निश्चित हुआ था। आंग्ल चर्च की, जिसे 'एपिसकोपल चर्च' भी पुकारा जाता है। स्वतन्त्रता फिर से स्थापित हुई; क्रेनमर की पुस्तक को संशोधित करके फिर से प्रकाशित किया गया। आंग्ल चर्च को वैधानिक सत्ता प्रदान करने के लिए (Act of Supremacy and Uniformity) सर्वोच्चता और एकरूपता का कानून पारित किया गया। एलिजाबेथ ने सहिष्णुता की नीति को स्वीकार कर लिया। वह इंग्लैण्ड को उग्र प्रोटेस्टेंट राष्ट्र नहीं बनाना चाहती थी, न ही वह कैथोलिक लोगों का अन्त करने के पक्ष में थी। प्रोटेस्टेंटवाद को शनैः-शनैः इंग्लैण्ड की जनता ने स्वीकृति प्रदान कर दी। यद्यपि कुछ उग्र प्रोटेस्टेंट, विशुद्धतावादी 'प्यूरिटन' और कट्टर कैथोलिक असन्तुष्ट ही रहे; परन्तु एलिजाबेथ की योग्यता और दूरदर्शिता के कारण आंग्ल चर्च स्थायी हो गया। इंग्लैण्ड उस धार्मिक उथल-पुथल से बच गया, जिसमें यूरोप सदियों तक उलझा रहा था। सोलहवीं शताब्दी के अन्त तक वहाँ एक ऐसे राष्ट्रीय चर्च की स्थापना हो गई जो फिशर के अनुसार, ''प्रशासनिक रूप से'' इरेस्टियन' कर्मकांड में 'रोमन' और धर्मशास्त्रीय संदर्भ में 'काल्विनवादी' था। यह कहना युक्तिसंगत है कि आंग्ल चर्च का यही मिश्रित स्वरूप उसके स्थायित्व का आधार बन गया।

कैथोलिक धर्म-सुधार आन्दोलन

यदि कैथोलिक चर्च में समय के साथ सुधार हुआ होता तो लूथर और काल्विन जैसे सुधारकों को सरलता से सफलता प्राप्त नहीं हो सकती थी। सही मायने में परिवर्तन की इच्छा रखने वाले का चर्च विनाश कर देता था। पुनर्जागरण ने जो वातावरण बनाया, उसमें कैथोलिक चर्च में सुधार होना ही चाहिए था, परन्तु विलासी और सुविधाजीवी पोप सुधारों की तरफ से आँख बन्द किए रहे। जब लूथर और काल्विन ने कैथोलिक चर्च के खिलाफ विद्रोह किया तो उनके अस्तित्व को गहरा आघात लगा; इस तरह एक तरह की विवशता में कैथोलिक चर्च में भी सुधार प्रारम्भ हुआ। यह धर्म सुधार आन्दोलन के समानांतर और उसके प्रतिवाद में ही प्रारम्भ हुआ था। अतः उसे काउंटर रिफार्मेशन (प्रतिक्रिया धर्म सुधार) आन्दोलन कहते हैं।

कैथोलिक चर्च की सबसे बड़ी कमी यह थी कि सर्वोच्च नेतृत्व के चरित्र पर संदेह होने लगा था; परन्तु पॉल तृतीय (1534-1549 ई.) के समय से पोप न सिर्फ स्वयं अपेक्षतया गुण और आदर्श सम्पन्न होने लगे, बल्कि अन्य पदों पर भी उपयुक्त

और चरित्रवान व्यक्तियों की नियुक्ति होने लगी। योग्य पोपों की शृंखला में पॉल चतुर्थ, पायस चतुर्थ, पायस पंचम और ग्रेगरी तेरहवाँ ऐसे पोप हुए जो पूरे चर्च को प्रेरित करने और उपयुक्त नेतृत्व प्रदान करने में सफल हुए, परन्तु भ्रष्टाचार, बुराई की जड़ें इतनी गहरी थीं कि कैथोलिक चर्च के खिलाफ किए गए धर्म सुधार आन्दोलन को अधिकांश यूरोप में सफलता प्राप्त होती चली गई। धर्म सुधार आन्दोलन ने रोमन कैथोलिक चर्च को गम्भीर क्षति पहुँचाई थी, लगभग 50 प्रतिशत क्षेत्र से कैथोलिक धर्म का सफाया ही कर दिया था। उत्तरी-मध्य जर्मनी, स्कैन्डीनेविया, फिनलैंड, एस्टोनिया, लाटविया, उत्तरी नीदरलैण्ड, स्विट्ज़रलैण्ड का अधिकांश क्षेत्र, स्कॉटलैण्ड और इंग्लैण्ड में प्रोटेस्टेंट चर्च की स्थापना हो गई थी। फ्रांस, आयरलैंड, राइनलैंड, बोहीमिया एवं हंगरी में भी प्रोटेस्टेंट मत अल्पसंख्यक जनता में पनप चुका था। इससे कैथेलिक धर्म के मनीषियों को गम्भीर चिंता हुई और वे इस तथ्य को समझ गए कि अगर शीघ्र ही कैथोलिक धर्म में व्याप्त बुराइयों को दूर नहीं किया गया तो कैथोलिक चर्च का अस्तित्व सम्पूर्ण यूरोप से लगभग समाप्त हो जाएगा। प्रोटेस्टेंट आन्दोलन के प्रभाव को निस्तेज करना एवं कैथोलिक चर्च से प्रभावहीन हुए क्षेत्रों में पुनः कैथोलिक धर्म को प्रतिष्ठापित करना अति जरूरी था। कैथोलिक धर्म में पुनः एक नवीन स्फूर्ति पैदा करनी थी। लोगों में कैथोलिक धर्म के प्रति आस्था पैदा करनी थी। इन सभी बातों के लिए सोलहवीं शताब्दी के उत्तरार्द्ध में जो आंदोलन पोप पाल तृतीय (1534-1549 ई.) के समय से प्रारम्भ हुआ और आगे आने वाले कई पोप-पाल चतुर्थ, पायस चतुर्थ, पायस पंचम, ग्रेगरी त्रयोदश आदि इसमें अपना योग देते रहे।

कैथोलिक चर्च को नया जीवन प्रदान करने वालों में इग्नेशियसम लोयोला (1491-1556 ई.) ने महत्वपूर्ण भूमिका निभाई। स्पेन का निवासी इग्नेशियस लोयोला एक वीर सैनिक था। युद्ध में आहत लोयोला संतों के जीवन चरित्र के अध्ययन में रत हो गया। इस अध्ययन ने उसके जीवन के दृष्टिकोण को परिवर्तित कर दिया। उसका पूरब के देशों में प्रचार करने का लक्ष्य था, परन्तु परिस्थितियोंवश वह रोम पहुँच गया जहाँ पोप पाल तृतीय उससे बहुत प्रभावित हुआ और 1504 ई. में 'सोसाइटी ऑफ जेसस' को कैथोलिक चर्च की औपचारिक स्वीकृति मिल गई।

'सोसाइटी ऑफ जेसस' का पूरा संगठन सैनिक आधार पर था। प्रत्येक सदस्य कठोर अनुशासन में बँधा हुआ था। वह अपने अनुयायियों को सिर्फ पवित्र जीवन के लिए नहीं, बल्कि चर्च की रक्षा और विस्तार के लिए तैयार करता था। प्रारम्भ में ही जेसूट लोगों ने शिक्षा को आधार बनाकर शिक्षक के रूप में जो सद्भावना प्राप्त

की वह आज भी स्थापित है। वे युवकों से प्रत्यक्ष सम्बन्ध स्थापित करते थे एवं उन्हें सरलता से प्रभावित कर लेते थे। प्रचार कार्य में वे दक्ष थे। शास्त्रों की उसकी तर्कपूर्ण व्याख्या से पादरी वर्ग भी प्रभावित होता था। कालान्तर में वे राजनीतिक सेवाओं में भी कार्यरत हुए थे। उन्होंने सभी जगह अपने प्रभाव को चिह्नित किया, परन्तु उनका सबसे अधिक महत्वपूर्ण कार्य विदेशों में हुआ। वे बहुत अच्छे मिशनरी थे। दूरस्थ क्षेत्रों, देशों में कैथोलिक चर्च के नए क्षेत्र बनानी में प्रभावी रहे। अमेरिका से चीन तक के बीहड़ से बीहड़ क्षेत्रों में वे कैथोलिक धर्म को प्रभावी बनाने में सफल रहे। कैथोलिक चर्च का प्रभाव बढ़ाने के लिए राजनीति, कृषि, साहित्य, सेवा, आचार-व्यवहार आदि प्रत्येक सम्भव ढंग अपनाया था एवं लोगों को प्रोटेस्टेंट प्रभाव में आने से रोका था। इटली, पोलैण्ड, जर्मनी, फ्रांस, इंग्लैण्ड प्रत्येक जगह उन्होंने कैथोलिक समुदाय को आश्वस्त किया, बदलाव के लिए उन्मुख लोगों को रोका एवं परिवर्तित लोगों को पुनः कैथोलिक बनाया था। इस तरह लोयोला और जेसूट लोग कैथोलिक चर्च के लिए वरदान सिद्ध हुए।

यही वह स्वर्ण युग था जब कैथोलिक चर्च की व्यवस्था में आंतरिक सुधार और पुनर्मूल्यांकन का कार्य भी प्रारम्भ हो गया। इस हेतु 1542 ई. में आस्ट्रिया के ट्रेंट नगर में सभा आयोजित की गई। ट्रेंट की सभा ने जो कुछ अंतराल के साथ 1563 ई. तक कार्यरत रही, सदस्यों की उत्कट प्रतिद्वंद्विता के होते हुए भी चर्च के सिद्धान्तों की नए सिरे से परिभाषा और व्याख्या की। ट्रेंट में जैसी सैद्धान्तिक एकरूपता स्थापित हुई वह अभूतपूर्व थी। सुधारवादी आन्दोलन के कारण यहाँ समझौतावादी लोग चर्च को एक बनाए रखने के लिए कुछ छूट देने के लिए राजी थे, परन्तु पोप और जेसूट लोगों ने कड़ा रुख अपनाया और कोई समझौता संभव नहीं हो पाया। इस ट्रेंट की सभा ने दो तरह के कार्य सम्पन्न किए—जिनमें पहला सिद्धान्तगत, और दूसरा सुधार सम्बन्धी। चर्च के मूल सिद्धान्तों में कोई बदलाव स्वीकार नहीं किया गया। स्पष्ट शब्दों में अभिव्यक्त किया गया कि बाइबिल की व्याख्या का एकमात्र अधिकार चर्च को है। सातों संस्कार अपरिवर्तनीय माने गए। मुक्ति का आधार 'चर्च द्वारा सम्पन्न कार्य' स्वीकार किए गए। चमत्कार में आस्था प्रकट की गई। पोप को चर्च का सर्वोच्च अधिकारी और सर्वमान्य व्याख्याता स्वीकार किया गया। इस तरह सैद्धान्तिक दृष्टि से परंपरागत रूप को ही पुनः दोहराया गया।

सुधार के क्षेत्र में चर्च के पदों की बिक्री तथा क्षमा-पत्रों की बिक्री रोक दी गई। संस्कार सम्बन्धी कार्यों के लिए पादरियों के आर्थिक लाभों पर प्रतिबन्ध लगा दिया गया।

इन कार्यों से चर्च में आत्मविश्वास पैदा हुआ एवं चर्च गतिशील हो गया; चर्च से सम्बद्ध धर्माधिकारी वर्ग का जीवनक्रम सुनिश्चित हो गया; यही कारण है कि ट्रेंट की सभा को चर्च के इतिहास में महत्त्वपूर्ण स्थान प्राप्त है।

पुनर्जागरण की प्रक्रिया उन पुस्तकों के प्रकाशन से हुई थी जिन्होंने नई मानसिकता पैदा की थी। अतः ऐसी पुस्तकों की एक सूची बनाई जाए जो पूर्णरूप से या अंशतः कैथोलिक धर्म विरोधी थी। कुछ पुस्तकों को पूर्ण रूप से निषिद्ध कर दिया गया। सूची बनाने के लिए एक आयोग गठित किया गया, जिसके द्वारा प्रस्तुत 'निषिद्ध पुस्तकों की सूची' को 1564 ई. में पोप ने प्रकाशित किया। प्रोटेस्टेंटवाद की बाढ़ को रोकने के लिए एक यन्त्र के रूप में कैथोलिक चर्च ने इसका उपयोग किया। कालान्तर में एक स्थायी समिति का गठन किया गया जो समय-समय पर सूची में संशोधन करती रहती थी। अगर कोई इन पुस्तकों का अध्ययन करता या इन पुस्तकों को अपने पास रखता पाया जाता था तो उसे दंडित किया जाता था।

कैथोलिकों में व्याप्त अनैतिकता एवं नास्तिकता का दमन करने के लिए 'धार्मिक न्यायालय' सभी कैथोलिकों में स्थापित किए गए। इटली में एक 'सर्वोच्च न्यायालय' स्थापित किया गया। यह 'सर्वोच्च न्यायालय' अन्य कैथोलिक देशों में स्थापित धार्मिक न्यायालयों की अपीलें सुन सकता था। लूथर और काल्विन देशों में स्थापित धार्मिक न्यायालयों की अपीलें सुन सकता था। लूथर और काल्विन के अनुयायियों और ढुलमुल कैथोलिकों को आतंकित करने के लिए इस न्यायालय में मुकदमा चला कर, कठोर से कठोर दंड, प्रायः मृत्युदंड दिया जाता था। स्पेन, नीदरलैंड्स और इटली में इस तरह के न्यायालयों ने बहुत दमन किए। कुछ शासकों ने तो इसका उपयोग राजनैतिक हितों की पूर्ति के लिए भी किया।

इस प्रकार कैथोलिक चर्च का सुधार हजारों वर्ष पुरानी व्यवस्था को बचाने में सफल हो गया अन्यथा सुधार की प्रचंड आँधी में सब कुछ खत्म हो जाता। समय रहते कुछ उत्साही पोप सचेत हो गए और जिन लोगों के हितों पर सुधारों ने प्रहार किया था। उन्होंने लोयोला की मदद से अपने को सुदृढ़ कर लिया। ट्रेंट की सभा में पुनर्मूल्यांकन द्वारा जो सफाई हुई उसने विरोध के स्पष्ट मुद्दे खत्म कर दिए। अंदर से उभरे खोखलेपन को नए आत्मविश्वास से भर दिया गया। सोलहवीं शताब्दी के मध्य से कैथोलिक चर्च का कायाकल्प हो गया और चर्च सुधारवादी दबाव से पूर्ण रूप से सामना करने हेतु सन्नद्ध हो गया।

कैथोलिक धर्म-सुधार की सफलता के कारण

कैथोलिक धर्म-सुधार की सफलता के मुख्य कारण यह था कि प्रोटेस्टेंट आंदोलन की प्रगति के बावजूद बहुत से कैथोलिक यह चाहते थे कि कैथोलिक चर्च में जो दोष आ गए हैं, उनका निराकरण किया जाए, जिससे कैथोलिक चर्च पुनः सुदृढ़ हो सके; ऐसे ही लोगों के सहयोग से ट्रेंट की सभा, धार्मिक न्यायालयों, जेसूट संघ का गठन हुआ; निषिद्ध ग्रन्थों की सूची तैयार की गई और फिर प्रतिक्रिया धर्म सुधार आन्दोलन को सफल बनाया। सोलहवीं शताब्दी के उत्तरार्द्ध में विभिन्न प्रोटेस्टेंट चर्चों (लूथरवाद, काल्विनवाद, आंग्लिकनवाद) में परस्पर वैमनस्य तथा असहिष्णुता के उद्‌भाव ने कैथोलिकों के प्रति पुनः लोगों को आकृष्ट करने का पथ प्रशस्त कर दिया था; इसका फायदा कैथोलिक चर्च ने उठाया। इस सदी के पोप धर्मनिष्ठ, सदाचारी थे एवं नैतिकता को महत्त्व देते थे; इन पोपों के सहयोग से प्रतिक्रिया धर्म सुधार आन्दोलन सफल हो सका। 16वीं सदी की परिवर्तित स्थिति में पोप के पहले जैसे विस्तृत महत्त्वाकांक्षी अधिकार नहीं रह गए थे जिससे राजनीति में पोप के अनावश्यक हस्तक्षेप की पृष्ठभूमि ही खत्म हो गई अतः राजाओं की निरंकुशता तथा कैथोलिक चर्च में कोई टकराव नहीं रह गया था। आर्थिक विकास के मार्ग में भी अब चर्च कोई गतिरोध पैदा नहीं कर रहा था। इन सब तथ्यों ने प्रतिक्रिया धर्म सुधार आन्दोलन की सफलता को सम्भाव्य कर दिया था।

प्रोटेस्टेंट आन्दोलन तथा प्रतिक्रिया धर्म सुधार आन्दोलन के प्रभाव

परिणाम

सोलहवीं शताब्दी में यूरोप धार्मिक उथल-पुथल के दौर में आ रहा था, इसके अनेक महत्त्वपूर्ण परिणाम निकले जिनमें से एक प्रमुख परिणाम या निष्कर्ष यह था कि –

रोमन चर्च (कैथोलिक चर्च) के स्थान पर अनेक देशों में प्रोटेस्टेंट चर्च स्थापित हो गए। राष्ट्रीयता एवं निरंकुशता को बढ़ावा दिया गया जिससे राष्ट्रीय चर्चों की स्थापना हुई। जर्मनी एवं स्कैन्डीनेविया के लिए लूथरवाद राष्ट्रीय चर्च बना; उत्तरी नीदरलैंड्स और स्कॉटलैंड के लिए काल्विनवाद राष्ट्रीय चर्च बना; इंग्लैंड में आंग्लिकन चर्च बना था। कैथोलिक चर्च फ्रांस, स्पेन, पुर्तगाल, पोलैण्ड, आयरलैण्ड आदि देशों में राष्ट्रीय चर्च बने थे; धार्मिक उत्पीड़न तथा धार्मिक युद्धों की भीषण वेदना को यूरोपवासियों ने झेला। प्रकाशन तथा स्वतन्त्र वैचारिक धारा को रोकने का प्रयत्न प्रोटेस्टेंटों तथा कैथोलिकों ने अपने-अपने

विरोधियों के खिलाफ किया था। कालान्तर में धार्मिक सहिष्णुता का अभ्युदय हुआ। भौतिकवाद की अभिवृद्धि इस धार्मिक उथल-पुथल का महत्त्वपूर्ण परिणाम रहा। चर्च की अपेक्षा राज्य; धर्मशास्त्र की अपेक्षा विज्ञान; पारलौकिकता की अपेक्षा लौकिकता लोगों की रुचि के विषय बन गए। कला का विकास कुछ समय के लिए अवरुद्ध हो गया था। प्रोटेस्टेंटों ने कैथोलिक भवनों तथा स्मारकों को विनष्ट भी कर दिया था। प्रोटेस्टेंटों ने कैथोलिक विश्वविद्यालयों पर भी प्रहार किया था अतः सामान्य जनता में शिक्षा के विस्तार का कार्य बाधित हुआ था। लूथर और काल्विन ने शिक्षा के विकास का जो प्रयास किया वह मध्यम वर्ग तक ही सीमित रहा था। कैथोलिक चर्च ब्याज और फायदे का प्रबल विरोधी था। लूथर ने ब्याज और फायदा को प्रोत्साहित किया; अतः व्यापार विकसित होने लगा और पूँजीवाद का उदय हुआ। पोप के दैवी अधिकार कम होने से राजाओं के दैवी अधिकार स्थापित किए जाने लगे। धर्मनिरपेक्षता की भावना का विकास हुआ।

मूल्यांकन

तत्कालीन यूरोप में जो धार्मिक उथल-पुथल हुई, उसका मूल कारण भौतिक और बौद्धिक परिस्थितियाँ थीं; हजारों वर्षों से अपनी सीमाओं का अतिक्रमण का जीवन के प्रत्येक क्षेत्र को आक्रांत करने वाले कैथोलिक चर्च का स्वरूप बदलना अनिवार्य हो गया था। आर्थिक परिस्थितियों ने समाज के समक्ष नवीन समस्याएँ पैदा कर दी थीं; मध्यमवर्ग अस्तित्व में आ गया था; नगरों का महत्त्व बढ़ रहा था। सामंतवाद पतनोन्मुख हो चला था; मनुष्य में वैचारिक शक्ति पनप उठी थी। पढ़ना-लिखना सुलभ हो गया था। वैज्ञानिक प्रगति का सूत्रपात हो गया था। ऐसी स्थिति में चर्च की सत्ता, जो विकृत हो चुकी थी, को स्वीकार करना असम्भव था। इसलिए नए स्वार्थों ने नवीन आन्दोलन को जन्म दिया।

सुधार आन्दोलन धर्म के मूल स्वरूप के लिए कोई चुनौती नहीं था। विरोध सिर्फ व्यवहार तथा कार्यान्वयन का था। सैद्धान्तिक अन्तर भी ईसाई धर्म की मूल व्यवस्था ईसा मसीह, बाइबिल, मुक्ति आदि को लेकर नहीं था। इसलिए सुधारवादी सम्प्रदाय सिर्फ धार्मिक कारणों से पृथक् नहीं हुए। आर्थिक और कूटनीतिक हितों ने भूमिका निर्मित की थी। इसलिए तनाव जटिल एवं गम्भीर होता चला गया और सत्रहवीं शताब्दी में एक भयानक युद्ध का मूलभूत कारण बना। धर्म की ही जकड़ सबसे सुदृढ़, मूर्त और व्यापक थी, अतः संघर्ष का सबसे पहला दौर धर्म के क्षेत्र में प्रारम्भ हुआ था।

2

अधिनायक नेपोलियन

फ्रांसीसी क्रांति को विश्व के इतिहास में उल्लेखनीय घटना कहा जा सकता है। जिसके अंतर्गत सामंती तथा विशेषाधिकारों को जड़ से समाप्त करके समानता की भावना का प्रसार किया। स्वतंत्रता, समानता और बंधत्व का सिद्धांत क्राँति का सूत्र वाक्य बना। इस क्रांति ने राज्य के नवीन सिंद्धात का प्रतिपादन किया। फ्राँसीसी क्राँति के समय फ्रांस की राजनीतिक, सामाजिक और आर्थिक स्थिति अत्यंत दयनीय थी। दूसरी तरफ राजनीतिक स्थिति निरकुंशता की सीमा को पार कर चुकी थी। अदूरदर्शिता, कुशल नेतृत्व का अभाव, राजनैतिक संस्थाओं का पतन क्राँति के लिए उर्वरक जमीन तैयार कर रही थी। आर्थिक स्थिति बेहद खराब थी। राज्य के अयोग्य नियंत्रण के कारण उपयोग, व्यापार, कृषि के क्षेत्र में फ्रांस पिछड़ा जा रहा था। इन परिस्थितियों की पृष्ठ भूमि में फ्राँसीसी क्रांति का होना कोई आश्चर्यजनक घटना नही थी। साथ ही सामाजिक और राजनैतिक स्थिति की जटिलताओं, अव्यवस्था और सामान्य जनता के दुख-दर्द ने फ्राँसीसी क्रांति के दौरान के विचारकों 4 रूसों, वालटेयर, मांटस्क्यू और दिदरो ने अपनी लेखनी के माध्यम से ताकालीन शासन व्यवस्था का काफी विरोध किया तथा आम जनता से शासन व्यवस्था में बदलाव के लिए प्रयास करने ाका आह्वान किया।

1789 में शुरू हुई फ्रांस की राज्य क्रांति विश्व की प्रमुख घटनाओं में से एक है। इस घटना को विस्तृत रूप से समझने के लिए फ्रांसीसी क्रांति के इतिहास से

पूरी तरह परिचित होना जरूरी है। इस क्रान्ति के समय से फ्राँस में ही नहीं अपितु समस्त विश्व में एक नये युग की शरुआत हुई। फ्रांस की क्रान्ति ने राज्य के सम्बन्ध में एक नवीन धारणा को जन्म दिया, राजनीति एवं समाज के विषय में नये सिद्धान्त प्रतिपादित किये, जीवन का एक नया दृष्टिकोण सामने रखा एवं एक नई आशा का संचार किया। असीम आशाओं से जनता को अनुप्राणित किया।

फ्रांस की इस (1789) क्रान्ति को समझने के लिये उन परिस्थितियों और संस्थाओं का परीक्षण करना अत्यंत आवश्यक है जिन्होंने इसे जन्म दिया अर्थात् यूरोप-फ्रांस की पुरातन व्यवस्था पर हमें दृष्टिपात करना चाहिये।

क्रान्ति के समय यूरोपिय देशों की स्थिति

फ्रांस की राज्य क्रांति के दौरान यूरोप कई छोटे-छोटे राज्यों में विभक्त था। उनकी प्रशासकीय व्यवस्थायें भी भिन्न-भिन्न थीं। उस समय यूरोप में एकता का बिल्कुल अभाव था। दूसरे शब्दों में ईसाई धर्म के सिद्धान्तों के आधार पर उसकी शासन व्यवस्था चलती थी। टर्की में अत्याचारपूर्ण निरंकुशवाद एवं स्वेच्छाचारिता का शासन था; आस्ट्रिया, रूस, फ्राँस एवं प्रशा में भी निरंकुश राजा शासन कर रहे थे। इंग्लैण्ड में संवैधानिक राजतंत्र था। यूरोप में तत्कालीन समय में विभिन्न प्रकार के गणराज्य भी थे; हालैण्ड और स्विट्जरलैण्ड में संघात्मक गणराज्य थे। पोलैण्ड के गणराज्य का प्रमुख राजा (निर्वाचित) होता था। वेनिस, पवित्र रोमन साम्राज्य के स्वतन्त्र नगरों में अभिजाततंत्रीय गणतन्त्र व्यवस्था विद्यमान थी।

1. रूस–फ्रांस की राज्य क्रांति के समय रूस ने यूरोप की बड़ी शक्तियों के समकक्ष स्थान प्राप्त कर लिया था। यह महाद्वीप का सबसे ज्यादा विस्तृत राज्य था। यूरोप में उसे जोड़ने वाले सिर्फ दो ही बन्धन थे—नस्ल एवं धर्म। रूसी लोग स्लाव नस्ल के थे इसलिये उनका पोल, सर्ब एवं पूर्वी यूरोप में विस्तृत उस नस्ल की शाखाओं से सम्बन्ध था। ये सभी परम्परागत यूनानी अर्थात् ग्रीक चर्च के अनुयायी थे। रूस की सरकार निरंकुश तथा अत्याचारी थी और उसकी नजर में मनुष्य के जीवन का कोई मूल्य नहीं था। तत्कालीन समय में रूस की शासक जारीना (साम्राज्ञी) कैथरीन महान् थी। वह काफी महत्त्वकांक्षी थी एवं रूस का प्रसार पोलैण्ड, बाल्टिक, बाल्कन एवं कालसागार क्षेत्र में करने के लिये सक्रिय थी। यूरोप की राजनीति में रूस का प्रमुख स्थान था।

2. इंग्लैण्ड—इस क्रांति के दौरान इंग्लैण्ड एक प्रथम श्रेणी का व्यापारिक और औपनिवेशिक साम्राज्य था। इंग्लैण्ड का कनाडा और भारत जैसे विशाल भू-खंडों पर

प्रभुत्व स्थापित था; उसके व्यापारिक साम्राज्य के ये ही सबसे प्रमुख अंग थे। इंग्लैण्ड में संसदीय शासन प्रणाली स्थापित थी; संसद का राजा पर प्रभुत्व स्थापित हो गया था। औद्योगिक क्रान्ति के प्रासादों (उपलब्धियों) को प्राप्त कर चुका था और कर रहा था। अतः इंग्लैण्ड विश्व का मुख्य औद्योगिक राष्ट्र बन गया था। राजनीतिक-कूटनीतिक स्थितियों की दृष्टि से वह फ्राँस का सबसे कट्टर शत्रु था। 1760 में जार्ज तृतीय इंग्लैण्ड के राजसिंहासन पर आया था; फ्राँस की क्रान्ति के समय जार्ज तृतीय ही इंग्लैण्ड का राजा था। उस समय इंग्लैण्ड और फ्राँस की शताब्दियों से चली आ रही प्रतिद्वन्द्विता यूरोपीय की एक महत्त्वपूर्ण विशेषता थी।

3. इटली— क्रान्ति के समय (1789) यूरोप की राजनीति में उसका कोई महत्त्व न था। उस समय इटली नाम का कोई राष्ट्र ही न था। इटली एक भौगोलिक अभिव्यक्ति मात्र था। समस्त इटली में कूटनीतिक एकता का पूरी तरह अभाव था। वह अनेक छोटे-छोटे राज्यों में विभाजित था। इटली की जनता का दृष्टिकोण निराशावादी बन गया था। वेनिस, पीडमांट के गणराज्यों की जनता को छोड़कर अन्य लोगों में अपनी-अपनी सरकारों के प्रति रंच-मात्र श्रद्धा नहीं थी।

4. आस्ट्रिया—आस्ट्रिया में हैप्सबर्ग वंश का शासन था। यह एक राष्ट्र न था बल्कि राज्यों, नस्लों और भाषाओं का विचित्र जमघट था। राजवंश के प्रति भक्ति ही एक ऐसा सूत्र थी, जो उनको परस्पर जोड़े हुए थी। समस्त आस्ट्रिया को लेकर देशभक्ति की कोई भावना न थी। आस्ट्रिया के अन्तर्गत बोहेमिया, मिलान, हंगरी, नीदरलैण्ड्स और स्वयं आस्ट्रिया की प्रशा से शत्रुता विद्यमान थी, प्रतिस्पर्धा तो सदैव ही बनी रहती थी। आस्ट्रिया के अन्तर्गत लगभग ढ़ाई करोड़ लोग रहते थे और वे सब एक व्यक्ति के अधीन थे इसलिये यूरोप की राजनीति में आस्ट्रिया का महत्त्वपूर्ण स्थान था।

तत्कालीन यूरोपीय देशों की सत्ता कुछ लोगों के ही अधीन थी और कुछ ही लोगों के हितो के लिये शासन संचालित था। राज्य उचित या अनुचित ढंग से राज्य-विस्तार में संलग्न थे। राज्य सिर्फ शासकों एवं विशेषाधिकार प्राप्त वर्गों के हितों को ही पूरा करता था। यूरोप में लोकतंत्र का पूर्ण रूप से अभाव था। यूरोप का संगठन अभिजात तन्त्रीय था और अभिजात वर्गो के हित के लिये था। इंग्लैण्ड में भी यही हालत थी हालाँकि वहाँ संसदीय व्यवस्था थी और लोगों को कुछ स्वतन्त्रता भी प्राप्त थी। वेनिस के गणराज्यों एवं स्विट्जरलैण्ड के कैंटनों में भी यही स्थिति थी। यूरोपीय देशों की बहुसंख्यक जनता की स्थिति काफी गंभीर थी। सर्वत्र किसानों की ही संख्या अधिक थी; किसान बुरी तरह शोषित थे। वे चारों तरफ से ऐसे कानूनों, संस्थाओं

एवं रूढ़ियों से घिरे हुए थे जिनका उनके हित और कल्याण से किसी प्रकार का सम्बन्ध न था। करों के भारी बोझ ने उनकी आर्थिक स्थिति दयनीय बना दी थी। अन्य आपदाओं जिन्हें सिर्फ उन्हें ही झेलना पड़ता था, ने उनका जीवन कष्टप्रद बना रखा था। संपूर्ण यूरोप में आम जनता को किसी प्रकार की कोई स्वतन्त्रता प्राप्त न थी। फ्रांस एवं इंग्लैण्ड को छोड़कर अन्य सभी यूरोपीय देशों में 'अर्धदास' प्रथा का प्रचलन था; साधारण जनता को शिक्षा पाने का अधिकार न था। इस प्रकार यूरोपीय समाज की बहुसंख्यक मानवता का जीवन परतन्त्र, दुःखी, अरक्षित एवं अविकसित था। उसके लिये विकास एवं उन्नति के मार्ग चारों ओर से बन्द थे।

यूरोप के प्रत्येक राज्य में असन्तुष्ट एवं अराजक तत्त्वों की संख्या में वृद्धि हो रही थी। सभी जगह शासक लोग दिखावटी तड़क-भड़क और शान-शौकत पर एवं युद्धों पर धन व्यय करते थे, जनता की गाढ़ी कमाई पानी की तरह बहाते थे। परिणमतः अनेक राष्ट्रों की वित्त-व्यवस्था अव्यवस्थित एवं छिन्न-भिन्न हो गई थी। सरकारें ऋण लेती जा रही थीं। राजकीय आय का ज्यादा ब्याज कर्ज चुकाने में चला जाता था। घाटों की पूर्ति करना लगभग असंभव हो गया था। अन्य देशों में इंग्लैण्ड को छोड़कर बजट नाम की कोई चीज कभी नहीं बनी थी।

इस काल में विभिन्न देशों में ऐसे लोगों को शासक बनाया गया (आस्ट्रिया का जोजेफ द्वितीय, प्रशा का फ्रेडरिक महान्, रूस की कैथरीन महान् आदि) भी हुए जिन्होंने स्थिति को सुधारने के लिये काफी निष्ठा से प्रयत्न किये थे। ये अठारहवीं शताब्दी के 'उदार निरंकुश शासक' थे, इन्होंने समाज को ऊपर से ठीक करने की चेष्टा की; लेकिन उन्हें स्थायी सफलता प्राप्त नहीं हुई।

राज्य को शक्ति का सूचक स्वीकार किया जाता था। शासकों का यही उद्देश्य रहा था कि दूसरे राष्ट्रों के अधिकारों की उपेक्षा करके अपने राज्य का प्रसार करें। लक्ष्य प्राप्ति का प्रत्येक साधन वैध स्वीकार किया जाता था। उस दौरान राजाओं का मानना था कि वे ईश्वर की इच्छा से शासन करते थे। 'प्रबुद्ध' एवं 'उदार' कहलाने वाले शासक भी इसके अपवाद न थे।

यूरोप की इस पुरातन व्यवस्था का फ्राँस की राज्य क्रान्ति से काफी बुरा प्रभाव पड़ा जिसके परिणामस्वरूप उसका अस्तित्व ही लगभग समाप्त हो गया। उस व्यवस्था की जड़ें पहले से ही खोखली हो गई थीं। पुरातन व्यवस्था के समर्थकों ने उन आधारभूत सिद्धान्तों के ही प्रति द्रोह किया जिन पर वह टिकी हुई थी। ये सिद्धान्त थे—स्थापित व्यवस्था, पुरातन, परम्परागत एवं अतीत से आई हुई सभी वस्तुओं के प्रति सम्मान, वैध अधिकारों एवं समझौतों और सन्धियों का पालन और सत्ताधारियों

के प्रति भक्ति। सही मायने में पुरातन व्यवस्था संकट में थी, शासकों में विश्वास की भावना का बिल्कुल भी शेष नहीं रहा था। अन्तिम दशक में अठारहवीं शताब्दी यह सिद्धान्तहीन व्यवस्था चरम सीमा पर पहुँच गयी थी। यह दशक विश्व इतिहास का एक स्मरणीय युग था। फ्राँस की पुरातन व्यवस्था का जो उन्मूलन हुआ उसने समस्त यूरोप की प्राचीन व्यवस्था को चकनाचूर कर दिया और फ्राँस ने अपने विस्मयकारी कार्यों द्वारा अगली शताब्दी के पूर्वार्द्ध में यूरोप के एवं विश्व के इतिहास को नियंत्रित एवं संचालित किया।

5. जर्मनी (पवित्र रोमन साम्राज्य)– जर्मनी में तथाकथित रोमन साम्राज्य के तत्व के कारण कुछ कहने भर को एकता थी। इस पवित्र-रोमन साम्राज्य के अन्तर्गत जर्मनी के राज्यों की संख्या लगभग 360 थी; 50 से ज्यादा स्वतन्त्र या शाही नगर थे, जिन्हें सीधे पवित्र रोमन सम्राट से अधिकार मिले हुए थे और जो अपने आप ही अपने मामलों का प्रबन्ध करते थे। इनके अलावा अनेक ऐसे राज्य थे जो चर्च के अधीन थे। ये एक-दूसरे से पूरी तरह स्वतन्त्र थे। बाडेन, वुरटैंमवर्ग और बबारिया आदि अन्य छोटी-छोटी रियासतें थीं। इस साम्राज्य के अन्तर्गत प्रशिया और आस्ट्रिया ही ऐसे राज्य थे जिनका यूरोप की राजनीति के क्षेत्र में काफी महत्वपूर्ण स्थान था। पवित्र-रोमन साम्राज्य भ्रष्ट, दुर्बल तथा निकम्मा था। इसका सम्राट वंशानुगत न था अपितु निर्वाचित हुआ करता था। असल में वह सिर्फ दिखावे और शोभा की वस्तु था।

6. प्रशा–तत्कालीन समय में प्रशा की राष्ट्रीय चेतना प्रारम्भिक अवस्था में ही थी। प्रशा में होहिनजोलर्न वंश के राजा शासन करते थे। होहिनजोलर्न राजाओं का उद्देश्य स्पष्ट और निश्चित था। वे शासकों के रूप में अपनी शक्ति की वृद्धि करना, समस्त आन्तरिक प्रतिरोध को कुचलना और बाहर अपने राज्य का प्रसार करना चाहते थे। प्रत्येक पीढ़ी में वे अपने इस कार्यक्रम पर दृढ संकल्प रहे; फलस्वरूप प्रशा का प्रसार बढ़ता गया, सरकार निरंकुश एवं स्वेच्छाचारी होती गई और सेना को अधिक महत्त्व प्राप्त होता रहा था। मिराबो का यह कथन ज्यादा तर्क सगंत है कि "युद्ध ही प्रशा का सबसे बड़ा राष्ट्रीय उद्योग है।" प्रशा के शासक कर्मठ तथा मेहनती थे, राज्य की सेवा करना वे अपना उद्देश्य एवं कर्त्तव्य समझते थे। उन्होंने भोग-विलास एवं आत्मतुष्टि में अपना समय एवं राज्य के साधन विनष्ट नहीं किये थे। वे सदैव जर्मनी एवं यूरोप की राजनीति से फायदा उठाकर अपनी शक्ति की वृद्धि करने के अवसर में रहते थे। पीढ़ी दर पीढ़ी प्रशा के शासकों ने सैनिक शक्ति को काफी महत्त्व दिया था।

इस साम्राज्य में एक राष्ट्रीय सभा और एक साम्राज्यीय न्यायालय भी थे, परन्तु वे वैसे ही निर्जीव थे जैसा कि सम्राट स्वयं। इस तरह जर्मनी के भीतर साम्राज्य का कोई महत्त्व न था। जर्मनी के इन सब राजाओं या सामन्तों में दो मुख्य भावनायें प्रबल थीं– एक तो वे अपनी स्वतन्त्रता में किसी प्रकार का हस्तक्षेप नहीं सह सकते थे एवं दूसरे वे एक-दूसरे की सत्ता को हड़पने के लिये सदैव तत्पर रहते थे। उन्हें ज़र्मनी, साम्राज्य और अपनी जन्मभूमि के हितों का रंच-मात्र भी ध्यान न था। इस तरह पवित्र रोमन साम्राज्य पूरी तरह निर्जीव था सिर्फ आस्ट्रिया और प्रशिया का ही विशेष महत्त्व था।

क्रान्ति के समय फ्रांस की स्थिति

फ्रांस क्रान्ति के परिणामस्वरूप काफी बुनियादी परिवर्तन दृष्टिगत होने लगे थे। उसने शताब्दियों से चली आई सामन्ती व्यवस्था को तहस-नहस कर दिया था। आधुनिक लोकतन्त्रीय व्यवस्था को बढ़ावा दिया था। फ्राँस का राजनीतिक, सामाजिक ढाँचा नवीन साँचे में ढाला गया था। फ्रांस की क्रांति के समय वहाँ की सामान्य स्थिति का वर्णन निम्न बिंदुओं के आधार पर किया जा सकता था।

सामाजिक स्थिति—क्रांति के समय फ्रांस का समाज, असमान एवं विघटित था। समाज तीन श्रेणियों में विभाजित था—प्रथम इस्टेट (धर्माधिकारी वर्ग—बिशप, आर्कबिशप कार्डनिल, पादरी आदि); द्वितीय इस्टेट (सामन्त वर्ग); तृतीय इस्टेट (जन-सामान्य)। इस कैथोलिक बहुल देश में पादरी काफी प्रभावशाली थे। पदों का विक्रय होता था; सामंतों के पास फ्राँस की अधिकांश भूमि थी। सामंत विशेष तथा स्वेच्छाचारी अधिकारों से सपन्न थे परन्तु जब से उनकी रियासतों की देखभाल राज्य के कर्मचारी करने लगे थे, तबसे वह शोभा यात्राओं और मनोरंजन केन्द्रों में मात्र शोभा की वस्तु बन गये थे। ये दोनों ही वर्ग (पादरी और सामंत) विशेषाधिकारों से सम्पन्न थे और समाज में उनकी इज्जत थी। कुलीनों और आभिजात्य वर्ग का महत्त्व होने से ही अयोग्य और भ्रष्ट पादरी एवं सामन्तगण समाज में प्रतिष्ठित थे जबकि योग्य और सम्भ्रांत मध्यवर्गीय अथवा सामान्यजन का जीवन असमानता पर आधारित तथा विघटित था।

तृतीय वर्ग किसान, मजदूर और नौकरी-पेशा करने वालों का था। ये लोग सामाजिक विषमता और प्रतिदिन की अपमानजनक स्थितियों से त्रस्त रहते थे; खास तौर से नगरों में रहने वाले लोग जिनके पास कुलीनता के अलावा सब कुछ था, ज्यादा क्षुब्ध रहते थे। वे काफी असंतुष्ट थे। इन परिस्थितियों में धर्म का वही स्वरूप स्वीकार्य

था जो चर्च को मान्य हो। पादरी वर्ग भ्रष्ट और चापलूस था एवं समाज के हर अंग पर प्रभावी था। गैर कैथोलिकों को सामान्य नागरिक भी नहीं समझा जाता था। प्रोटेस्टेंट लोगों के विवाहों, उनकी सन्तानों एवं सम्पत्ति सम्बन्धी इच्छाओं को कानून का संरक्षण प्राप्त नहीं था। यही विषमता समस्त समाज के बहुसंख्यक वर्ग (तृतीय वर्ग) को आपसी तनाव से ग्रस्त किये हुए थी। धीरे-धीरे यह तनाव ही क्रांति का रूप पकड़ लिया।

आर्थिक स्थिति– फ्राँसीसी समाज में सामंतों तथा पूँजीपतियों का बोलबाला था। आर्थिक शक्ति इन्हीं लोगों के अधीन होती जा रही थी। यही विसंगति फ्राँस के आर्थिक जीवन की सबसे बड़ी समस्या थी। फ्राँस का किसान सामान्य स्थितियों में भी अपनी आवश्यकता के अनुसार अनाज पैदा कर लेता था परन्तु उनमें ज्यादा संख्या भूमिहीनों की थी। देश की ज्यादा जमीन सामंतों के पास थी और उस पर किसान काम करने के लिये विवश था। सामंतों की जरूरतें सरलता से पूरी हो जाती थीं। इसलिये पैदावार में उन्हें विशेष रुचि नहीं थी। किसान जिस थोड़ी बहुत जमीन से पैदा करता था उसका ज्यादा भाग भूमिकर, धर्मकर नमक कर के रूप में राज्य अथवा सामंतों को देना पड़ता था।

नमक की बिक्री पर राज्य का एकाधिकार तो था परन्तु करों की असमानता की यह स्थिति थी कि एक स्थान से दूसरे स्थान के मूल्य में लगभग तीन गुना अन्तर तक विद्यमान था। हर तरह से सम्पन्न सामंत और पादरी वर्ग विशेषाधिकार के कारण इन करों से मुक्त थे। यह कहावत प्रचलित थी कि "सामंत लड़ता है, पादरी पूजा करता है और सामान्यजन (तृतीय वर्ग) कर देता है"। इन उपरोक्त करों के अतिरिक्त किसान को समय-समय पर उपहार भी देने पड़ते थे। लुई पन्द्रहवाँ के काल से ही (1715-1774) राज्य की तरफ से कृषि उपेक्षित हो चुकी थी। गाँवों से सभी (राज्य, सामंत, पादरी) कर वसूल करने तक ही सम्बन्ध रख रहे थे। किसी को भी कृषि व किसानों की स्थिति की चिन्ता नहीं थी। अकाल की स्थिति होने पर भी राज्य का प्रशासकीय तंत्र दायित्व नहीं ग्रहण करता था।

फ्रांस में सत्रहवीं शताब्दी में उद्योग के क्षेत्र में काफी विकास हुआ था। कोल्बैर की नीतियों ने उद्योगों के विकास एवं वाणिज्य के विस्तार में उल्लेखनीय योगदान किया था। फ्राँस का विदेशों से व्यापार बढ़ा था; औद्योगिक क्रान्ति का पथ-प्रशस्त किया और व्यापार को राष्ट्रहित में प्रभावी बनाया।

वर्साय में (लुई सोलहवें का निवास केन्द्र था) शान-शौकत और विलासितापूर्ण जीवन व्यतीत करना काफी पसंद था। वहाँ की जरूरतें पूरी करने के लिये कर या

ऋण प्राप्य बनाये जाते थे। दरबारी जीवन सांसारिक सुखों में लिप्त रहता था। राज्य का कोई बजट नहीं था। खर्च के हिसाब से आय की नीति जारी थी। 1666 से 1763 तक फ्राँस निरंतर युद्धरत रहा था और अमेरिका के स्वतन्त्रता संग्राम में भी उसने अंग्रेजों के विरूद्ध सेना भेज दी थी। इन युद्धों ने फ्राँस को ऋणग्रस्त राष्ट्र बना दिया था।

राजनीतिक स्थिति—फ्राँस पर बूर्बो वंश का शासन था। 'राष्ट्रीय राजतंत्र' के अभ्युदय के साथ यह वंश फ्राँस की बढ़ती राष्ट्रीय चेतना के साथ एकाकार होता जा रहा था लेकिन बूर्बो वंश अपने अतीत में खोया हुआ था। रिश्लिउ ने सामंतों का दमन करके उन्हें शोभा की वस्तु बना दिया था एवं राजा पूरी तरह से निरंकुश था। लुई चौदहवें के काल में सत्ता का पूरी तरह केन्द्रीकरण हो गया था। इससे राजा का योग्य होना जरूरी हो गया था। उसने बड़ी शान-शौकत से राज्य किया था और फ्राँस के लिये प्राकृतिक सीमाओं की तलाश में निरंतर युद्ध किये थे; अपनी नवीन राजधानी वर्साय को सजाने-संवारने में अत्यधिक धन खर्च किया था। अपने मरने के पूर्व उसे अपनी असफलता एवं अपनी कमियों का एहसास हो गया था। उसने अपने उत्तराधिकारी को परामर्श दिया था—"जनहित के कार्य करना, युद्ध न करना और अच्छे परामर्शदाता रखना"।

लुई पन्द्रहवाँ जो लुई चौदहवें का उत्तराधिकारी था काफी निर्बल, विलासी एवं लापरवाह शासक सिद्ध हुआ। वह पड़ौसी राष्ट्रों से युद्धरत रहा, फ्राँस के पुराने प्रतिद्वन्द्वियों (अंग्रेजों) से बिना तैयारी के युद्ध करता रहा था परिणामतः आस्ट्रिया के उत्तराधिकारी युद्ध और सप्तवर्षीय और षड्यन्त्रों का केन्द्र होता गया। अपनी मृत्यु (1774) के पूर्व उसे भी इसका बोध हुआ और उसने कहा था — "मेरे मरने के उपरांत प्रलय होगा" और वास्तव में उसकी मृत्यु के पन्द्रह वर्षों उपरांत (1789) फ्राँस में क्रान्ति हुई जिसने बूर्बो वंश की सत्ता खत्म कर दी; उसका उत्तराधिकारी लुई सोलहवाँ (1789 में क्रान्ति के समय फ्राँस का शासक) शासन संचालन के लिये सर्वथा अनुचित था; उसमें नेतृत्व की क्षमता न थी। उसकी अदूरदर्शिता ने ही क्रान्ति को बढ़ावा दिया । लुई सोलहवें की पत्नी (फ्राँस की रानी मेरी एन्टोयनेट) शृंगार और प्रदर्शन में ही रुचि रखती थी, वह राजनीति एवं प्रशासन में सदैव हस्तक्षेप करती रहती थी। वह आस्ट्रिया की राजकुमारी थी और फ्राँस में लोकप्रिय न बन पाई थी। उसके बेकार के खर्च एवं प्रशासन में हस्तक्षेप के कारण फ्राँस के लोग उसे 'विदेशी औरत' 'श्रीमती बीटो' 'श्रीमती घाटा' के नाम से पुकारते थे।

क्रान्ति के पहले इस महिला ने राजा की कठिनाइयों को काफी बढ़ा दिया

एवं क्रान्ति के उपरांत उसके षड्यंत्रों में फँसकर लुई सोलहवें ने अपनी गर्दन (On Guillotine) कटवाई।

राजा की व्यक्तिगत सम्पत्ति और राजकोष में एक दूसरे से भिन्न नहीं थे। राजपरिवार मनमाने ढंग से खर्च करता रहता था। राजा-रानी (लुई सोलहवाँ, मेरी एन्टोयनेट) दोनों में से कोई भी देश की तत्कालीन स्थितियों का आकलन कर सकने में योग्य नहीं था और न ही किसी में स्थितियों को संभालने की योग्यता थी। सामंत अकर्मण्य हो गये थे; कर्मचारी अनियंत्रित तथा भ्रष्ट थे। फ्राँस का राजनैतिक जीवन राजधानी तक ही सीमित था। लगभग 175 वर्षों से फ्राँस की प्रतिनिधि सभा (States General) का अधिवेशन नहीं हुआ था; इसके अलावा स्थानीय संस्थायें भी निर्जीव थीं। प्रान्तों में केन्द्र का नियन्त्रण काफी कमजोर था। समस्त देश अनेक प्रकार की इकाइयों (धार्मिक, प्रशासकीय, शैक्षणिक आदि) में विभक्त था।

सम्पूर्ण फ्राँस में लगभग 285 स्थानीय विधि प्रणालियाँ प्रचलित थीं। व्यापार की दृष्टि से भी देश विभक्त था; स्थान-स्थान पर चुंगी की सीमायें थीं। पदों पर नियुक्त का आधार योग्यता नहीं अपितु क्रय शक्ति था। व्यक्तिगत स्वतन्त्रता नगण्य थी। एक प्रकार का वारंट (लेत्र द काशे) जारी कर किसी व्यक्ति को कभी भी बन्दी बनाया जा सकता था और बगैर मुकदमा चलाये ही उसे बन्दीगृह में रखा जा सकता था। कानून का कोई महत्त्व नहीं रह गया था। इस प्रकार प्रजा की धन-सम्पदा ही नहीं, उनके शरीर के साथ भी मनमाना व्यवहार किया जाता था।

अतः फ्राँस के राजनीतिक जीवन में एक प्रकार की दुर्गंध पैदा हो गई थी, न उसमें गतिशीलता थी और न ही प्रबुद्धता। संपूर्ण व्यवस्था एक वर्ग, एक व्यक्ति, और एक परिवार के हित में थी एवं वह व्यक्ति स्वयं अपने स्वार्थों के प्रति अचेत एवं अयोग्य था। फ्राँस का कूटनीतिक जीवन भ्रष्ट, गतिहीन और जर्जर हो चला था; सत्ताधारी लोग यथास्थितिवाद के पक्ष में चिपक कर बदलाव के लिये न तो प्रेरित थे और न ही तैयार थे।

विशेषाधिकार की स्थिति—समाज की विषम विशेषाधिकार की समस्या फ्रांसीसी समाज की एक अन्य महत्त्वपूर्ण समस्या थी। परम्परा के आधार पर पादरियों और सामंतों को विशेषाधिकार प्राप्त थे। समाज का उद्धार करने वाला चर्च था। कैथोलिकों का मानना था कि मनुष्य पाप में जन्म लेता है और ईश्वर की कृपा से ही उसे मुक्ति मिलती है। यह कृपा तभी होती है जब व्यक्ति को चर्च का संरक्षण प्राप्त हो जाये। संरक्षक और उद्धारक के रूप में चर्च की महत्ता थी, अतः चर्च की सम्पत्ति पर कर नहीं लगाया जाता था; बल्कि धार्मिक कार्यों के नाम पर चर्च को

जनता से दशमांश नामक कर वसूलने का अधिकार था। इस तरह पादरियों का वर्ग (धर्माधिकारी वर्ग) जो प्रथम इस्टेट कहलाता था, कर वसूल करता था लेकिन स्वयं कर नहीं देता था।

तत्कालीन फ्रांस में सामंत वर्ग राजा के राज्य संचालन राज्य की रक्षा के लिए अपनी सेवायें समर्पित किये हुए थे। राजा की ऐसी सेवा करने के उपलक्ष्य में सामंतों को प्रतिष्ठा के अलावा यह विशेषाधिकार भी प्राप्त था कि उसे साधारण लोगों से विशिष्ट समझा जाये। इस तरह सामंत वर्ग जो 'नोबिलिटी' कहलाता था राज्य का सेकेन्ड इस्टेट (द्वितीय इस्टेट) था। यह वर्ग राज्य के करों से स्वतंत्र था एवं उसे रियासत में जनता पर अनेक प्रकार के कर लगाने एवं वसूलने का अधिकार राज्य से प्राप्त था। वह किसानों से पैदावार का एक भाग और उनके मवेशी आदि जब चाहे ले सकता था। कभी-कभी सामंतों के पास गेहूँ पीसने की चक्की, शराब बनाने की भट्टी एवं रोटी सेंकने के तंदूर हुआ करते थे जिनके प्रयोग के लिये किराया देना ही पड़ता था चाहे प्रयोग करें या न करें। यह सामंत वर्ग को विशेषाधिकार राज्य से प्राप्त था। शिकार के लिये जानवरों के बाड़े बने हुए थे जहाँ सामंत शिकार करते थे। इन बाड़ों से निकलकर जंगली पशु किसानों के खेत चर जाते थे परन्तु किसान उन्हें भगा नहीं सकता था चूँकि यह भी सामंत वर्ग के विशेषाधिकार के अंतर्गत था। इसी प्रकार सामंतों के मनोरंजन के लिये हवेलियों में हजारों की संख्या में कबूतर पाले जाते थे जो खेत के खेत साफ कर जाते थे परन्तु किसान उन्हें भगा नही सकता था।

बौद्धिक पृष्ठभूमिफ—बुनियादी व्यवस्था में संवदन चेतना बदलाव की सम्भावना और उसके लिये आकांक्षा पैदा करने में फ्रांसीसी विचारकों ने अत्यंत महत्त्वपूर्ण योगदान किया। यूरोप में अठारहवीं शताब्दी में यूरोप में वैचारिक स्तर पर नया दृष्टिकोण अपनाया जा रहा था, कोपरनिकस और गैलीलियो के उपरांत विज्ञान की बढ़ती हुई प्रगति और ज्ञानोदय का युग आया जिसमें विचारक, लेखक सामाजिक बुराइयों का उद्‌घाटन करने में अपनी प्रतिभा बिखेरने लगे थे। उनका नारा 'तर्क, सहिष्णुता और मानवता' था। ये लोग क्रांति नहीं चाहते थे परन्तु इनके प्रभाव से बदलाव की प्रक्रिया को बल मिला।

वाल्टेयर (1694-1778)– यह एक गंभीर विचारक था। व्यंग्यपूर्ण कथन के लिए प्रसिद्ध था। उसने तत्कालीन फ्रॉंस की व्यवस्था खासकर धार्मिक-सामाजिक व्यवस्था की धज्जियाँ उड़ाकर जनता को चेतनशील बनाया। वाल्टेयर, न्यूटन को सीजर और एलेक्जेण्डर से भी ज्यादा महान् स्वीकार करता था। वाल्टेयर का विचार था कि ईश्वर अपने को प्रकृति और मानव हृदय में अभिव्यक्त करता है; बाइबिल

और चर्च में नहीं। इसीलिये वह प्रोटेस्टेंट और कैथोलिक दोनों ही चर्चो का आलोचक था। वह पोप को 'विदेशी पादरी' मानता था और कैथोलिक चर्च एवं पादरियों पर उसने खासतौर से प्रहार किया है।

वाल्टेयर ने कैथोलिक चर्च के पाखंड, अंधविश्वासों और क्रूर असहिष्णुता के कारण विनष्ट कर देने का आह्वान किया। वाल्टेयर ने भ्रष्ट एकतंत्र का काफी विरोध किया। अभिव्यक्ति की स्वतन्त्रता पर जोर दिया। इस तरह उसने तत्कालीन फ्राँसीसी समाज और व्यवस्था की कटु आलोचना की। उसके विचारों ने फ्राँसीसी जनता को पूर्णतया आंदोलित कर दिया था।

मांटेस्कयू (1685-1755)–मांटेस्क्यू को फ्रांस का प्रसिद्ध कूटनीतिक विचारक माना जा सकता है। सर्वप्रथम उसने 'फारस के खत' में काल्पनिक यात्रियों द्वारा तत्कालीन फ्राँसीसी समाज की आलोचना की। वह इंग्लैण्ड की प्रशासकीय व्यवस्था से प्रभावित था एवं संवैधानिक राजतंत्र का कट्टर समर्थक था। उसकी महत्त्वपूर्ण पुस्तक ' Spirit of Laws' के संबंध में तर्कपूर्ण विवेचना की गई है। उसने प्रगट किया कि सरकारों का आधार स्वेच्छा से नहीं बनाया जा सकता। उसकी उत्पत्ति विशेष कारणों से ही होती है तथा उन्हें किसी देशकाल की जनता की जरूरतों के अनुसार होना चाहिये। उसने राज्य के तीन कार्य (कानून बनाना, कानून लागू करना एवं कानून की व्याख्या-न्याय करना) बतलाये। इसके लिये उसने कार्यपालिका, व्यवस्थापिका एवं न्यायपलिका की कल्पना की। उसने इन तीनों कार्यों को पृथक् संस्थाओं द्वारा किये जाने अर्थात् शक्ति का विभाजन 'Separation of Power' विचार प्रदान किया। इस प्रकार राजा की निरंकुशता के स्थान पर एक वैधानिक राजतंत्र का पक्ष उसने प्रस्तुत किया। उसने पहली बार परम्परागत व्यवस्था का एक विकल्प प्रस्तुत किया।

रूसो (1712-1778)– इसने अपने लेखों से फ्राँसीसी जनता को प्रभावित एवं आंदोलित किया था। उसने अपने लेख में रूढ़ियों की अवहेलना करते हुए स्वतन्त्रता और समानता एवं भाइचारे की भावना का विचार प्रस्तुत किया था। इसके अलावा साहित्य, शिक्षा, समाज और राज्य के विषय में नवीन विचार प्रस्तुत किये और लोगों को भावना एवं विवेक दोनों ही स्तरों पर प्रभावित किया। उसने 'सामान्य इच्छा' और जनता में निहित प्रभुसत्ता का विचार दिया। उसने राज्य के दैवी सिद्धान्त को अस्वीकार करते हुये स्पष्ट किया कि राज्य का जन्म किसी समझौते से होता है। इस तरह उसने समझौता करने वालों अर्थात् जनता को शक्ति सम्पन्न बतलाया था। रूसो ने व्यक्ति के नैसर्गिक गुणों के सहज विकास को महत्त्व दिया। 'समाज की

असमानताओं के स्रोत' की बात करते हुए उसने स्पष्ट किया कि मनुष्य संपत्ति एवं संस्थाओं के बन्धन में धीरे-धीरे अपने आपको बांधते हुये कुटिल और प्रकृति से दूर होता गया है। अपनी पुस्तक 'एमिले' में उसने शिक्षा को व्यक्ति के सहज और नैसर्गिक विकास का उपकरण बताया। रूसो ने अपनी अत्यंत प्रसिद्ध पुस्तक 'Social Contract' में राज्य की उत्पत्ति की एक परिकल्पना प्रस्तुत की। उसके अनुसार मनुष्य पहले 'प्राकृतिक अवस्था' में रहता था। और वह आदिम परन्तु निर्मल था। इस तरह उसने एक जंगली परन्तु सरल समाज की कल्पना की। इसी समाज में सभी लोगों ने सबके हित में अपने-अपने अधिकारों को छोड़कर एक 'समवेत शक्ति' गठित करने के लिये समझौता किया और राज्य का जन्म हुआ। इस राज्य में सामान्य इच्छा ही प्रभु इच्छा थी। अर्थात् रूसो ने सत्ता का स्रोत किसी एक व्यक्ति अथवा दैवी इच्छा को न मानकर समष्टि के समवेत् रूप को माना। उसने घोषणा की कि जनता की इच्छा ही किसी सरकार को वैध बनाती है। रूसो ने दुबारा प्राकृतिक स्थिति की ओर लौटने की बात करके समाज की कृत्रिमता पर प्रहार किया। 'मनुष्य जन्म से स्वतन्त्र है परन्तु प्रत्येक स्थान पर बन्धनों में जकडा है।' कहकर उसने एक साथ मनुष्य में स्वतन्त्रता की आशा का संचार किया और बन्धनों से मुक्त होने की प्रेरणा दी। अतः रूसो ने तत्कालीन संस्थाओं को नकार कर बदलाव से मुक्त होने की प्रेरणा दी। उसकी आस्था का केन्द्र मनुष्य था। इसलिये स्वतन्त्रता, समानता और भ्रातृत्व (Liberty, Equality and Fraternity) जैसे सिद्धान्त उसकी लेखनी से प्रगट हो सके। तत्कालीन समाज से लोगों का मोहभंग करने में उसे सफलता प्राप्त हुई और मध्यवर्ग उसका अनन्य भक्त बन गया।

दिदरो द्वारा एक फ्राँसीसी विश्वकोश तैयार किया गया जिसको ऐतिहासिक महत्त्व प्राप्त हुआ। इसमें छोटे-बड़े सभी प्रश्नों की नवीन आधिकारिक व्याख्या प्रस्तुत की गई। विश्वकोष ने संतुलित ढंग से दोषपूर्ण कर व्यवस्था, धार्मिक असहिष्णुता, निर्मम फौजदारी कानून, गुलामों के व्यापार जैसी व्यवस्थाओं पर प्रहार किया।

ज्ञान की नवीन शाखा 'राजनीतिक अर्थव्यवस्था' का अठारहवीं शताब्दी में विकास हुआ। इस सम्बन्ध में इंग्लैण्ड के प्रसिद्ध अर्थशास्त्री एडम स्मिथ ने अपनी चर्चित पुस्तक लिखी जो इस विषय की प्रथम पुस्तक थी। इससे प्रेरणा पाकर फ्राँस ने आर्थिक समीक्षा की।

फ्राँसीसी चिन्तकों ने धरती को एकमात्र उत्पादन तत्त्व माना। उद्योग और वाणिज्य पर विशेष ध्यान नहीं दिया गया। अब तक राजकीय नियन्त्रण में प्रतिष्ठित 'वाणिज्यवाद' के विरूद्ध लोगों ने किसी प्रकार के हस्तक्षेप से मुक्त व्यापार नीति का

विचार सामने रखा। केने, तूर्जो जैसे विचारकों ने आर्थिक स्थिति की ओर लोगों का ध्यान आकृष्ट किया और जीवन के विभिन्न क्षेत्रों में अवरोध पैदा करने वाले राजकीय प्रतिबन्धों का अंत करने का प्रयास किया

अतः उपर्युक्त विश्लेषण के आधार पर यह साफ हो जाता है कि 1789 की फ्रांस की क्रांति के पूर्व नई चेतनाओं का विस्तार होना आरंभ हो गया था। सभी ने प्रश्न खड़े किये और यथास्थिति के समर्थकों की जड़ें हिला दी थीं। फ्राँस के विचारकों ने तत्कालीन आर्थिक, राजनीतिक, सामाजिक एवं धार्मिक स्थितियों में बदलाव की सम्भावना पर बल दिया और उसे वैचारिक आधार प्रदान किया।

फ्राँसीसी क्रान्ति (1789) के प्रमुख कारण

सन् 1789 में होने वाली क्रांति के लिए कई कारण जिम्मेदार थे। यहाँ कुछ प्रमुख कारणों पर प्रकाश डाला जा रहा है–

1. सामाजिक कारण– फ्रांस में व्याप्त सामाजिक विषमता ने तृतीय वर्ग अर्थात् सामान्य जनता के जीवन को अति निरीह बना दिया था। उसे पग-पग पर अपमान का बोध होता था एवं प्रथम इस्टेट (धर्माधिकारी वर्ग) द्वितीय वर्ग सामन्त वर्ग उन पर अपने विशेषाधिकारों की वजह से बर्बर अत्याचार करते रहते थे।

फ्राँस में आर्थिक रूप से कमजोर तबके को मदद पहुँचाने का कोई प्रबन्ध न था। धर्माधिकारी वर्ग में उच्च पदस्थ (बिशप, आर्कबिशप, एबट, कार्डिनल आदि) विलासपूर्ण जीवन व्यतीत करते थे। उनमें से अनेकों का नैतिक चरित्र अत्यन्त निंदनीय था और मानसिक योग्यता निम्न कोटि की थी। अपने कर्तव्यों की वे अवहेलना करते रहते थे। चर्च के निम्न पदाधिकारी (पादरी) जनता को वास्तविक आध्यात्मिक सन्तोष और शिक्षा देने का कार्य करते थे। उन्हें अपने-अपने क्षेत्रों में कठिन परिश्रम करना पड़ता था एवं बहुत कम वेतन मिलता था। उनका जीवन निर्वाह अत्यंत कठिनाई से होता था इसलिये वे भी फ्राँस की तत्कालीन व्यवस्था से असन्तुष्ट, क्षुब्ध थे। क्रान्ति में जनता को निम्न चर्च पदाधिकारियों से सहयोग प्राप्त हुआ था।

सामन्त वर्ग में कुछ दरबारी सामंत थे। इनका जीवन वर्साय में तड़क-भड़क, शान-शौकत एवं विलासिता में व्यतीत होता था शेष प्रान्तीय सामंत थे, वे यह समझते थे कि रक्त की शुद्धता एवं वंश और परम्पराओं के सम्मान की दृष्टि से भी वे दरबारी सामन्तों के बराबर हैं परन्तु उनकी आय दरबारी सामंतों की तुलना में कम थी।

सामन्त वर्ग के प्रति जनता के हृदय में घृणा थी। लेकिन यह घृणा दरबारी

सामंतों के लिये ही अधिक थी क्योंकि उनका जीवन पतित, अपव्ययी एवं उत्तरदायित्वविहीन था। निम्न पादरी वर्ग की तरह प्रान्तीय सामन्त भी विद्यमान व्यवस्था से असन्तुष्ट थे एवं राजनैतिक सुधारों के पक्षधर थे। वे राजा के भक्त थे लेकिन उस पक्षपातपूर्ण, अनियंत्रित प्रशासकीय व्यवस्था का अनुभव वे स्वयं कर रहे थे।

देश की अधिकांश जनता (तृतीय वर्ग) सभी प्रकार के अधिकारों से वंचित थी। धनी साहूकार, प्रसिद्ध , साहित्यकार, राह के भिखारी, गरीब किसान, क्लर्क, नौकर, अध्यापक, कारीगर आदि सभी लोग इस वर्ग में समाये हुए थे। इस विशाल जनसमुदाय के जिसमें किसी भी प्रकार की समानता न थी, तीन मुख्य भाग थे – बुर्जुआ या मध्य वर्ग, दस्तकार और किसान।

मध्यवर्ग के अंतर्गत चिकित्सक, वकील, साहित्यकार, अध्यापक, व्यापारी, महाजन आदि सम्मिलित थे, इन्हें हाथ का परिश्रम नहीं करना पड़ता था। पिछली शताब्दी में व्यापार की वृद्धि के कारण बुर्जुआ वर्ग के सदस्य धनी हो गये थे। कर्मठ, समझदार, शिक्षित एवं धनी होने के कारण इन लोगों को प्रचलित व्यवस्था से सबसे ज्यादा असन्तोष था। उच्च वर्ग के लोगों का इनके प्रति व्यवहार इतना असह्य था कि उन्हें कदम-कदम पर अपनी सामाजिक हीनता का अनुभव होता था। शिक्षा-दीक्षा और व्यवहार-शिष्टाचार में ये सामंतों से ज्यादा प्रभावशाली थे, इसी कारण वे सामन्तों के तिरस्कारपूर्ण बर्ताव का उत्तर ईर्ष्या और घृणा से देते थे। उन्होंने राज्य को ॠण दे रखा था लेकिन राज्य दिवालिया होने के कगार पर पहुँच गया था, इससे उनके स्वार्थों के लिये भारी संकट पैदा हो गया था।

ये मध्यम वर्ग के लोग सामाजिक क्रांति के पथ पर थे। सामाजिक क्रान्ति भी चाहते थे। रूसो, वाल्टेअर, मांटेस्क्यू एवं तत्कालीन अर्थशास्त्रियों के विचारों ने उन्हें आंदोलित कर रखा था। वे सामाजिक समता के समर्थक थे। इस तरह तत्कालीन फ्राँसीसी समाज में मध्यवर्ग ज्यादा प्रगतिशील हो गया था और इस प्रगतिशील वर्ग ने ही क्रान्ति की शुरुआत की और क्रान्ति का पथ-प्रशस्त किया।

फ्राँसीसी समाज के इसी तीसरे वर्ग में मध्यवर्ग (बुर्जुआ) से नीचे शिल्पी लोग थे। इनकी संख्या काफी करीब 25 लाख थी और वे नगरों में रहते थे। फ्रांस में अठारहवीं शताब्दी के अन्त तक उद्योग-धन्धों के क्षेत्र में अधिक संभव नहीं था। श्रेणियों में संगठित होने के कारण शिलिल्पयों के काम करने के अधिकार में कृत्रिम व्यवधानें पड़ती थी क्योंकि श्रेणियों के विशेषाधिकार स्वस्थ वातावरण विकसित नहीं करने देते थे। इस कारण वे श्रेणियों की कटु आलोचना करते रहते थे। तीसरे वर्ग

का सबसे बड़ा भाग किसानों का था। उन सबका जीवन काफी दुःखी था। समाज, देश का समूचा बोझ (कुचल देने वाला बोझ) उन्हीं पर था। तुर्गो न (तत्कालीन वित्तमंत्री) ने आकलन किया था कि उन्हें अपनी आय का 55 प्रतिशत से ज्यादा करों के रूप में देना पड़ता था। स्थिति इतनी गम्भीर थी कि क्रान्ति से पूर्व फ्रांसीसियों में न तो हैसियत की समानता थी और न अवसर की। विभिन्न प्रकार के विशेषाधिकारों ने (सामाजिक असमानता) ने उन्हें एक-दूसरे से पृथक् कर रखा था।

2. राजनीतिक कारण—राजा की निरंकुशता सीमा रहित थी; राज्य की समस्त शक्ति पर अधिकार करके उसने अपनी इच्छा से ही कानून बना दिये थे। राजा की निरंकुशता को नियन्त्रित करने के लिये केवल राष्ट्र प्रतिनिधि सभा थी जिसके अधिवेशन 175 वर्ष से (1614 के उपरान्त) कभी नहीं हुये थे। जनता को किसी तरह के अधिकार प्राप्त नहीं थे। राजा प्रायः अपने मित्रों एवं परिचित निष्ठावान अनुयायियों को मुद्रित आदेश-पत्र देता रहता था। इन पत्रों पर राजा की मोहर और बन्दी बनाने का आदेश अंकित रहता था। आदेश पर स्वामी जिस व्यक्ति का नाम और सजा की अवधि लिख देता था उसे पुलिस तत्काल बन्दी बनाकर अंकित अवधि के लिये बिना मुकदमा चलाये बन्दीगृह में डाल देती थी।

फ्रांस की शासन व्यवस्था इतनी दोषयुक्त थी कि राज्य के सभी उच्च पद नीलाम किये जाते थे। सभी उच्च अधिकारियों की शक्ति और प्रभाव असीम थे। अधिकारियों को अपने कर्तव्यों की किसी प्रकार की जानकारी नहीं थी। प्रत्येक नगर की नगर सभाओं में कर-व्यवस्था, न्याय-व्यवस्था, दण्ड व्यवस्था समान नहीं थी। फ्राँस के प्रान्तों में भी पृथक्-पृथक् कानून प्रचलित थे। प्रसिद्ध इतिहासकार हेज के विचार में "फ्राँस के एक नगर में जो बात कानून के अनुरूप स्वीकार होती थी वही वहाँ से 10 कि॰ मी॰ दूर दूसरे स्थान पर गैरकानूनी समझी जाती थी। फ्राँस के विभिन्न भागों में लगभग 400 प्रकार के कानून प्रचलित थे। फ्राँस में इस समय (1789 तक) कोई संविधान नहीं था; राज्यकर्मियों के अत्याचारों से प्रजा त्रस्त थी। शासन में कुशलता का अभाव था। बूर्बो वंश के राजाओं की भोग-विलासिता, बेकार का खर्च, मूर्खता, कायरता एवं उनकी निरंकुशता से जनता क्षुब्ध थी। फ्रांस की अन्तर्राष्ट्रीय प्रतिष्ठा खत्म हो गई थी। फ्रांस की जनता की दृष्टि में शासक का गौरव शेष नहीं रह गया था। क्रान्ति के समय फ्राँस का राजा लुई सोलहवाँ बिल्कुल अयोग्य था और उसमें शासन भार संभालने की क्षमता नहीं थी, वह बहुत ही अस्थिर स्वभाव का व्यक्ति था एवं सरलता से दूसरे के प्रभाव में आ जाता था और कोई ठोस निर्णय नहीं कर पाता था। व्यक्तियों को परखने की उसे क्षमता प्राप्त नहीं थी। वह भ्रष्ट दरबारी चापलूसों

से घिरा रहता था। उसे अपने देश की समस्याओं की न तो जानकारी थी और न ही फ्रांस के भविष्य की चिंता।

राजा लुई सोलहवें की पत्नी (रानी मेरी एन्टोयनेट) जितनी अधिक सुन्दर थी उतनी ही अधिक ज्यादा खर्च करने वाली महिला थी। वह सदा चुगलखोर दरबारियों से घिरी रहती थी। वह आस्ट्रिया की राजकुमारी थी, उसके इन्हीं दोषों के कारण फ्राँस की जनता में उसके लिये सबसे अधिक घृणा विद्यमान थी। व्यंग्य में फ्रांसीसी जनता उसे 'श्रीमती वीटो', 'श्रीमती घाटा', 'आस्ट्रियन औरत' कह कर पुकारती थी।

लगभग 400 प्रकार के कानून समस्त फ्रांस में प्रचलित थे। इनके प्रचलित होने के कारण न्याय-व्यवस्था अत्यंत दोषपूर्ण थी। राज्य और चर्च के करों का सारा भार सामान्य जनता पर था, करों के भारी बोझ से उनकी कमर टूट चुकी थी। कुलीन पादरी, कुलीन सामन्त विशेषाधिकारों का उपभोग करने वाले समृद्ध व्यक्ति थे। ऐसी राजनीतिक स्थिति ने उन प्रेरक तत्वों को प्रस्फुटित करने में योग दिया जिनसे क्रान्ति का पथ-प्रशस्त होता चला गया और अन्त में उसने क्रांति का रूप ले लिया।

3. बौद्धिक कारण—तत्कालीन फ्राँस के विचारकों, चिन्तकों, दार्शानिकों, लेखकों ने अपनी कटु प्रतिपादन शैली और आलोचना द्वारा युग के असन्तोष, क्रोध एवं आकांक्षाओं की व्यापक रूप से अभिव्यक्ति दी। साहित्य, सुधारों का उन्मुक्त और भावुक समर्थक था और उसके द्वारा फ्राँस में नये विचारों की बाढ़ सी फैल गई। सभी साहित्य राजनीति से ओत-प्रोत था और पुराने विचारों की प्रत्येक दृष्टि से इतनी तीव्र और विध्वंसात्मक आलोचना कभी इसके पहले नहीं हुई थीं। साहित्य संदेहास्पद था, पुरातनाओं के प्रति तीव्र घृणा की अभिव्यक्ति रखता था; जिन आधारों पर फ्राँस की डगमगाती हुई व्यवस्था खड़ी थी, उन्हीं पर चोट करता था। इस साहित्य की विशेषतायें थीं—पुरातन व्यवस्था की कटु आलोचना और निन्दा। इस साहित्य में भविष्य को ज्यादा सुन्दर और सुखी बनाने के लिये विलक्षण सुझाव थे। उसमें आवेश और व्यंग्य के साथ-साथ वैज्ञानिकता की छाप थी। इस साहित्य में अपरिमित विश्वास भरा था कि मनुष्य और उसकी संस्थाओं में पूर्ण होने की असीम शक्ति विद्यमान है।

यह साहित्य विध्वासात्मक परन्तु रचनात्मक था। मान्टेस्क्यू, वाल्टेयर, रूसो, दिदरो एवं अन्य विचारकों की लेखनियों से निकली पुस्तकों ने मानसिक जगत की गहराई को धरातल तक आंदोलित कर दिया था। उन्होंने धर्म, राजनीति, व्यवसाय, समाज आदि से सम्बन्धित अनेक प्रकार के विचारों को गति प्रदान की इस ज्वलनशील साहित्य का कलेवर विशाल एवं प्रभाव काफी गहरा था। विचारों के इस व्यापक आंदोलन ने महान् घटनाओं का मार्ग-प्रशस्त किया, क्रान्ति का सूत्रपात किया।

4. आर्थिक कारण—फ्राँस का राजा लुई सोलहवाँ राजधानी पेरिस से 20 कि॰ मी॰ दूर वर्साय में (भव्य प्रासादों में—लुई चौदहवें द्वारा निर्मित) रहता था। वह जैसा जीवन सुखोपभोग में व्यतीत करता था वह ईसाई जगत के प्रत्येक राजा के लिये ईर्ष्या-स्पर्धा की वस्तु थी। नाट्यशाला, सैकड़ों कमरे, भोजन कक्ष, सत्कार गृह, अनगिनत अतिथि भवन हजारों सेवक उसे उपलब्ध थे। यहाँ पर राजा और उसके चाटुकार दरबारी जो कोई कर वहन नहीं कर रहे थे, निरन्तर आमोद-प्रमोद में तल्लीन रहते थे। दरबारी सामंत बड़े कुटिल ढंग से राजकीय कोष का (राजा से अनुग्रह प्राप्त कर) दुरुपयोग कर रहे थे।

सर्वत्र विलासिता के मद में राजकोष का अपव्यय हो रहा था। रानी मेरी एन्टोयनेट के व्यक्तिगत पाँच सौ सेवक-सेविकायें थीं। सिर्फ राजा के भोजन पर ही 15 लाख डालर व्यय होता था। 1789 में राजा-रानी की अन्धाधुन्ध अपव्ययता के फलस्वरूप 2 करोड़ डालर खर्च हुआ था। लोग राजदरबार को 'राष्ट्र की कब्र' कहने लगे थे। इससे फ्रांस की आर्थिक हालत काफी दयनीय हो गई थी। राष्ट्रीय आय का लगभग आधा भाग राष्ट्रीय ऋण के ब्याज के चुकाने में ही चला जाता था। आमदनी से व्यय सदैव अधिक रहता था; राष्ट्रीय ऋण बढ़ता जा रहा था। लुई सोलहवें के समय में (1788) तक ऋण बढ़कर 60 करोड़ डालर पहुँच गया था परिणामतः सरकार घोर वित्तीय संकट में थी।

कर, आय के मुख्य साधन थे; कर देने वालों में सबसे ज्यादा संख्या किसानों की थी। करों का बोझ असहनीय था। कर दो प्रकार के थे, प्रत्यक्ष एवं अप्रत्यक्ष। चर्च के पदाधिकारी (First Estate) और सामन्त (Second Estate) करों से मुक्त थे इसीलिये करों का सम्पूर्ण बोझ जन सामान्य (Third Estate) पर था। समस्त कर-व्यवस्था पक्षपात पर आधारित थी। इसीलिये तृतीय वर्ग (जिन पर भारी करों का बोझ था) के सदस्यों में भारी घृणा और विद्वेष फैलता गया। हेजन ने लिखा है कि माध्यम वर्गों, मजदूरों और किसानों से राज्य उनकी सालाना आय का कम से कम आधा भाग प्रत्यक्ष करों के रूप में वसूल कर लेता था। इसके अलावा अनेक अप्रत्यक्ष कर भी थे, इनसे भी प्रजा दुःखी थी। कर वसूलने की प्रथा भी 'ठेकेदारी पद्धति' पर थी। ठेकेदार राज्य को निश्चित कर देकर जनता से मनमाने ढंग से वसूलते थे। इससे प्रजा उत्पीड़ित होती रहती थी, उसकी कोई आवाज नहीं थी। ठेकेदारों को ज्यादा से ज्यादा फायदा कमाने की धुन रहती थी। वे जनता को बड़ी कठोरता तथा क्रूरता से कसते और उसका रक्त चूसते थे। ऐसी स्थिति से लोगों में घृणा और विद्वेष का फैलना स्वाभाविक था।

फ्राँस के कई ऐसे अप्रत्यक्ष कर थे अगर उन्हें उदारता से भी वसूला जाता तो भी वे घोर अन्यायपूर्ण और कष्टदायक सिद्ध होते। उदाहरणार्थ नमक कर से कोई व्यक्ति खुश नहीं था। नमक के व्यापार का एकाधिकार केवल एक कम्पनी के पास था। उसने मनमाने ढंग से नमक बेचने के कानून बना रखे थे– सात वर्ष से ऊपर के प्रत्येक व्यक्ति को वर्ष भर में कम से कम सात पौंड नमक खरीदना जरूरी था, अगर कोई नहीं खरीदता तो कठोरता से दंडित किया जाता था। क्रान्ति के पूर्व तक प्रतिवर्ष बीस हजार व्यक्ति कारागार में डाले जाते थे और पाँच-सौ को प्राण दंड दिया जाता था। कर व्यवस्था में भी सभी जगह व्यवहार में विशेषाधिकार, असमानता, स्वेच्छाचारिता एवं अन्यायपूर्ण नियम विद्यमान थे। नियम हमेशा परिवर्तित होते रहते थे। इसलिये प्रति वर्ष अनिश्चितता की भावना लोगों को सताती रहती। पुलों और सड़कों का प्रयोग करने के लिये किसानों को अपने स्वामियों को चुंगी देनी पड़ती थी।

इन प्रत्यक्ष-अप्रत्यक्ष करों के भार से जनता को ढेर सारी कठिनाइयों का सामना करना पड़ता था। विषम परिस्थिति में, अकाल पड़ने पर उसे घोर अभावों, भुखमरी का सामना करना पड़ता था। 1788 में अकाल, भयंकर जाड़े ने ऐसी दुर्दशा कर दी थी कि भूख से पागल लाखों व्यक्ति भिखारी या लुटेरे बन गये थे। इस वजह से प्रतिक्षण सुधारों की तीव्र आवश्यकता अनुभव की जा रही थी। इस तरह तत्कालीन आर्थिक स्थिति ने सुधारों की माँग तीव्र कर दी थी और यह माँग बहुत गम्भीर एवं व्यापक रूप ले चुकी थी।

फ्रांसीसी क्रांति पर अमेरिकी स्वतन्त्रता संग्राम का प्रभाव

इंग्लैण्ड के विरूद्ध फ्राँस के राजा लुई सोलहवें ने उत्तरी अमेरिका के अंग्रेजी उपनिवेशों के स्वतन्त्रता संग्राम में सफलतापूर्वक भाग लिया था। इससे आर्थिक दृष्टि से फ्रांस और ज्यादा दुर्बल हो गया; दूसरे इस स्वतन्त्रता संग्राम से वापस लौट कर आये हुए सैनिकों के हृदयों में स्वतन्त्रता की भावना का संचार हुआ; अमेरिका की स्वतन्त्रता के युद्ध का प्रभाव फ्रांसीसियों को आंदोलित करने लगा था। उनमें भी निरंकुश शासन का अन्त कर एक नए स्वतन्त्र राष्ट्र के निर्माण के लिये उत्साह हिलोरें लेने लगा।

इंग्लैण्ड का प्रभाव

इंग्लैण्ड (इंग्लिश चैनल के पार फ्रांस का पड़ोसी राष्ट्र) की घटनाओं का भी

फ्राँस पर व्यापक प्रभाव पड़ा था। फ्रांसीसीयों को गहरी प्रेरणा इंग्लैण्ड की कूटनीतिक विचारधारा एवं उसके संवैधानिक इतिहास से मिली। फ्रांस का विचारक मांटेस्क्यू इंग्लैण्ड की शासन-पद्धति का प्रशंसक था। मांटेस्क्यू इंग्लैण्ड में स्थापित "शक्ति पृथक्कता के सिद्धान्त" से प्रभावित होकर 'जनता के प्रभुत्व के सिद्धान्त' का प्रतिपादन किया था। 1688 में इंग्लैण्ड में हुई 'गौरवपूर्ण क्रान्ति' के परिणामस्वरूप जो संवैधानिक शासन स्थापित हुआ था उससे फ्राँसीसीयों को काफी सहायता मिली थी कि वे भी अपने देश में निरंकुश एकतंत्र से मुक्ति के लिये संघर्ष करें एवं देश में संवैधानिक शासन की स्थापना करें। इस प्रकार इंग्लैण्ड में कूटनीतिक घटनाचक्रों ने फ्रांस की जनता को प्रभावित कर क्रान्ति को बढ़ावा दिया था।

1788 का भीषण अकाल— 1788 में फ्राँस में भीषण अकाल की हालत ने फ्रांस की अर्थव्यवस्था को और भी खोखला कर दिया; बेरोजगारी ने अराजकता का मार्ग-प्रशस्त कर दिया, सर्वत्र लुटेरों का आतंक छा गया; पेरिस में ही लुटेरे आतंक मचाये हुए थे। इस स्थिति ने भी क्रान्ति को जन्म देने में अत्यंत योगदान किया।

पेरिस की पार्लमां द्वारा नये कानूनों को पंजीकृत करने से इन्कार— निरंकुश फ्राँस की दयनीय अर्थ-व्यवस्था में व्याप्त राजनीतिक अराजकता, भ्रष्टाचार ने राजा लुई सोलहवें एवं पेरिस की न्यायिक संस्था (पार्लमां) में आपसी मतभेद को जन्म दिया। एकमात्र समाधान विशेषाधिकार सम्पन्न लोगों पर कर लगाना है लेकिन वे कर देने के लिये तैयार न थे। अतः राजा ने अध्यादेशों द्वारा कर लगाने का निर्णय किया। लेकिन पेरिस की पार्लमां ने उन कानूनों को (कर लगाने सम्बन्धी) न सिर्फ पंजीकृत करने से इनकार किया अपितु यह भी स्पष्ट कर दिया कि केवल राज्य को ही 'स्टेट्स जनरल' द्वारा नये कर लगाने का अधिकार है। राजा अपनी मर्जी से कर नहीं ले सकता था। इस तरह स्टेट्स जनरल का अधिवेशन शीघ्र आहूत हो। पेरिस की पार्लमां द्वारा बगैर पंजीकृत हुये कोई कानून क्रियान्वित नहीं हो सकता था, ऐसी व्यवस्था थी अतः राजा लुई सोलहवाँ जो दुर्बल प्रकृति का था 'स्टेट्स जनरल' के गठन करने के लिये मजबूर हो गया। इस तरह पेरिस की पार्लमां ने नये कानूनों को पंजीकृत करने से इनकार करने से फ्राँस को क्रान्ति को बल मिला।

राजा द्वारा स्टेट्स जनरल की माँग स्वीकृत—राजा लुई सोलहवें ने मजबूर होकर स्टेट्स जनरल के गठन की माँग स्वीकार कर ली। स्टेट्स जनरल की माँग को स्वीकार करना क्रान्ति को निमन्त्रण देना हो गया। कठिनाई यह थी कि स्टेट्स जनरल का अधिवेशन अन्तिम बार 1614 में (175 वर्ष पहले) हुआ था, तब से कभी स्टेट्स जनरल का गठन ही नहीं हुआ था। इसका स्टेट्स जनरल का अधिवेशन

बुलाना अपने आप में एक क्रान्तिकारी घटना थी। राजा द्वारा अपनी असमर्थता स्वीकार कर ली गयी थी। वह स्टेट्स जनरल से समस्याओं का समाधान माँगने के लिये विवश हुआ था। स्टेट्स जनरल की बात लोग भूल चुके थे। उसका स्वरूप, उसका संगठन, उसकी कार्यप्रणाली, चुनाव आदि कुछ भी ज्ञात नहीं था। इस तरह फ्रांस की घटनायें क्रान्ति का पथ-प्रशस्त करती चली गईं।

क्या क्रान्ति की आवश्यकता थी?—प्रो॰ हेजन एवं प्रो॰ थामसन आदि का मानना है कि फ्राँस की क्रान्ति (1789) का मौलिक कारण तृतीय वर्ग (Third Estate) अर्थात् जन-सामान्य की सामाजिक विषमता और आर्थिक कष्ट था और यदि इस विषमता और कष्ट को दूर किया जा सकता, तो क्रान्ति को रोका जा सकता था। तृतीय वर्ग के पास इस विषमता और आर्थिक विपन्नता को खत्म करने के लिये क्रांति के अलावा कोई विकल्प नहीं था। क्रान्तियाँ प्रायः विचार तथा योजनापूर्वक नहीं की जातीं, अपितु परिस्थितियों के कारण स्वयं हो जाती हैं। यही फ्राँसीसी क्रान्ति (1789) में हुआ। इस अर्थ में तो क्रान्ति जरूरी नहीं थी कि उसे किसी प्रकार टाला नहीं जा सकता था अपितु वह इस अर्थ में अनिवार्य हो गई थी कि जो परिस्थितियाँ थीं और उनमें विभिन्न वर्ग, राजा और रानी जैसा दृष्टिकोण अपना रहे थे उनमें क्रान्ति के अलावा अन्य कोई मार्ग शेष नहीं रह गया था।

आखिर फ्रांस में ही क्रांति क्यों ?—फ्रांसीसी क्रांति के विभिन्न कारणों के आधार पर यह निष्कर्ष आसानी से निकाला जा सकता है कि यह क्रांति किसी अचानक घटना का परिणाम नहीं थी। समस्त यूरोप में स्थिति खराब थी लेकिन फ्राँस में क्रान्ति के लिये उर्वर भूमि थी। क्रान्ति के लिये जिन भौतिक स्थितियों और जागरूकता की आवश्यकता होती है वे फ्राँस में ही विद्यमान थीं; यूरोप के अन्य किसी देश में प्रगतिशील वर्ग नहीं था। क्रान्ति भूखा आदमी नहीं कर सकता। उसके पास अपनी स्थिति तक समझने का अवसर नहीं होता। फ्राँस की जनता न इतनी गरीब थी (यूरोप के अन्य देशों की अपेक्षा) कि जीवन की भागदौड़ में ही अपने को खत्म कर देती और न इतनी समृद्ध थी कि यथास्थिति की पोषक बन जाती। उत्पादक लोग उत्पादन के साधनों से वंचित थे। आर्थिक विषमता और उसके विरुद्ध जागरूकता बढ़ रही थी। सामंतो एवं पूँजीपति वर्ग के बीच का संघर्ष अब जरूरी होता जा रहा था। पूँजीपति वर्ग क्रान्ति के लिये इच्छुक और उत्साहित था। वह अपनी लड़ाई में अपनी योग्यता एवं सामर्थ्य का पूरा-पूरा उपयोग करना चाहता था। अपनी शक्ति से परिचित इस मध्यवर्ग (प्रगतिशील वर्ग) ने क्रांति को बढ़ावा दिया। फ्राँस में चारों ओर असन्तोष व्याप्त था एवं बुद्धिजीवी उद्धेलित थे। विचारकों और लेखकों के प्रभाव

के फलस्वरूप जनता अपनी दुर्दशा को तीव्रता से अनुभव करने लगी थी। वास्तव में दुर्दशा नहीं, बल्कि एक तीव्र अनुभूति क्रान्ति का कारण बनी। अन्य किसी देश में ऐसा प्रबुद्ध एवं समर्थ मध्यम वर्ग नहीं था। यही वजह थी कि क्रान्ति अन्यत्र न होकर फ्राँस में ही हुई थी।

दार्शनिकों का योगदान—लार्ड मार्ले का मानना है कि इन दार्शनिकों (वाल्टेयर, मांटेस्क्यू, दिदरो, रूसो आदि) ने अपने शब्दों से आशा का वह दीप जलाया जिसे बुझाया नहीं जा सकता था। उन्होंने जनसाधारण को तत्कालीन सामाजिक व्यवस्था के दोष दिखलाये और उन्होंने फ्राँस को मृत्यु जैसी गहरी नींद से जगा दिया।

तत्कालीन स्थिति की समीक्षा करते हुये प्रो॰ थामसन ने यह प्रकट किया कि फ्राँस के दार्शनिकों और सन् 1789 की क्रान्ति का उपदेश नहीं दिया था। वे तो ऐसे राजा का भी समर्थन करने को उद्यत थे, जो उदार प्रजा हितैषी होता और प्रजा का संरक्षण करने एवं उसकी आकांक्षायें स्वीकार करने को तैयार होता। 1789 में जनता को क्रान्तिकारी तत्कालीन सामाजिक विषमताओं, आर्थिक कठिनाइयों, कूटनीतिक परिस्थितियों ने बनाया था।

इसी प्रकार यह स्पष्ट है कि फ्राँस की क्रान्ति के कारण जनमानस की परिस्थितियाँ तो पहले ही से विद्यमान थीं, उन्हें पैदा करने में इन दार्शनिकों का कोई योगदान नहीं था परन्तु उन परिस्थितियों को जनसाधारण के समक्ष नम्र और विक्षोभकारी रूप में प्रस्तुत करके उन्होंने क्रान्ति का पथ-प्रशस्त किया। उन्होंने जनता को इतना प्रबुद्ध और उत्तेजित किया कि वह क्रान्ति के लिये प्रेरित हो गई।

इस बारे में हेजन का मानना है कि यह समझना भूल होगी कि क्रान्ति को जन्म देने वाले दार्शनिक थे। उसका उत्तरदायित्व तो सही मायने में राष्ट्रीय जीवन की परिस्थितियों और बुराइयों पर और सरकार की भूलों और दुर्बलताओं पर था। फिर भी यह मानना पड़ेगा कि क्रान्ति में इन लेखकों का बहुत बड़ा योगदान था। उन्होंने कुछ नेताओं को शिक्षा देकर तैयार कर दिया, उनके मस्तिष्क में कुछ निश्चयात्मक सिद्धान्त भर दिये, उन्हें कुछ सैद्धान्तिक वाक्यों, सूत्रों और तर्कों से सुसज्जित कर दिया, उनके मस्तिष्क को एक विशेष साँचे में ढालकर एक विशेष दिशा में मोड़ दिया, उनके नेत्रों के सामने कुछ शक्तिशाली स्वप्न खड़े कर दिये और एक अतिशय आशावादी दृष्टिकोण को, जो उस युग की विशेषता थी, प्रोत्साहन दिया। उन्होंने क्रान्ति को जन्म नहीं दिया लेकिन उन्होंने उसके कारणों को बड़ी चतुराई के साथ खोलकर सामने रख दिया, लोगों का ध्यान उनकी ओर आकृष्ट किया, लोगों को वाद-विवाद के लिये मजबूर किया और क्रोध एवं घृणा को उत्तेजित किया था।

1789 की क्रान्ति की शुरुआत तथा घटनायें—राजा लुई सोलहवें के एस्टेट्स जनरल का अधिवेशन आमंत्रित करने के निर्णय से उसके संगठन की समस्या पैदा हुई। इस समस्या ने ही फ्रेंच क्रान्ति के अगले चरण को निर्धारित किया। काउन्सलर पेसकियर इस बारे में लिखते हैं कि "जनाब, यह कोई बच्चों का खेल नहीं है। जिस दिन पहली बार फ्राँस एस्टेट्स जनरल की सभा देखेगा, उसी दिन उसे एक भयंकर क्रान्ति भी देखनी होंगी"।

पेरिस की पामां द्वारा यह घोषित किये जाने पर कि एस्टेट्स जनरल का संगठन 1614 के संगठन के अनुरूप होगा; समस्या की शुरुआत हुई। उस समय एस्ट्रेटस जनरल के तीन सदन थे, जिनमें कुलीन वर्ग (सामन्त वर्ग), पादरी वर्ग (धर्माधिकारी वर्ग) एवं सर्वसाधारण वर्ग (तृतीय वर्ग) के प्रतिनिधि अलग-अलग बैठकें करके मत देते थे। तीनों वर्गों के दो मत हो जाते थे चूँकि उनके हित परस्पर समान थे। वे दोनों विशेषाधिकार युक्त वर्ग थे, जबकि सर्वसाधारण वर्ग जो विशेषाधिकारहीन वर्ग था, अल्पमत में रह जाता था। 1789 में फ्रेंच जनता का यह वर्ग इस स्थिति को स्वीकार करने के लिये तैयार नहीं था। इस व्यवस्था के विरुद्ध जनमानस आंदोलन हुआ एवं बुर्जुआ वर्ग के नेतृत्व में पैट्रियट पार्टी की उत्पत्ति हुई। अतंतः सर्वसाधारण जनता के प्रतिनिधियों की संख्या दुगनी कर दी लेकिन यह सुधार बेकार था क्योंकि सदस्य संख्या से भी ज्यादा महत्त्वपूर्ण प्रश्न मतदान-पद्धति का था।

एस्टेट्स जनरल का चुनाव तथा प्रथम अधिवेशन 1789—1789 की बसन्त ऋतु में देश में सामान्य निर्वाचन हुआ। 25 वर्ष से ज्यादा आयु के सभी व्यक्तियों को, जो प्रत्यक्ष कर देते थे, निर्वाचन का अधिकार प्रदान किया गया। इसके अनुसार देश के प्रत्येक डिपार्टमेंट (प्रान्त) में समाज के तीनों वर्गों के युवा, प्रौढ़ मतदाताओं (महिलाओं ने नहीं) ने अपनी शिकायतों तथा आकांक्षाओं के स्मृति-पत्र तैयार किये एवं अपने-अपने वर्ग के प्रतिनिधि चुने। इन स्मृति-पत्रों की संख्या हजारों में थी। कई हजार स्मृति-पत्र आज भी सुरक्षित हैं जिनसे तत्कालीन परिस्थिति के संबंध में काफी जानकारी प्राप्त होती है परन्तु किसी स्मृति-पत्र में एकतन्त्र या बूर्बो वंश के विरुद्ध किसी प्रकार की आपत्ति नहीं थी।

एस्टेट्स जनरल का अधिवेशन 5 मई, 1789 को वर्साय में बुलाया गया। सभा में कुल 1200 सदस्य थे। अगले दिन (6 मई, 1789) यह विवाद पैदा हुआ कि सदस्य किस प्रकार मत दें— अलग-अलग सदनों में या सभी एक साथ एक सदन में। सामन्त वर्ग, पादरी वर्ग ने अपने-अपने सदन का अलग निर्माण कर लिया परन्तु सर्वसाधारण वर्ग ने अलग बैठना स्वीकार नहीं किया। इससे तनाव

बढ़ गया; सरकार ने स्थिति को सुधारने का कोई प्रयास नहीं किया। करीब डेढ़ माह तक गतिरोध चलता रहा और कुछ भी कार्य न हुआ। सामान्य वर्ग ने सदैव अन्य वर्गों को उनके साथ बैठने के लिये आमंत्रित किया लेकिन वे अपने अलग बैठने के निर्णय पर दृढ़ रहे। धीरे-धीरे छोटे पादरी अपने सदन से उठकर सामान्य वर्ग के लोग के पास आने लगे। अंततः 16 जून, 1789 को सर्वसाधारण वर्ग के प्रतिनिधियों ने अपने आपको 'राष्ट्रीय सभा' घोषित करके एक क्रान्तिकारी कदम बढ़ाया। उन्होंने अन्य वर्गो के प्रतिनिधियों को भी राष्ट्रीय सभा में शामिल होने के लिये पुनः आमंत्रित किया।

टेनिस कोर्ट की शपथ– एस्टेट्स जनरल के थर्ड इस्टेट के प्रतिनिधि जो अपने को 'राष्ट्रीय सभा' घोषित कर चुके थे, हर रोज अपने सदन में आते और विचार-विनिमय करते थे, इससे सामन्त वर्ग एवं पादरी वर्ग के प्रतिनिधि क्षुब्ध थे क्योंकि कार्यवाही सर्वसाधारण के गतिरोध की वजह नहीं हो पा रही थी। इस पर राजा लुई सोलहवाँ भी चिन्तित था। उसने दरबारियों की सलाह से सैनिक भेजकर सभा भवन (जहाँ तृतीय वर्ग के प्रतिनिधि राष्ट्रीय सभा के रूप में एकत्रित होते थे) बन्द करा दिया। 20 जून, 1789 को जब सामान्य जनता के सदस्य वहाँ पहुँचे और सभा भवन बन्द पाया तो काफी क्रोधित हुए। उन्होंने पास ही के टेनिस कोर्ट में पहुँच कर यह शपथ ग्रहण की कि वे राष्ट्रीय सभा के सदस्यगण जब तब अपने देश के लिये एक संविधान निर्मित नहीं कर लेते, विसर्जित नहीं होंगे। असल में लुई सोलहवें ने सभा भवन बन्द करके बड़ी भूल की थी। अब भी वह दुराग्रही दरबारियों के प्रभाव से मुक्त होकर सर्वसाधारण का साथ देता तो फ्राँस का इतिहास कुछ और ही होता लेकिन वह इन दुराग्रही दरबारियों के प्रभाव से अपने को भी मुक्त न कर पाया और गलती पर गलती करता रहा।

अधिवेशन 23 जून, 1789—मजबूर राजा लुई सोलहवें ने तीनों वर्गों के प्रतिनिधियों को सम्बोधित किया और एक सुधार योजना पर कार्य करने के लिए विचार करने की बात कही। लेकिन राजा लुई सोलहवें ने राष्ट्रीय सभा को गलत कहकर नकार दिया एवं 'एस्टेट्स जनरल के सदस्यगण' सम्बोधित करते हुये उन्हें अलग-अलग सदन में बैठकर निर्णय करने का आह्वान किया। इसके बाद अधिवेशन भवन से राजा-रानी, परिजनों के जाने के पश्चात् पादरी एवं सामन्तगण भी अपने-अपने कक्षों में चले गये लेकिन तृतीय वर्ग के प्रतिनिधि जो अपने को राष्ट्रीय सभा घोषित कर चुके थे, वहीं बैठे रहे।

राष्ट्रीय सभा का मुख्य कार्य संविधान को मूर्त रूप देना था। इसके लिये जरूरी

था कि वह शान्तचित्त होकर गम्भीरतापूर्वक बिना किसी बाहरी हस्तक्षेप के विचार करती लेकिन उन दिनों देश में उन्माद छाया हुआ था।

क्रान्ति का उग्र तथा विकृत हो जाने की जिम्मेवारी भीड़ की की तुलना में राजा और कुलीन वर्ग (सामन्त वर्ग) पर ज्यादा प्रतीत होती है। श्रेणीबद्ध समाज तथा राजा की प्रभुसत्ता के सिद्धान्त अब भी उनको मान्य थे। ऐसी स्थिति में अगर सामन्त वर्ग (कुलीन वर्ग) और राजा समझौतावादी रवैया अपना लेते जो पादरी वर्ग को यदि मान्य होता तो यह क्रान्ति सम्भव न होती। लेकिन कुलीन वर्ग (सामन्त वर्ग) ने सभा के अधिवेशनों का बहिष्कार करके एवं राजा लुई सोलहवें ने उनके प्रभाव में आकर शक्ति-प्रयोग द्वारा इस मध्यमवर्गीय क्रान्ति को कुचलने का निश्चय कर लिया था। उसने पेरिस में सेना एकत्र की; यह लुई सोलहवें की मूर्खता थी।

पेरिस की जनता में उत्तेजना—दरबारियों एवं रानी के प्रभाव में आकर 11 जुलाई, 1789 को राजा ने अपने मंत्री नेकर को पद से हटा दिया। नेकर प्रजा में लोकप्रिय हो चुका था, उसकी पदच्युति ने जनता को उत्तेजित कर दिया। ये दंगे पेरिस में व्याप्त भुखमरी और बेरोजगारी के कारण हो रहे थे। मध्यमवर्ग ने इस असंगठित आर्थिक उग्र प्रदर्शन का नेतृत्व ग्रहण कर उसे संगठित और राजनैतिक स्वरूप प्रदान किया। लोगों के जोश में बढ़ोतरी होने लगी।

बास्तील के दुर्ग का पतन— पेरिस से कुछ ही दूरी पर एक छोटा सा किला 'बास्तील' था जहाँ ज्यादातर राजनीतिक बन्दियों को रखा जाता था; मिराबो और वाल्टेयर जैसे महान् लोग भी यहाँ बन्दी जीवन व्यतीत कर चुके थे। धीरे-धीरे बास्तील निरंकुशता और स्वच्छंदता का सूचक बन गया था। लोगों को यह ज्ञात था कि यहाँ बारूद और शस्त्र काफी मात्रा में रखा है। 13 जुलाई, 1789 को यह अफवाह फैला दी गई कि सैनिकों को पेरिस भेजा जा रहा है। इससे उत्तेजित होकर लोगों ने शस्त्र संग्रह करने का फैसला किया। जहाँ भी नगर में शस्त्र उपलब्ध हो सकते थे, वहाँ लूट-खसोट कर भीड़ ने अपने हाथ में ले लिये। 14 जुलाई, 1789 को यह अफवाह फैली कि बास्तील में शस्त्रों का भंडार है और यह जानकर भीड़ उधर ही उमड़ पड़ी। उस समय बास्तील में न तो अस्त्र-शस्त्र थे और न ही कोई कूटनीतिक बन्दी था। बास्तील दुर्ग की सुरक्षा का भी कोई समुचित प्रबन्ध न था। भीड़ ने बास्तील दुर्ग में बलात् घुसने कोशिश की तो वहाँ के किलेदार द लोने ने गतिरोध पैदा किया। बढ़ती भीड़ को भयभीत के लिये रक्षकों ने गोली चला दी। परिणामस्वरूप कुछ लोग हताहत हो गये लेकिन भीड़ किले पर टूट पड़ी और सचमुच ईंट से ईंट बजा दी गई; रक्षक मार दिये गये, कुछ अपराधी जो यहाँ बन्दी थे, मुक्त हो गये। पूरा किला तहस-नहस

हो गया। लोग यादगार के लिये वहाँ से लोहे और पत्थर के टुकड़े अपने-अपने घर ले गये और बास्तील का नामोनिशान मिटा दिया गया।

बास्तील का पतन—इस घटना की जानकारी पर लुई सोलहवें ने कहा था कि 'यह बगावत है' परन्तु समीप ही खड़े लिआंकुर (दूत) ने कहा 'नहीं' श्रीमान् यह 'क्रान्ति' है। स्व ही इस क्रान्ति का उद्‌घोष था। बास्तील एक किला ही नहीं, एक सिद्धान्त और परम्परा (पुरातन व्यवस्था) का पतन था।

1790 में बास्तील पर आक्रमण करने वाले 'बास्तील के विजेता' कहकर सम्मानित किये गये थे। बास्तील के पतन के तात्कालिक और दूरगामी दोनों ही परिणाम क्रान्तिकारी थे। इससे फ्राँस के लोगों को सीधी कार्यवाही करने की प्रेरणा मिली। समस्त फ्राँस में आम लोगों ने सामंतों और विरोधियों पर प्रहार करना आरंभ कर दिया। सामंतों की हवेलियों को लूट लिया गया, जला दिया गया, पुराने दस्तावेज बर्बाद कर दिये गये और इस प्रकार पुरातन व्यवस्था के गढ़ों और प्रतीकों को खत्म किया जाने लगा। फ्राँस में यूरोप का सबसे ज्यादा प्रसिद्ध एकतंत्र स्थापित था। बास्तील के पतन को एकतंत्र की पराजय और स्वतन्त्रता की जीत समझा गया। पेरिस में जनरल लाफायते के नेतृत्व में सामान्य सुरक्षा के लिये एक 'नेशनल गार्ड' का गठन किया गया और सैनिक शक्ति 'मध्यम वर्ग' के हाथ में आ गई। पेरिस में एक नई म्यूनिसिपल सरकार (कम्यून) का संगठन किया गया और सत्ता शनैः-शनैः पूँजीपति वर्ग के हाथों में सिमटने लगी। संपूर्ण यूरोप में बास्तील के पतन की खुशियाँ मनाई गईं। जर्मनी, रूस के छात्रों ने सड़कों पर नृत्य करके फ्राँसीसियों का अभिनन्दन किया। फ्राँस के प्रतिद्वन्द्वी इंग्लैण्ड के प्रबुद्ध लोगों ने भी इसका स्वागत किया। उस काल के सबसे ज्यादा प्रसिद्ध कवि वड्र्सवर्थ ने प्रशंसा में कवितायें लिखीं जिनका भाव था—'फ्राँस में जीवन इस समय इतना सुखकर है और इस समय युवा होना तो मानों स्वर्ग का ही सुख भोगना है।' इस प्रकार बास्तील का पतन फ्राँस के इतिहास और क्रांति का एक निर्णायक मोड़ सिद्ध हुआ।

बास्तील के पतन ने जहाँ फ्राँसीसी जनता को खुशियों के समुद्र में हिलोरे लेने के लिये छोड़ दिया था वहाँ रानी मेरी एन्टोयनेट और दरबारी भयभीत थे। राजा क्रान्ति की तिरंगी कलगी लगाये पेरिस पहुँचा तो भीड़ ने राजा के लिये 'जिन्दाबाद' के नारे लगाये।

राष्ट्रीय सभा (नेशनल एसेम्बली) के कार्य— नेशनल एसेम्बली में 4 अगस्त, 1789 को एक अचानक घटित होने वाली घटना में सामंती प्रतिनिधियों ने अपने विशेषाधिकारों के परित्याग की घोषणा कर दी। यह सिद्धान्त बनाया गया कि सभी

नागरिकों से एक समान ही कर वसूल किया जायेगा। इस प्रकार समानता और एकरूपता को स्थापित किया जाने लगा।

सुबह की रोशनी में एक नया फ्राँस जागृत हुआ। सदियों पुरानी व्यवस्था (पुरातन व्यवस्था) का अन्त हो चुका था। सामन्त और पादरी ध्वस्त हो गये; जमीन पर किसानों ने अधिकार करना आरंभ कर दिया।

मानव और नागरिकों के अधिकारों की घोषणा– राष्ट्रीय सभा (National Assembly) ने रूसो के 'सोशल कांट्रेक्ट' से प्रेरित होकर 27 अगस्त, 1789 को ईश्वर नहीं अपितु सर्वोच्च सत्ता को साक्षी मानकर नागरिकों के अधिकारों की घोषणा की; इसमें जो कहा गया वो इस प्रकार से है–

किसी भी संस्था का, चाहे वह परिवार हो अथवा राज्य, वह कर्तव्य है कि वह नागरिक अधिकारों की रक्षा करे। मनुष्य के कुछ नैसर्गिक अधिकार हैं जो उसे जन्म से ही प्राप्त होते हैं; जैसे–अपनी सुरक्षा का अधिकार, अभिव्यक्ति स्वातंत्र्य का अधिकार, सम्पत्ति रखने का अधिकार आदि। कानून सामान्य इच्छा की अभिव्यक्ति होता है। राज्य का जन्म व्यक्तियों के सामूहिक प्रयास का नतीजा है। इसीलिये व्यक्ति को स्वयं अथवा अपने प्रतिनिधियों द्वारा शासन और विधि निर्माण में भाग लेने का अधिकार है। राज्य व्यक्ति का दमन न करे, इसके लिये उसके अधिकारों पर नियन्त्रण की व्यवस्था होनी चाहिये।

इस नागरिक अधिकारों की घोषणा ने क्रांति के आदर्शों पर ज्यादा प्रकाश डाला। फ्राँस ही नहीं, संपूर्ण विश्व के लोगों को इसने प्रेरित किया। ऐक्टन ने कहा था कि "यह कागज का टुकड़ा नैपोलियन बोनापार्ट की सेना से भी ज्यादा शक्तिशाली सिद्ध हुआ।" संयुक्त राष्ट्र ने भी मानव अधिकारों को परिभाषित करने की योजना द्वारा सैकड़ों वर्ष पुरानी इस घोषणा का सम्मान किया है। इस घोषणा ने क्रांति को एक व्यापकता प्रदान कर दी एवं मानव मात्र के अधिकारों की माँग ने क्रांति के पक्षधरों और शत्रुओं की स्थिति स्पष्ट करते हुये दोनों की संख्या में वृद्धि कर दी। शीघ्र ही दो दल दृष्टिगत हुये जिनमें परस्पर भारी विरोध था। एक दल में वे लोग थे जो अब तक हुई क्रान्ति की सफलताओं को सुरक्षित रखना चाहते थे और दूसरी ओर वे जिनकी आकांक्षा थी कि किये-कराये पर पानी फेर दिया जाये और खोये हुए लाभ दुबारा प्राप्त कर लिये जायें। इस दूसरे प्रकार के लोग 'प्रति क्रान्तिकारी' कहलाये।

पुनः दरबार में कुचक्र–जो दरबारियों में ज्यादा अंहकारी और क्रोधी थे, वे 14 जुलाई, 1789 के उपरांत राजा लुई सोलहवें के भाई आर्त्वाँ के काउंट के नेतृत्व में

देश छोड़कर भाग गये और इस प्रकार निष्कासन का वह ताँता आरंभ हुआ जिसके वजह से फ्राँस को यूरोप के अन्य राज्यों से उलझना पड़ा। लेकिन अनेक दरबारी अब भी देश में डटे रहे और मेरी एन्टोयनेट (फ्राँस की रानी) की सबल मदद से दुर्बल राजा (लुई सोलहवें) को अपने इशारे पर नचाना आरंभ किया। रानी स्वभाव एवं बुद्धि से सुधार आंदोलन को समझने और उससे सहानुभूति दिखाने के योग्य नहीं थी, फिर उसे अपमान और लोकापवाद का शिकार बनाया गया। इन प्रहारों के कारण उसकी ऐंठ बढ़ गई, उसका अहंकार प्रज्ज्वलित हो उठा और इसलिये उसने ज्वार को पीछे ढ़केलने के लिये जो कुछ बन पड़ा, किया। उसके नतीजे स्वयं उसके एवं राजतंत्र के लिये काफी घातक सिद्ध हुए। परिस्थिति की एक और विशिष्टता यह थी कि कुछ व्यक्ति भीतर ही भीतर कुचक्र और षड्यन्त्र रच रहे थे। क्रान्ति के पूरे काल में हमें व्यक्तिगत महत्त्वाकांक्षाओं और ईर्ष्या के ऐसे तत्त्व देखने को मिलते हैं जो सार्वजनिक अशान्ति को उभार कर फायदा उठाने की चिन्ता में लगे हुए थे।

स्त्रियों का वर्साय अभियान एवं सरकार पेरिस पहुँची—नगर की कई हजार स्त्रियाँ 5 अक्टूबर, 1789 को जो भूखी-नंगी थीं, रोटी-रोटी के नारे लगाती हुई पेरिस से वर्साय प्रस्थान कर गयीं। इस उपद्रव को देखकर राजा काफी डर गया। भीड़ में स्त्रियाँ नारे लगा रही थीं कि, रोटी वाले की स्त्री, रोटी वाले का पुत्र हमारे साथ पेरिस चलें; अंततोगत्वा राजा को परिवार सहित पेरिस चलना पड़ा। 6 अक्टूबर को भूखी-नंगी स्त्रियों का जुलूस राजा, रानी, राजकुमार को लेकर वर्साय से पेरिस वापस लौटा। इसके उपरांत सभा भी वहीं (पेरिस) पहुँच गई। अब राजा एवं सभा दोनों ही पर प्रतिदिन पेरिस की जनता का निरीक्षण रहने लगा। असल में वे सब बन्दी बन गये। उसी दिन से राजधानी पेरिस का महान् प्रभाव शुरू हुआ।

पादरियों का कानून—राष्ट्रीय सभा द्वारा जुलाई 1790 में 'पादरियों का कानून' पारित किया गया जिनमें प्रमुख हैं—

> बिशप पोप के अधीन न रहकर राज्य के अधीन रहकर कार्य करेंगे तथा सम्पूर्ण धार्मिक पदाधिकारियों को राज्य से वेतन दिया जायेगा। फ्राँस के कैथोलिक पादरियों को इस संविधान को ग्रहण करने की शपथ लेनी होगी। पादरियों तथा बिशपों का निर्वाचन जनता द्वारा होगा। प्रत्येक प्रान्त में एक बिशप की नियुक्ति होगी तथा समस्त देश में 83 प्रान्त होंगे यानी सिर्फ 83 बिशप नियुक्त होंगे।

फ्राँस में इस कानून ने एक विभाजन को जन्म दिया। हालाँकि फ्राँस में कैथोलिक धर्म का एक राष्ट्रीय स्वरूप था और पोप के हस्तक्षेप एवं पादरियों की

राजनीति में रुचि पर क्षोभ भी प्रकट किया जाता था लेकिन आम जनता परम्परागत थी इसलिये इस घोषणा को समर्थन नहीं मिला। जिन पादरियों ने इसे स्वीकारा वे 'ज्यूरर' और जिन्होंने अस्वीकार किया वे 'नान ज्यूरर' कहलाये। यह विभाजन क्रान्ति का विरोध बढ़ाने में सफल हुआ। बिशप लोगों का साधारण मतदाताओं द्वारा चुनाव, जिनमें प्रोटेस्टेंट और यहूदी लोग भी शामिल थे, बहुतों को स्वीकार्य नहीं था। क्रान्ति का धर्म के प्रति दृष्टिकोण स्पष्ट होने लगा।

लुई सोलहवाँ अब धार्मिक आधार पर भी क्रान्ति का दुश्मन हो गया। सिर्फ चार बिशपों ने शपथ ली। छियालिस हजार छोटे पादरियों ने अपनी धार्मिक परम्परा छोड़ने से इन्कार कर दिया। जब क्रान्तिकारी सरकार ने इन पादरियों को सजा देनी आरंभ की तो क्रान्ति, स्वतन्त्रता और शान्ति के स्थान पर लोगों को, खासकर जिनके विशेषाधिकार छिने थे, अधार्मिकता, हिंसा और इस तरह पहले से भी बुरे और क्रूर, उत्पीड़न के रूप में दिखाई पड़ने लगी। हालाँकि यह सच है कि क्रियात्मक रूप से फ्राँस की क्रान्ति के क्रान्तिकारियों का यह एक साहसिक कदम था जिसके अन्तर्गत धर्म को राज्य के अनुशासन के अधीन लाने का श्रेय है लेकिन लुई सोलहवें ने इसे स्वीकार करने में हिचकिचाहट दिखाई। कालांतर में उसने बढ़ते दबाव के कारण इसकी स्वीकृति दे दी, परन्तु पोप ने इसे नहीं माना। फ्राँस में भिक्षुओं की संख्या काफी ज्यादा होने से अनेक मठ थे। 6 फरवरी, 1791 को संविधान सभा ने घोषणा की कि भविष्य में कोई भी भिक्षु, भिक्षणी नये एवं पुराने भिक्षु, भिक्षुणियाँ भी सांसारिक जीवन व्यतीत कर सकते हैं। सन्यासियों ने मठों का परित्याग कर दिया, अन्ततोगत्वा मठों का विनाश हो गया।

आर्थिक सुधार के कार्य–राष्ट्रीय सभा ने निर्धनों की सहायता के लिए 'चेरिटी वर्कशाप्स' की स्थापना की गई। पादरियों, सामन्तों के विशेषाधिकारों का अन्त करके किसानों की स्थिति को सुधारने का प्रयास किया गया किसानों पर सिर्फ 'भूमि कर' को छोड़कर अन्य अप्रत्यक्ष कर एवं 'नमक कर' खत्म कर दिया गया। अनाज का व्यापार करमुक्त था। जो लोग सम्पत्ति छोड़कर भाग गये थे उसे 'राष्ट्रीय सम्पत्ति' घोषित किया गया पर ऐसी जमीन को खरीदने के लिये जल्द कोई तैयार न हुआ, अंततोगत्वा पूँजीपति लोगों ने यह कार्य किया। आवश्यकता के अनुसार कागज की मुद्रा (आसिन्या) का प्रयोग किया जाने लगा। इस जमीन पर अधिकार करना ही क्रान्तिकाल का निर्णायक तत्त्व बन गया। इस अधिकार की सुरक्षा के लिये कानून बने, हत्याएँ हुईं और क्रान्ति का मनमाने ढंग से उपयोग हुआ। मजदूरों की स्थिति को सुधारने हेतु कार्य पद्धति को मानवीय बनाने का प्रयत्न किया गया।

नया संविधान — राष्ट्रीय सभा के महत्त्वपूर्ण कार्यों में '1791 का संविधान' के निर्माण को प्रमुख कार्य में शामिल किया जा सकता है। पहली बार फ्राँस के इतिहास में संविधान का निर्माण हुआ। इस संविधान के प्रथम भाग में मानव अधिकारों की पूर्व घोषणा को वैधानिक रूप दे दिया गया। अन्य प्रमुख प्रावधान थे—

745 सदस्यों की एक सदन वाली प्रतिनिधि सभा का प्रावधान बनाया गया। इस सभा के सदस्य को 'देप्यूते' कहा गया। इस सभा को कानून बनाने का अधिकार था। इस व्यवस्थापिका द्वारा बनाया गया कानून, राजा की औपचारिक स्वीकृति के उपरांत लागू हो जाता था। इसके किसी सदस्य को मंत्री बनाने का अधिकार नहीं था। राजा इसे भंग नहीं कर सकता था। यही युद्ध अथवा शांति की घोषणा का अधिकार रखती थी। प्रशासन के लिये राज्य को जिलों, विभागों और कम्यूनों में विभाजित कर दिया गया। प्रशासन की सबसे छोटी इकाई कम्यून थी। व्यवस्थापिका के लिये प्रत्येक वयस्क को जो कम से कम तीन दिनों की आय कर के रूप में देता हो, मत देने का अधिकार दिया गया। राजा कार्यपालिका का सर्वोच्च अधिकारी था। वह अपने द्वारा नियुक्त मंत्रियों की मदद से शासन संचालित करता था। नियुक्त मंत्रियों और राजदूतों के लिये व्यवस्थापिका की आज्ञा आवश्यक थी। व्यवस्थापिका द्वारा पारित किये गये कानून को राजा अस्थायी निषेध द्वारा टाल सकता था लेकिन अगर तीसरी बार व्यवस्थापिका उस कानून को स्वीकृत कर ले तो फिर उसे लागू कर दिया जायेगा चाहे राजा उस पर अपनी आज्ञा दे अथवा न दे। न्यायपालिका के सदस्यों के भी निर्वाचन का विधान बनाया गया। न्याय को सस्ता और सुलभ बनाया गया। जूरी की व्यवस्था हुई। महिलाओं को मत का अधिकार प्रदान करने के अलावा करीब-करीब सभी अधिकार प्रदान किये गये। नागरिक विवाह और तलाक के नियम बने, यहूदियों को भी बराबर अधिकार दिया गया। व्यवस्थापिका के सदस्यों के कार्यकाल की अवधि दो वर्ष निश्चित की गई।

नये संविधान का मूल्यांकन— फ्राँस के इतिहास में यह प्रथम लिखित संविधान था। इसमें लोकप्रभुत्व का सिद्धान्त अर्थात् जनता की इच्छा और अनुमति सरकार की सभी शक्तियों का स्रोत है, दृष्टिगत होता है। दूसरे, कार्यपालिका, व्यवस्थापिका और न्यायपालिका शक्तियों का पूरी तरह से पृथक्करण किया गया। सरकार का रूप राजतन्त्रीय ही रखा गया था परन्तु उसे एक संवैधानिक शासक बना दिया था। राजा पहले 'फ्राँस और नवार का राजा' कहलाता था किंतु संविधान के अनुरूप उसे अब 'फ्राँसीसियों का राजा' कहा जाता था। पहले राजा अपने निजी खर्च के लिये राष्ट्रीय कोष से जितना धन चाहता, ले लेता था किंतु अब उसके

लिये राशि निर्धारित कर दी गई जो ढाई करोड़ फ्रैंक सालाना से ज्यादा नहीं हो सकती थी।

संविधान के अन्तर्गत नागरिकों के दो भेद कर दिये गये– सक्रिय नागरिक व निष्क्रिय नागरिक। सक्रिय नागरिक वह था जो 25 वर्ष की आयु का हो एवं कम से कम तीन दिन की आय करों के रूप में राज्य को देता हो, शेष निष्क्रिय नागरिक स्वीकार किये गये थे। तत्कालीन फ्राँस में 40 लाख सक्रिय नागरिक थे और 30 लाख निष्क्रिय नागरिक थे।

इस तरह यह संविधान क्रांतिकारियों के आदर्शो, लक्ष्यों, हितों और उनकी सीमाओं का भी परिचायक है। अपनी ही घोषणाओं के विरूद्ध इस संविधान के निर्माताओं ने सबको बराबर के अधिकार नहीं दिये चूँकि मध्यवर्गीय प्रमुखता बनाये रखना चाहते थे। राज्य के कार्यों का पूरी तरह विभाजन, अव्यावहारिक था।

हेजन महोदय ने यह लिखा है कि 1791 का संविधान फ्राँस की शासन व्यवस्था में एक प्रगतिशील कदम था परन्तु उसने सही कार्य नहीं किया और न बहुत दिनों तक लागू रहा। स्वशासन की कला में यह पहला प्रयोग था, इस दृष्टि से इसका महत्त्व था लेकिन जब उसे व्यवहृत रूप दिया गया तो समझ में आया कि इसके रचनाकारों में अनुभव की कमी थी और उनकी निर्णय बुद्धि, निम्न कोटि की थी। इसी से भविष्य में कठिनाइयाँ पैदा हुईं। राजा अपने मंत्रियों को व्यवस्थापिका में नहीं चुन सकता था। राजा का निषेधाधिकार इतना शक्तिशाली अस्त्र नहीं था कि वह व्यवस्थापिका के हमलों से उसकी रक्षा कर सकता। सक्रिय एवं निष्क्रिय नागरिकों का अंतर मानव अधिकारों की घोषणा को एक खुली चुनौती थी और उसने जरूरी रूप से एक असन्तुष्ट वर्ग को पैदा कर दिया।

राष्ट्रीय सभा के कार्यों का मूल्यांकन–राष्ट्रीय सभा जो अंततोगत्वा राष्ट्रीय संविधान सभा कहा जाता है, ने दो वर्ष के अपने कार्यकाल में राष्ट्र के लिये एक विधान का निर्माण किया एवं लगभग 25 हजार आदेश क्रियान्वित किये। 21 सितम्बर, 1791 को राजा ने (लुई सोलहवें) नये संविधान को स्वीकार कर उसके अनुरूप कार्य करने का वचन दिया। परिणामतः 30 सितम्बर, 1791 को इस सभा का समापन कर दिया गया। राष्ट्रीय सभा ने पुरानी व्यवस्था का अंत कर नवीन व्यवस्था को जन्म दिया। उसका यह कार्य अत्यन्त महत्त्वपूर्ण था चूँकि उसके परिणामस्वरूप फ्राँस अपने सामाजिक विकास के नये युग में प्रविष्ट हुआ। इससे जनता में एक असन्तुष्ट वर्ग पैदा हो गया था। अपने विसर्जन से पूर्व राष्ट्रीय सभा ने एक और गलती कर दी। उसने आत्म-त्याग की ऐसी भावना का परिचय दिया

जो घातक सिद्ध हुई। एक प्रस्ताव पारित किया गया कि इस सभा का कोई भी सदस्य अपनी व्यवस्थापिका या मंत्रिपरिषद् का सदस्य न हो सकेगा। इस प्रकार दो वर्ष के अनुभव को देकर नया संविधान ऐसे लोगों के हाथ में सौंप दिया गया जिन्होंने उसकी रचना में कोई भाग नहीं लिया था।

व्यवस्थापिका सभा

राष्ट्रीय सभा (राष्ट्रीय संविधान सभा) के विसर्जन के उपरांत 1791 के संविधान को क्रियान्वित करने का समय आ गया। प्राचीन निरंकुश राजतंत्र का खात्मा हो गया। उसके जगह पर फ्राँस में संवैधानिक राजतंत्र का प्रयोग आरंभ हुआ। क्रान्ति का पहला दौर खत्म हुआ। नयी विधान सभा (व्यवस्थापिका सभा) का प्रथम अधिवेशन 1 अक्टूबर, 1791 को हुआ, जिसमें 745 सदस्य थे। वे मध्यम वर्ग के थे, उनमें वकीलों की संख्या सबसे ज्यादा थी।

इस विधान सभा में शीघ्र ही दलबन्दी दृष्टिगत हुई। प्रमुख दल निम्नलिखित प्रकार से थे–

सेन्टर पार्टी –यह स्वतंत्र सदस्य थे अर्थात् किसी भी दल के साथ शामिल नहीं थे। इनकी संख्या 245 थी।

गणतंत्रवादी – इस दल के सदस्यों की संख्या 236 थी। ये राजतंत्र के स्थान पर जनतंत्र की स्थापना की अपेक्षा रखते थे। ये लोग भी विचारों की विभिन्नता के कारण दो दलों में वितरित थे–(जिरोंदीस्त और जैकोबिन दल)।

राजतंत्रवादी –यह दल लुई सोलहवें (राजा) का समर्थक था। इसके सदस्यों की संख्या 100 थी।

संविधानवादी – यह दल संविधान के अन्तर्गत व्यवस्था का पक्षधर था। ये लोग फेइयाँ के चर्च में एकत्रित होते थे अतः फेइयाँ के नाम से चर्चित थे। इनकी संख्या 164 थी।

जिरोंदीस्त दल (Girondits) के प्रमुख नेता वेरियों, ब्रिसों, दुमुरिये, कोन्दोर्स, मादाम रोला इत्यादि थे। इनमें प्रथम तीन व्यवस्थापिका सभा में भी थे; शेष दो दल के प्रभावी नेता माने जाते थे। इनमें भी मादाम रोला बहुत ही प्रभावी नेता थी। इस दल को क्रान्ति में विश्वास था। वे मानते थे कि फ्रेंच समाज में मतभेद इतने गहरे हैं कि उनके बीच किसी भी प्रकार का समझौता नहीं हो सकता है। उनको पूरी तरह विश्वास था कि क्रान्ति अपने विरोधियों का समूल नाश करके ही सफल हो सकेगी और इसके लिये रक्तपात जरूरी है। क्रान्ति-विरोधियों पर किये गये इस हमले से

जिरोंदीस्त दल को फायदा की आशा दृष्टिगत होती थी। उनका मानना था कि खुला संघर्ष राजा का पक्ष ग्रहण करने के लिये मजबूर करके उसका पर्दाफाश कर देगा और तब उसे हटाकर गणतन्त्र की स्थापना करना अधिक आसान हो जायेगा।

जैकोबिन दल के प्रमुख नेता राब्सपियर, दाँतो, मारा थे। इस दल के सदस्य जैकोबिन चर्च में एकजुट हुआ करता था इस तरह जैकोबिन नाम से प्रसिद्ध हो गये। ये हिंसा, शक्ति के द्वारा फ्राँस में गणतंत्र की स्थापना करना चाहते थे। जिरोंदीस्त दल से ये लोग ज्यादा उग्र थे।

व्यवस्थापिका सभा के सामने प्रारंभिक समस्यायें

व्यवस्थापिका सभा में इस समय जिरोंदीस्त दल का मंत्रिमंडल कहा जाता था। सभा के सामने अनेकानेक कठिन समस्याओं की चर्चा नीचे की पंक्तियों में की जा रही हैः—

1. व्यवस्थापिका सभा के सामने दूसरी प्रमुख समस्या पैदा हुई कि पादरियों के लौकिक संविधान के प्रति निष्ठा की शपथ अनेक पादरियों ने नहीं ली थी। इस व्यवस्थापिका सभा द्वारा यह आदेश पारित किया गया कि जो पादरी शपथ नहीं लेंगे उन्हें पद मुक्त कर दिया जाये और उनकी सम्पत्ति जब्त कर ली जाये। राजा लुई सोलहवें ने इस आदेश पर भी हस्ताक्षर करने से इन्कार कर दिया। इससे समस्या गम्भीर हो गई।

2. 1789 की क्रान्ति के आरंभ होते ही अनेक सामन्त एवं राजा के दो भाई (काउंट ऑफ प्रोविन्स, काउंट ऑफ आत्वां) फ्राँस से पलायन कर गये थे। इन सभी ने जर्मन राज्यों में शरण ले रखी थी। (स्वयं राजा लुई सोलहवें, रानी मेरी एन्टोयनेट ने फ्राँस से पलायन करने का 20 जून, 1791 को विफल कोशिश किया था) वहीं वे फ्राँस के विरूद्ध सैन्य संगठन कर रहे थे एवं यूरोप के अन्य देशों से सहायता प्राप्त करने की कोशिश कर रहे थे। उन्होंने कोब्लेन्ज नगर को अपनी गतिविधियों का केन्द्र बना रखा था।

अंततः व्यवस्थापिका सभा को राजा लुई सोहलवें के विरूद्ध संघर्ष करने का पथ-प्रशस्त करने के लिए मौका प्राप्त हो गया। असल में व्यवस्थापिका सभा भागे हुए कुलीनों, सामन्तों, दरबारियों, पादरियों आदि की ओट में राजतंत्र पर चोट करना चाहती थी। व्यवस्थापिका सभा की इस नीति से फ्राँस में राजतंत्र के पतन व गणतंत्र की स्थापना का मार्ग स्पष्ट हो गया। व्यवस्थापिका सभा का यह विचार था कि राजा को क्रान्ति का विरोधी प्रमाणित करना आवश्यक था। यह युद्ध के द्वारा ही अधिक सम्भव था। अगर प्रशा व आस्ट्रिया के साथ फ्राँस का युद्ध हो जाये तो राजा की स्थिति

विषम हो जायेगी चूँकि प्रशा व आस्ट्रिया लुई सोलहवें के मित्र थे। अगर लुई सोलहवाँ प्रशा व आस्ट्रिया का पक्ष ग्रहण करेगा तो हम लोग उसे देशद्रोही प्रमाणित कर देंगे। इस प्रकार फ्राँस में सदैव के लिये राजतंत्र खत्म हो जायेगा।

पिलनित्स की घोषणा— फ्राँस की क्रान्ति का यूरोप के राजतंत्रों ने फ्राँसीसी भगोड़ों के दबाव से अधिकाधिक विरोध आरंभ कर दिया था। उन सबकी आकांक्षा थी कि लुई सोलहवें की सहायता करके फ्राँस में राजतंत्र को सदृढ़ किया जाये। इसी लक्ष्य से 27 अगस्त, 1791 को आस्ट्रिया के शासक लिओपोल्ड द्वितीय ने प्रशा के शासक फ्रेडरिक विलियम द्वितीय से पिलनित्स नामक स्थान पर भेंट की और एक संयुक्त घोषणा की जिसमें कहा गया था कि 'फ्राँस की समस्या है, यूरोप के सभी राज्यों को सहयोग करना जरूरी है, आस्ट्रिया व प्रशा फ्राँस में सशस्त्र हस्तक्षेप करने के लिये कृत-संकल्प है।' इस घोषणा से फ्राँस में विदेशी हस्तक्षेप की आसन्न सम्भावना हो गई। युद्ध का पथ प्रशस्त हो गया।

युद्ध की घोषणा, दायित्व व घटनायें— आस्ट्रिया के सम्राट लिओपोल्ड द्वितीय को स्वप्न में भी आशा न थी कि पिलनित्स की घोषणा से युद्ध आरंभ हो जायेगा। उसने तो मात्र धमकी दी थी कि व्यवस्थापिका सभा राजा लुई सोलहवें को व्यथित नहीं करे एवं फ्राँस का जिरोंदीस्त मंत्रिमंडल इस घोषणा से डर जाए और राजा विरोधी गतिविधियाँ खत्म कर दे लेकिन इस घोषणा का प्रभाव विपरीत हुआ। जिरोंदिस्तों को इससे आस्ट्रिया व प्रशा के विरुद्ध युद्ध करने व राजा लुई सोलहवें के विषय में यह प्रमाणित करने का अवसर प्राप्त हो गया कि वह आस्ट्रिया व प्रशा से मिला हुआ था। जिरोंदिस्तों का विचार था कि फ्राँस से राजतंत्र का अंत करने के लिए युद्ध पर अधिक बल दिया गया था। जिरोंदीस्त नेत्री मैडम रोलां ने स्पष्ट किया था कि 'गणतन्त्र के लिये उत्साही भावनाओं के जन्म व राजतन्त्र के पतन के लिये युद्ध आवश्यक था। अंततः 20, अप्रैल, 1792 को फ्राँस ने आस्ट्रिया के विरुद्ध युद्ध की घोषणा कर दी।

फ्राँस द्वारा युद्ध की घोषणा के साथ ही लाफायते को फ्राँस का प्रमुख सेनापति बनाया गया। आरंभ के दौर में फ्राँस की प्रत्येक मोर्चे पर हार हुई। इस हार के लिये फ्राँसीसी जनता ने राजा लुई सोलहवें को जिम्मेवार ठहराया। जनता का कथन रहा था कि राजा शत्रु से मिला हुआ है अतः उत्तेजित भीड़ ने 20 जून, 1792 को राजमहल (टुइलरी महल) पर आक्रमण कर दिया। भीड़ ने राजा लुई सोहलवें, रानी मेरी एन्टोयनेट को बहुत अपमानित किया। इस उमड़ते तूफान के दौर में नया घटनाचक्र तेजी से घूमा। 25 जुलाई, 1792 को प्रशा ने भी फ्राँस के विरुद्ध युद्ध की घोषणा कर दी।

बुन्सविक की इस घोषणा ने फ्राँसीसियों को नाराज कर दिया। फ्राँसीसियों ने यह समझ लिया कि लुई सोलहवाँ आस्ट्रिया व प्रशा के साथ मिला हुआ है। अतः 10 अगस्त, 1792 को एक उत्तेजित भीड़ ने टुइलरी महल (राज-परिवार का निवास स्थल) पर धावा बोल दिया। राजमहल के सभी रक्षक भीड़ के शिकार हो गये; राज-परिवार ने भागकर व्यवस्थापिका भवन में शरण ली। व्यवस्थापिका सभा ने विचार-विमर्श करके राजा लुई सोलहवें को 11 अगस्त, 1792 को निलम्बित कर दिया। गणतंत्र की नये सिरे से स्थापना के लिए नये संविधान की रचना पर अधिक बल दिया गया था।

अन्तरिम सरकार का गठन—चुनाव एवं नई सरकार के गठन तक अन्तरिम सरकार की व्यवस्था की गई। व्यवस्थापिका सभा 11 अगस्त, 1792 को भंग कर दी गई व फ्राँस में शासन का भार पेरिस की एक नागरिक सभा 'पेरिस कम्यून' को सौंपा गया। पेरिस कम्यून निम्न वर्ग की संस्था थी और इसने लुई सोलहवें को हटाने में अहम् भूमिका निभाई थी। इसने राष्ट्रीय सम्मेलन के चुनावों के लिये सम्पत्ति पर आधारित मताधिकार के नियम को भंग कर दिया एवं प्रत्येक वयस्क व्यक्ति को मताधिकार प्रदान कर दिया। लुई सोलहवें व उसके परिवार को बन्दी बनाकर पेरिस कम्यून ने 'टेम्पल के किले' में रखा। इस प्रकार फ्राँस में 10 अगस्त, 1792 को राजतंत्र का पतन हुआ एवं लोकतंत्र की स्थापना हुई। पेरिस कम्यून जो निम्नवर्गीय व जैकोबिन संस्था थी, ने 11 अगस्त, 1792 से 20 सितम्बर, 1792 तक शासन किया। इस पर राब्सपियर, दांतो एवं मारा आदि उग्र क्रान्तिकारी नेताओं का प्रभाव था।

सितम्बर हत्याकांड—क्रान्ति के विरोधियों को पेरिस कम्यून के नेता सहने के लिये तैयार न थे। दांतो के अनुसार—"साहस, अधिक साहस एवं और अधिक साहस के द्वारा ही आन्तरिक व बाह्य शत्रु का सामना किया जा सकता है।" इस समय आस्ट्रिया व प्रशा की सेनायें पेरिस की ओर बढ़ रही थीं, इस तरह पेरिस कम्यून के नेताओं ने बाह्य शत्रु से निबटने के पूर्व फ्राँस में विद्यमान देशद्रोहियों से निबटने का निश्चय किया, परिणामस्वरूप 2 सितम्बर से 6 सितम्बर, 1792 तक भारी मात्रा में रक्तपात हुआ जिसमें हजारों व्यक्तियों को मौत के घाट उतार दिया गया। यह **सितम्बर हत्याकांड** के नाम से चर्चित है।

हेजन के विचार में विद्रोही पादरी, सन्देह के शिकार व्यक्ति एवं सामन्तवाद के पक्षधर, मृत्यु के हवाले कर दिए गये। न किसी पर मुकदमा चलाया गया न ही स्त्री या पुरुष का ध्यान रखा गया। हत्याकांड व्यवस्थानुसार कम्यून के सदस्यों द्वारा

किया गया था। इसके व्यापक नतीजे रहे। जिरोंदिस्त व जैकोबिन दलों में खूनी संघर्ष आरंभ हुआ चूँकि जिरोंदिस्तों ने इस हत्याकांड (सितम्बर हत्याकांड) के दोषी 'मारा' को दंडित करने की कोशिश की जिसे जैकोबिन समर्थन देकर प्रोत्साहित करते रहे थे। राष्ट्रीय सम्मेलन के चुनाव प्रभावित हुए हत्याकांड से क्रान्ति अपयशपूर्ण हो गई।

वाल्मी का युद्ध (फ्राँस की विजय)—20 सितम्बर, 1792 को फ्राँस के सेनापति घुमारिये ने आस्ट्रिया व प्रशा की सेनाओं को वाल्मी नामक स्थान पर पराजित कर दिया। इस विजय से फ्राँसीसियों का मनोबल काफी बढ़ गया, वे हर्ष से झूम उठे, उन्हें अपनी सफलता का मार्ग प्रशस्त होने लगा। इसी दिन राष्ट्रीय सम्मेलन के चुनाव हुए व फ्राँस में राष्ट्रीय सम्मेलन का शासन आरंभ हुआ; गणतन्त्रात्मक शासन की स्थापना हुई।

राष्ट्रीय सम्मेलन (National convention)—21 सितम्बर, 1792 को राष्ट्रीय सम्मेलन सहायता से शासन सत्ता अपने हाथों में ले ली। यह फ्राँस की तीसरी क्रान्तिकारी सभा थी। इसने 21 सितम्बर, 1792 से 26 अक्टूबर, 1795 तक शासन किया। राष्ट्रीय सम्मेलन में 200 जिरोंदिस्त, 100 जैकोबिन, 482 स्वतंत्र सदस्य थे। राष्ट्रीय सम्मेलन का प्रथम अधिवेशन 21 सितम्बर, 1792 को शुरुआत की गई। कन्वेंशन ने सर्वसम्मति से 'फ्राँस में राजतंत्र को खत्म करने का' निर्णय लिया। सभी सरकारी प्रलेखों पर पुराने सन् के स्थान पर फ्राँसीसी गणराज्य का प्रथम वर्ष लिखे जाने का निर्देश दिया।

राष्ट्रीय सभा की समस्याएँ

युद्ध का संचालन कैसे किया जाये? देश और क्रान्ति की रक्षा किस प्रकार की जाये, संविधान का निर्माण कैसे किया जाए? उसका स्वरूप क्या हो? राजा लुई सोलहवें ने विश्वासघात किया है; उसके साथ कैसा व्यवहार हो? अगर दंड देना है तो क्या दंड दिया जाये? क्रान्ति की उपलब्धियों को व्यावहारिक रूप कैसे दिये जाये? देश में नव-निर्माण के लिये क्या कदम उठाया जाये, देश में व्याप्त अराजकता कैसे खत्म की जाये?

राष्ट्रीय सभा के प्रमुख कार्य— सर्वसम्मति से नेशनल कन्वेंशन ने प्रस्ताव पारित कर फ्राँस में गणतन्त्र की घोषणा की एवं राष्ट्र का नया कैलेन्डर गणतन्त्र की स्थापना के दिन (22 सितम्बर, 1792 से) बनाया गया। इस कैलेन्डर में 12 माह थे, जिनके नाम (वैदेमियर, ब्रूमेयर, फ्रिमेयर, निवोसे, त्लूवियोसे, वेंटोज, जर्मिनल, प्लोरियल, प्रेयरियल, मर्सिडोर, थर्मिडोर, फ्रक्टिडोर)

ऋतुओं के आधार थे।

राजा लुई सोलहवें को देशद्रोही साबित करके 21 जनवरी, 1793 को गिलोटिन पर चढ़ा दिया। इस प्रकार कन्वेंशन ने राजा को प्राणदंड देकर फ्राँस की राजा से मुक्ति प्रदान कर दी। राष्ट्रीय सम्मेलन ने एक आदेश जारी करके युवा तथा शक्तिशाली व्यक्तियों को सेना में भर्ती करके सैन्य व्यवस्था को बढ़िया बनाने की सफल कोशिश की तथा तीन लाख सैनिकों की एक विशाल सेना का गठन किया। इस उत्साही सेना के गठन का श्रेय वर्तमान रक्षा मंत्री कार्नो को है। कन्वेंशन ने 6 अप्रैल, 1793 को 'लोक सुरक्षा समिति' गठित की। इस समिति को कार्यपालिका व व्यवस्थापिका के असीम अधिकार सौंपे गये। इसके प्रमुख सदस्यों में राब्सपियर व कार्नो थे। फ्राँस की अराजकता को खत्म करने एवं व्यवस्था स्थापित करने का कार्य नेशनल कन्वेंशन का था। लोक सुरक्षा समिति के अलावा 'सामान्य रक्षा समिति' की स्थापना भी की गई। इस समिति का कार्य देश में शान्ति और व्यवस्था बनाये रखना था, एक तरह से यह पुलिस का कार्य कर रही थी। इस समिति को भी व्यापक अधिकार दिये गये। यह समिति किसी भी व्यक्ति को गिरफ्तार कर सकती थी। इसके अलावा 'क्रान्तिकारी न्यायालय' गठित किया गया। क्रान्ति के सिद्धान्तों का विरोध करने वालों पर इस न्यायालय में मुकदमा चलाया जाता था एवं दंड दिया जाता था।

नेशनल कन्वेंशन ने सामाजिक सुधारों के अन्तर्गत नीग्रो दासता का फ्राँस से उन्मूलन कर दिया। फ्राँस में वर्ग के स्थान पर प्रत्येक व्यक्ति को फ्रांस के नागरिक के रूप में जाना गया। जमींदारों, सामन्तों की भूमि को गरीब किसानों में विभक्त किया गया, सामाजिक-आर्थिक समानता, विवाह व तलाक के नियमों को सरल बनाया गया। सम्पत्ति में स्त्रियों के अधिकारों को स्पष्ट किया गया। फ्रेंच को राष्ट्रभाषा घोषित किया गया। शिक्षा के क्षेत्र में स्कूलों, पुस्तकालयों की स्थापना के निरंतर प्रयास किये गए। जरूरी वस्तुओं की कीमतों को निर्धारित किया। मीट्रिक प्रणाली स्थापित की गई। प्रवासी सामन्तों, पादरियों की सम्पत्ति अधिकृत करके राज्य की वित्त व्यवस्था को सुदृढ़ करने की कोशिश की गई।

नेशनल कन्वेंशन के ईसाई ईश्वर के स्थान पर बुद्धि पूजा को पहली महत्ता दी गई। गिरजाघरों को तर्क के मन्दिर बनाने के प्रयास किये गये। 10 नवम्बर, 1793 को नात्रेदम के चर्च को 'बुद्धि के मन्दिर' में बदल दिया गया। वर्तमान स्थिति की समीक्षा करते हुये हरवर्ड ने कहा, "प्रकृति के अलावा हमें अन्य कोई धर्म नहीं चाहिये, तर्क के अलावा कोई मन्दिर एवं स्वतन्त्रता, समानता व भ्रातृत्व के अतिरिक्त कोई आराधना नहीं चाहिये।"

राजा को नेशनल कन्वेंशन ने प्राणदंड देने के उपरांत हुई प्रक्रिया (बाह्य व आन्तरिक क्षेत्र में) से निपटने के लिये सुदृढ़ शासन तंत्र का निर्माण किया। राजा लुई सोलहवें को गिलोटीन पर चढ़ाये जाने से फ्राँस के शत्रुओं संख्या में बढ़ोतरी होने लगी। आस्ट्रिया और प्रशा पहले से ही फ्राँस के विरुद्ध युद्धरत थे। अब रूस, इंग्लैण्ड, स्पेन, हालैण्ड और जर्मनी एवं इटली के राज्य भी उसमें शामिल कर लिए गऐ। सभी ने राजा लुई सोलहवें के वध को ही युद्ध का बहाना ठहराया जबकि सभी के उद्देश्य लौकिक थे अर्थात् अराजकता के दौर में फ्राँस की भूमि को हड़पना।

इसी समय फ्राँस में गृह-युद्ध भी आरंभ हो गया। वॉदे के एक लाख किसानों ने फ्राँसीसी गणतन्त्र के विरुद्ध बगावत कर दी। फ्राँसीसी सेनानायक धुमारिये की गतिविधयाँ सन्दिग्ध हो रही थीं। इस तरह नेशनल कन्वेंशन ने चारों ओर अपने को संकटों से घिरा पाया।

इसी परिप्रेक्ष्य में आतंक का शासन स्थापित हुआ जो 9 मार्च, 1793 से 28 जुलाई, 1794 तक रहा। गणतन्त्र के शत्रुओं की खोज के दौरान ही जिरोंदीस्त और जैकोबिन दलों के संघर्ष व शत्रुता का निश्चित द्वेष दृष्टिगत हुआ; परिणामस्वरूप जिरोंदीस्त दल को जड़ मूल से समाप्त कर दिया गया उसके सभी प्रमुख नेता एक-एक कर गिलोटीन की भेंट हो गये। 16 अक्टूबर, 1793 को फ्राँस की रानी मेरी एन्टोयनेट को भी गिलोटीन की भेंट कर दिया गया। 31 अक्टूबर, 1793 को 21 प्रमुख जिरोंदीस्तो जिनमें मैडम रोला भी सम्मिलित थी, गिलोटीन पर चढ़ा दिया गया। इस प्रकार आतंक की शुरुआत लगभग हो चुकी थी।

अन्त में 27 जुलाई, 1794 (9 थर्मीडोर) को बगावत का रूप ले लिया। । राब्सपियर का पतन एवं वध के साथ ही आतंक के शासन की समाप्ति हो गयी। इस तरह गणतन्त्र को स्थायी एवं सृदृढ़ बनाने के लिये कन्वेंशन को विभिन्न उपाय करने पड़े थे। अपने उद्देश्यों एवं राजतंत्र की पुनरावृत्ति को रोकने के लिये कन्वेंान ने एक नये संविधान की रचना की।

1795 का संविधान—यद्यपि कन्वेंशन ने पहले 1793 में संविधान निर्मित किया था परन्तु उसे 'अराजकतापूर्ण' कहकर नामंजूर कर दिया था। अब उसके स्थान पर कन्वेंशन ने 1795 का संविधान बनाया। मताधिकार का सिद्धान्त 1791 के राजतंत्रीय संविधान के सदृश रखा गया था। राष्ट्रीय व्यवस्थापिका को द्विसदनीय बनाया गया। प्रथम सदन वरिष्ठ परिषद् कहलाया, इसके सदस्यों की संख्या 250 निश्चित थी। इसके सदस्यों का विवाहित होना अति जरूरी था एवं उनकी आयु 40 वर्ष से कम न हो। दूसरा सदन 'पाँच सौ का सदन' कहलाता था; इसके सदस्य की

आयु 30 वर्ष से कम नहीं होनी चाहिये थी। सिर्फ इसी सदन को कानून प्रस्तावित करने का अधिकार था। लेकिन वरिष्ठ परिषद् के स्वीकार करने पर ही कानून क्रियान्वित हो सकता था। कार्यपालिका शक्ति पाँच सदस्यों के एक संचालक मंडल में निहित की गई। संचालक मंडल के सदस्यों की कम से कम आयु 40 वर्ष रखी गई थी। उनके चुनाव परिषदें करती थीं और उनमें से एक प्रतिवर्ष अवकाश ग्रहण करता। इस प्रकार मध्यवर्गीय गणतन्त्र की स्थापना हुई। 26 अक्टूबर, 1795 को कन्वेंशन ने अपने को भंग कर दिया।

सभा का मूल्यांकन—नेशनल कन्वेंशन का इतिहास साधारण नहीं था। अपने तीन साल के अस्तित्व में उसने अनेक दिशाओं में विलक्षण कार्य किये। आन्तरिक कलह और विदेशी युद्धों से पैदा भयँकर राष्ट्रीय कठिनाइयों के बीच उसने अपना कार्य आरंभ किया और एक साथ उसने सभी बाह्य शत्रुओं को हराते हुये व्यवस्था स्थापित करने एवं आन्तरिक अराजकता को खत्म करने में सफलता प्राप्त की। व्यावहारिक रूप से उसने तथाकथित प्राकृतिक सीमायें प्राप्त की। गणतंत्र को अक्षुण्ण बनाने एवं संविधान का निर्माण करने के कार्य में सफलता प्राप्त की। शान्तिमय विकास की दिशा में कन्वेंशन ने एक कोशिश की तथा सफलता प्राप्त की। फ्राँस में माप-तौल की नवीन व्यवस्था (दाशमिक प्रणाली) स्थापित की; विधि संग्रह की नींव तैयार की; कालान्तर में इस कार्य को नेपोलियन बोनापार्ट ने पूरा किया। कन्वेंशन ने राष्ट्रीय शिक्षा के लिए प्रारम्भिक एवं माध्यमिक शिक्षा की एक विशद् योजना तैयार की। कुछ विशेष प्रकार के संस्थान स्थापित किये जिनका गहरा प्रभाव पड़ा—बहुकौशल शिक्षणालय, दीक्षा विद्यालय, कानून तथा चिकित्सा विद्यालय, कला कौशल संस्थान, राष्ट्रीय अभिलेखागार, लूब्रे का संग्रहालय, राष्ट्रीय पुस्तकालय। कन्वेंशन के सम्बन्ध में यह ध्यान रखना चाहिये कि जो अपने आतंक के राज्य के लिये अपयश को प्राप्त है, उसी ने सभ्यता की ये अमर सेवायें कीं। कन्वेंशन के अनेक विजयोपहार इतने शानदार और उसकी सफलताओं का लेखा इतना आदरणीय रहा कि इसके उपरांत भी पीढ़ियों ने उनसे प्रेरणा और शिक्षा ग्रहण की।

डायरेक्टरी

1795 के संविधान के अन्तर्गत स्थापित संचालक मंडल (Directory) ने 27 अक्टूबर, 1795 से 10 नवम्बर, 1799 तक शासन किया। उसका चार वर्ष का इतिहास अनिश्चित एवं संकटपूर्ण रहा और अन्त में बलपूर्वक उसको उखाड़ फेंका गया। नवगठित संचालक मंडल में 'कानों' के अलावा एक भी ऐसा व्यक्ति नहीं था

जिसे प्रतिभाशाली कहा जा सके; अन्य विलासी एवं साधारण योग्यता के व्यक्ति थे। अतः शासन का स्वरूप शिथिल पड़ता गया। भ्रष्टाचार बढ़ने लगा; अराजकता दृष्टिगत होने लगी; शासन, न्याय और वित्त सब ठप हो गया। ऐसी जड़ स्थिति में एक ऐसा व्यक्ति उभर रहा था जो धीरे-धीरे फ्राँस की नियति बनता जा रहा था, वह व्यक्ति था 'नेपोलियन बोनापार्ट'।

नेपोलियन बोनापार्ट का प्रभाव पेरिस में बढ़ रहा था। वह अपनी पत्नी जोसेफिन के द्वारा बार्रा (संचालक मंडल का सदस्य) के सम्पर्क में आया। एक दिन उसे यह जिम्मेदारी प्राप्त हो गई कि वह फ्राँस की दक्षिण-पूर्वी सेना के सेनाध्यक्ष के रूप में आस्ट्रिया से लोहा ले। नेपोलियन ने अपने सैन्य अभियानों में असाधारण प्रतिभा का परिचय दिया। अभावग्रस्त फ्राँसीसी सेना नेपोलियन के नेतृत्व में विजयवाहिनी की तरह आगे बढ़ती गई और नेपोलियन ने आस्ट्रिया को 'कैम्पोफार्मिओ' की सन्धि करने पर मजबूर कर दिया। इस सन्धि से फ्राँस के अधिकार में वह सीमा आ गई जिसके लिये फ्राँसीसी सम्राट लुई चौदहवाँ जीवन-पर्यन्त लड़ता रहा था। विजेता नेपोलियन का प्रभाव, यश समस्त फ्राँस में आच्छादित हो गया। विजेता नेपोलियन पर अब सम्पूर्ण फ्राँस की आँख लगी हुई थी। संचालक मंडल भी उसके यश व सफलताओं से अचम्भित एवं भयभीत थी। नेपोलियन बोनापार्ट ने अपने फैलते यश का फायदा उठाया। उसने संचालक मंडल से इंग्लैण्ड के विरुद्ध हमला करने मिस्त्र पर सैनिक अभियान आयोजित करने की स्वीकृति प्राप्त कर ली। इस अभियान के उपरांत उसने सत्ता पर अधिकार करने का षड्यन्त्र किया; षड्यन्त्र सफल हो गया और नेपोलियन फ्राँस का अधिनायक बन बैठा।

डायरेक्टरी का शासन भ्रष्ट, अयोग्य हाथों में रहा। इससे अराजकता, अव्यवस्था बढ़ती चली गई। संचालक मंडल का सम्पूर्ण कार्य-काल घोर विध्न बाधाओं में बीता था। संविधान के दोषों, परिस्थितियों की जटिलताओं, निजी फायदे के इच्छुक और राज्य की जरा भी चिन्ता न करने वाले व्यक्तियों की महत्त्वाकांक्षाओं और कुचक्रों के कारण देश की संस्थायें लगभग तहस-नहस हो गई थीं। चारों ओर लोग उकताकर धैर्य खो बैठे थे। संविधान को खिलौना बना दिया गया था, मतदाताओं के अधिकार कुचल दिये गए। ऐसी स्थिति में यशस्वी नेपोलियन ने सत्ता प्राप्ति का सफल प्रयास करके अपने को फ्राँस में सत्तासीन करा लिया।

फ्राँस की क्रान्ति का प्रभाव तथा परिणाम

1789 की फ्राँस की क्रान्ति की प्रारम्भिक अवधि में सम्पूर्ण यूरोप के बुद्धिजीवी

युवक एवं अन्य लोग बहुत प्रभावित हुए थे। जर्मन दार्शनिक 'कांट' ने इसे 'विवेक की विजय' कहा था। क्लाबस्टाक के विचार में, 'यदि मेरे पास सौ स्वर होते तो मैं सभी स्वरों से स्वतन्त्रता देवी की वन्दना करता। बास्तील के पतन के उपरांत सेंट पीटर्स बर्ग की सड़कों पर विद्यार्थी हर्ष विह्वल होकर उमंग से थिरकने लगे। हेगेल ने क्रान्ति की याद में पौधे लगाये। इंग्लैण्ड में कवियों ने प्रशस्ति गीत रचे। वर्ड्सवर्थ ने अभिभूत होकर अपने युवा और फ्राँसीसी न होने पर दुख प्रकट किया था। बेल्जियम, स्विट्जरलैण्ड, पोलैण्ड, स्वीडन आदि में लोगों में भारी उत्साह हिलोरें ले रहा था। वे सभी इस क्रान्ति को प्रेरणा का स्रोत स्वीकार करने लगे थे। इस क्रान्ति ने 'स्वतन्त्रता' और 'समानता' के लिये प्रत्येक देश में उमंग पैदा की।

उस समय की वर्तमान परिस्थिति में सामान्य वर्ग सन्तुष्ट नहीं था। यथास्थिति के समर्थकों पर प्रहार किया जा रहा था। प्रत्येक देश के सत्ताधारी इस क्रान्ति के विरुद्ध प्रयास कर रहे थे, इसी विरोध ने उन्हें फ्राँस के विरुद्ध संगठित होने की प्रेरणा दी। क्रान्ति के विरोध में सबसे पहली आवाज इंग्लैण्ड के राजनेता और विचारक एडमंड बर्क ने उठायी थी। क्रान्ति के दो वर्षों के अन्दर ही उसने एक पुस्तक की रचना की–'फ्राँसीसी क्रान्ति पर कुछ विचार' इस पुस्तक में उसने क्रान्तिकारी परिवर्तनों की भर्त्सना और परम्परा की प्रशंसा की। यह स्पष्ट था कि समस्त यूरोप में क्रान्ति के समर्थक और विरोधी दोनों थे, लेकिन क्रान्ति जैसे-जैसे उग्र होती गई, कुछ समर्थक भी इसके विरुद्ध होते गये थे। धीरे-धीरे प्रेरणा के रूप में ही नहीं, वास्तविक अर्थों में भी क्रान्ति दूसरे देशों में पहुँची।

जहाँ कहीं भी फ्राँस की सेनायें पहुँचीं, वहीं क्रान्ति की विचारधारा हुई। नेपोलियन के सैन्य अभियानों ने क्रान्ति का सन्देश दूर-दूर तक प्रत्यक्ष-परोक्ष रूप से पहुँचाया था। जब उसने (नेपोलियन ने) अपने देश (फ्राँस) में उन सिद्धान्तों का दमन कर दिया तब भी क्रान्ति के सिद्धान्त दूसरे देशों में विकसित होते रहे। इसमें कोई शक नहीं कि क्रान्ति के उपरांत फ्राँस और परोक्ष-रूप से यूरोप अब वह नहीं रहा जो पहले था। पुरातन व्यवस्था का मूल रूप सामंती था। आर्थिक, सामाजिक जीवन का सामंती चरित्र स्पष्ट था जिस क्रान्ति ने उसे तहस-नहस कर दिया था। क्रान्ति ने बदलाव की धारा को गतिशीलता प्रदान कर दी। जीवन का कोई भी क्षेत्र उससे अछूता नहीं रहा। यद्यपि नेपोलियन ने अपना अधिनायकवाद स्थापित किया पर वह भी क्रान्ति की उपलब्धियों को नकार नहीं सका। उनमें एक अद्वितीय उत्साह का संचार हुआ एवं अनेक आशाओं ने उन्हें अनुप्राणित किया।" फ्राँस की 1789 की क्रान्ति ने सामन्ती व्यवस्था व विशेषाधिकारों का अन्त करके समानता के

सिद्धान्त का प्रतिपादन किया। धार्मिक सहिष्णुता का मार्ग बताकर करके धर्म-निरपेक्ष राज्यों की स्थापना में योगदान दिया था। स्वतन्त्रता समानता व बन्धुत्व का प्रचार सम्पूर्ण यूरोप में किया। नागरिकों के हृदयों में अपने देश के प्रति प्रेम उत्पन्न करते हुये राष्ट्रीयता की भावना जागृत की। क्रान्ति के द्वारा राजाओं के दैवीय अधिकार के सिद्धान्त' का अन्त करके लोकप्रिय सम्प्रभुता के सिद्धान्त का प्रतिपादन किया।

नेपोलियन का अभ्युदय और पतन

नेपोलियन का जन्म अजास्सियों नामक शहर में 15 अगस्त 1769 को एक साधारण परिवार में हुआ था। यह टापू फ्रांस के दक्षिण में भूमध्य सागर में स्थित है, जो इटली के राज्य जेनोआ के कस्बे में था। उसके माता-पिता इटालियन जाति के थे। नेपोलियन के पिता कार्लो बोनापार्ट वकील थे। यद्यपि उसके लालन-पालन की जिम्मेदारी उसकी माता लातीशीया पर थी, तथापि नेपोलियन बोनापार्ट अपने पिता से अधिक प्रभावित था। नेपोलियन का प्रारम्भिक जीवन कठिनाइयों में बीता था, क्योंकि परिवार की आर्थिक स्थिति ठीक नहीं थी। उसकी प्रारम्भिक शिक्षा कार्सिका में हुई थी। उसकी सैन्य शिक्षा-दीक्षा फ्रांस में पूर्ण हुई थी। उसने ब्रियेज और पेरिस के सैनिक स्कूलों में शिक्षा प्राप्त की। सैनिक विद्यालयों में शिक्षा प्राप्त करने वाले अधिकांश विद्यार्थी कुलीन परिवार के थे। वे नेपोलियन की निर्धनता की हँसी उड़ाते थे। नेपोलियन वहाँ हीन भाव से ग्रस्त रहता था। नेपोलियन के सामने एक और समस्या थी। उस समय फ्रांस में योग्यता का कोई महत्व नहीं था। जिन वर्गों का संबंध उच्च वर्गों से होता था या उन्हीं की नियुक्ति सरकारी पदों पर की जाती थी, फिर भी नेपोलियन ने साहस के साथ परिस्थितियों तथा कठिनाइयों का मुकाबला किया। यों तो नेपोलियन की दिलचस्पी नौसेना में की थी, लेकिन उसे तोपखाने के लिये चुना गया।

सैनिक शिक्षा पाने के उपरांत नेपोलियन सब-लेफ्टिनेन्ट के पद पर नियुक्त हुआ। क्रान्ति के काल में वह जैकोबें दल का सदस्य बन गया था। लेकिन जब अव्यवस्था तथा अराजकता बढ़ने लगी तो व्यवस्था तथा अनुशासन का हिमायती नेपोलियन क्षुब्ध रहने लगा। शीघ्र ही उसे अपनी सैनिक प्रतिभा प्रदर्शित करने का मौका मिला। जिस समय राजा के समर्थन में फ्रांस के विभिन्न भागों में क्रान्ति-विरोधी प्रदर्शन हो रहे थे एवं विदेशी शक्तियाँ, विशेषकर इंग्लैण्ड, प्रत्यक्ष या परोक्ष रूप से विद्रोहियों की मदद कर रही थी, नेपोलियन को सैन्य क्षमता का प्रदर्शन करने का मौका मिला। फ्रांस के दक्षिण में स्थित तूलों बन्दरगाह में अशान्ति फैली हुई थी।

राजा के समर्थकों को दबाने का काम नेपोलियन को सौंपा गया। नेपोलियन ने विद्रोहियों को कुचल कर तूलों पर अधिकार कर लिया और अंग्रेजों को वहाँ से खदेड़ दिया। 5 अक्टूबर, 1795 ई. को उसने कन्वेंशन की रक्षा विद्रोहियों से की। इससे नेपोलियन को चारों ओर से प्रसिद्धि प्राप्त होने लगी। अब नेपोलियन एक योग्य सेनानायक समझा जाने लगा। निदेशक मण्डल के शासनकाल में नेपोलियन की गतिविधि में वृद्धि हुई। वह देश की राजनीति तथा प्रशासन में दिलचस्पी लेने लगा। इस काल में उसे पेरिस के प्रशासन द्वारा लोगों को निरस्त्र कराने का भार सौंपा गया। नेपोलियन ने बड़ी योग्यता तथा चतुराई के साथ शान्तिपूर्वक लोगों से हथियार डलवाना आरंभ किया। इसी अवधि में उसने विधवा जोसेफिन से विवाह कर लिया। वह विवाह पारस्परिक हितों के लिये किया गया। इटली अभियान में उसे पूरी सफलता मिली थी। फ्रांस की जनता उसे अपना भाग्यविधाता समझने लगी। एक साधारण परिवार में जन्म लेकर नेपोलियन फ्रांस का सम्राट बन गया। यह साधारण व्यक्ति के लिये सम्भव नहीं था। निश्चय ही नेपोलियन में कुछ ऐसे गुण थे और कुछ ऐसी परिस्थितियाँ थीं जिनके कारण नेपोलियन प्रगति करता हुआ सम्राट के पद पर पहुँचा था।

नेपोलियन के उत्थान के प्रमुख कारण

नेपोलियन का प्रादुर्भाव एवं उत्थान के निम्नलिखित कारण थे–

नेपोलियन की प्रतिभा तथा योग्यता– नेपोलियन में ऐसी ही असाधारण प्रतिभा और योग्यता थी। इतिहासकार ग्राण्ट और टेम्पर्ले का कहना है, "निःसन्देह वह असाधारण बुद्धि, प्रतिभा और चरित्र का व्यक्ति था जो प्रत्येक परिस्थिति और हर समय में अपने लिये एक उच्च स्थान बना लेता था। उसमें कार्य और संगठन करने की अद्भुत योग्यता थी। उसमें योजना को कार्यान्वित करने की क्षमता, दूरदर्शिता, साहस और उत्तरदायित्व लेने की शक्ति थी। सैनिकों में पायी जाने वाली सम्पूर्ण प्रतिभा उसमें अधिक मात्रा में थी और इसके साथ ही वह प्रतिभा थी जो उसके चरित्र का विश्लेषण करने से दूसरों को रोकती थी।" नेपोलियन ने क्रान्ति की परिस्थिति में भी अपनी योग्यता और प्रतिभा का परिचय दिया था। उसने जिस योग्यता और कठोरता से विद्रोहियों का दमन किया था, उससे उसके विरोधी भी आश्चर्यचकित हो गये। उसने ने सिर्फ फ्रांस के दुश्मनों को पराजित कर फ्रांस का सम्मान बढ़ाया, अपितु फ्रांस की सीमाओं का भी प्रसार किया। उसने फ्रांस के प्रभुत्व को बढ़ाया और अपने कार्यों द्वारा फ्रांसीसी

जनता की आकांक्षाओं को तुष्ट करने का प्रयत्न किया। उसने विद्रोहियों को कुचल कर पेरिस में शान्ति की स्थापना की थी। इस कारण फ्रांस में वह व्यवस्था और अनुशासन का सूचक माना जाने लगा था। फ्रांसीसी जनता की नजर में वह अजय और अमर था क्योंकि वह बार-बार जोखिम उठाकर भी बच जाता था और सीमित साधनों से भी उसने अनेक बड़ी-बड़ी लड़ाइयाँ जीती थीं। वह लोगों का विश्वास इसलिए प्राप्त कर लिया था कि वह क्रान्ति की अतिशयता का विरोधी था। उसने क्रान्ति की उपलब्धियों को पूरी तरह से नकारा नहीं था। वह पुरातन व्यवस्था को पुनर्संगठित और क्रान्ति को सुनियोजित करना चाहता था। फ्रांस की सत्ताधारी मध्यम वर्ग क्रान्ति द्वारा अपने लक्ष्य पर पहुँच कर स्थिरता और स्थायित्व चाहता था और उसे नेपोलियन ही स्थिरता और स्थायित्व दे सकता था। तत्कालीन परिस्थिति में नेपोलियन को ही एकमात्र विकल्प समझा जाने लगा था क्योंकि अनेक योग्य और प्रतिभावान व्यक्ति क्रान्तिकाल में ही खत्म हो चुके थे। धनी वर्ग के लोग अपनी सुरक्षा की आशा में नेपोलियन के साथ हो गये थे। गरीब मदद चाहते थे। भगोड़े फ्रांस लौटना चाहते थे। क्रान्तिकारी दण्ड के भय से नेपोलियन के साथ थे। साहसी लोग विजय की आशा से उसके साथ थे और कायर स्वयं की रक्षा के लिये। इस तरह अनुकूल परिस्थिति के साथ-साथ नेपोलियन की जन्मजात प्रतिभा भी उसके उत्कर्ष में सहायक हुई। नेपोलियन प्रतिभा-सम्पन्न एक योग्य और दूरदर्शी सेनानायक था और सदैव कठिन-से-कठिन परिस्थिति का सामना करने के लिये तैयार रहता था।

नेपोलियन परिस्थिति के अनुरूप नीति को निर्धारित करता था। वह फ्रांसीसी जनता की भावना को भलीभाँति जानता था। वह इस बात को अच्छी तरह जानता था कि फ्राँसीसी दुर्बल शासन से तंग आ चुके थे और वे एक सबल शासके के हिमायती थे। उसे इस बात का भी पता था कि फ्रांस की क्रान्ति समानता के लिये हुई थी और लोग स्वतन्त्रता से अधिक समानता चाहते थे। इसलिए नेपोलियन ने फ्रांसीसी जनता की इच्छानुसार अपनी नीति का निर्धारण किया। इससे उन्हें काफी सफलता प्राप्त हुई थी। इस तरह नेपोलियन के उत्थान में तत्कालीन परिस्थिति के साथ-साथ उसकी प्रतिभा भी सहायक हुई।

नेपोलियन की महत्त्वाकांक्षा—नेपोलियन की असीमित महत्त्वाकांक्षा उसके उत्थान का एक प्रमुख कारण थी। वह विश्व-विजेता बनने का स्वप्न स्पष्ट देखता रहता था। फ्रांस पर तो उसका अधिकार हो ही गया था, वह यूरोप का भाग्यविधाता बनना चाहता था। उसकी आँखें भारत पर लगी हुई थीं और इसीलिए उसने मिस्र

पर हमला किया था। वह अपने लक्ष्य की प्राप्ति के लिये हर काम को करने को तैयार रहता था। इसमें सन्देह नहीं कि नेपोलियन की महत्त्वाकांक्षा ही उसे उन्नति के शिखर पर ले गयी।

1. फ्रांस की तत्कालीन परिस्थिति—नेपोलियन का प्रादुर्भाव और उत्थान फ्रांस की तत्कालीन परिस्थितियों की देन थी। फ्रांस की तत्कालीन आन्तरिक और बाह्य परिस्थितियाँ अच्छी नहीं थीं। फ्रांस के विरूद्ध विदेशी शक्तियों के दूसरे गुट का गठन हो चुका था। ये विदेशी शक्तियाँ फ्रांस पर हमला करना चाहती थी। इन शक्तिशाली शत्रुओं का सामना करने के लिये एक असाधारण प्रतिभाशाली व्यक्ति की आवश्यकता थी। फ्रांस की आन्तरिक स्थिति और भी दयनीय थी। निदेशक मण्डल का शासन बदनाम हो चुका था। उसके सदस्य भ्रष्ट थे और सदैव अपने स्वार्थ-साधन में ही लगे रहते थे। फ्रांस की जनता निदेशक मण्डल के भ्रष्ट, अयोग्य और अकुशल शासन से उब चुकी थी और देश की शासन-सत्ता एक ऐसे योग्य व्यक्ति के हाथ में सौंपना चाहती थी जो उन्हें कठिन परिस्थितियों से मुक्ति दिला पाता।

क्रान्ति एवं युद्ध के कारण फ्रांस का जन-जीवन अस्त-व्यस्त हो चुका था। सर्वत्र अराजकता और अव्यवस्था व्याप्त थी। फ्रांस की सड़कें मरम्मत के अभाव में बेकार हो गई थीं। सर्वत्र लूटमार का बोलबाला था। विद्यालयों में अध्यापक नहीं थे और अस्पतालों में परिचारिकाएँ नहीं थीं। प्रान्तों का जीवन राजसत्ता के समर्थकों की बगावत के कारण असम्भव हो गया था। फ्रांस की जनता ऐसी अराजक स्थिति से मुक्ति चाहती थी। इस समय फ्रांस को ऐसे शासक की आवश्यकता थी जो सफलतापूर्वक विदेशी दुश्मनों का मुकाबला कर सकता और देश में व्यवस्था स्थपित कर सकता। सौभाग्य से नेपोलियन एक ऐसा ही योग्य सेनानायक था। फ्रांस की जनता शान्ति और व्यवस्था के लिये लालायित थी और उसे नेपोलियन से आशा थी। नेपोलियन ने फ्रांसीसियों की भावना का फायदा उठाया और निदेशक मण्डल के शासन का अन्त कर सत्ता पर अधिकार कर लिया। उसे फ्रांस का प्रथम काँन्सल बनाया गया और 1802 ई. में उसे जीवन भर के लिये काँन्सल बना दिया गया। 1804 ई. में उसे फ्रांस का सम्राट घोषित किया गया। इस तरह फ्रांस की जनता ने जिस निरंकुश शासन की समाप्ति के लिये क्रान्ति की थी और बहुमूल्य कुर्बानी दी थी, तब नेपोलियन की तानाशाही को सहर्ष स्वीकार कर ली और उसके कार्यों का हिमायती बन गई।

फ्रांस में क्रान्ति असन्तोष एवं बदलाव की उत्कट इच्छा के कारण हुई थी।

फ्रांस में एक ऐसा वर्ग मौजूद था जो अपनी जरूरतों के लिये बदलाव चाहता था और स्थितियों को अपने अनुकूल पा रहा था। पुरातन व्यवस्था खोखली हो चुकी थी। आधुनिकता के तत्व पुरातन अवस्था के स्थान पर एक आधुनिक तंत्र की स्थापना करना चाहते थे ताकि आर्थिक स्थितियों में हुए परिवर्तनों को सही दिशा दिया जा सके। विशेष रूप से मध्यम वर्ग बदलाव के पक्ष में था। जिसने जनसाधारण की कठिनाइयों को सामने रखकर उसके असन्तोष को उभारा था। परंतु क्रान्ति के उपरांत जो बदलाव हुए, उनसे आम जनता को कोई फायदा नहीं हुआ। क्रान्तिकारियों की चर्च विरोधी नीति से लोगों के रूढ़िवादी विश्वास को ठेस लगी। सम्पत्ति का हस्तान्तरण सामन्तों के हाथ से धनिकों के हाथ में हो गया। आम जनता को मत देने का अधिकार प्राप्त नहीं था। रोटी भी सस्ती नहीं हुई थी। क्रान्ति के अन्तिम दिनों में प्रशासनिक व्यवस्था ध्वस्त हो चुकी थी और कानून एवं व्यवस्था का कोई अर्थ ही नहीं रह गया था। निदेशक मण्डल के शासनकाल में तो स्थिति और भी बदतर हो गई थी जब कि पुरानी व्यवस्था ध्वस्त हो चुकी थी और नई व्यवस्था निष्क्रिय बनी हुई थी। इस तरह क्रान्ति-विरोधी वातावरण में विकल्प का प्रश्न उठ खड़ा हुआ। फ्रांस में स्थिरता, व्यवस्था और सम्मान की स्थापना का प्रश्न गम्भीर रूप धारण कर चुका था। फ्रांसीसियों की नजर में अस्थिरता, अव्यवस्था का विकल्प नेपोलियन ही था, क्योंकि स्वयं नेपोलियन अव्यवस्था को खत्म करने के लिये पुरातन राजतन्त्र का समर्थक बनने को तैयार था।

नेपोलियन की आरंम्भिक विजय अभियान

नेपोलियन में एक योग्य सेनापति के सभी गुण विद्यमान थे। उसमें अद्भुत सैनिक प्रतिभा थी। अपनी प्रतिभा के प्रदर्शन का उसे शीघ्र ही मौका मिला। उसने कई विजय अभियानों में भाग लिया। इसका संक्षेप में विवरण आगे दिया जा रहा है—

इटली-विजय—नेपोलियन को इटली से युद्ध के समय सेना का सेनापति बनाया गया। उसे अपनी सैनिक प्रतिभा पर पूरा विश्वास था और उसकी सेना की संख्या शत्रुओं की सेना से बहुत कम थी, फिर भी उसने साहस से काम लिया और युद्ध में जीत हासिल की।

इटली पर विजय प्राप्त करने के उपरांत नेपोलियन को आस्ट्रिया और सार्डिनिया की शामिल सेना का सामना करना पड़ा। उसने सार्डिनिया की सेना को परास्त किया। सार्डिनिया को सन्धि करने के लिये मजबूर होना पड़ा। सन्धि के अनुरूप नीस और सेवाय प्रान्त फ्रांसीसियों को मिले।

आस्ट्रिया-विजय—सार्डिनिया के उपरांत नेपोलियन का ध्यान आस्ट्रिया की ओर गया। आस्ट्रिया युद्ध में पराजित हुआ। आस्ट्रिया के उपरांत नेपोलियन ने मिलान पर अधिकार कर लिया। मान्तुआ पर अधिकार करके वह आल्पस की ओर बढ़ा। उसने वियाना पर हमला कर दिया। पार्मा-मोडेना आदि राज्यों ने नेपोलियन की अधीनता स्वीकार कर ली और बहुत बड़ी धन-राशि दण्ड के रूप में दी। उसने पोप को अपमानित किया। उसके कुछ राज्यों पर नेपोलियन ने अधिकार कर लिया और कर वसूल लिये। इसके उपरांत नेपोलियन ने वेनिस राज्य की ओर ध्यान दिया। नेपालियन के युद्ध-कौशल से आस्ट्रिया की सेना और सम्राट फ्रांसिस द्वितीय काफी भयभीत हो चुका था। इस समय आस्ट्रिया की सेना जर्मनी में फंसी हुई थी और वहाँ से उसे शीघ्र बुलाना सम्भव नहीं था। आस्ट्रिया के राजा को विदेशी मदद नहीं मिल रही थी। वह नेपोलियन के हमला से घबरा चुका था और तत्कालीन परिस्थिति में सन्धि के अतिरिक्त किसी प्रकार से अपनी रक्षा नहीं कर सकता था। अतः आस्ट्रिया के सम्राट ने सन्धि की प्रार्थन की। परिणामस्वरूप फ्रांस और आस्ट्रिया में कैम्पोफोर्मिया की सन्धि हुई।

इस सन्धि के अनुरूप आस्ट्रिया ने फ्रांस की सीमा को राइन नदी तक स्वीकार किया। आस्ट्रिया ने फ्रांस को बेल्जियम और आयोनियन द्वीप देने का वचन दिया। बदले में उसे वेनिस और उसके निकटवर्ती इलाके वापस कर दिये। नेपोलियन ने अनेक गणराज्यों की स्थापना की। आस्ट्रिया ने गणराज्यों को मान्यता दी।

इन विजयों के कारण नेपोलियन की लोकप्रियता बढ़ गयी थी। फ्रांसीसी जनता का वह उपास्य बन चुका था। नेपोलियन की बढ़ती हुई लोकप्रियता से डायरेक्टरी के सदस्य भयभीत हो चुके थे। अतः उसने नेपोलियन को फ्रांस से दूर रखने की योजना बनायी और इसके लिये युद्ध जरूरी था। उस समय इंग्लैण्ड की शक्ति काफी बढ़ रही थी। समुद्र पर उसका अधिकार था। व्यापार के क्षेत्र में वह आगे था। इंग्लैण्ड की बढ़ती हुई शक्ति को विनष्ट करने के लिये उसके साथ युद्ध जरूरी प्रतीत हो रहा था। नेपोलियन ने स्वयं कहा था कि "फ्रांस की सरकार को सबसे पहले इंग्लैण्ड की सरकार का सर्वनाश करना चाहिए। अगर हमने यह कार्य नहीं किया तो इसमें सन्देह नहीं कि एक दिन उस द्वीप के निवासी हमें विनष्ट कर देंगे। इसलिए हमें चाहिए कि हम अपनी समस्त शक्ति नौ-सेना पर केन्द्रित कर दें ताकि इंग्लैण्ड का विनाश हो जाये। इसमें सफलता मिलने पर समस्त यूरोप नतमस्तक हो जायेगा।"

मिस्र पर हमला—मई, 1798 ई. नेपोलियन में अड़तीस हजार सेना और चार सौ जहाजों के एक जहाजी बेड़ा के साथ मिस्र की ओर प्रस्थान किया। उस समय प्रसिद्ध ब्रिटिश जल-सेनानायक एडमिरल नेल्सन अपनी जहाजी बेड़ा के साथ भूमध्यसागर में ठहरा हुआ था। फिर भी नेपोलियन ने चालाकी से माल्टा पर अधिकार कर लिया। उसने सिकन्दरिया और काहिरा को भी अपने कब्जे में कर लिया था। नेपोलियन एशिया माइनर, फारस, अफगानिस्तान और भारत पर अधिकार करके इंग्लैण्ड की शक्ति को खत्म कर देना चाहता था। लेकिन वह अपने प्रयत्न में पूर्ण रूप से सफल नहीं हुआ। एडमिरल नेल्सन ने फ्रांसीसी बेड़ों पर हमला कर दिया। युद्ध में फ्रांसीसी बुरी तरह पराजित हुए। इतिहास में इस युद्ध को "नील नदी के युद्ध" के नाम से जाना जाता है। युद्ध में पराजय से नेपोलियन की आशाओं पर पानी फिर गया। इस युद्ध के उपरांत इंग्लैण्ड, आस्ट्रिया, रूस आदि देशों ने फ्रांस के विरुद्ध दूसरे मित्रसंघ की स्थापना की।

तुर्की के साथ युद्ध—नील नदी के युद्ध में नेपोलियन को हार का सामना करना पड़ा था। उसके सामने अनेक समस्याएँ थीं। उसका जहाजी बेड़ा विनष्ट हो चुका था इसलिए वह समुद्री मार्ग से फ्रांस नहीं लौट सकता था। इसलिए उसने सीरिया, आस्ट्रिया, तुर्की और जर्मनी होते हुए स्थल-मार्ग से स्वदेश वापस आने का निश्चय किया। मिस्र तुर्की साम्राज्य का एक अंग था। जब नेपोलियन ने मिस्त्र पर आक्रमण कर दिया तो तुर्की के सुल्तान ने भी मिस्र की रक्षा के लिये विशाल सेना भेजी। नेपोलियन ने युद्ध की घोषणा के पश्चात् सीरिया पर हमला कर दिया। लेकिन युद्ध में नेपोलियन को हार माननी पड़ी। उसे मिस्र लौटाना पड़ा। उधर फ्रांस में डायरेक्टरी की प्रसिद्धि काफी कम होने लगी थी। इसलिए नेपोलियन वापस आना चाहता था। अतः उसने सेना का भार अपने सहयोगी को देकर फ्रांस के लिये रवाना हो गया।

निदेशक मण्डल पतन की ओर— नेपोलियन जिस अवसर की खोज में था वह अवसर आ गया था। निदेशक मण्डल की स्थिति प्रारम्भ से ही कठिन थी। इसमें सन्देह नहीं कि विदेशी शक्तियों के साथ युद्ध में सफलता से फ्रांस का गौरव काफी बढ़ गया था और इससे डायरेक्टरी को भी प्रसन्नता हुई थी। परंतु गृह नीति के क्षेत्र में डायरेक्टरी पूर्णतया विफल रही। निदेशक मण्डल के सदस्य भ्रष्ट और लालची थे। वे राष्ट्रीय हित की जगह अपने स्वार्थ की सर्वोपरि स्थान देते थे। भ्रष्टाचार इतना अधिक बढ़ गया था कि जनता गम्भीरतापूर्वक डायरेक्टरी के स्थान पर अन्य शासन की स्थापना की बात सोच रही थी।

निदेशक मण्डल और व्यवस्थापिका सभा में निरन्तर संघर्ष चलता रहता था। दोनों को एक-दूसरे का विश्वास नहीं था और प्रत्येक कार्य को अव्यवस्थित ढंग से किया जाता था। प्रायः षड्यन्त्र होते रहते थे। निदेशक मण्डल का जनता पर भी प्रभाव घटता जा रहा था क्योंकि उसकी विफल गृह नीति से सभी वर्ग असन्तुष्ट थे। पूँजीपतियों से उसने जबरदस्ती ऋण लेकर नाराज कर दिया था। इन्हीं दिनों बाबूफ के नेतृत्व में मजदूरों ने एक साम्यवादी साजिश की थी परंतु इस साजिश को कठोरता से कुचल दिया गया। इस कारण मजदूर वर्ग भी असन्तुष्ट था। अनेक लोगों ने निदेशक मण्डल के संविधान का विरोध करने के उद्देश्य से एक सभा (Society of the pentheon) की स्थापना की परंतु निदेशक मण्डल ने नेपोलियन को भेजकर सभी को भंग करवा दिया। इसके पश्चात् बाबूफ के नेतृत्व में कुछ उग्रवादियों ने एक गुप्त क्रान्तिकारी समिति का निर्माण करके बगावत की तैयारी की। वे 1793 ई. के संविधान को पुनर्जीवित करके 'समानों का गणतन्त्र' (Republic of Equals) स्थापित करना चाहते थे। उनका उद्देश्य समाज का साम्यवादी आधार पर पुनर्गठन करके अमीरों और गरीबों के बीच भेद को मिटाना था। दुर्भाग्यवश बगावत सफल नहीं हो सकी। बाबूफ को प्राण-दण्ड दिया गया। उसका षड्यन्त्र क्रान्तिकारियों के लिये आदर्श बन गया। लोग उसके संगठन और उसकी कार्य-विधि का अध्ययन और अनुकरण करने लगे। कैथोलिक मत के पतन से जनता की धार्मिक भावनाओं को ठेस लगी। निदेशक मण्डल के सदस्यों में शासन की क्षमता और अनुभव की कमी थीं। निदेशक मण्डल के अयोग्य, भ्रष्ट और अकुशल शासन ने फ्रांस में अनेक कठिनाइयाँ पैदा हो गई थीं। वस्तुओं की कीमत बढ़ रही थी, मुद्रा की कमी थी, वाणिज्य-व्यापार की प्रगति अवरुद्ध हो गई थी, बेकारी बढ़ रही थी और असामाजिक गतिविधि जैसी चोरी-डकैती मामूली बात थी।

निदेशक मण्डल की विवेकहीन विदेश नीति असन्तोष का एक महत्वपूर्ण कारण थी। उसकी विदेश नीति उतनी ही आक्रामक और सिद्धान्तहीन थी जितनी उसकी गृहनीति निर्बल और अप्रिय थी। वह युद्ध को जारी रखना चाहती थी। नेपोलियन के नेतृत्व में फ्रांसीसी सेना को अभूतपूर्व सफलता मिली थी। नेपोलियन ने अनेक देशों में गणराज्य की स्थापना की थी। इससे यूरोप के देश काफी नाराज हो गये थे। उन्हें भय था कि यूरोप में गणतन्त्र की स्थापना हो जायेगी। इसलिए यूरोप के देशों में एक संघ का निर्माण किया। इसमें आस्ट्रिया, इंग्लैण्ड और रूस ने सक्रिय भाग लिया। यूरोप की शामिल सेना से फ्रांसीसी सेना को

हार का सामना करना पड़ा था। इटली में फ्रांसीसी सेना पराजित हो चुकी थी। आस्ट्रिया ने जर्मनी पर अधिकार कर लिया था। इस तरह नेपोलियन ने अपने युद्ध-कौशल और प्रतिभा द्वारा जो कुछ फ्रांस को दिया था, वह खत्म हो गया था। निदेशक मण्डल की असफलता से फ्रांस की जनता काफी असन्तुष्ट थी और लोग नवीन प्रयोग के लिये तैयार थे।

मिस्री अभियान के उपरांत नेपोलियन को काफी प्रसिद्धि प्राप्त हो गई थी। वह शासन की बागडोर स्वयं सम्भालना चाहता था। 10 नवम्बर, 1799 ई. को व्यवस्थापिका सभा का अधिवेशन चल रहा था। यह तय हुआ कि नेपोलियन सेना की मदद से सभा के विरोधी सदस्यों को बाहर निकाल दे। नेपोलियन ने सभा-भवन को चारों तरफ से घेर लिया और विरोधी सदस्यों को बाहर निकाल दिया गया। सभा-भवन के बचे हुए सदस्य नेपोलियन और संविधान में बदलाव के समर्थक थे। शासन-सत्ता तीन कॉन्सलों के हाथ में सौंप दी गयी। नेपोलियन प्रधान कॉन्सल बना। इस तरह एक छोटे सैनिक अधिकारी ने असैनिक सत्ता प्राप्त की। डायरेक्टरी के स्थान पर कान्स्यूलेट के शासन को स्थापित किया जा सका।

नेपोलियन की उपलब्धियाँ

नेपोलियन की प्रमुख उपलब्धियों को निम्नलिखित बिंदुओं के अंतर्गत स्पष्ट किया गया है–

कॉन्सल शासन व्यवस्था–उस समय दो ऐसे काम थे जिनकी ओर तत्काल ध्यान देना जरूरी था। प्रथम, एक नये संविधान का निर्माण करना और दूसरे, शत्रु-संघ के विरुद्ध युद्ध जारी रखना। फ्रांस की तत्कालीन स्थिति को देखते हुए कॉन्सल-शासन के निम्नलिखित प्रमुख उद्देश्य थे–शासन के विभिन्न विभागों में व्यवस्था कायम रखना, आन्तरिक शान्ति स्थापित करना और यूरोपीय राष्ट्रों के साथ सम्मानजनक सुलह करना।

नेपोलियन ने कॉन्सल के रूप में फ्राँस की अनेक सेवाएँ की। इस युग में फ्राँस की विदेशी नीति अत्यन्त सफल रही। आन्तरिक पुनर्गठन में नेपोलियन ने अपना अद्भुत प्रतिभा का परिचय दिया। वह फ्राँस की आवश्यकता को समझता था। फ्राँस की जनता वर्षों की अराजकता से त्रस्त थी और शान्ति और सुव्यवस्था की इच्छुक थी। कॉन्सल के रूप में नेपोलियन ने एक ऐसी शासन-व्यवस्था की नींव डालने का प्रयत्न किया कि लोग शान्ति के साथ जीवन व्यतीत कर सकें। उसने फ्राँस के जीवन के विभिन्न क्षेत्रों में अनेक महत्वपूर्ण सुधार किए जिसका

स्थायी प्रभाव हुआ। इसलिए फ्राँस के इतिहास में यह युग 'रचनात्मक युग' माना जाता है।

संविधान का निर्माण—शासन का पहला कार्य फ्रांस के लिये एक नये संविधान की रचना करना था। यह नया संविधान सातवें वर्ष (1799) के संविधान के नाम से प्रसिद्ध है। यह संविधान शीघ्र ही तैयार हो गया और जनता ने विशाल बहुमत से स्वीकार कर लिया। क्रान्ति के आरम्भ होने के उपरांत यह चौथा संविधान था। संविधान की रूपरेखा बनाने में नेपोलियन का हाथ था और इसे इस ढंग से बनाया गया था कि सत्ता नेपोलियन के हाथों में केन्द्रित हो गई थी।

नये संविधान के अनुसार, कार्यपालिका सम्बन्धी अधिकार सीनेट द्वारा दस वर्षों के लिये निर्वाचित तीन काँन्सलों की एक समिति को सौंप दिया गया। काँन्सलों का पुनः निर्वाचन हो सकता था। काँन्सलों को निर्वाचित करने का अधिकार सीनेट को था। काँन्सलों के नामों का उल्लेख संविधान में ही कर दिया गया था। प्रथम कॉन्सल को सर्वोच्च सत्ता प्रदान की गई थी और प्रथम काँन्सल नेपोलियन स्वयं था। प्रथम काँन्सल को मंत्रियों, राजदूतों, सेना के अधिकारियों न्यायाधीशों और असैनिक अधिकारियों को नियुक्त करने का अधिकार प्राप्त था। व्यवस्थापिका की अनुमति से वह युद्ध की घोषणा कर सकता था, युद्ध बन्द कर सकता था एवं दूसरे देशों से सन्धि कर सकता था। इस तरह नये संविधान के द्वारा देश की राजनीतिक, सैनिक और प्रशासनिक गतिविधियों में प्रथम काँन्सल की पूर्ण सत्ता स्थापित कर दी गई थी।

कानून बनाने के लिये चार सदनों का प्रावधान किया गया था। प्रथम सदन का नाम राज्य-परिषद् था। इसका काम विधेयकों का प्रारूप तैयार करना था। प्रथम काँन्सल को राज्य-परिषद् के सदस्यों को नियुक्त एवं पदच्युत करने के समस्त अधिकार प्राप्त थे। ट्रिब्यूनेट दूसरी सभा थी। इसमें एक सौ सदस्य होते थे। इन सदस्यों का चुनाव सीनेट करती थी। ट्रिब्यूनेट के सदस्यगण कानून के मसविदों पर वाद-विवाद करते थे परंतु उन्हें मत देने का अधिकार प्राप्त नहीं था। तीसरी सभा विधान सभा थी। इस सभा में तीन सौ सदस्य थे जिनका निर्वाचन सीनेट करती थी। विधान सभा का काम प्रस्तावित विधेयक पर सिर्फ मत देना था। सीनेट में आठ सदस्य होते थे। सीनेट का मुख्य काम संविधान की रक्षा करना था और उसे संविधान विरोधी किसी भी कानून को रद्द करने का अधिकार प्राप्त था। इसके अतिरिक्त, सीनेट काँन्सलों एवं ट्रिब्यूनेट और विधान सभा के सदस्यों को निर्वाचन भी करती थी। परंतु चुनाव में सीनेट को सभी प्रकार की स्वतन्त्रता प्राप्त नहीं थी।

कुछ सूचियाँ पेचीदे ढंग से तैयार की जाती थी। इन्हीं सूचियों से सीनेट चुनाव करती थी। नये संविधान में भी प्रत्येक को मतदान का अधिकार दिया गया था। परंतु इसे मूर्त रूप नहीं दिया जा सका है।

नेपोलियन ने संविधान का निर्माण कर राज्य की सारी शक्ति अपने हाथ में ले ली थी। इसके उपरांत उसने एक कानून पास करवाया जिससे स्थानीय प्रशासन पर उसका पूरा अधिकार स्थापित हो गया। इस कानून के द्वारा सम्पूर्ण स्थानीय शासन के कर्मचारियों की नियुक्ति का अधिकार अब नेपोलियन को ही मिल गया। नये संविधान के अन्तर्गत इतने प्रभावकारी ढंग से नेपोलियन के हाथों में केन्द्रित हो गया जितना बूर्बों राजाओं के हाथों में भी नहीं था।

संविधान का मूल्यांकन–1799 ई. के संविधान ने एक जटिल तथा विस्तृत व्यवस्था का श्रीगणेश किया था। इसका एकमात्र उद्देश्य जनप्रभुत्व के ढकोसले को कायम रखना था जिसकी घोषणा क्रान्ति ने की थी। परंतु संविधान वास्तव में नेपोलियन की महत्त्वाकांक्षा का सूचक था। यों तो संविधान का बाह्य रूप लोकतान्त्रिक ही था क्योंकि गणतन्त्र अभी भी कायम था और जनता को मत देने का अधिकार भी था एवं उसकी सभाएँ भी थीं परंतु वास्तव में यह संविधान लोकतन्त्र का एक दिखावा मात्र था क्योंकि व्यवहार में जनता का प्रभुत्व खत्म हो गया था। लोकतंत्र की आड़ में फ्रांस की जनता को सैनिक एकतंत्र के अधीन कर दिया गया था। नेपोलियन ने देश में लोकप्रिय शासन की स्थापना करने के बहाने शासन सम्बन्धी सभी शक्तियों को अपने हाथों में ले लिया। वही कार्यपालिका, व्यवस्थापिका और न्यायपालिका के अधिकारों का स्वामी बन गया। संविधान के द्वारा फ्रांस की जनता को सिर्फ नाममात्र के अधिकार दिये गये थे। जनता के प्रतिनिधियों का प्रशासन में कोई महत्व नहीं था। संविधान में मानव के अधिकारों की कोई व्यवस्था नहीं थी। एक प्रकार से संविधान ने फ्रांस में सैनिक एकतंत्र की स्थापना कर दी। सच तो यह है कि नवीन संविधान द्वारा स्थापित व्यवस्था लोकप्रिय सरकार का ढकोसला मात्र था। नेपोलियन के हाथ में जितनी विस्तृत कार्यपालिका शक्तियाँ थी उतनी शक्तियाँ 1791 ई. के संविधान द्वारा लुई सोलहवाँ को भी प्राप्त नहीं थीं। व्यवस्थापिका शक्ति भी नेपोलियन के हाथ में थी। किसी ऐसे विधेयक पर, जो नेपोलियन के आदेशों से तैयार नहीं होता था, न तो बहस हो सकती थी और न मत ही दिया जा सकता था। व्यवस्थापिका सभा द्वारा पारित होने पर किसी विधेयक को तब तक लागू नहीं किया जा सकता था जब तक नेपोलियन उसका प्रवर्तन न करता। इस तरह राज्य की समस्त शक्ति नेपोलियन

के हाथ में केन्द्रित हो गई थी। फ्रांस की सांविधानिक और लोकप्रिय सरकार का तलवार का शक्ति के सम्मुख पतन हो गया और फ्रांस के कूटनीतिक मंच पर एक सैनिक अधिनायक अवतरित हुआ। सी. डी. हेजन के अनुसार, "नाम के लिये फ्रांस अब भी गणतंत्र था, परंतु वास्तव में उसने एक प्रच्छन्न राजतंत्र का रूप धारण कर लिया था। नेपोलियन की स्थिति उतनी ही आकर्षक थी जितनी किसी दैवी अधिकार सम्पन्न राज्य की हो सकती थी। अन्तर सिर्फ इतना था कि उसका कार्यकाल सिर्फ दस वर्ष का था और वह अपनी शक्ति को विरासत में किसी उत्तराधिकारी को नहीं सौंप सकता था। इन कमियों को उसने आगे चलकर पूरा कर लिया।"

इस प्रकार नेपोलियन ने गणतंत्र की आड़ में फ्रांस में सैनिक तानाशाही की स्थापना की। उसने संविधान को जनता के समक्ष प्रस्तुत करते हुए कहा था, "नागरिकों, क्रान्ति उन सिद्धान्तों की ओर वापस आ गई है, जिनके साथ वह प्रारम्भ हुई थी। यह क्रान्ति का अन्त है।" आठ वर्ष पहले लुई सोलहवाँ ने भी एक नये संविधान की घोषणा की थी और क्रान्ति अन्त की घोषणा की थी। इस संविधान ने फ्रांस की क्रान्ति के एक प्रमुख उद्देश्य—था जनतंत्र को समाप्त करना फ्राँस के लोगों ने स्वेच्छा से नेपोलियन की निरंकुशता को स्वीकार किया। संक्षेप में, कॉन्सल-शासन उतना ही स्वेच्छाचारी एकतंत्र था जितना बूर्बों राजाओं का शासन। यह एक प्रकार से राजवंश की निरंकुशता की पुनर्प्रतिष्ठा थी। परंतु बूर्बों एकतंत्र और नेपोलियन के एकतंत्र में अन्तर यह था कि नेपोलियन की निरंकुशता प्रवीणता, समता के सिद्धान्त और जन-समर्थन पर आधारित थी और इसका जन्मगत विशेषाधिकारों से कोई सम्बन्ध नहीं था जबकि बूर्बों राजाओं का एकतंत्र विशेषाधिकार के सिद्धान्त पर आधारित था।

विदेश नीति—घरेलू व्यवस्था को सुव्यवस्थित करके तथा संपूर्ण अधिकारों को अपने हाथों में लेकर नेपोलियन ने फ्रांस के विदेशी शत्रुओं की ओर ध्यान दिया। जिस समय वह मिस्र में था, उसी समय वह मिस्र में था, उसी समय इंग्लैण्ड ने यूरोपीय राष्ट्रों को मिलाकर फ्राँस के विरुद्ध द्वितीय गुट का निर्माण कर लिया था। द्वितीय गुट में इंग्लैण्ड, रूस, आस्ट्रिया, नेपल्स, पुर्तगाल और टर्की सम्मिलित थे। नेपोलियन ने फ्राँस वापस आकर सबसे पहले द्वितीय गुट के विरुद्ध अभियान की योजना बनाई। उस समय फ्राँस की स्थिति बड़ी शोचनीय थी और चारों ओर युद्ध के बादल छाये हुए थे।

नेपोलियन ने कूटनीति से काम लिया और रूस के जार को युद्ध में तटस्थ

रहने के लिये तैयार कर लिया। परिणामस्वरूप रूस का जार फ्रांस के विरुद्ध बने गुट से अलग हो गया। प्रशा, डेनमार्क और स्वीडन ने 'सशस्त्र तटस्थता' की नीति अपना ली। स्पेन ने फ्राँस से मित्रतापूर्ण सम्बन्ध आरंभ किए। अमेरिका में लूसिआना का प्रदेश फ्राँस ने खरीद लिया। अब इंग्लैण्ड के अतिरिक्त फ्राँस का कोई शत्रु नहीं था। नेपोलियन ने फ्राँस में अपनी स्थिति को मजबूत बनाने के लिये और अराजकता को दूर करने के लिये समय के साथ ही शान्ति की आवश्यकता थी। इसलिए नेपोलियन ने आस्ट्रिया और इंग्लैण्ड के शासकों को पत्र लिखकर शीघ्र शान्ति स्थापना का प्रस्ताव रखा। पत्र में उसने उक्त शासकों का ध्यान इस तथ्य की ओर आकर्षित किया कि "दुनिया के प्रबुद्धतम राष्ट्रों में युद्ध का कोई औचित्य नहीं है। झूठी महानता के लिये व्यवसाय, आन्तरिक शान्ति और समृद्धि के वरदान को हम क्यों बलि चढ़ाएँ ? क्या यह स्पष्ट नहीं है कि शान्ति ही हमारी आवश्यकता और सबसे अधिक महान गरिमा है ?" परंतु अपनी सफलता से उत्साहित द्वितीय गुट के राष्ट्रों ने नेपोलियन के शान्ति-प्रस्ताव की उपेक्षा की और इंग्लैण्ड एवं आस्ट्रिया ने फ्राँस को ही युद्ध का उत्तरदायी ठहराया। आस्ट्रिया और इंग्लैण्ड के शासकों ने शान्ति की स्थापना के लिये फ्राँस में बूर्बों राजवंश की पुनः स्थापना की माँग की परंतु यह सम्भव नहीं था क्योंकि फ्राँस की जनता राजतंत्र के विरुद्ध थी और नेपोलियन की सत्ता भी तभी तक कायम रह सकती थी, जब तक कि फ्राँस में प्राचीन राजवंश की स्थापना नहीं होती। ऐसी परिस्थिति में युद्ध अवश्यम्भावी हो गया था।

इटली पर नेपोलियन का दूसरा हमला—नेपोलियन ने शीघ्र ही मोरो के नेतृत्व में एक सेना आस्ट्रिया पर हमला करने के लिये भेजा और स्वयं इटली के अभियान पर निकल पड़ा। नेपोलियन ने आल्पस के दुर्गम दर्रों को पार कर आस्ट्रिया की सेना पर हमला करने की योजना बनायी। अपनी योजना को कार्यान्वित करने में उसे सफलता मिली और जून, 1800 ई. में उसने आस्ट्रिया की सेना को मोरेंगे के युद्ध में परास्त किया। उधर फ्रांसीसी जनरल मोरो ने दिसम्बर, 1800 ई. में आस्ट्रिया की सेना को होहेनलिंडन के युद्ध में पराजित किया और वियना के निकट पहुँच गया। आस्ट्रिया का सम्राट अपनी सेना की पराजय से भयभीत होकर नेपोलियन के साथ फरवरी, 1801 ई. में ल्यूनविल नामक स्थान पर सन्धि कर ली। यह सन्धि ल्यूनविल की सन्धि के नाम से जानी जाती है।

ल्यूनविल की सन्धि में आस्ट्रिया के सम्राट ने केम्पोफोर्नियो की सन्धि की शर्तों को पुनः स्वीकार कर लिया। सन्धि की शर्तों के अनुरूप इन नदी के

पश्चिमी तट पर फ्रांस का अधिकार हो गया। आस्ट्रिया ने बटेवियन, हेल्बेटिक और सिसेल्पाइन गणराज्यों को एवं बेल्जियम पर फ्रांस के अधिकार को स्वीकार कर लिया। नेपोलियन की महत्त्वाकांक्षा बढ़ती गयी और ल्यूवनिल की सन्धि के उपरांत उसकी गतिशील कल्पना आस्ट्रिया की पराजय और गुट के विनाश से कहीं आगे बढ़ चुकी थी। उसने इंग्लैण्ड के विरुद्ध यूरोपीय राज्यों का एक संघ बनाने की योजना बनाई परंतु उसकी योजना सफल न हो सकी। वह यूरोप के बाहर इंग्लैंड के औपनिवेशिक समान का अंत फ्रांस में औपनिवेशिक साम्राज्य की स्थापना करना चाहता था। उसने सैन डोमिन्यो के वेस्ट इण्डियन द्वीप में फ्रांस की सत्ता स्थापित करने की कोशिश की। उसने लुसियाना का प्रदेश स्पेन से शक्तिपूर्वक छीनने का प्रयत्न किया। उसने भारत में इंग्लैण्ड के विरुद्ध मैसूर के शासक टीपू सुल्तान के साथ साँठगाँठ करने का प्रयत्न किया। उसने एक कूटनीतिक वैज्ञानिक दल आस्ट्रेलिया भेजा। परंतु नेपोलियन यूरोप के मामले में इतना व्यस्त था कि उसे अपनी औपनिवेशिक प्रसार की योजना छोड़नी पड़ी।

इंग्लैण्ड के साथ सन्धि—1800 ई. में रूस का जार पॉल द्वितीय गुट से अलग हो गया था। उसका इंग्लैण्ड से मतभेद हो गया था। अतएव उसने इंग्लैण्ड की नौ-शक्ति की सर्वोच्चता के विरोध में द्वितीय सशस्त्र निर्हस्तक्षेप गुट बना लिया। परंतु मार्च, 1801 ई. में जार पॉल की मृत्यु और नेल्सन द्वारा कोपेनहेगेन में डेनमार्क के जहाजी बेड़े के विनाश से यह गुट भंग हो गया। इंग्लैण्ड और फ्रांस के बीच आठ वर्षों से युद्ध चल रहा था। इंग्लैण्ड ने फ्रांसीसी बेड़े को परास्त किया था। उसने फ्राँस के मित्रों और अधीनस्थ राज्यों हालैण्ड, स्पेन के कई उपनिवेशों पर उसका आधिपत्य हो चुका था। उसने नेपोलियन द्वारा मिस्र में छोड़ी गई फ्रांसीसी सेना को वहाँ से हटने के लिये बाध्य किया था। फिर भी, इंग्लैण्ड युद्ध से तंग आ गया था। उस पर ऋण का बोझ बहुत बढ़ गया था। जनता में युद्ध के विरुद्ध व्यापक असन्तोष था। मंत्रिपरिषद् में बदलाव हुआ और नया मंत्रिपरिषद् युद्ध को जारी रखने के पक्ष में नहीं था। नेपोलियन भी घरेलू कार्यों और समुद्र पार की योजनाओं में व्यस्त रहने के कारण शान्ति चाहता था। वह इंग्लैण्ड की नौ सेना के टक्कर में एक सशक्त नौ-सेना चाहता था। अतएव फ्रांस और इंग्लैण्ड के बीच मार्च, 1802 ई. में आमियाँ की सन्धि हुई। सन्धि के अनुसार, इंग्लैण्ड ने फ्रांसीसी गणराज्य को स्वीकार कर लिया। सीलोन और ट्रिनिडाड को छोड़कर उसने फ्रांस को सभी उपनिवेश लौटा दिए। हालैण्ड और स्पेन के कुछ उपनिवेश वापस दे दिए। उसने माल्टा को भी खाली करने का वचन दिया। उसने फ्राँस की राजकीय उपाधि

भी छोड़ना स्वीकर कर लिया। नेपोलियन ने मिस्त्र, नेपल्स और पुर्तगाल छोड़ना स्वीकार किया।

इस प्रकार आमियाँ की सन्धि के उपरांत यूरोप को पहली बार शान्ति से साँस लेने का मौका मिला। परंतु शान्ति स्थायी सिद्ध नहीं हुई, सिर्फ एक वर्ष तक कायम रह सकी और 1803 में पुनः इंग्लैण्ड और फ्रांस के बीच युद्ध प्रारम्भ हो गया। सन्धि को आरम्भ से ही 'अवकाश काल, 'रद्दी कागज का टुकड़ा' और 'प्रयोगात्मक सन्धि' माना जा रहा था। इतना स्पष्ट था कि आमियाँ की सन्धि 'सन्धि न होकर समझौते का भ्रम था।'' इंग्लैण्ड और फ्रांस दोनों ही एक-दूसरे से निपटने के लिये समय चाहते थे। सन्धि सिर्फ युद्ध-विराम मात्र थी।

नेपोलियन के विरुद्ध षड्यन्त्र

नेपोलियन ने अपने सुधारों द्वारा फ्राँस के राष्ट्रीय जीवन का विस्तृत पैमाने पर जीर्णोद्धार किया था। कॉन्सल शासनकाल में फ्रांसीसी जनता को अत्यधिक फायदा हुआ था और देश की समृद्धि भी बढ़ी थी। नेपोलियन की ख्याति और सत्ता की वृद्धि हुई और वह अपने देशवासियों का हृदय-सम्राट बन गया था। परंतु नेपोलियन के उत्कर्ष से जिन लोगों के हितों की नुकसान हुई थी वे उसके शत्रु बन गये थे। राजतंत्रवादियों को आशा थी कि इंग्लैण्ड के जनरल मोंक (Monk) की भाँति नेपोलियन भी फ्रांस में बूर्बो वंश की सत्ता को पुनः स्थापित करने का प्रयत्न करेगा परंतु नेपोलियन इस तरह का परोपकार और निःस्वार्थ सेवा करने के लिये तैयार नहीं था। राजतंत्र के समर्थकों को शीघ्र ही विश्वास हो गया कि नेपोलियन फ्रांस का निरंकुश तथा स्वेच्छाचारी सम्राट बनना चाहता है और वह कभी फ्रांस में बूर्बो वंश की सत्ता स्थापित नहीं होने देगा। अतएव राजतंत्रवादियों ने नेपोलियन की हत्या करने का षड्यन्त्र रचा। बूर्बो वंश के समर्थकों का इरादा नेपोलियन की हत्या के उपरांत बाँदे प्रान्त में बगावत भड़काने और फ्रांस में बूर्बो वंश को पुनः प्रतिष्ठित करने के लिये आन्दोलन की शुरुआत करना उसका प्रमुख उद्देश्य था।

दिसम्बर, 1803 ई. में नेपोलियन की हत्या का प्रथम प्रयत्न किया गया। षड्यन्त्रकारियों ने उसके ऊपर एक बम फेंका। इस बम-विस्फोट में बीस व्यक्तियों की जानें गईं परंतु नेपोलियन स्वयं बाल-बाल बच गया। यह कार्य राजतंत्रवादियों का ही था। परंतु नेपोलियन राजतंत्रवादियों को अपने पक्ष में करना चाहता था। इसलिए उसने इसके दोषियों पर किसी प्रकार की विशेष कार्यवाही नहीं की तथा कूटनीति से काम लेते हुए उग्र गणतंत्रवादियों को इसका दोषी ठहराया।

इससे भी अधिक भयंकर षड्यन्त्र नेपोलियन को पदच्युत करने और राजतंत्र को सत्तारूढ़ करने के लिये तैयार किया गया था। जार्ज कादूपाल और पिरग्र इस षड्यन्त्र के मुख्य पात्र थे। नेपोलियन ने षड्यन्त्रकारियों को कठोरता से कुचल दिया और आँगियाँ के ड्यूक को मृत्यु दण्ड दिया। ड्यूक निरपराध था और नेपोलियन ने बूर्बो वंश के समर्थकों को शिक्षा देने के लिये जघन्य अपराध किया था। जिसका परिणाम यह हुआ कि नेपोलियन की हत्या के लिए किये जाने वाले सभी प्रयासों पर रोक लग गयी थी परंतु इसके शत्रु काफी सक्रिय हो गये थे।

नेपोलियन का सम्राट बनना

राजतंत्र के समर्थक फ्रांस को एक राजा देना चाहते थे परंतु उन्होंने फ्रांस को सिर्फ एक सम्राट दिया। षड्यन्त्र का परिणाम गणतंत्र के लिये घातक हुआ। नेपोलियन ने कहा भी था कि षड्यन्त्रकारी "मेरा वध कर क्रान्ति का विनाश करना चाहते हैं। मैं फ्रॉंस की क्रान्ति हूँ और मुझे उसकी रक्षा करनी है।" परंतु क्रान्ति की रक्षा की चेष्टा में नेपोलियन ने गणराज्य का अन्त कर ही दिया। अपनी महत्वकांक्षा की पूर्ति के लिये नेपोलियन ने एक महत्वपूर्ण कदम उठाया। 1802 ई. में फ्रांस की जनता से उसे जीवन-भर के लिये कॉन्सल बना दिया और उसे अपना उत्तराधिकारी मनोनीत करने का भी प्राप्त हो गया। अब एक ही मंजिल बाकी थी जो 1804 ई. में पूरी हुई। फ्रॉंस की सीनेट ने एक नया संविधान स्वीकृत कर नेपोलियन को फ्रांस का सम्राट घोषित कर दिया। यह बदलाव फ्रॉंस की जनता के हितों को ध्यान में रख कर किया गया था और फ्रांसीसी जनता ने स्वेच्छा से इस बदलाव को स्वीकार भी कर लिया। धार्मिक समझौते की भाँति सम्राट की उपधि भी एक कूटनीतिक चाल थी जिसका नेपोलियन शासन-क्षेत्र में प्रयोग करना चाहता था।

1804 ई. में नोत्रदाम के गिरजाघर में बड़ी धूमधाम और वैभव के साथ नेपोलियन के राज्याभिषेक की तैयारी की गई जिसमें पोप स्वयं अपने हाथों नेपोलियन को राजमुकुट पहनाने पेरिस आया था। नोत्रदाम में धार्मिक अनुष्ठानों के उपरांत पोप ने फ्रांस का परम्परागत राजमुकुट नेपोलियन के सिर पर रखना चाहा तो नेपोलियन ने पोप के हाथ से राजमुकुट लेकर स्वयं अपने हाथों से अपने सिर पर धारण कर लिया। नेपोलियन ने फ्रांसीसियों के सम्राट की उपाधि धारण की। नेपोलियन ने कहा भी था, "मैंने फ्रांस का राजमुकुट धूल में पड़ा हुआ पाया

है। अपनी तलवार की ताकत से जब मैंने मुकुट उठाया है तो उसे पहनाने का श्रेय दूसरे को क्यों दूँ।" इन शब्दों में उसके जीवन के महत्वपूर्ण अध्याय का सारांश निहित है। राजमुकुट धारण कर लेने से नेपोलियन की प्रतिष्ठा और गौरव में वृद्धि हुई। फ्रांस की जनता उसके पक्ष में थी और यह अनुभव करती थी कि नेपोलियन ही फ्राँस में शान्ति तथा सुव्यवस्था की स्थापना कर सकता है। सम्राट बनकर नेपोलियन ने ऐश्वर्य और वैभव का जीवन व्यतीत करना आरम्भ कर दिया और जनता की स्वतन्त्रता का पूर्ण रूप से अपहरण कर लिया। इस तरह लोकतंत्र ने अपनी अनुभवहीनता और असमर्थता में अपने लिये राजतंत्र से भी बृहत्तर जिस निरंकुशता की स्थापना की थी, नेपोलियन उसका सूचक था।

साम्राज्यवादी नेपोलियन की विजय-यात्रा

1804 ई. में नेपोलियन फ्राँस का सम्राट बना और 1814 ई. तक उसने सम्राट के रूप में शासन किया। यह दशक निरन्तर युद्धों का इतिहास है। इस दशक में नेपोलियन ने अपनी आक्रामक विदेश नीति से फ्राँस का गौरव बढ़ाया और एक फ्राँसीसी साम्राज्य की स्थापना का प्रयत्न किया। अपनी साम्राज्यवादी महत्वाकांक्षा को पूरा करने के लिये उसने लड़ाइयाँ लड़ी और उसे विस्मयकारी सफलताएँ भी मिलीं। वाटरलू उसके जीवन का अंतिम युद्ध था जिससे पराजित होकर शीघ्र ही सफलता पराजय में हो गई तथा सेंट हेलना में निर्वासित जीवन व्यतीत करते हुए उसकी मौत हो गई।

नेपोलियन ने 1802 ई. में इंग्लैण्ड के साथ आमियाँ की सन्धि पर हस्ताक्षर किये थे। इस सन्धि के परिणामस्वरूप उसे अपनी योजनाओं को पूरा करने के लिये 'अवकाश' प्राप्त हुआ था। उसने इस 'अवकाश-काल' का उपयोग फ्रांस में आन्तरिक सुधारों द्वारा अपनी सत्ता दृढ़ करने और अपनी सैनिक शक्ति बढ़ाने के लिये किया था। देश में अपनी सत्ता की मजबूती प्रदान करने के पश्चात् वह फ्राँस में प्राकृतिक सीमा का प्रसार करने का प्रयास करने लगा। फ्राँस को शक्तिशाली होता देख यूरोप के राष्ट्र काफी डर गये थे क्योंकि फ्राँस में शासन की बागडोर स्वेच्छाचारी हाथों में थी। एक बार हार जाऊँ तो फ्राँस की जनता मुझे अस्वीकार कर देगी।" अपने अस्तित्व के सम्बन्ध में नेपोलियन का यह कथन अक्षरशः सत्य प्रतीत होता है क्योंकि जब तक वह युद्ध-क्षेत्र में शत्रुओं की सेना को पराजित करता रहा, फ्राँस की जनता उसे अपना हृदय-सम्राट मानकर पूजती रही। परंतु जब नेपोलियन के साम्राज्य का पतन हुआ तो जनता ने अपने

सम्राट के पतन पर आँसू भी नहीं बहाए। अतएव स्वाभाविक था कि अपनी सत्ता को अक्षुण्ण रखने के लिये नेपोलियन ने समस्त यूरोप पर और अन्त में समस्त विश्व पर शासन करने की योजना बनायी। अब उन राष्ट्रों के सामने, जो अपना अस्तित्व बनाये रखना चाहते थे एवं अपने अधिकार के आधार पर जीवित रहना और उन्नति करना चाहते थे, नेपोलियन के साथ संघर्ष करने के अलावा कोई दूसरा विकल्प भी नहीं था। उनका विश्वास था कि एक राज्य का सार्वभौम प्रभुत्व तथा अनुचित उत्कर्ष अन्य राज्य के अस्तित्व और सभ्यता के लिये घातक सिद्ध होगा। 1804 ई. में फ्राँस इस तरह का प्रभुत्व प्राप्त कर चुका था। नेपोलियन की अधीनता में उसने अपनी इस शक्ति को निरंकुश और सार्वभौम आधिपत्य में परिणत करने का प्रयास भी किया था। अपने प्रयत्न में फ्राँस सम्भवतः सफल हो जाता यदि उसे इंग्लैण्ड के अनवरत और अडिग विरोध का सामना नहीं करना पड़ता। इंग्लैण्ड ने फ्राँस के दावों को कभी स्वीकार नहीं किया। प्रत्येक मंजिल पर उसने फ्राँस से लोहा लिया, उसके विरुद्ध बगावत का संगठन किया, एक के बाद एक संघ बनाये और इस अथक प्रयास में अपने धन और नौ-सेना का उसने खुलकर प्रयोग किया।

इंग्लैण्ड के साथ संघर्ष—इंग्लैण्ड और फ्रांस के बीच 1802 ई. में आमियाँ की सन्धि हुई थी परंतु यह सन्धि अस्थायी और अल्पकालीन थी। मई, 1803 ई. में दोनों देशों के बीच संघर्ष आरंभ हो गया। इस संघर्ष के अनेक कारण थे। सर्वप्रथम, फ्रांस की विस्तारवादी नीति से इंग्लैण्ड भयभीत हो चुका था। केम्पोफोर्मियों और ल्यूनविले की सन्धियों से फ्राँस के साम्राज्य का काफी प्रसार हो चुका था। राइन का पश्चिमी तट उसके अधिकार में था। उसने पीडमौंट, पार्मा और एल्वा पर भी अधिकार कर लिया था। हालैण्ड, स्विट्ज़रलैण्ड और बेल्जियम पर भी उसका नियन्त्रण था। नेपोलियन ने इटली के सिसएल्पन गणराज्य को इटालियन गणराज्य में परिवर्तित करके स्वयं उसका अध्यक्ष बन गया। जिनोआ का संविधान बदलकर स्वयं उसका प्रमुख बन गया। हालैण्ड पर फ्राँस का आधिपत्य, सैन डोमिन्गों का अभियान, लुसियाना की प्राप्ति, भारत-अभियान की तैयारी, तुर्की-विजय की योजनाएँ और भूमध्यसागर की महत्त्वाकांक्षाएँ इंग्लैण्ड के लिये चिन्ता का विषय था क्योंकि उसने फ्रांसीसी विस्तार का सदैव विरोध किया था।

यूरोपीय मामलों में फ्रांस का हस्तक्षेप असहनीय था क्योंकि यूरोप पर फ्राँस के प्रभुत्व की स्थापना से उसके व्यावसायिक हितों को आघात पहुँचता। अपने व्यापार को सुरक्षित रखने के उद्देश्य से ही इंग्लैण्ड ने आमियाँ की सन्धि पर

हस्ताक्षर किये थे। इंग्लैण्ड को आशा थी कि फ्राँस के साथ समझौता हो जाने से यूरोप के बाजार उसके लिये खुल जायेगा और उसे अपने व्यापार को बढ़ाने का अवसर मिलेगा। परंतु इसके ठीक विपरीत नेपोलियन की व्यापारिक नीति के परिणामस्वरूप इंग्लैंड की सभी योजनाएँ धरी की धरी रह गईं क्योंकि नेपोलियन फ्राँस के उद्योगों का प्रसार करने हेतु यूरोप के बाजार पर कब्जा करना चाहता था तथा उसके बाजार का अंत करने हेतु उसके द्वारा आयात की जाने वाली सभी वस्तुओं पर कर लगा दिये जिसका इंग्लैंड के व्यापार पर काफी बुरा प्रभाव पड़ा। जिससे युद्ध की शुरुआत हुई। इंग्लैण्ड और फ्राँस के बीच मनमुटाव के अन्य कारण भी थे। नेपोलियन ने इंग्लैण्ड पर आमियाँ की सन्धि को भंग करने का आरोप लगाया था। इंग्लैण्ड ने माल्टा को खाली नहीं किया था। नेपोलियन की यह भी शिकायत थी कि इंग्लैण्ड के समाचार-पत्रों में उसकी निन्दा की जाती थी और इंग्लैण्ड बूर्बों वंश के लोगों और अन्य प्रवासी कुलीनों को शरण दे रखा था। इंग्लैण्ड ने भी नेपोलियन पर आयरलैण्ड में असन्तोष पैदा करने, ब्रिटिश बन्दरगाहों में फ्राँसीसी जासूसों की उपस्थिति, फ्राँसीसी समाचार-पत्रों में अंग्रेरजी राजनीतिज्ञों पर निन्दात्मक आक्रमण, फ्राँस, स्पेन, हालैण्ड, और इटली में अंगरेजी व्यापार पर प्रतिबन्ध आदि अनेक आरोप लगाये थे। इंग्लैण्ड की शिकायत थी कि आमियाँ की सन्धि के उपरांत भी नेपोलियन की नीति में बदलाव नहीं हुआ और उसने अपने साम्राज्य-विस्तार की नीति को कायम रखा।

नेपोलियन इंग्लैण्ड की समुद्री-शक्ति से भी सशंकित था और इसका मुकाबला करने के लिये उसने फ्राँसीसी बेड़े को शक्तिशाली बनाने का प्रयत्न किया। उसने इंग्लैण्ड के विरुद्ध हमला की तैयारी प्रारम्भ कर दी। उसने लुसियाना प्रदेश अमेरिका को बेचकर धन प्राप्त किया। उसने स्पेन एवं इटालियन गणतंत्रों से सैनिक सामग्री एवं कर के रूप में धन प्राप्त किया। इसके अतिरिक्त, उसने हेनोवर पर अधिकार कर लिया। हेनोवर पर अधिकार हो जाने से नेपोलियन की शक्ति तथा प्रभाव में वृद्धि हुई और उसका हेनोवर बन्दरगाह से लेकर इटली तक के समुद्र-तट पर अधिकार हो गया। इस लम्बे समुद्र-तट पर उसने अंग्रेजी जहाजों के आवागमन पर रोक लगा दी, जिससे इंग्लैण्ड के व्यापार को भारी हानि हुई। उसने बोलोन के बन्दरगाह पर एक लाख पचास हजार सैनिकों को एकत्र किया। इसके उपरांत उसने इंगलिश चैनल को पार करने की योजना बनायी। नेपोलियन प्रायः कहा करता था, "यदि मुझे सिर्फ छः घण्टों के लिये इंगलिश चैनल पर अधिकार मिल जाये, तो मैं इंग्लैण्ड को विश्व के मानचित्र से मिटा दूँगा।" अतएव

उसने नाविक तैयारियाँ प्रारम्भ कीं। नये-नये सैनिकों को भरती किया गया और उन्हें यूरोप का सर्वश्रेष्ठ योद्धा बनाने के लिये उचित प्रशिक्षण दिया गया। अच्छे-अच्छे जहाजों और नौकाओं का निर्माण करवाया गया जिसके द्वारा सेना को समुद्र पार करके इंग्लैण्ड में ले जाया जा सकता था। नेपोलियन ने स्पेन और हालैण्ड के जहाजी बेड़ों को भी अपने अधिकार में कर लिया। इस तरह नेपोलियन ने एक विस्तृत नाविक योजना तैयार की जिसका उद्देश्य फ्राँसीसी जहाजी बेड़े को इंगलिश चैनल में लाना और मिस्र, आयरलैण्ड तथा पश्चिमी द्वीप समूह पर हमला करके इंग्लैण्ड के जहाजी बेड़े को वहाँ से हटाना था।

नेपोलियन के कार्यों से ब्रिटिश सरकार अत्यधिक सशंकित थी फिर भी उसने प्रतिरक्षा और हमला दोनों की तैयारियाँ जारी रखीं। उसने नेपोलियन के विरुद्ध एक नये गुट का निर्माण किया। इस गुट में इंग्लैण्ड के अतिरिक्त, आस्ट्रिया, रूस, स्वीडन और नेपल्स शामिल थे। इंग्लैण्ड को विश्वास था कि इस गुट की मदद से फ्रांस को खदेड़ कर उसकी मूल सीमाओं के भीतर कर देना सम्भव होगा और उससे राइन का पश्चिमी तट, बेल्जियम और इटली के प्रदेश छीने जा सकेंगे। इंग्लैण्ड और फ्राँस का सामना ट्रैफेलगर के ऐतिहासिक युद्ध में हुआ। नेपोलियन युद्ध में पराजित हुआ। 21 अक्टूबर, 1805 ई. को एडमिरल नेल्सन ने फ्राँस तथा स्पेन के शामिल जहाजी बेड़े को परास्त कर दिया। नेल्सन युद्ध में मारा गया परंतु वह इंग्लैण्ड की रक्षा कर गया। नेपोलियन के मनसूबे चकनाचूर हो गए। इंग्लैण्ड का समुद्रपार प्रभाव बना रहा। नेपोलियन ने पुनः इंग्लैण्ड पर हमला करने का साहस नहीं किया। उसने इंग्लैण्ड के विरुद्ध व्यावसायिक युद्ध आरंभ किया परंतु उसे उसमें भी सफलता नहीं मिली।

आस्ट्रिया के साथ संघर्ष—डायरेक्टरी की असफलता से फायदा उठाकर फ्राँस के विदेशी शत्रुओं ने एक गुट की स्थापना की। इस गुट में आस्ट्रिया भी शामिल था। डायरेक्टरी का शासन खत्म होने के उपरांत नेपोलियन फ्राँस का प्रथम काँन्सल बना। उसने आस्ट्रिया के सम्राट फ्राँसिस द्वितीय को व्यक्तिगत पत्र भेजकर उससे मित्रता की याचना की। परंतु आस्ट्रिया का उत्तर निराशाजनक था। इसलिए नेपोलियन को युद्ध का रास्ता अपनाना पड़ा। उसने इटली के रास्ते से आस्ट्रिया पर हमला की योजना बनाई। जून, 1800 ई. में फ्राँस की सेना ने आस्ट्रिया की सेना को बुरी तरह पराजित किया। आस्ट्रिया को बाध्य होकर सन्धि की प्रार्थना करनी पड़ी। संधि के परिणामस्वरूप फ्रांस और अधिक शक्तिशाली हो गया था।

आस्ट्रिया अपनी पराजय को भूला नहीं था। अप्रैल, 1804 ई. में इंग्लैण्ड के प्रधानमंत्री छोटे पिट के नेतृत्व में फ्राँस के विरुद्ध तीसरा गुट कायम किया गया। आस्ट्रिया नेपोलियन का पतन चाहता था क्योंकि उसके कारण आस्ट्रिया को युद्ध में बार-बार पराजित होना पड़ा था। उसी के कारण आस्ट्रिया को इटली से हाथ धोना पड़ा था। इसलिए आस्ट्रिया भी तीसरे गुट में शामिल हो गया।

तीसरे गुट से युद्ध करने के लिए वह सेना एकत्रित करने लगा तथा आस्ट्रिया पर आक्रमण करने की तैयारी में लग गया।

आस्ट्रिया को पराजय के उपरांत फ्राँस के साथ सन्धि के लिये बाध्य होना पड़ा। दिसम्बर, 1805 ई. में दोनों देशों के बीच प्रेसबुर्ग की सन्धि हुई। आस्ट्रिया को और कमजोर बना दिया गया। उसे इटली में वेनेशिया और डाल्मेशिया छोड़ना पड़ा। उसे इस बात के लिये बाध्य किया गया कि वह जर्मनी में टिरोल और स्वाबिया का कुछ भाग बवेरिया को दे। बवेरिया और वटेम्बर्ग को राज्य का रूप दिया गया। इस सन्धि का सबसे महत्वपूर्ण परिणाम यह हुआ कि आस्ट्रिया ने करीब तीस लाख आबादी के प्रदेश को खो दिया और वह द्वितीय श्रेणी का राष्ट्र हो गया। आस्ट्रिया का सम्राट फ्राँसिस द्वितीय ने अपनी उपाधि पवित्र रोमन सम्राट को त्यागकर बदल में आस्ट्रिया के आनुवंशिक सम्राट की उपाधि धारण की।

प्रेसबुर्ग की सन्धि ने इटली, स्विट्जरलैण्ड और राइन प्रदेश को आस्ट्रिया के नियन्त्रण से मुक्त कर दिया। आस्ट्रिया तीसरे गुट से अलग हो गया। इस सन्धि ने नेपोलियन की प्रतिष्ठा और फ्राँस के गौरव को अत्यधिक बढ़ा दिया। नेपोलियन यूरोप का एक शक्तिशाली सम्राट बन गया और फ्राँस के साम्राज्य की सीमायें लुई चौदहवाँ के स्वप्न से भी कहीं अधिक विस्तृत हो गईं। नेपोलियन को लोग दूसरे शार्लमाँ कहने लगे। उसने यूरोप में स्थान-स्थान पर छोटे-छोटे राज्य स्थापित किये और अपने सम्बन्धियों को इन राज्यों का शासक नियुक्त कर दिया।

जर्मनी के प्रति नेपोलियन की नीति—नेपोलियन ने जर्मनी के प्रति एक अद्भुत नीति का अनुसरण किया। उसने आस्ट्रिया और प्रशा जैसे शक्तिशाली राज्यों की शक्ति खत्म कर छोटे-छोटे राज्यों को प्रोत्साहित किया। सही मायने में उसकी जर्मनी सम्बन्धी नीति पर्वतों को घाटियों और घाटियों को पर्वतों में परिणत करना था। छोटे-छोटे राज्यों को प्रोत्साहित करके वह फ्राँस और प्रशा के बीच एक सुरक्षात्मक राज्य स्थापित करना चाहता था ताकि भविष्य में दोनों राज्यों की सीमा एक-दूसरे से नहीं टकरायें। साथ ही नेपोलियन ने जर्मनी के छोटे-छोटे राज्यों को

बड़े राज्यों में मिलाकर उनका अस्तित्व खत्म कर दिया और इस तरह उसने जर्मनी के मानचित्र को इस तरह बदल दिया जो उसके हित में था।

प्रेसबुर्ग की सन्धि का सबसे महत्वपूर्ण परिणाम जर्मनी का पुनर्निर्माण था। आस्ट्रिया के सम्राट द्वितीय ने अपनी पुरानी उपाधि ''पवित्र रोमन सम्राट'' को त्याग दिया और उसके बदले उसने आस्ट्रिया के ''आनुवंशिक सम्राट'' की उपाधि ग्रहण की। इसके अतिरिक्त, नेपोलियन ने पवित्र रोमन साम्राज्य के कुछ राज्यों को अलग करके अपने अधीन राइन के राज्यसंघ का निर्माण किया। इस संघ में पश्चिमी और दक्षिणी जर्मनी के सोलह राज्य शामिल थे। इस संघ पर नेपोलियन का अधिकार था तथा हर प्रकार का सहयोग करना उसका कार्य था। इस संध के प्रत्येक राज्य फ्राँस की सरकार को कर देते थे।

इसके उपरांत नेपोलियन ने एक और काम किया। अगस्त, 1806 ई. में उसने पवित्र रोमन साम्राज्य का अन्त कर दिया। रोमन साम्राज्य के अन्त होने की घोषणा करते हुए नेपोलियन ने कहा था, ''पवित्र रोमन साम्राज्य अब न पवित्र है, न रोमन है और न साम्राज्य है।''

नेपोलियन ने अपनी स्वार्थसिद्धि के लिये जर्मनी का मानचित्र बदला था जो अप्रत्यक्ष रूप से जर्मनी के कूटनीतिक एकीकरण में सहायक सिद्ध हुई। समानता और भ्रातृत्व की भावना, जिनका विस्तार नेपोलियन के द्वारा हुआ था, ज़र्मनी के निवासियों के हृदय में उत्साह भर दिया।

इस प्रकार नेपोलियन ने जर्मनी में राष्ट्रीयता की भावना का जागृत किया। वहाँ के लोगों को संगठित होने के लिये प्रेरित किया। नेपोलियन के कार्य से जर्मनी विशेष रूप से लाभान्वित हुआ क्योंकि वहाँ के लोगों के हृदय में राष्ट्रीयता की भावना पैदा हुई। उसने अपना कोड लागू करते हुए सभी को समान दृष्टि से देखा।

प्रशा के साथ संघर्ष—नेपोलियन यूरोप के राजाओं का एक संघ की स्थापना करना चाहता था। वह इस संघ को एक शक्तिशाली आर्थिक शस्त्र के रूप में इंग्लैण्ड के विरूद्ध प्रयोग करना चाहता था। ट्रैफेगलर की पराजय ने नेपोलियन को इंग्लैण्ड का आर्थिक बहिष्कार करने के विचार की ओर प्रेरित किया था। उपरांत में इसी विचार ने महाद्वीपीय व्यवस्था का रूप धारण किया। उसने प्रयत्न किया कि इटली से लेकर एल्व नदी के मुहाने तक सभी बन्दरगाहों को अंग्रेजी मालों के लिये बन्द कर दिया जाये। आर्थिक अवरोध को बाल्टिक तक विस्तृत करने के लिये प्रशा को भी प्रभाव-क्षेत्र में लाना जरूरी था। अभी तक प्रशा नेपोलियन-विरोधी युद्धों

में अपनी तटस्थता को कायम रखे था। वह तीसरे गुट में सम्मिलित नहीं हुआ था। नेपोलियन ने हेनोवर पर अधिकार कर लिया था। उसकी सेनाओं ने प्रशा के राज्य-क्षेत्र का अतिक्रमण किया और आस्ट्रिया को परास्त किया। फिर भी प्रशा का शासक फ्रेडरिक विलियम तृतीय तटस्थ ही रहा। परंतु नेपोलियन इंग्लैण्ड के विरुद्ध व्यावसायिक युद्ध में प्रशा को अपने साथ रखना चाहता था। वह अपने उद्देश्य को प्रशा को प्रलोभन के तौर पर हेनोवर देने का वादा किया और प्रशा ने उसके प्रस्ताव को मान लिया तथा अपनी सेनाएँ भेज दीं। परंतु जब पिट के उत्तराधिकारी फॉक्स के साथ नेपोलियन की सन्धि-वार्ता आरम्भ हुई, तो नेपोलियन हेनोवर इंग्लैण्ड को पुनः लौटाने के लिये सहमत हो गया। नेपोलियन के इस कार्य से प्रशा का शासक असन्तुष्ट था। इतना ही नहीं, जर्मनी में फ्राँस का प्रभाव स्थापित हो चुका था। नेपोलियन की जर्मनी से सम्बन्धी नीति से भी फ्रेडरिक विलियम तृतीय रुष्ट था। बवेरिया और बुटेंमबुर्ग के उत्थान तथा राइन परिसंघ की स्थापना से भी वह असन्तुष्ट था। फ्रेडरिक विलियम तृतीय ने नेपोलियन से 'हेनोवर' राज्य की माँग की परंतु नेपोलियन ने उसकी माँग को ठुकरा दिया। अतएव उसने नेपोलियन के विरुद्ध युद्ध करने का फैसला किया। नेपोलियन भी प्रशा के साथ युद्ध करने को तैयार था।

1806 ई. में प्रशा के सम्राट ने फ्राँस के विरुद्ध युद्ध की घोषणा कर दी। उसका यह कार्य मूर्खतापूर्ण और उसकी अनुभवहीनता का सूचक था। क्योंकि उस समय प्रशा की सेना काफी कम और असंगठित थी, जबकि नेपोलियन के पास एक विशाल तथा सुसंगठित सेना थी। प्रशा को आस्ट्रिया और रूस से मिलकर नेपोलियन के विरुद्ध युद्ध करना चाहिए था। 14 अक्टूबर, 1806 ई. को नेपोलियन ने जेना और आवेरस्टार के युद्धों में प्रशा की सेना को पराजित कर दिया। 25 अक्टूबर, 1806 को नेपोलियन ने विजेता के रूप में बर्लिन में प्रवेश किया।

रूस के साथ संघर्ष—प्रशा का भाग्य-निर्णय करने के पहले नेपोलियन रूस को खत्म करना चाहता था। अतएव बर्लिन पर अधिकार करके उसने रूस पर हमला करने का निश्चय किया। फरवरी, 1807 ई. में उसने रूस पर हमला कर दिया। इलाऊ नामक स्थान पर रूसी और फ्राँसीसी सेनाओं के बीच भीषण युद्ध हुआ, परंतु हार-जीत का फैसला नहीं हो सका। नेपोलियन आगे बढ़ता गया। 14 जून, 1807 को फ्रीडलैण्ड के युद्ध में नेपोलियन ने रूसी सेना को परास्त कर दिया। इस पराजय से रूस के जार का साहस टूट गया और उसने नेपोलियन के साथ सन्धि करना स्वीकार कर लिया।

टिलसिट की सन्धि—जुलाई, 1807 ई. को रूस और फ्रांस के बीच टिलसिट की सन्धि हुई। दोनों देशों ने यूरोप को अपने प्रभाव-क्षेत्रों में बाँट लिया। रूस के जार ने इंग्लैण्ड के विरुद्ध व्यावसायिक युद्ध में फ्राँस का साथ देने का वचन दिया। नेपोलियन ने प्रशा की तरफ दोस्ती का हाथ बढ़ाया। इस सन्धि की शर्तों की घोषणा भी टिलसिट की सन्धि में की गई थी। सन्धि के अनुसार, प्रशा से एल्व नदी के पश्चिम के सभी प्रदेश लेकर वेस्टफेलिया का नया राज्य बनाया गया। नेपोलियन का भाई जेरोम नये राज्य का राजा बना। पोलैण्ड के जिस भाग पर प्रशा का अधिकार था वह ले लिया गया और उसमें आस्ट्रियन गोलेशिया का प्रदेश सम्मिलित करके एक नया राज्य वार्सा की डची बनाया गया। जिसके परिणामस्वरूप प्रशा को काफी कठिनाइयों का सामना करना पड़ा था।

टिलसिट की सन्धि ने नेपोलियन को यूरोप का सम्राट बना दिया था। वह आस्ट्रिया और रूस को पराजित कर चुका था। तृतीय गुट के सदस्यों में अब सिर्फ इंग्लैण्ड और स्वीडन बच गये थे। नेपोलियन ने रूस को स्वीडन पर अधिकार कर लेने का परामर्श दिया। 1800 ई. में जार ने एक सेना फिनलैण्ड पर अधिकार करने के लिये भेजा और दूसरी तरफ से डेनमार्क की सेना ने नार्बे के मार्ग से स्वीडन पर हमला कर दिया। उस समय गुस्तबस चतुर्थ स्वीडन का शासक था। इंग्लैंड की सहायता से डेनमार्क तथा फिनलैंड को हार का सामना करना पड़ा। रूस का फिनलैण्ड पर अधिकार हो गया और डेनमार्क के राजा को रूस के साथ सन्धि करने के लिये विवश होना पड़ा। साथ ही स्वीडन के शासक को नेपोलियन के साथ भी सन्धि करनी पड़ी। सन्धि के अनुरूप उसने नेपोलियन को इंग्लैण्ड के विरुद्ध व्यावसायिक युद्ध में साथ देने का वचन दिया। जब स्वीडन के राजा ने सन्धि की शर्तों का पालन करने में असमर्थता व्यक्त की, तब नेपोलियन ने उसे गद्दी से हटाकर चार्ल्स को स्वीडन का राजा बना दिया। इस तरह स्वीडन पर नेपोलियन का पूर्ण प्रभुत्व स्थापित हो गया।

नेपोलियन का पतन —कहा जाता है कि टिलसिट की सन्धि के समय नेपोलियन की शक्ति तथा प्रतिष्ठा पराकाष्ठा पर पहुँच चुकी थी। यह कथन कुछ हद तक सच भी है। समस्त यूरोपीय महाद्वीप में उसका कोई प्रतिद्वन्द्वी नहीं था। यूरोप के एक हिस्से पर उसका अधिकार था। रूस उसका मित्र था। उसने आस्ट्रिया और प्रशा को कुचल दिया। वह फ्राँस का सम्राट, इटली के राज्य का राजा, राइन के परिसंघ का संरक्षक और स्विजरलैण्ड के गणतंत्र का मध्यस्थ था। हालैण्ड, बेस्टफेलिया और नेपल्स के राज्यों में उसके भाई शासक थे। इतिहासकार

ग्राण्ट एवं टेम्पले के अनुसार, "1807 ई. उसकी शक्ति का मध्याह्न था। अगर उस वर्ष उसकी मृत्यु हो जाती तो उसका जीवन यूरोप के और शायद विश्व के सैनिक इतिहास में सर्वाधिक आश्चर्यजनक प्रतीत होता। वह सभी कार्यों में सफल हुआ था, उसने प्रत्येक शत्रु को परास्त कर दिया था। उसने यूरोप की नई व्यवस्था अपनी इच्छा के अनुरूप की थी। उसका कोई सैनिक प्रतिद्वन्द्वी नहीं था....यूरोप में फ्राँस का नहीं, नेपोलियन का प्रभुत्व था।" कालान्तर में उसकी शक्ति क्षीण होने लगी और अन्ततोगत्वा उसका पतन हो गया। उसके विरुद्ध यूरोपीय शासकों का संगठन बना। उसकी साम्राज्यवादी योजनाओं के विरुद्ध राष्ट्रीयता के नाम पर मुक्ति संग्राम आरंभ हुआ। हम आगे देखेंगे कि नेपोलियन ने स्वयं ऐसी परिस्थिति पैदा कर दी थी कि उसका पतन अवश्यम्भावी हो गया था। वह अपने पतन के लिये स्वयं ही बहुत हदतक जिम्मेदार था। ट्रैफेगलर के युद्ध में वह इंग्लैण्ड को पराजित नहीं कर सका था। वह जानता था कि शक्तिशाली नौ-सेना के अभाव में इंग्लैण्ड को परास्त करना कठिन था। इसलिए टिलसिट के उपरान्त उसने इंग्लैण्ड की शक्ति को विनष्ट करने के लिये यूरोप में महाद्वीपीय व्यवस्था लागू की। इस योजना ने उसके पतन को अनिवार्य बना दिया। इस योजना की विफलता के कारण उसे पोप से शत्रुता मोल लेनी पड़ीं और रूस पर हमला करना पड़ा। स्पेन का युद्ध तो नासुर बन गया। नेपोलियन की भूलों का फायदा उठाकर यूरोप के राष्ट्रों ने उसके विरुद्ध चतुर्थ गुट का निर्माण किया। नेपोलियन सबसे पहले लाइपत्सिंग के युद्ध में पराजित हुआ और इसी के उपरांत उसका द्रुत गति से पतन हुआ। वाटरलू के युद्ध में पराजित होने के पश्चात् उसे सेंट हेलना टापू में निर्वासित जीवन व्यतीत करना पड़ा, जहाँ उसकी मौत हो गई।

स्पेन से संघर्ष—स्पेन पर हमला करना नेपोलियन की एक महान भूल थी। अभी तक उसे यूरोपीय राजाओं से संघर्ष करना पड़ा था। इस संघर्ष में वह सदैव विजयी रहा। लेकिन स्पेन की परिस्थिति भिन्न थी। वहाँ उसे राजा के साथ नहीं, अपितु जनता के साथ संघर्ष करना पड़ा था। राजसत्ता को पराजित करना सरल था क्योंकि इसके पीछे जनता का समर्थन नहीं था। स्पेन में नेपोलियन को जनता का सामना करना पड़ा। यह एक ऐतिहासिक सत्य है कि कोई भी सत्ता संगठित जनसमूह के सामने टिक नहीं सकती है। स्पेन में संगठित जनशक्ति के समक्ष नेपोलियन को झुकना पड़ा।

प्रारम्भ में स्पेन के साथ नेपोलियन का सम्बन्ध खराब नहीं था। 1795 ई. में स्पेन प्रथम गुट से अलग हो गया था और उसके उपरांत फ्रांस के प्रभाव में

आ गया था। स्पेन के शासक चार्ल्स चतुर्थ ने नेपोलियन को पुर्तगाल के विरुद्ध मदद भी की थी। परन्तु नेपोलियन की राज्यलिप्सा के सामने मैत्री का मूल्य नहीं था। पुर्तगाल पर अधिकार स्थापित करने के उपरांत वह स्पेन को अपने साम्राज्य में मिलना चाहता था। तत्पश्चात् अपने साम्राज्य की दक्षिणी सीमा को सुदृढ़ करना चाहता था।

स्पेन की आन्तरिक स्थिति से नेपोलियन ने फायदा उठाया। इसी समय वहाँ पारिवारिक कलह आरम्भ हो गया था। स्पेन का शासक चार्ल्स चतुर्थ एक अयोग्य और कमजोर शासक था। वह अपनी पत्नी के हाथ में खिलौना था। स्पेन का युवराज फर्डीनेंड राजा का विरोधी था। नेपोलियन ने राजा और युवराज से गद्दी त्यागने को कहा। उसने अपने भाई जोसेफ को स्पेन का शासक बना दिया। साथ ही फ्राँस की सेना की संख्या स्पेन में एक लाख तक पहुँच गयी थी। इस सेना ने स्पेन के महत्वपूर्ण चार किलों पर अधिकार कर लिया। स्पेन के निवासी विदेशी सेना के विरोधी थे। वे राजा को इसके लिये जिम्मेवार मानते थे और फर्डीनेंड को राजा बनाना चाहते थे। जब पिता और पुत्र में संघर्ष प्रारम्भ हुआ तो नेपोलियन ने उनसे गद्दी त्यागने को कहा एवं अपने भाई को स्पेन का शासक नियुक्त कर दिया।

स्पेन के निवासी एक विदेशी को शासक के रूप में स्वीकार करने के लिये तैयार नहीं थे। उन्होंने जोसेफ के विरुद्ध अभियान आरंभ कर दिया और उसे भागना पड़ा। उन्होंने एक शक्तिशाली सेना का भी संगठन किया जिसके हाथों फ्राँस की सेना पराजित हुई। स्पेन वाले नेपोलियन को राष्ट्रीय धर्म का शत्रु, राष्ट्रीय एकता का विध्वंसक और राजमुकुट का विनाशक मानते थे। अपने शत्रु से लड़ने के लिये उन्होंने एक सर्वोच्च केन्द्रीय समिति का निर्माण किया। स्पेन के कैथोलिक पादरी भी नेपोलियन के विरोधी थे और जनसाधारण को नेपोलियन के विरुद्ध उभार रहे थे। जून, 1808 ई. में वेलन नामक स्थान पर स्पेन की सेना ने फ्राँस की सेना को पराजित कर दिया। यह पराजय नेपोलियन के लिये घातक सिद्ध हुई। अभी तक फ्राँस की सेना जमीन पर अजेय समझी जाती थी। इस युद्ध के उपरांत उसका खोखलापन स्पष्ट हो गया। सबसे पहले नेपोलियन को जनशक्ति से संघर्ष करना पड़ा जिसमें उसकी हार हुई। अगस्त, 1808 ई. में स्पेन की मदद के लिये सर आर्थर बेलेजली के नेतृत्व में इंग्लैण्ड ने एक सेना भेजी । उसने विमियरो नामक स्थान पर फ्राँसीसी सेना को पराजित कर दिया।

अपनी सेना की पराजय का समाचार सुनकर नेपोलियन उत्तेजित हुआ और

पुनः स्पेन की सेना को पराजित किया। जोसेफ फिर से स्पेन का शासक बनाया गया। इंग्लैण्ड की सेना को भी मुँह की खानी पड़ी। लेकिन नेपोलियन की यह विजय क्षणभंगुर थी। उसी समय आस्ट्रिया में बगावत हो गयी और नेपोलियन ने स्पेन का भार अपने सेनापतियों के कंधों पर छोड़कर आस्ट्रिया की ओर प्रस्थान किया। 1813 ई. तक स्पेन के साथ युद्ध चलता रहा। फ्राँस की सेना बराबर पराजित होती रही। स्पेन नेपोलियन के लिये काँटों का ताज बुन रहा था। यह नेपोलियन के लिये एक नासूर के फोड़े के समान था जो सदैव उसके कष्ट का कारण बना रहा। स्पेन में राष्ट्रीयता का विकास हो चुका था और नेपोलियन के लिये राष्ट्रीयता की लहर को रोकना असम्भव था। नेपोलियन ने अभी तक राजाओं और उनकी सेना को हरा दिया था लेकिन अब उसे जनता के विरोध का सामना करना पड़ रहा था। स्पेन के निवासी अपने राष्ट्र के लिये सब कुछ न्यौछावर करने को तैयार थे। उनका नारा था "स्पेन स्पेनवालों का है।" इस नारे ने स्पेन के वासियों को एकजुट कर दिया जिसके सामने नेपोलियन की एक न चली। जोसेफ को मैड्रिड छोड़ना पड़ा। फ्राँसीसी निरुत्साहित हो चुके थे और स्पेन से उनका आधिपत्य जाता रहा।

आस्ट्रिया से युद्ध—प्रशा की तरह आस्ट्रिया में भी पुनर्निर्माण और संगठन का आन्दोलन चल रहा था। यह आन्दोलन राष्ट्रीयता का आन्दोलन नहीं था क्योंकि राष्ट्रीयता की विजय होने से आस्ट्रियन साम्राज्य टूट जाता। इस आन्दोलन का एकमात्र उद्देश्य यह था कि आस्ट्रिया की सेना को इस ढंग से सुसंगठित किया जाये कि वह नेपोलियन का मुकाबला कर सके। प्रेसबुर्ग का अपमान आस्ट्रिया अभी भूला नहीं था और उसका प्रतिरोध करने की तैयारी कर रहा था। जब आस्ट्रिया की सेना सुसंगठित हो गयी तो आस्ट्रिया के सम्राट ने अप्रैल, 1809 ई. में नेपोलियन के विरुद्ध युद्ध की घोषणा कर दी। उस दौरान नेपोलियन स्पेन की बागडोर सेना को सौंप कर बबेरिया की तरफ बढ़ गया। अक्टूबर, 1809 ई. में आस्ट्रिया और फ्राँस के बीच वियना की सन्धि हुई।

इस सन्धि के परिणामस्वरूप आस्ट्रिया को 45 लाख आबादी वाले क्षेत्रों से हाथ धोना पड़ा। उसे हर्जाने के रूप में बड़ी रकम देनी पड़ी। आस्ट्रिया की सैनिक शक्ति पर रोक लगा दी गयी। अब यह डेढ़ लाख से अधिक सैनिक की सेना नहीं रख सकता था। महाद्वीपीय व्यवस्था को पुनः दुहराया गया और आस्ट्रिया के इंग्लैण्ड के साथ सभी प्रकार के व्यापारिक संबंध लगभग समाप्त हो चुके थे। नेपोलियन ने आस्ट्रिया के सम्राट की पुत्री से विवाह कर लिया। यह विवाह उसके

लिये शुभ सिद्ध हुआ क्योंकि इस पत्नी से उसे एक पुत्र प्राप्त हुआ जिसे नेपोलियन ने 'रोम के राजा' की उपाधि से विभूषित किया।

रूस पर आक्रमण—टिलसिट की सन्धि नेपोलियन की महान उपलब्धि थी। इस सन्धि के द्वारा फ्राँस और रूस में मैत्री सम्बन्ध स्थापित हो गया। नेपोलियन की तूती यूरोप के कुछ भागों को छोड़कर सभी जगह बोल रही थी। लेकिन रूस और फ्राँस की मित्रता स्थायी नहीं हो सकी। इसके कूटनीतिक और आर्थिक कारण थे।

टिलसिट की सन्धि के अनुरूप फ्राँस और रूस ने एक-दूसरे को मदद का वादा किया था लेकिन वास्तविकता यह थी कि दोनों देशों में से कोई भी सन्धि के प्रति वफादार नहीं था। रूस के निवासी फ्राँसीसियों से घृणा करते थे। टिलसिट की सन्धि कभी भी रूस में लोकप्रिय न हो सकी। रूस का जार नेपोलियन की पोलैण्ड-सम्बन्धी नीति से असन्तुष्ट था। नेपोलियन ने नवीन पोलैण्ड के नवनिर्माण में काफी मदद पहुँचायी थी। रूस के जार को यह डर था कि कहीं राष्ट्रीयता की लहर उसके साम्राज्य को विनष्ट न कर दे। पोलैण्ड सम्बन्धी समस्या का सारा दोष जार ने नेपोलियन के कन्धों पर लादा। जार की असन्तुष्टि का दूसरा कारण यह था कि नेपोलियन ने उसे तुर्की के साथ युद्ध में यथेष्ट मदद नहीं दी थी। 1810 ई. में नेपोलियन ने हालैण्ड और उत्तरी-पश्चिमी जर्मनी को अपने साम्राज्य में मिला लिया था। अधिकृत प्रदेशों में ओल्डेनबर्ग का डची भी था। ओल्डेनबर्ग का शासक रूस का जार के बहनोई था। इससे भी जार नेपोलियन से क्षुब्ध था। इसके अतिरिक्त, नेपोलियन ने रूस के जार की बहन से विवाह का प्रस्ताव रखा। जार ने नेपोलियन के प्रस्ताव को ठुकरा दिया। इसे नेपोलियन ने अपना अपमान समझा और दोनों के बीच मनमुटाव बढ़ता गया। नेपोलियन ने आस्ट्रिया की राजकुमारी से विवाह कर लिया। इससे जार उत्तेजित हो उठा। रूस तुर्की की राजधानी कुस्तुनतुनिया पर अधिकार करना चाहता था। लेकिन नेपालियन इसके लिये तैयार नहीं था क्योंकि उसका विश्वास था कि कुस्तुनतुनिया पर अधिकार होने से रूस का प्रभाव जगत में फैल जायेगा। रूस की सीमा पर नेपोलियन की शक्ति बढ़ती जा रही थी और जार के लिये यह चिन्ता का विषय था।

इन कूटनीतिक कारणों के अतिरिक्त, रूस और फ्रांस के बीच आर्थिक कारण से भी मतभेद बढ़ता जा रहा था। आर्थिक कारणों से महाद्वीपीय व्यवस्था सर्वाधिक प्रमुख थी। रूस का इंग्लैण्ड के साथ व्यापारिक सम्बन्ध था। रूस एक कृषि प्रधान देश था। वह इंग्लैण्ड को अनाज भेजता था और बदले में उसे इंग्लैण्ड

से तैयार वस्तुएँ मिलती थीं। इस व्यापार के कारण रूस को टैक्स एवं चुंगी से पर्याप्त आय होती थी। लेकिन महाद्वीपीय व्यवस्था के कारण यह व्यापार बन्द हो गया। इससे रूस को काफी आर्थिक नुकसान हुई। परिणामस्वरूप रूस का व्यापारी वर्ग, साधारण जनता और सरकार सभी अप्रसन्न थे। रूस अधिक दिनों तक व्यापार-बहिष्कार नियम का पालन करने में असमर्थ था। अब जार प्रत्यक्ष एवं अप्रत्यक्ष रूप से इंग्लैण्ड से माल मँगवाने लगा।

नेपोलियन ने रूस पर हमला करने के लिये एक महान सेना का संगठन किया। इस सेना की संख्या छः लाख थी। इसमें फ्राँसीसी साम्राज्य के विभिन्न भागों से सैनिक एकत्रित किए गए थे। इस सेना में आधे से अधिक फ्राँसीसी और शेष प्रशा, इटली, आस्ट्रिया, स्विट्जरलैण्ड और पुर्तगीज सैनिक थे। पोलैंड ने आठ हजार सैनिकों द्वारा सहायता प्रदान की थी तथा जार ने इंग्लैंड की तरफ दोस्ती का हथ बढ़ाया परंतु इन सबके बावजूद उन्हें किसी प्रकार की सफलता नहीं मिली।

24 जून, 1812 ई. को नेपोलियन ने अपनी विशाल सेना के साथ रूस की ओर प्रस्थान किया। रूस की सेना फ्राँसीसी सेना का मुकाबला करने में असमर्थ थी। नेपोलियन को विश्वास था कि जार घबराकर सन्धि कर लेगा। लेकिन नेपोलियन की यह भूल थी, चूँकि रूस की सेना नेपोलियन का सीधा सामना करने में असमर्थ थी, इसलिए एक नयी नीति—'पीछे हटो और बर्बाद करो'—अपनायी। रूसी सेना और किसान पीछे हटते गये और अनाज के भंडारों और दुकानों को जलाते गए। इसका बुरा प्रभाव नेपोलियन की सेना पर पड़ा। आवागमन की कठिनाई थी। भोजन की कमी थी। इस कारण सैनिक तबाह हो गए थे। वोरोदिनों नामक स्थान पर नेपोलियन की मुठभेड़ रूसी सेनापति कुतुसोब से हुई। रूस की सेना बुरी तरह पराजित हुई। नेपोलियन के लिये मास्को का मार्ग खुल गया। नेपोलियन मास्को पहुँचा लेकिन उसे उजड़ा हुआ पाया। भोजन की सामग्री और मकान विनष्ट हो चुके थे। वहाँ के निवासी शहर छोड़कर चले गए थे। नेपोलियन का विश्वास था कि जार उसके पास शान्ति का प्रस्ताव भेजेगा लेकिन उसकी आशा पूरी नहीं हुई। वह अधिक दिनों तक मास्को में ठहर नहीं सकता था। उसे फ्राँस में षड्यंत्र और यूरोप में नये गुट के निर्माण का भय था। इसी समय रूस में जाड़ा पड़ने लगा था और नेपोलियन की सेना भीषण शीत को सहन करने में असमर्थ थी। इसके अतिरिक्त, आवास और भोज्य-पदार्थों के अभाव में सेना को काफी कष्ट पहुँच रहा था। इन्हीं कारणों से विवश होकर नेपोलियन ने अपनी सेना को लौटने का आदेश दे दिया।

रूस से नेपोलियन की वापसी इतिहास की एक अत्यन्त ही रोमांचकारी घटना है। नेपोलियन की सेना एवं स्वयं रूस की सेना ने अपने देश को जलाकर विनष्ट कर दिया था। नेपोलियन को उसी मार्ग से लौटना पड़ा जिस मार्ग से वह मास्को पहुँचा था। सेना को न तो भोजन मिल रहा था और न ठहरने की जगह। सैनिक भोजन की सामग्री के अभाव में अपने घोड़ों तक को मार कर भूख मिटा रहे थे। प्रकृति भी नेपोलियन के विरुद्ध थी। ढंड के कारण हजारों सिपाही प्रतिदिन मर रहे थे। ठंड के अलावा फ्रांसीसी सैनिक बीमारी और भूख से भी मरने लगे थे। रूस के सैनिक सीधे नेपोलियन का मुकाबला नहीं करते थे लेकिन बीच में छापामार युद्ध करते थे। इससे भी नेपोलियन को काफी हानि हुई। उसके छः लाख सैनिकों में सिर्फ बीस हजार सैनिक बच पाए थे। इस प्रकार फ्राँस की महान सेना विनष्ट हो चुकी थी।

रूस के युद्ध में नेपोलियन की असफलता के कारण—रूस में नेपोलियन को विफल होना पड़ा, इसके कई कारण थे। सबसे पहला कारण यह था कि स्पेन की तरह रूस में भी उसे संगठित राष्ट्रीयता का सामना करना पड़ा था। इस संगठित राष्ट्रीयता से टकराना कठिन था और जब तक वह टकराया तो उसे पराजित होना पड़ा। रूस एक विशाल देश था। साथ ही वहाँ अनेक प्राकृतिक बाधाएँ थीं। फ्राँस की सेना रूस की जलवायु की अभ्यस्त नहीं थी। इसके अतिरिक्त, स्वयं फ्राँस और यूरोप में नेपोलियन के विरुद्ध षड्यन्त्र चल रहे थे। इन सब कारणों से नेपोलियन अधिक दिनों तक रूस में रूक नहीं सकता था। रूस को जीतने के लिये कम-से-कम दो वर्षों का समय चाहिए था लेकिन वह शीघ्र-से-शीघ्र रूस को जीत लेना चाहता था। रूस में आवागमन के साधनों की कमी थी। रूस की भयंकर सर्दी की परवाह किये बिना ही नेपोलियन ने अपनी सेना को लौटने का आदेश दे दिया था। वापस लौटने के दौरान रूस की सेना ने फ्राँस की सेना पर पीछे से हमला किया जिससे उसकी सेना का काफी नुकसान हुआ।

रूस के युद्ध का नेपोलियन पर प्रभाव—युद्ध का परिणाम नेपोलियन के लिये घातक सिद्ध हुआ। उसकी सेना विनष्ट हो चुकी थी। इससे उसके विरोधियों को प्रोत्साहन मिला। यूरोप के वे राष्ट्र जो अभी तक नेपोलियन से भयभीत थे अब संगठित होकर उसका मुकाबला करने को तैयार हो गए और अपनी स्वतन्त्रता के लिये युद्ध की तैयारी करने लगे। इस तरह यूरोप में मुक्ति-संग्राम प्रारम्भ हुआ। इस मुक्ति-आन्दोलन ने नेपोलियन के विशाल साम्राज्य को विनष्ट कर डाला।

प्रशा का पुनरुत्थान—प्रशा के देशभक्त नेपोलियन के व्यवहार से असन्तुष्ट थे। जेना के युद्ध में नेपोलियन ने प्रशा को पराजित करके उसे प्रशा में रखकर वहाँ की जनता को दासों जैसा जीवन व्यतीत करने के लिये विवश कर दिया था। टिलसिट की सन्धि तो प्रशा के अपमान की पराकाष्ठा थी। नेपोलियन ने प्रशा के अधिकांश भाग पर अधिकार कर लिया और उसकी सेना की संख्या भी सीमित कर दी। प्रशा के देशभक्त इस अपमान का अन्त करके अपने देश को नेपोलियन की दासता से मुक्त करना चाहते थे। प्रशा के कायाकल्प करने में बैरन फाट स्टाइन ने महत्वपूर्ण भूमिका निभाई। स्टाइन ने विशेषाधिकारों को खत्म कर सामाजिक समानता की स्थापना की और राजकीय पदों का द्वार योग्यता के आधार पर सभी व्यक्तियों के लिये खोल दिया। उसने व्यापार और उद्योग-धन्धों को राजकीय नियत्रंण से मुक्त कर दिया और सभी व्यक्तियों को अपनी इच्छानुसार व्यवसाय करने का उसने अधिकार दिया। स्टाइन ने केन्द्र में उत्तरदायी मंत्रिमण्डल की स्थापना की। उसने प्रशा में संसदीय शासन-पद्धति लागू करने का विचार किया, परंतु दिसम्बर, 1808 ई. में नेपोलियन के आदेश से उसे पदच्युत कर दिया गया था। इसके पहले ही वह नगरों में निर्वाचित कॉन्सिल की व्यवस्था करके स्थानीय स्वशासन भी स्थापित कर चुका था। इस तरह स्टाइन ने प्रशा के समाज में व्याप्त अनेक बुराइयों को दूर करके एक नवीन समाज की स्थापना की जिसमें विशेषाधिकारयुक्त वर्ग का कोई महत्व नहीं था। उसने देश में स्थानीय शासन की नींव डाली और जनता को हर प्रकार की सुविधाएँ तथा अधिकार प्रदान किये। स्टाइन ने अपने सुधारों द्वारा प्रशा को एक संगठित तथा शक्तिशाली देश बनाने का प्रयत्न किया था।

एक ओर प्रशासन के ढाँचे में मौलिक बदलाव किए तो दूसरी ओर सेना का पुनर्गठन किया गया। प्रशा की सेना पुरानी वर्ग-पद्धति पर संगठित होने के कारण निर्बल और शिथिल थी और दुर्बलता के कारण वह अनेक बार नेपोलियन के हाथों पराजित हो चुकी थी। अतएव वर्ग-पद्धति को खत्म कर सेना का नये ढंग से संगठन किया गया। नवयुवकों के लिये सैनिक शिक्षा तथा सैनिक सेवा अनिवार्य कर दी गई। प्रशा में दो प्रकार की सेनाएँ संगठित की गईं—एक का काम आन्तरिक क्षेत्र में शान्ति एवं सुव्यवस्था स्थापित करना था और दूसरी सेना को बाहरी शत्रुओं से युद्ध करने का दायित्व सौंपा गया था। सैनिकों को युद्ध-प्रशिक्षण देने के लिये जगह-जगह सैनिक प्रशिक्षण केन्द्रों की स्थापना की गई। इस तरह अल्प अवधि में ही विशाल सेना का संगठन किया गया।

इसी समय प्रशा के लेखकों, शिक्षकों, दार्शनिकों, विद्वानों, विचारकों, और कवियों ने राष्ट्र के युवकों में राष्ट्रीयता और देशभक्ति की भावना का संचार किया। हम्बोल्ड्ट के नेतृत्व में शिक्षण-व्यवस्था में सुधार किया गया और 1809 ई. में बर्लिन विश्वविद्यालय की स्थापना हुई। यह विश्वविद्यालय देश के युवा वर्ग में देशभक्ति और राष्ट्रीय चेतना जगाने में बड़ा ही सहायक सिद्ध हुआ। अन्त में फ्रेडरिक तृतीय ने जनता के नाम एक घोषणा की, "हमें स्पेन के लोगों का अनुकरण करना चाहिए और देश को एक निर्मम एवं आस्थाहीन तानाशाह से मुक्त करा लेना चाहिए।"

सचमुच नेपोलियन प्रशा की जनता की नजर में एक भावना-शून्य निर्मम तानाशाह ही था। उसकी कठोर दमन-नीति से प्रशा की जनता अत्यधिक उत्तेजित और असन्तुष्ट थी। नेपोलियन ने महाद्वीपीय योजना को लागू करके प्रशा के व्यापार को पूरी तरह चौपट कर दिया था और वहाँ विदेशी माल का आगमन पूर्णतः बन्द हो गया था। प्रशा में जहाज बन्दरगाहों पर बेकार खड़े थे। देश में दैनिक आवश्यकताओं की वस्तुओं का मूल्य इतना बढ़ गया कि जनसाधारण के लिये उन्हें खरीद कर अपनी आवश्यकताओं को पूरा करना असम्भव हो गया था। इन सभी कठिनाइयों से मुक्त होने हेतु प्रशा के सेनापति जनरल यार्क ने रूस की तरफ दोस्ती का हाथ बढ़ाया।

प्रशा के सम्राट फ्रेडरिक विलियम तृतीय ने 17 मार्च, 1813 ई. को नेपोलियन के विरुद्ध युद्ध की घोषणा कर दी। रूसी कज्जाक सेना की मदद से प्रशा की सेना ने ड्रेस्डन ले लिया परंतु नेपोलियन ने पुनः ड्रेस्डन पर अधिकार कर लिया। उसने शत्रुओं को लुत्सेन और बाँत्सेन के युद्धों में परास्त किया परंतु शत्रुओं की शक्ति भंग नहीं हुई थी। नेपोलियन के विरुद्ध चौथे गुट का निर्माण हो चुका था। नेपोलियन के विरुद्ध राष्ट्रों का युद्ध प्रारम्भ हुआ जिसमें नेपोलियन बुरी तरह पराजित हुआ और उसकी सैनिक शक्ति विनष्ट हो गई। इसके उपरांत नेपोलियन अपनी बची हुई सेना के साथ फ्रांस लौट गया।

इस हार के पश्चात् जर्मनी की राज्य व्यवस्था लगभग समाप्त हो गई तथा राइन का राज्य संघ भी समाप्त हो गया। इस प्रकार नेपोलियन के साम्राज्य का अस्तित्व खतरे में पड़ गया।

लाइपजिंग के उपरांत मित्रराष्ट्रों ने फ्राँस पर हमला करने की योजना बनाई परंतु मित्रराष्ट्रों को अभी तक नेपोलियन की शक्ति का भय लगा हुआ था। अतएव नवम्बर, 1813 ई. में मित्रराष्ट्रों ने नेपोलियन के पास सन्धि का प्रस्ताव भेजा।

प्रस्ताव में नेपोलियन से कहा गया था कि वह फ्रॉंस की प्राकृतिक सीमाओं से सन्तुष्ट होकर उनके बाहर के सम्पूर्ण प्रदेश छोड़ दे। चूँकि अभी तक नेपोलियन को अपनी शक्ति पर विश्वास था और वह विजय का स्वप्न देख रहा था, इसलिए उसने सन्धि प्रस्ताव की शर्तों को स्वीकार करने से इनकार कर दिया। युद्ध अनिवार्य हो गया। मित्रराष्ट्रों की सेनाओं ने चारों तरफ से एक साथ फ्रॉंस पर हमला कर दिया। नेपोलियन ने बड़ी वीरता और साहस के साथ शत्रुओं की सेनाओं का सामना किया। अन्त में मित्रराष्ट्रों ने 1 मार्च, 1814 ई. को शामों की सन्धि की। इस सन्धि के अनुरूप इंग्लैण्ड, रूस, प्रशा और आस्ट्रिया ने बीस वर्षों के लिये सन्धि की और उस समय तक निरन्तर युद्ध करने का फैसला किया जब तक नेपोलियन की शक्ति का पूर्ण पतन नहीं हो जाता। इस सन्धि के उपरांत मित्रराष्ट्रों की शक्ति काफी बढ़ गई।

अब मित्र राष्ट्रों ने प्रबल वेग से फ्रॉंस पर हमला कर दिया। सेना के अभाव में नेपोलियन की स्थान-स्थान पर पराजय होने लगी। शत्रुओं की सेनाएँ बड़ी तेजी से पेरिस की ओर बढ़ने लगीं। 31 मार्च, 1814 ई. को मित्रराष्ट्रों की सेनाओं ने पेरिस में प्रवेश किया। सीनेट ने एक प्रस्ताव पास करके नेपोलियन को गद्दी से हटा दिया। तेलीरां की अध्यक्षता में एक अस्थायी सरकार की स्थापना की गई। स्वयं नेपोलियन ने फांतेब्लो की सन्धि के अनुरूप फ्रॉंस पर अपने एवं अपने परिवार की तरफ से सभी अधिकार छोड़ दिए। नेपोलियन को एल्बा द्वीप का राजा बना दिया गया और उसके लिये बीस लाख फ्रांक की पेन्शन की व्यवस्था की गई।

नेपोलियन के एल्बा द्वीप चले जाने के उपरांत फ्रॉंस में पुनः बूर्बों वंश का शासन स्थापित हुआ। लुई अठारहवाँ को फ्रॉंस का राजा बनाया गया। फ्रॉंस की सीमाएँ वही रहीं जो 1792 ई में थी। सेंट लुशिया, टोबेगो और मॉरीशस पर इंग्लैण्ड का अधिकार हो गया। फ्रॉंस से युद्ध का हर्जाना नहीं लिया गया। यह सब पेरिस की सन्धि के अन्तर्गत किया गया था।

वियना कांग्रेस—नेपोलियन के पतन के उपरांत मित्रराष्ट्रों ने नेपोलियन द्वारा यूरोप के मानचित्र में किए गए परिवर्तनों और उसके विशाल साम्राज्य के विभाजन से सम्बन्धित समस्याओं को सुलझाने के उद्देश्य से आस्ट्रिया की राजधानी वियना में एक सम्मेलन का आयोजन किया। इस सम्मेलन में टर्की को छोड़कर सभी देशों के प्रतिनिधियों ने भाग लिया। यूरोपीय देशों के प्रतिनिधियों के अलावा रूस और प्रशा के सम्राट भी इस सम्मेलन में सम्मिलित हुए थे। फ्रॉंस की तरफ से

तेलीरां और इंग्लैण्ड की तरफ से कैसलरे तथा वेलिंगटन का ड्यूक ने भाग लिया था। सम्मेलन की अध्यक्षता आस्ट्रिया के प्रधानमंत्री मेटरनिख ने की।

सम्मेलन का अधिवेशन 1 नवम्बर, 1814 ई. को प्रारम्भ हुआ। परंतु सम्मेलन में भाग लेने वाले मित्र राष्ट्रों के प्रतिनिधियों में भारी मतभेद पैदा हो गया।

नेपोलियन पुनः फ्राँस में—जिस समय मित्र राष्ट्र नेपोलियन के साम्राज्य का बँटवारा करने के लिये आपस में संघर्ष कर रहे थे, उस समय नेपोलियन एल्बा में था। नेपोलियन को फ्राँस और वियना में होनेवाली घटनाओं की सूचना मिल रही थी। एल्बा में रहकर वह बहुत असन्तुष्ट था। जैसे ही उसे पता चला कि फ्राँस की जनता लुई अठारहवें के शासन से असन्तुष्ट है, उसने एक बार पुनः अपने भाग्य की परीक्षा करने का निर्णय लिया। फ्राँस की जनता का उस पर काफी विश्वास था जिसका फायदा उठाकर वह एल्वा से निकल गया 20 मार्च को पेरिस चला गया जिसकी जानकारी प्राप्त करते ही लुई अठारहवाँ फ्राँस की गद्दी छोड़ कर भाग गया।

वाटरलू का युद्ध और नेपोलियन का पतन

जैसे ही मित्रराष्ट्रों को वियना में नेपोलियन के फ्राँस लौटने और लुई अठारहवाँ के पलायन की सूचना मिली, वे आपसी मतभेदों को भुलाकर नेपोलियन पर आक्रमण करने की योजना बनाने लगे। यद्यपि नेपोलियन ने फ्राँस लौटने के उपरांत अपने को शान्ति और स्वतन्त्रता के मार्ग का पथिक घोषित किया था, फिर भी मित्रराष्ट्रों को उन पर भरोसा नही था अतः मित्रराष्ट्रों ने शामों की सन्धि को दुहराकर पुनः संयुक्त रूप से अपनी सेनाएँ फ्रांस की ओर भेजीं। 18 जून, 1815 ई. को दोनों की सेनाओं के मध्य में वाटरलू के मैदान में भीषण युद्ध हुआ। नेपोलियन ने बड़ी वीरता से युद्ध किया परंतु वह पराजित हुआ। फ्राँस की सेना भाग निकली। पेरिस पहुँच कर नेपोलियन ने अपने पुत्र के पक्ष में फ्राँस की राजगद्दी छोड़ने की घोषणा की और स्वयं फ्राँस से भागने का निर्णय लिया। परंतु अपने शत्रुओं की सतर्कता के कारण वह अपने उद्देश्य में सफल न हो सका। अन्त में बड़ी असहाय और निराशाजनक स्थिति में उसने 15 जुलाई, 1815 ई. को एक ब्रिटिश कप्तान के समक्ष आत्मसमर्पण कर दिया। नेपोलियन को सेंट हेलेना टापू में भेज दिया गया। और वहीं पर उसकी जीवन लीला भी खत्म हो गयी लेकिन उसे सफलता नहीं मिली। नेपोलियन की सेना युद्ध क्षेत्र से भाग खड़ी हुई और वह अपनी जान किसी तरह बचाकर पेरिस पहुँचा।

3

यूरोपीय व्यवस्था

नेपोलियन के पतन होने के साथ ही मित्र राष्ट्रों की सहायता से वियना कांग्रेस की स्थापना की। वियना कांग्रेस की व्यवस्था को बनाए रखने और यूरोप को युद्ध की विभीषका से बचाने के लिए शाँति व्यवस्था की स्थापना सभी देशों का मूल उद्देश्य हो गया। इसके लिए विभिन्न नीतियों, सिद्धांतों व संधियों का प्रतिपादन किया गया जिसे संपूर्णता की दृष्टि से 'यूरोपीय व्यवस्था' की संज्ञा दी गई। इसके तहत जार अलेक्जेंडर प्रथम का पवित्र संघ की अवधारणा, चतुर्मुख संघ(रूस, प्रशा, आस्ट्रिया व इंग्लैण्ड़) जिसमें की बैठक ए-ला-शापेल, ट्रॉँपो कांग्रेस लाइवेक कांग्रेस, वेरोना कांग्रेस के नाते से हुई।

पवित्र संघ की अवधारणा

इस यूरोपीय व्यवस्था ने प्रत्यक्ष और अप्रत्यक्ष रूप से यूरोप में मेटरनिख की ओर प्रतिक्रियावादियों की प्रधानता स्थापित कर दी। इस व्यवस्था ने यूरोप के राष्ट्रीय तथा संवैधानिक आंदोलन का दमन किया गया। शक्ति संतुलन के सिंद्धात को अपनाते हुए यूरोपीय व्यवस्था को बड़ी शक्तियों के बीच आपसी मतभेदों को दूर करने और शाँति स्थापित करने और युद्ध से मुक्ति प्राप्त होने में काफी हद तक सफलता प्राप्त हुई। साथ ही साथ यूरोप की राजनीतिक गतिविधियों और समस्याओं का सामान्यीकरण हो गया जो कि अंतर्राष्ट्रीय सहयोग और प्रत्येक देश की सार्वभौमिकता के लिए खतरनाक साबित हुआ। 815 ई. में मित्रराष्ट्रों ने

वियना में एक ऐसी व्यवस्था की थी और कुछ ऐसे निर्णय लिये थे जिनके कारण कुछ वर्षों तक यूरोप में शान्ति बनी रही। वियना ने कांग्रेस के समक्ष इस तात्पर्य का एक प्रस्ताव रखा कि यूरोपीय शासकों का एक पवित्र संघ स्थापित किया जाये और उन्हें ईसाई धर्म के सिद्धान्तों के अनुरूप अपने राज्य को व्यवस्थित करने के लिये प्रोत्साहित किया जाये। यद्यपि जार अलेक्जेन्डर के प्रभाव में आकर यूरोप के सभी राष्ट्रों के प्रतिनिधियों ने हस्ताक्षर कर दिये थे लेकिन किसी ने पवित्र सन्धि पर ध्यान नहीं दिया। टर्की, इंग्लैण्ड और पोप के प्रतिनिधियों ने इस सन्धि पत्र पर हस्ताक्षर नहीं किए।

पवित्र संघ की असफलता—अनेक कारणों से पवित्र संघ विफल रहा मेटरनिख ने इसे निरीह वस्तु बताया। जार के अतिरिक्त यूरोप के कोई अन्य शासक ने इसमें विशेष रुचि नहीं ली और इसके सिद्धान्तों का पालन ठीक से नहीं हुआ। जनसाधारण इसे अपने अधिकारों एवं क्रान्तिकारी विचारों को कुचलने का एक साधन मानते थे। पवित्र संघ की असफलता पर टिप्पणी करते हुए इतिहासकार हेज ने लिखा है, "पवित्र संघ कूटनीतिक और सामाजिक कष्टों का निवारण करने में इस कारण विफल रहा कि उसके समर्थकों में ईमानदारी की भावना का अभाव नहीं था, न ही उसके उद्देश्यों में किसी प्रकार का पाप छिपा था अपितु इसलिए विफल रहा कि इसके नियम अस्पष्ट थे। साथ ही इस पर हस्ताक्षर करने वाले शासकों को इसे सक्रिय सहयोग प्राप्त नहीं था।"

पवित्र सन्धि को विशुद्ध सन्धि नहीं कहा जा सकता। यह तो अलेक्जेन्डर प्रथम के स्वप्निल आदर्शवाद से उपजी हुई एक धार्मिक इच्छा मात्र थी जिसे यूरोप के कुछ शासकों ने इच्छा से और कुछ ने अनिच्छा से मान लिया था। कैसलरे के विचार में, "पवित्र सन्धि उत्कृष्ट रहस्यवाद और मूर्खता का एक भाग" था। पवित्र संघ से न तो कोई कूटनीतिक लाभ था और न राजनीतिक लाभ ही। यह भी सन्देह व्यक्त किया गया कि पवित्र संघ द्वारा अलेक्जेंडर यूरोप का सर्वाधिकारवादी सम्राट बनने का स्वप्न देख रहा था। इतिहासकार केटलबी का मत है कि "पवित्र सन्धि अलेक्जेंडर की कल्पना द्वारा जगत अल्पजीवी मन गढंत कहानी मात्र थी, यह एक नैतिक संकेत, एक पवित्र आकांक्षा थी। इसका अर्थ कुछ नहीं था। अगर इसमें कुछ कूटनीतिक कार्यक्रम होता तो इसके परिणाम बड़े विवादास्पद हो सकते थे।" कैसलरे ने भी कहा था कि यदि पवित्र सन्धि का अर्थ निकालने का प्रयास किया जाये तो हस्ताक्षरकर्त्ता भारी आपत्ति में फँस जायेंगे।

चतुर्मुख संघ – चतुर्मुख संघ का मुख्य उद्देश्य यूरोप में शान्ति कायम

करना था। आरम्भ में शान्ति का खतरा अन्तर्राष्ट्रीय प्रतिद्वन्द्विता और कुछ विशिष्ट राष्ट्रों की महत्वाकांक्षाओं से माना जाता था। इंग्लैण्ड फ्राँस की तरफ से संशक था और आस्ट्रिया रूस की ओर से। वियना-व्यवस्था को सुरक्षित और स्थायी बनाने के लिये यूरोप में शान्ति स्थापित करने के लिये एक अन्तर्राष्ट्रीय संगठन की स्थापना पर अधिक बल दिया गया। नवम्बर, 1815 ई. में इंग्लैण्ड, आस्ट्रिया, रूस और प्रशा ने मिलकर चतुर्मुख संघ का संगठन किया। इस संघ का संगठन यूरोप की समस्याओं को शान्तिपूर्ण ढंग से सुलझाने के लिये किया गया था।

उद्देश्य—यूरोप में शान्ति बनाये रखने के लिये संघ के द्वारा एक ठोस कदम उठाया गया था। यह तय किया गया कि फ्राँस के साथ की गयी सन्धियों की शर्तों को कायम रखा जाय। इसका दूसरा उद्देश्य यह था कि नेपोलियन के परिवार के किसी सदस्य को फ्राँस का शासक नहीं बनने दिया जाये। वियना-व्यवस्था की रक्षा करना इसका तीसरा उद्देश्य था। इसका चौथा उद्देश्य क्रान्ति को दबाना था। स्वेच्छाचारी शासन को कायम रखना इसका पाँचवाँ उद्देश्य था।

1815 ई. से 1830 ई. के काल को यूरोप के इतिहास में 'सम्मेलनों का काल' कहा जाता है। इसका कारण यह है कि चतुर्मुख संघ के उद्देश्य तय हो जाने के उपरांत इसके सदस्यों ने यूरोप में शान्ति बनाये रखने के लिये कई बैठकें कीं। इस चतर्मुख संघ का कनसर्ट ऑफ यूरोप के नाम से जाना जाता है। मेटरनिख क्रांति को संक्रामक रोग की संज्ञा देता था। शांति की स्थापना करने के लिए इसे रोकने का प्रयास किया गया। इस प्रकार 'हस्तक्षेप की नीति' की शुरुआत की गई। इस संघ के सदस्यों ने सफलतापूर्वक अनेक देशों के आन्तरिक मामलों में हस्तक्षेप किया।

ए-ला-शीर्षक की कांग्रेस—जर्मनी और यूरोप के विभिन्न देशों में उदारवादी चेष्टाओं की वृद्धि देखकर मेटरनिख चिन्तित हो रहा था। उसने 1818 ई. में ए-ला-शेपल नामक स्थान पर चतुर्मुख संघ की पहली कांग्रेस बुलायी। इसके सामने कई समस्याएँ थीं। सबसे महत्वपूर्ण प्रश्न यह था कि फ्रांस के साथ किस प्रकार का व्यवहार किया जाये ? फ्राँस युद्ध का हर्जाना दे चुका था और उसकी आन्तरिक गतिविधि सन्तोषजनक थी। कांग्रेस ने यह निर्णय लिया कि फ्राँस के साथ मित्रतापूर्ण सम्बन्ध स्थापित किया जाये। यह भी निश्चय हुआ कि फ्राँस से मित्रराष्ट्रों की सेना हटा ली जाये और उसे यूरोपीय व्यवस्था का पाँचवाँ सदस्य मनोनीत किया जाये। फ्राँस के शामिल हो जाने से चतुर्मुख संघ अब पंचमुख संघ हो गया।

यद्यपि इस कांग्रेस में सहयोग की भावना का पूर्ण प्रदर्शन हुआ था, फिर भी उसमें विभिन्न राज्यों के विरोधी हितों तथा उनकी पारस्परिक ईर्ष्या के चिह्न स्पष्ट होने लगे थे। रूस के जार अलेक्जेंडर ने क्रान्ति के विरुद्ध सभी राजाओं के सहयोग का प्रस्ताव रखा था और दक्षिणी अमेरिका में स्थित स्पेनिश उपनिवेशों को दबाने के लिये स्पेन के राजा को सैनिक मदद देने का माँग की थी। इस माँग पर कांग्रेस के सदस्यों में मतभेद पैदा हो गया। इंग्लैण्ड ने डटकर प्रस्ताव का विरोध किया क्योंकि उसका विचार था कि स्पेन के उपनिवेशों को दबाने से उसका व्यापार चौपट हो जायेगा। इसलिए इंग्लैण्ड विद्रोही स्पेनिश उपनिवेशों को वापस देने का विरोधी था। इंग्लैण्ड अपने व्यापारिक हितों की सुरक्षा का आश्वासन चाहता था लेकिन कांग्रेस के सदस्य इसके लिये तैयार नहीं थे। इसके अतिरिक्त, भूमध्यसागर के समुद्री लुटेरों के प्रश्न पर भी सदस्यों में मतभेद था। इंग्लैण्ड इस काम के लिये रूसी जहाज को भूमध्यसागर में प्रवेश नहीं देना चाहता था। फलतः कांग्रेस के सदस्यों ने इंग्लैण्ड को दास-व्यापार के दमन के लिये जहाजों की तलाशी लेने का आदेश नहीं दिया। इसका कारण यह था कि इंग्लैण्ड के पास एक शक्तिशाली जहाजी बेड़ा था। अन्य राष्ट्रों को यह आशंका थी कि तलाशी का अधिकार पा लेने पर इंग्लैण्ड इसका दुरुपयोग करेगा।

ए-ला-शेपल –इस कांग्रेस की सबसे बड़ी विशेषता यह है कि इसमें दो परस्पर विरोधी सिद्धान्तों–उदारवादी सिद्धान्त और प्रतिक्रियावादी सिद्धान्तों में संघर्ष आरंभ हुआ। मेटरनिख को प्रतिक्रियावादियों का समर्थन प्राप्त था। इसलिए प्रतिक्रियावादी सिद्धान्त की विजय हुई। इग्लैण्ड का प्रतिनिधि कैसलरे यथार्थवादी था और यूरोप में क्रान्ति का दमन अपने देश के हित के विरुद्ध समझता था। इस तरह पारस्परिक हितों के संघर्ष के कारण यूरोपीय संघ में विनाश का बीज बो दिया गया। फिर भी कई प्रश्नों पर मतभेद के बावजूद कांग्रेस ने सफलतापूर्वक कई देशों के आन्तरिक मामलों में हस्तक्षेप किया और कई प्रश्नों पर वे एकमत थे। कांग्रेस की सफलता मेटरनिख की सफलता थी। अपनी सफलता से प्रोत्साहित होकर 1919 ई. में उसने कार्ल्सवाद आज्ञप्तियाँ निकालीं और जर्मन-संघ के उपद्रव को दबाने में सफल रहा।

ट्रॉँपो कांग्रेस (1820 ई.)–ए-ला-शेपल की कांग्रेस के उपरांत दक्षिण यूरोप में कई जगह प्रतिक्रियावाद का विरोध होने लगा। 1820 ई. में स्पेन, पुर्तगाल और इटली में बगावत हुई। इन विद्रोहों के कारण यूरोप के प्रतिक्रियावादी चिन्तित हो उठे। 1820 ई. में स्पेन में सैनिक क्रान्ति हुई। वहाँ के राजा को बाध्य होकर एक

संविधान लागू करना पड़ा। स्पेन की क्रान्ति की खबर पाते ही रूस का जार इसे दबाने के लिये व्यग्र हो उठा। वह सेना तथा प्रजातंत्र से काफी भयभीत थी अतः उसने यूरोपीय शक्तियों की सभा बुलाई तथा बगावत को रोकने के लिए हरसंभव प्रयास किया।

किन्तु जब नेपल्स में बगावत हुई तो मेटरनिख चिन्तित हो उठे। उसे इटली में आस्ट्रिया के प्रभुत्व के लिये खतरा नजर आया। उसने यूरोपीय शक्तियों को दूसरी कांग्रेस ट्रॉपों में आमन्त्रित किया। इस कांग्रेस के सामने क्रान्तिकारी आन्दोलनों और बढ़ते हुए उदारवाद के दमन का प्रश्न था। ट्रॉपो कांग्रेस के सामने मेटरनिख ने कुछ ऐसे सामान्य सिद्धान्त रखे जिन्हें न तो इंग्लैण्ड ने स्वीकार किया और न फ्राँस ने स्वीकार किया। मेटरनिख द्वारा प्रतिपादित सिद्धान्तों में पहला सिद्धान्त यह था कि वही संविधान सन्तोषजनक माना जायेगा जो उस देश के राजा ने स्वीकार किया हो। दूसरा सिद्धान्त यह था कि अगर किसी देश की सरकार किसी बगावत के कारण बदल जाती है, तो दूसरे देश के लिये खतरनाक सिद्ध होता है, तो राज्य नयी सरकार को मान्यता नहीं दी जायेगी और आवश्यकतानुसार सैनिक शक्ति से उसका दमन किया जायेगा। तीसरा सिद्धान्त यह था कि चूँकि यूरोप, क्रान्ति-विरोधी आदर्शों पर आधारित था, इसलिए संघ के सदस्यों का क्रान्ति के दमन में हस्तक्षेप करने का अधिकार ही नहीं अपितु यह उनका पुनीत कर्त्तव्य था। मेटरनिख द्वारा प्रतिपादित सिद्धान्तों का अर्थ यह था कि किसी भी राज्य की जनता को स्वाधीनता का अधिकार नहीं था और न उसे यह अधिकार प्राप्त था कि वह निरंकुश राजतंत्र को छोड़कर अन्य किसी प्रकार की सरकार की स्थापना कर सके।

रूस, प्रशा और आस्ट्रिया ने इन सिद्धान्तों को स्वीकार कर लिया परंतु इंग्लैण्ड ने इसका घोर विरोध किया। इंग्लैण्ड के विरोध का आधार यह था कि इन सिद्धान्तों के कारण प्रभुत्व-सम्पन्न राष्ट्रों के आन्तरिक मामलों में हस्तक्षेप होता। इंग्लैण्ड इसके लिये तैयार नहीं था। वह इटली में आस्ट्रिया के हस्तक्षेप का विरोधी नहीं था क्योंकि वह इटली में हस्तक्षेप को आस्ट्रिया की राजनीति का अंग मानने को तैयार था। लेकिन वह यह नहीं चाहता था कि यह सिद्धान्त स्पेन से लेकर पोलैण्ड तक अथवा बाल्कन से लेकर आयरलैण्ड तक लागू हो। ब्रिटिश प्रतिनिधि कैसलरे ने इसे "एक अवास्तविक सिद्धान्त" बतलाया और इसे "राज्यों के आन्तरिक मामलों में हस्तक्षेप करने का प्रयत्न" कहा। उसने स्पष्ट कहा कि इंग्लैण्ड किसी भी देश के आन्तरिक मामलों में हस्तक्षेप करने की

नीति का समर्थन नहीं करेगा। प्रत्येक देश की जनता को अपने शासन में बदलाव करने का अधिकार है। इंग्लैण्ड के प्रतिवाद का एक महत्त्वपूर्ण परिणाम यह हुआ कि यद्यपि यूरोपीय संयुक्त व्यवस्था टूटी नहीं लेकिन इसके टूटने के लक्षण स्पष्ट होने लगे।

लाइवेक कांग्रेस—1821 ई. में लाइबेक में कांग्रेस का अधिवेशन हुआ। आस्ट्रिया को नेपल्स के बगावत को दबाने के लिये कहा गया। साथ ही फर्डिनेण्ड को पुनः नेपल्स के राजसिंहासन पर बिठाने का कार्य मेटरनिख को सौंपा गया। आस्ट्रिया ने सैन्य कार्यवाही द्वारा बड़ी कठोरता से बगावत को दबाया और फर्डिनेण्ड को राजसिंहासन पर बैठाया। बड़ी संख्या में लोगों को बन्दीगृह में बन्द कर दिया गया अथवा देश से निकाल दिया गया। बहुत-से लोगों को फाँसी दी गयी।

इसी समय इटली के दूसरे प्रदेश पीडमौंट में बगावत हुई। वहाँ के विद्रोहियों ने अपने देश में 1812 ई. के स्पेनिश संविधान को लागू करने की माँग की। पीडमौंट के राजा ने आस्ट्रिया से मदद की माँग की। प्रतिक्रियावादी नीति सफल हुई और समस्त इटली, आस्ट्रिया के प्रभाव में आ गया। परन्तु इसके साथ ही संघ में दुर्बलता आ गयी।

वेरोना-कांग्रेस (1822ई.)— बेरोना में तीसरी कांग्रेस हुई, जहाँ संघ के विभिन्न सदस्यों के सहयोग की कृत्रिमता और निराधारता स्पष्ट हो गयी। इसी बीच यूनान के निवासियों ने टर्की के विरुद्ध बगावत कर दी थी। यूनान के निवासी रूसी जनता के सहधर्मी थे। इसलिए रूस का जार बाल्कन प्रायद्वीप के प्रश्न पर रूस की राजनीति का एक अंग मानता था। इसलिए वह टर्की के मामले में स्वतन्त्र रूप से हस्तक्षेप करना चाहता था। लेकिन आस्ट्रिया और इंग्लैण्ड इसके लिये तैयार नहीं थे। रूस अपनी शक्ति बढ़ाना चाहता था तथा मैटरनिख के अनुसार यूनान ने टर्की की वैध राजसत्ता के खिलाफ विद्रोह की शुरुआत की थी जिसके परिणामस्वरूप उसकी सहायता के लिए वे तैयार नहीं थी। रूस के जार ने मेटरनिख की बात मान ली और उसे यूनान के विद्रोहियों को मदद देने से इनकार कर दिया। बेरोना-कांग्रेस में यूनान के प्रश्न पर विचार नहीं हुआ।

जब बेरोना की कांग्रेस में यूनान के प्रश्न पर विचार स्थगित हो गया तो स्पेन के बगावत पर ही प्रधानतः वाद-विवाद हुआ। स्पेन के राजा सप्तम फर्डीनेंड के विरुद्ध वहाँ की जनता ने बगावत कर दी थी। प्रजा की बगावत का दमन करने के लिये फर्डीनेंड ने फ्राँस के राजा लुई अठारहवें से मदद की याचना की। लुई

राजतंत्र का प्रबल समर्थक था। वह स्पेन के मामले में उसी तरह हस्तक्षेप करना चाहता था जिस तरह मेटरनिख ने इटली में किया था। इंग्लैण्ड सदैव से स्पेन में किसी प्रकार के हस्तक्षेप का विरोधी था। इसके कई कारण थे। इंग्लैण्ड को भय था कि इससे स्पेन में फ्राँस का प्रभाव बढ़ जायेगा। दूसरे, फ्राँस के प्रभाव बढ़ने से यूरोपीय शक्ति-सन्तुलन में गड़बड़ी पैदा होगी। तीसरे, अगर फर्डीनेंड स्पेन में अपनी निरंकुश सत्ता स्थापित करने में सफल हो जाता तो वह स्पेन के अमरीकी उपनिवेशों पर अपना अधिकार फिर से स्थापित करने का प्रयत्न करता। परिणामस्वरूप, स्पेनिश उपनिवेशों के साथ इंग्लैण्ड का व्यापारिक सम्बन्ध खत्म हो जाता। अतः स्पेन के अमरीकी उपनिवेशों के प्रति इंग्लैण्ड ने हस्तक्षेप नहीं करने की नीति का समर्थन किया।

बेरोना-सम्मेलन में फ्राँस ने स्पेन को मदद देने की इच्छा व्यक्त की। रूस, आस्ट्रिया और प्रशा ने फ्राँस का समर्थन किया। परंतु इंग्लैण्ड ने इसका प्रबल विरोध किया। जब अन्य देशों ने फ्राँस को स्पेन में बगावत का दमन करने का आदेश दे दिया तो इंग्लैण्ड ने कांग्रेस ही छोड़ दी।

अप्रैल, 1823 ई. में फ्रांस की सेना स्पेन में घुसी और छः महीने के अन्दर ही वहाँ राजतंत्रीय व्यवस्था को पुनः स्थापित की। अब फर्डीनेंड स्पेन के अमरीकी उपनिवेशों पर भी नियन्त्रण स्थापित करना चाहता था। इंग्लैण्ड ने इस नीति का विरोध किया। इंग्लैण्ड की नीति का समर्थक अमेरिका था। ये दोनों नहीं चाहते थे कि अमेरिका की बस्तियों में स्पेन अथवा फ्राँस की तानाशाही कायम हो। दिसम्बर, 1823 ई. में अमेरिका के राष्ट्रपति मुनरो ने यूरोपीय शक्तियों को सतर्क कर दिया कि वे अमरीकी दुनिया में हस्तक्षेप नहीं करें। यह घोषणा मुनरो सिद्धान्त कहलाता है। इसी समय स्पेन के अमरीकी उपनिवेशों को स्वतन्त्र कर दिया गया। उनकी स्वतन्त्रता को इंग्लैण्ड एवं अमेरिका ने स्वीकार कर लिया।

अन्तर्राष्ट्रीय सहयोग के लिये एक और प्रयास 1825 ई. में किया गया। अब रूस का जार सेंट पीटर्सबर्ग में पूर्वी समस्या पर विचार के लिये दो सम्मेलन आमन्त्रित किये। लेकिन सम्मेलनों की कोई परिणाम नहीं निकला। इंग्लैण्ड ने अपना प्रतिनिधि नहीं भेजा था। जब रूस के जार ने देखा कि आस्ट्रिया और प्रशा यूनान के प्रश्न पर रूस का साथ नहीं दे रहे हैं तो उसने इन दोनों देशों से अपना सम्बन्ध-विच्छेद कर लिया और अकेले यूनान के निवासियों को मदद देने का निश्चय किया। इस मतभेद एवं वैमनस्य के कारण सम्मेलन भंग हो गया और कांग्रेस-व्यवस्था विनष्ट हो गई।

उपर्युक्त वर्णित तथ्यों का अध्ययन करने के उपरांत यह स्पष्ट रूप से कहा जा सकता है कि इस व्यवस्था का प्रमुख उद्देश्य यूरोप में मेटरनिख की और प्रतिक्रियावादियों की प्रधानता को स्थापित करना था। इस व्यवस्था द्वारा यूरोप के राष्ट्रीय तथा संवैधानिक आन्दोलन का दमन किया गया। जिस सीमा तक कांग्रेस-व्यवस्था का उद्देश्य था कि यूरोप की बड़ी शक्तियाँ आपसी मतभेदों को दूर कर यूरोप में शान्ति और सन्तुलन कामय रखें, व्यवस्था को आंशिक सफलता मिली। परंतु कांग्रेस-व्यवस्था का एक बुरा परिणाम यह हुआ कि राजनीतिक समस्याओं का सामान्यीकरण हो गया। अब एक देश की घटना सभी देशों से सम्बद्ध घटना बन जाती थी। समस्या के इस सामान्यीकरण के परिणामस्वरूप अन्तरराष्ट्रीय क्षेत्र में हस्तक्षेप की अनुचित तथा हानिकारक सिद्धान्त का प्रतिपादन किया गया, जिसके परिणामस्वरूप मतभेद विवाद तथा संघर्ष की शरुआत हो गई।

यूरोपीय व्यवस्था की असफलता के कारण

यूरोपीय व्यवस्था की असफलता के कई कारण जिम्मेदार थे जिनमें से कुछ प्रमुख कारणों को निम्न बिंदुओं के तहत स्पष्ट किया गया है–

1. सीमित उद्देश्य–यूरोप की संयुक्त व्यवस्था का प्रयोग अन्तर्राष्ट्रीय शान्ति की स्थापना की दिशा में एक सही कदम था। लेकिन यह व्यवस्था नेपोलियन के युद्धों से पैदा स्थिति का मुकाबला करने के उद्देश्य से कायम की गई थी। इस व्यवस्था का निर्माण नेपोलियन के दीर्घकालीन युद्धों के उपरांत यूरोप में शान्ति बनाये रखने के लिये किया गया था। यह असाधारण ऐतिहासिक और मनोवैज्ञानिक अवस्था में उठी हुई एक अल्पकालीन मानसिक तरंग थी। जब फ्राँस की क्रान्ति से पैदा खतरा खत्म हो गया तो इसके साथ कांग्रेस-व्यवस्था की आवश्यकता नहीं रह गई। इतिहासकार सी. डी. केटलबी के अनुसार यह प्रयोग अन्तर्राष्ट्रीय शान्ति की दिशा में एक सही पग था, परंतु नेपोलियन के युद्धों के कारण ही इस विचार ने मूर्त्त स्वरूप धारण किया था। अतः असाधारण ऐतिहासिक और मनोवैज्ञानिक अवस्था में उठी हुई यह एक अल्पकालीन मन-तरंग थी। सारा यूरोप ही नेपोलियन को अपना शत्रु समझता था। इसलिए यूरोपीय संयुक्त व्यवस्था सभी की शामिल इच्छाओं का फल थी, परंतु यूरोप में एकमतता थोड़े समय ही रही इसलिए, संयुक्त व्यवस्था भी धीरे-धीरे धूमिल पड़ गई।"

2. सदस्य-राष्ट्रों के दृष्टिकोण में भिन्नता–यूरोपीय व्यवस्था में पाँच बड़े राष्ट्र (इंग्लैण्ड, फ्रांस, रूस, आस्ट्रिया, प्रशा) शामिल थे और इसमें छोटे राज्यों का

कोई स्थान नहीं था। पाँचों सदस्यों के अलग-अलग स्वार्थ थे। इंग्लैण्ड का स्वार्थ अमेरिका में था, रूस का टर्की में, आस्ट्रिया का इटली में, फ्राँस का स्पेन में। फ्राँस और इंग्लैण्ड का तेजी से औद्योगिक विकास हो रहा था। अन्य तीनों राष्ट्रों का आर्थिक आधार अभी भी कृषि ही था। इस तरह दोनों गुटों के दृष्टिकोण में महान अन्तर था। दृष्टिकोण की इस भिन्नता ने भी व्यवस्था को दुर्बल बना दिया था। इस व्यवस्था के तीन सदस्य—आस्ट्रिया, रूस और प्रशा—'यथास्थिति' में विश्वास रखते थे और परम्परागत कूटनीतिक ढाँचे का कायम रखना चाहते थे। इसलिए यूरोप की आम जनता की आस्था उनके प्रति नहीं थी।

3. छोटे राज्यों की उपेक्षा—यूरोपीय व्यवस्था की सबसे बड़ी कमजोरी यह थी कि इसमें छोटे राज्यों को कोई स्थान नहीं था। छोटे राज्य सिर्फ दर्शक की भाँति व्यवस्था की कार्यवाही में भाग ले सकते थे। वे इस व्यवस्था से इसलिए भी क्षुब्ध और असन्तुष्ट थे क्योंकि वहाँ उनका कोई प्रतिनिधित्व नहीं था। उनकी स्वतन्त्रता और सत्ता को अस्वीकार कर दिया जाता था। इस कारण भी इस व्यवस्था में उनकी आस्था नहीं थी।

छोटे राज्य यूरोपीय व्यवस्था के विरोधी हो गये थे क्योंकि उसमें उनका प्रभाव तथा महत्व नगण्य हो गया था। स्वीडन के शासक ने एक्स-ला-शेपल के सम्मेलन में बड़े राष्ट्रों की तानाशाही का विरोध किया था। इस तरह वेरोना सम्मेलन के उपरांत बिटनबर्ग के शासक ने बड़ी शक्तियों की नीति का विरोध करते हुए अन्तर्राष्ट्रीय सम्मेलन में सभी प्रभुता-सम्पन्न राज्यों को प्रतिनिधित्व दिये जाने की मांग की थी। इसका कारण यह था कि बड़े राज्य छोटे राज्यों के आन्तरिक मामलों में हस्तक्षेप करते थे और उनसे सम्बन्धित समस्याओं के सम्बन्ध में निर्णय लेते थे। छोटे राज्यों के आन्तरिक मामलों में बड़े राज्यों का हस्तक्षेप असहनीय होता जा रहा था लेकिन भय और दुर्बलता के कारण छोटे राज्य कोई भी कदम उठा सकते थे तथा कुछ समय के पश्चात् वही छोटे-छोटे राज्य यूरोपीय व्यवस्था के विरोधी हो गये।

4. आन्तरिक हस्तक्षेप की नीति और इंग्लैण्ड का असहयोग—इंग्लैण्ड का असहयोग यूरोपीय व्यवस्था के पतन का एक अन्य महत्त्वपूर्ण कारण था। इंग्लैण्ड दूसरे देशों के आन्तरिक मामलों में हस्तक्षेप नहीं करना चाहता था। वह मेटरनिख की तानाशाही और यूरोप के राजाओं की निरंकुशता का विरोधी था। वास्तव में यूरोप की संयुक्त व्यवस्था का आधार लोकतंत्रात्मक नहीं था। यह सम्राटों का गठबन्धन था और इसके तीन सदस्य निरंकुश सम्राट थे। अगर इस

व्यवस्था द्वारा हस्तक्षेप का सिद्धान्त मान लिया जाता तो समस्त यूरोप में निरंकुशता का जाल फैल जाता। इंग्लैण्ड सीमित राजतंत्र तथा संसदीय व्यवस्था का समर्थक था। उसने कभी भी 'एक यूरोपीय नीति' के आदर्श को स्वीकार नहीं किया। ट्रॉपों के सम्मेलन में ही इंग्लैण्ड ने मेटरनिख की दूसरे राज्यों के आन्तरिक मामलों में हस्तक्षेप करने की नीति का विरोध किया था।

5. समसामायिक ऐतिहासिक प्रवृत्ति की उपेक्षा—यूरोपीय व्यवस्था के सदस्य समसामायिक ऐतिहासिक प्रवृत्ति के विरुद्ध कार्य कर रहे थे। वे समय के प्रवाह के विरुद्ध जाकर अपनी प्रतिक्रियावादी नीति को व्यावहारिक रूप देना चाहते थे। वे यूरोप में 'यथास्थिति' कायम रखकर क्रान्तिकारी घटनाओं की पुनरावृत्ति को रोकना चाहते थे। अतएव विजेताओं ने जनता के अधिकारों की ओर ध्यान ही नहीं दिया। लोकतंत्रवाद और राष्ट्रीयता की भावनाओं की उन्होंने घोर उपेक्षा की जबकि समय लोकतंत्रवाद तथा राष्ट्रीयता के पक्ष में था। वे क्रान्ति की व्यावहारिक उपलब्धियों को नकारने का प्रयास कर रहे थे जबकि क्रान्तिकारी भावनाएँ नेपोलियन की विजयों के साथ ही समस्त यूरोप में फैल चुकी थीं। राष्ट्रवादी चेतना के विस्तार से लोगों को मुक्ति-संग्राम की प्रेरणा मिल चुकी थी।

यूरोपीय संयुक्त व्यवस्था के सदस्य शान्ति कायम करने के बहाने राष्ट्रवाद और लोकतंत्रवाद की उभरती हुई प्रवृत्तियों को कुचल देना चाहते थे। यह प्रयत्न समय की धारा के विपरीत था। न सिर्फ राजनीतिक, अपितु आर्थिक और सामाजिक जीवन में भी यूरोपीय व्यवस्था के सदस्य प्रतिक्रियावादी विचारों के पक्षधर थे। इस युग में औद्योगिक क्रान्ति की प्रगति हो रही थी और साथ ही मध्यम वर्ग का प्रभाव भी तीव्र गति से बढ़ रहा था। अतएव औद्योगिक प्रगति तथा नवोदित मध्यम वर्ग के बढ़ते प्रभाव के विरुद्ध मध्ययुगीन कृषि-व्यवस्था एवं सामन्ती समाज का पोषण अब सम्भव नहीं था।

विकास की प्रक्रिया गतिशील रहती है इस पर पूर्ण रूप से रोक लगाना आसान बात नहीं थी तो दूसरी तरफ यूरोपीय व्यवस्था के सदस्य जन-विरोधी नीतियों को रोकने में सफल नहीं हो सके।

6. संगठनात्मक दोष—यूरोपीय व्यवस्था के संगठन में भी अनेक दोष थे। यह व्यवस्था, बहुत अंशों में, एक विशिष्ट समय पर, विभिन्न यूरोपीय शासकों के व्यक्तिगत सम्बन्धों के आधार पर स्थापित की गयी थी। उसको किसी निश्चित संविधान द्वारा स्थायित्व प्रदान नहीं किया गया था। इस कारण उसके उद्देश्यों तथा

अधिकारों के सम्बन्ध में सदैव ही अनिश्चितता बनी रहती थी। इसका न तो कोई स्थायी कार्यालय था और न कोई स्थायी कर्मचारी ही। यह तो सिर्फ नेपोलियन के युद्धों के उपरांत यूरोप में शान्ति बनाये रखने की इच्छा का परिणाम था। इसकी सबसे बड़ी दुर्बलता यह थी कि इसकी सदस्यता सभी राष्ट्रों के लिये नहीं थी और इसकी नींव किसी ठोस आधार पर नहीं रखी गई थी। कमजोर और खोखली नींव पर आधारित महल का निकट भविष्य में ढह जाना स्वाभाविक ही था।

7 . परस्पर विरोधी हितों में संघर्ष—यूरोपीय व्यवस्था के टूटने का एक अन्य महत्त्वपूर्ण कारण यूरोपीय शक्तियों के हितों में पारस्परिक संघर्ष और टकराव था। यूरोपीय व्यवस्था के सदस्य-राष्ट्रों के अपने निहित स्वार्थ थे और उनके हितों में कोई साम्यता नहीं थी। उनके कूटनीतिक और व्यापारिक हितों में भिन्नता थी तथा उनके राजनीतिक दृष्टिकोण भी भिन्न थे। कोई भी संघीय व्यवस्था तब तक नहीं चल सकती जब तक उनके सदस्यों में एकता न हो। पारस्परिक हितों के टकराव ने सहयोग की भावना का हनन किया। इस सन्दर्भ में इतिहासकार केटलबी का मत उल्लेखनीय है, "यूरोपीय संयुक्त व्यवस्था के देशों के न तो सामान्य कूटनीतिक हित थे, न सामान्य व्यापारिक हित थे और न सभी देशों में एक प्रकार की शासन-प्रणालियाँ थीं।"

मेटरनिख के नेतृत्व में क्रान्ति और बगावत को रोकने के उद्देश्य से जो गुट बना था उसका आशय एकतंत्रात्मक स्वेच्छाचारिता का पोषण करना था। परंतु इस छोटे-से शक्ति समुदाय में भी सभी के अलग-अलग राजनीतिक हित थे और अलग-अलग संवैधानिक हित थे। इसलिए वेरोना की सन्धि के तीनों देश भी कोई शामिल कार्यवाही करने के पक्ष में नहीं थे। कूटनीतिक दृष्टिकोण में भिन्नता के कारण भी सदस्य-राष्ट्रों में मतैक्य स्थापित न हो सका। एक और इंग्लैण्ड और फ्रांस में संवैधानिक राजतंत्र की व्यवस्था थी तो दूसरी और आस्ट्रिया, रूस और प्रशा में निरंकुश राजतंत्र की व्यवस्था थी। सैद्धांतिक रूप से भिन्नता होने के कारण समान दृष्टिकोण की कल्पना करना व्यर्थ था।

इस तरह यूरोपीय व्यवस्था के सभी सदस्यों में पारस्परिक ईर्ष्या और सन्देह था। पूर्वी समस्या के सम्बन्ध में रूस और आस्ट्रिया के स्वार्थों में टकराव हुआ और इन दोनों के बीच तीव्र कटुता पैदा हो गयी। यूनान के प्रश्न पर इंग्लैण्ड यूरोपीय संघ से अलग हो गया। इस तरह यूरोपीय व्यवस्था का निर्बल जहाज सदस्य-राष्ट्रों के पारस्परिक मतभेद और कटुता की चट्टान से टकराकर छिन्न-भिन्न हो गया।

8. प्रतिक्रिया का साधन—यूरोपीय व्यवस्था की असफलता का एक अत्यन्त

महत्त्वपूर्ण कारण यह था कि मेटरनिख के नेतृत्व में यह प्रतिक्रिया का साधन बन गई। इंग्लैण्ड को छोड़कर इसके सभी सदस्य राष्ट्र प्रतिक्रियावादी और क्रान्ति विरोधी थे। संयुक्त व्यवस्था का एकमात्र उद्देश्य यूरोप में स्वेच्छाचारी तथा निरंकुश शासन-व्यवस्था को सुरक्षित रखना एवं राष्ट्रीयता और क्रान्ति को कुचलना था। इन्हीं उद्देश्यों की पूर्ति के लिये यूरोपीय व्यवस्था की सभी नीतियाँ बनायी गई थीं। परिणाम यह हुआ कि आम लोगों के हृदय में इस व्यवस्था के प्रति घृणा पैदा हो गई। डेविड टामसन के अनुसार, "इस व्यवस्था का दुर्भाग्य था कि मेटरनिख ने अप्रगतिशील उद्देश्य से उसका प्रयोग बदलाव को रोकने के लिये ऐसे युग में किया, जबकि प्रगतिवादी विचारधाराएँ अपरिवर्तनवादी व्यवस्था के विरुद्ध अधिक प्रभावशाली होती जा रही थीं। लोकतंत्र, उदारवाद और राष्ट्रीयता की प्रगतिशील विचारधाराओं के प्रबल वेग के समक्ष निरंकुश शासकों की प्रतिक्रियावादी नीति पर आधारित व्यवस्था का टूटना स्वाभाविक था।" सही मायने में राष्ट्रीय भावनाओं की उपेक्षा कर यूरोपीय व्यवस्था ने अपने पतन का मार्ग स्वयं प्रशस्त कर लिया था। इतिहास इस तथ्य का साक्षी है कि जब कभी प्रतिक्रियावादी शक्तियाँ प्रगतिवादी शक्तियों से टकराती हैं तो प्रतिक्रियावादी शक्तियों की पराजय निश्चय ही होती है।

वेरोना सम्मेलन के पश्चात् केनिंग द्वारा स्पेन के दक्षिणी अमेरिकी उपनिवेशों की स्वतन्त्रता का समर्थन और मुनरो-सिद्धान्त की घोषणा से यूरोपीय व्यवस्था को गहरा आघात लगा। जब इंग्लैण्ड अपने अहस्तक्षेप की नीति के लिये अन्य सदस्य-राष्ट्रों का समर्थन नहीं प्राप्त कर सका तो उसके समक्ष सिर्फ एक ही विकल्प बच गया था और वह विकल्प था कि यूरोपीय व्यवस्था से अलग हो जाना। सेंट पीटर्सबर्ग सम्मेलन के कुछ समय पश्चात् केनिंग ने यूरोपीय व्यवस्था से अलग होने का निर्णय लिया जिससे अन्तर्राष्ट्रीय सहयोग का अन्तिम प्रयत्न भी असफल हो गया। इस तरह इंग्लैण्ड के विरोध और सहयोग नहीं करने के कारण यूरोपीय व्यवस्था विनष्ट हो गई।

उपर्युक्त विवरण से स्पष्ट हो जाता है कि यूरोपीय व्यवस्था के सदस्य-राष्ट्रों के पारस्परिक हितों में संघर्ष और उनके उद्देश्यों की भिन्नता, राष्ट्रीयता तथा क्रान्तिकारी विचारों को कुचलने की इच्छा, छोटे राज्यों के हितों की उपेक्षा एवं इंग्लैण्ड का असहयोग तथा विरोध कुछ ऐसे मूलभूत कारण थे जिनका यूरोपीय व्यवस्था के पतन में महत्वपूर्ण योगदान था। वियना व वेरोना सम्मेलन तक बड़े राज्यों का एकमात्र उद्देश्य लोकतंत्रीय शक्तियों का विरोध तथा दमन करना था।

लोकतंत्रीय भावनाओं के पीछे जनमत का प्रबल प्रवाह होता है और जो भी शक्ति इस प्रवाह को रोकने का प्रयत्न करती है वह स्वयं उस प्रवाह में बह जाती है और उसका अस्तित्व ही खत्म हो जाता है। यूरोपीय व्यवस्था ने लोकतंत्र के प्रबल प्रवाह को रोकने का प्रयत्न किया था। अतएव उसके अस्तित्व का खत्म होना स्वाभाविक ही था।

यूरोपीय व्यवस्था की उपयोगिता

यूरोपीय व्यवस्था में विभिन्न दोष होने के कारण सफल नही हुई किंतु असफलता के बावजूद भी यूरोप के इतिहास में इसका महत्वपूर्ण स्थान है क्योंकि अन्तर्राष्ट्रीय सहयोग के क्षेत्र में यह पहला कदम था। पाँच बड़ी शक्तियों ने सामूहिक रूप से विचार-विमर्श द्वारा अन्तर्राष्ट्रीय समस्याओं को सुलझाने एवं यूरोप में शान्ति बनाये रखने का प्रथम महत्त्वपूर्ण प्रयोग किया था। यद्यपि प्रयोग विफल रहा, फिर भी इसे निरर्थक नहीं कहा जा सकता है। इस व्यवस्था ने यूरोप में शान्ति तथा समृद्धि के मौके प्रदान किए जिसके परिणामस्वरूप सांस्कृतिक प्रवृत्तियों को प्रोत्साहन मिला। इसने पारस्परिक सहयोग की भावना के आधार पर यूरोपीय महाद्वीप में शान्ति और सुरक्षा बनाए रखने की एक परम्परा स्थापित कर दी। आगे के अन्तर्राष्ट्रीय संगठनों के लिये इसने आधारशिला का काम किया। बीसवीं सदी में 'राष्ट्रसंघ' एवं 'संयुक्त राष्ट्रसंघ' के निर्माताओं को यूरोप की संयुक्त व्यवस्था से काफी प्रेरणा प्राप्त हुई थी। इस तरह अन्तरराष्ट्रीय संगठन की स्थापना की दिशा में यूरोपीय व्यवस्था एक महत्वपूर्ण कड़ी थी।

इस व्यवस्था के प्रयत्नों के परिणामस्वरूप 1815 ई. से 1854 ई. तक यूरोप में कोई बड़ा युद्ध नहीं हुआ। कालांतर में यूरोपीय राष्ट्रों के अनेक सम्मेलन आयोजित किए गए और उनका नेतृत्व बड़े राष्ट्रों के हाथों में ही रहा, लेकिन राजतंत्र को पुनर्स्थापित करने या क्रान्ति को कुचलने या दूसरे राज्यों के आन्तरिक मामलों में सशस्त्र हस्तक्षेप करने सम्बन्धी नीति की घोषणा नहीं की गई। इन सम्मेलनों को यूरोपीय व्यवस्था से प्रेरणा प्राप्त हुई थी और इन सम्मेलनों ने प्रतिक्रियावादी नीतियों के ध्वस्त खण्डहरों पर प्रगतिशील नीतियों का महल तैयार किया। यूरोपीय व्यवस्था ने कुछ सीमा तक युग की माँगों को भी पूरा करने का प्रयत्न किया। जब समस्त यूरोप नेपोलियन के युद्धों से त्रस्त था और सर्वत्र अशान्ति व्याप्त थी, यूरोपीय व्यवस्था ने यूरोप में शान्ति तथा स्थिरता स्थापित करने में भारी योगदान दिया। यद्यपि नेपल्स, स्पेन, पीडमौण्ट आदि अनेक स्थानों पर

बगावत हुई परंतु इन विद्रोहों का स्वरूप स्थानीय ही था और इनके कारण यूरोप में कोई बड़ी लड़ाई नहीं हुई। विद्रोहों के बावजूद यूरोप में शान्ति बनाये रखने में इस व्यवस्था की भूमिका महत्त्वपूर्ण थी। इस व्यवस्था से अन्तर्राष्ट्रीय भावनाओं का विकास हुआ और पारस्परिक विचार-विमर्श द्वारा आपसी मतभेदों को सुलझाने की प्रक्रिया प्रारम्भ हुई। इतिहास इस बात का साक्षी है कि कोई भी व्यवस्था अपने युग की सभी माँगों को पूरा नहीं कर पाती है और यूरोपीय व्यवस्था भी इस नियम का अपवाद नहीं थी। फिर भी यह व्यवस्था युद्ध से जर्जर यूरोप में शान्ति तथा व्यवस्था स्थापित करने में सहायक सिद्ध है।

यूरोपीय व्यवस्था का मूल स्वरूप ही अंतर्विरोधीं से मरा हुआ था, इस करण इसकी सफलता संदिग्ध थी। इस व्यवस्था में अंतर्राष्ट्रीय सहयोग के समान आदर्श व हित नहीं थे, साथ ही इसमें छोटे शब्दों को कोई महत्व नहीं दिया गया था ऐसे में यह व्यवस्था मात्र समय की धारा को रोकने के समान थी। जिस व्यवस्था का आधार सीमित हो, परस्पर विरोधी हित हो, दृष्टिकोणों में अंतर हो संगठन दोषपूर्ण और प्रतिक्रियावादी हो उससे सफलता की आशा नहीं की जा सकती। इंग्लैण्ड को छोड़कर इसके सभी सदस्य राष्ट्र प्रतिक्रियावादी और क्राँति विरोधी थे। इस व्यवस्था का एकमात्र उद्देश्य यूरोप में स्वेच्छाचारी और निरकुंश शासन व्यवस्था को सुरक्षित रखना और राष्ट्रीयता व क्राँति को कुचलना था।

इटली का एकीकरण

इटली को उन्नीसवीं सदी की भौगोलिक अभिव्यक्ति कहा जा सकता है इसे राष्ट्र की संज्ञा देना सही नहीं होगा। परंतु इसके ठीक विपरीत उत्तर दिशा में आल्पस पर्वत तथा तीनों तरफ से समुद्र से घिरा होने के कारण सामाजिक एकता का सार था। यूरोप के मध्य दक्षिण में स्थित यह प्रायद्वीप पूर्ण रूप से सुरक्षित था। सांस्कृतिक एकता इटली को जीवन्त नाम बताये हुए थी यद्यपि कूटनीतिक दृष्टि से इटली का यूरोप में कोई अस्तित्व न था।

इटली को जोड़ने वाले प्रमुख तत्व काफी ज्यादा थे। इटली का प्राचीन इतिहास समृद्ध और गरिमामय था। रोमन साम्रज्य में इटली ही नहीं समस्त दक्षिण-पश्चिम यूरोप पर रोमन राजनीति और रोमन सभ्यता शताब्दियों तक प्रभावी रही थी। इटली वासियों का वह गौरवकाल था और उसकी स्मृति उनमें आत्मविश्वास की हिलोरें जन्म लेती रही थी; इसके अतिरिक्त समस्त पश्चिमी यूरोप के साहित्य और धर्म की भाषा 'लैटिन' इटली की भाषा थी। राष्ट्रीय भाषाओं के विकास का प्रारम्भ ही इटली में

इतालवी भाषा के महान् कवि दाँते की रचनाओं से स्वीकार किया जाता है। इटली में धर्म के स्तर पर भी एकता थी। अनेक छोटे-बड़े राज्यों में विभाजित यह क्षेत्र आपसी प्रतिस्पर्धा एवं बड़े पड़ोसी देशों (स्पेन, फ्राँस, आस्ट्रिया) के संघर्ष का स्थल रहा था। इसी विघटन के बीच से संगठन और एकीकरण के बीन प्रस्फुटित हुये।

इटली के एकीकरण के मार्ग में आने वाली बाधाएँ

नेपोलियन बोनापार्ट ने इटली में गणतन्त्र की स्थापना की और अनेकों छोटे-बड़े राज्यों को खत्म कर उन्हें सिर्फ तीन भागों में वितरित कर दिया था। एक भाग पर फ्राँस का प्रत्यक्ष शासन था एवं शेष इटली के और नेपल्स के राज्य पर नेपोलियन के प्रतिनिधि और सम्बन्धी शासन करते थे। इस प्रकार सम्पूर्ण इटली पर एक ही प्रकार के नियम-कानून क्रियान्वित थे। हजारों वर्षों उपरांत इटली में बाहर से थोपी गई व्यवस्था ने परोक्ष रूप से एकता की पृष्ठभूमि तैयार कर दी थी। नेपोलियन बोनापार्ट की अवनति के पश्चात् ही इस व्यवस्था को समाप्त कर दिया गया जिसका लाभ इटली को मिला।

इटली के देशभक्त वियना कांग्रेस (1815) में पुरातन व्यवस्था के समर्थन से निराश हो गये। इटली दुबारा छोटे-छोटे सामंती राज्यों में वितरित हो गया। वियना कांग्रेस की व्यवस्थानुसार इटली में सिसली, पोप का राज्य, टस्कनी, पारमा, लक्का, माडेना तथा सेवाय और पीडमोंट सार्डीनिया के राज्य स्थापित हो गये थे। लोम्बार्डी और वेनेशिया पर आस्ट्रिया का प्रभुत्व था। कूटनीतिक रूप से विघटित इटली सामाजिक रूप से भी विनष्ट हो गया था। भ्रष्ट चर्च शोषण में भागीदारी करता था। प्रतिक्रियावादी शक्तियाँ हमेशा सजग थीं कि कहीं भी बदलाव की माँग जोर न पकड़ ले। इसके अतिरिक्त सबसे प्रमुख समस्या यह थी कि इटली की जनता निर्धन, अशिक्षित और पिछड़ी हुई थी। पोप भी इटली में एकीकरण की स्थापना नहीं करना चाहता था।

एकीकरण का विकास

इटली के महान व्यक्तियों एवं देशभक्तों ने फ्राँस की क्रान्ति (1789) एवं अपने अतीत की गरिमा से प्रेरित और क्रान्ति के प्रति भावुक होकर एक गुप्त संगठन 'कर्बोनरी की स्थापना की। नेपल्स में स्थापित इस संस्था की शाखायें धीरे-धीरे इटली में फैलती गईं। इस संस्था (Carbonery) में प्रत्येक प्रकार के, प्रत्येक वर्ग के लोग सम्मिलित थे। इसका संगठन बहुत दृढ़ नहीं था लेकिन इसके सदस्यों की क्रान्तिकारी भावना बदलाव के लिये सक्रिय थी। 1820 में नेपल्स की बगावत में

कार्बोनरी की महत्त्वपूर्ण भूमिका थी परन्तु मेटरनिख ने बड़ी क्रूरता से दमन कर कार्बोनरी के उद्देश्य को खत्म कर दिया था फिर भी स्थानीय विद्रोह निरंतर होते रहे। 1830 की क्रान्ति फ्राँस में होते ही इटली में एक बार पुनः बगावत हुई। पोप की रियासतों में उग्र प्रदर्शन हुए; पारमा, मोडेना के राज्यों से उनके शासक बगावत से भयभीत होकर भाग गये लेकिन मेटरनिख के दमन चक्र ने बगावत का क्रूरता से अन्त कर दिया। अब कार्बोनरी के सदस्यों एवं इटली के देशभक्तों को यह स्पष्ट हो गया कि बगैर व्यापक संगठन के इटली में नये युग का सूत्रपात संभव नहीं है। अन्त में वह स्थिति भी पैदा हुई जिससे एकीकरण का मार्ग-प्रशस्त होता गया।

राष्ट्रीय एकीकरण के लिये राष्ट्रीय चेतना और भावात्मक जुड़ाव के साथ व्यापक स्तर पर एक लटक और संघर्ष की मानसिकता का होना आवश्यक होता है। इटली में इसी चेतना का अभाव था, इसकी पूर्ति इटली के महान् देशभक्त मैजिनी ने की थी। इतिहास को विभूतियों के द्वारा समझने वाले लोग कहते है कि मैजिनी इटली के एकीकरण की आत्मा थी; कावूर इटली के एकीकरण का मस्तिष्क (बुद्धि) था, गैरीबाल्डी इटली के एकीकरण की भुजायें थीं एवं विक्टर एमैनुएल द्वितीय इटली के एकीकरण का स्वयं शरीर था, यह रूपक किसी सीमा तक बिल्कुल सच है। इन चारों महान् विभूतियों तथ असंख्य देशभक्तों के महान त्याग-बलिदान से इटली एक राष्ट्र बन सका था। 1805 मेजिनी जिसे इटली के एकीकरण की आत्मा के रूप में जाना जाता है, का जन्म जिनोआ में हुआ था। उसने इटली राष्ट्र की गहरी से गहरी आकांक्षाओं को स्पष्ट एवं निर्भीक, उत्तेजक तथा रोमांचकारी स्वर में मुखरित किया; वह इस राष्ट्रीय आंदोलन का, जो कि इटली के पुनर्जीवन के नाम से प्रसिद्ध है, आध्यात्मिक बल' अपने बचपन की अवस्था में ही मैजिनी ने अपने देश (इटली) की दुर्दशा को महसूस कर लिया था। अपनी आत्मकथा में उसने प्रकट किया "मेरे चारों ओर विद्यार्थियों के जीवन का शोरगुल और कोलाहल था, परन्तु उसके मध्य भी मैं हमेशा गम्भीर और आत्मलीन दिखाई देता और ऐसा लगता कि मैं सहसा बूढ़ा हो जाऊँगा। बालकों की तरह मैंने संकल्प किया था कि मैं हमेशा काले वस्त्र पहनूँगा क्योंकि मुझे ऐसा लगता था कि मैं अपने देश की दुर्दशा पर विलाप कर रहा हूँ।"

मैजिनी की समस्त प्रवृत्तियाँ युवावस्था में साहित्यिक जीवन की तरफ उन्मुख हुईं। उसने लिखा "ऐतिहासिक उपन्यासों और नाटकों के हजारों दृश्य मेरे अन्तः चक्षुओं के सामने नृत्य करते थे।" लेकिन इस स्वप्न को त्याग कर वह कार्बोनरी नाम की संस्था में शामिल हो गया; कूटनीतिक आंदोलन के लिये यह प्रथम उत्सर्ग था। कार्बोनरी एक क्रान्तिकारी संस्था थी। उसका सदस्य होने के कारण 1830 में

गिरफ्तार कर लिया गया, उसे सावोना के दुर्ग में बन्दी बनाकर रखा गया; वहाँ उसे दो ही चीजें देखने को मिलती थीं—आकाश और समुद्र।' वह कहा करता था कि "आल्पस के अतिरिक्त प्रकृति में यही दो चीजें सर्वाधिक भव्य हैं।" छः महीने के पश्चात् उसे छोड़ दिया गया था तथा इटली को छोड़कर जाने को विवश कर दिया गया। इसके उपरांत उसके जीवन का ज्यादा समय फ्राँस, स्विट्जरलैण्ड, इंग्लैण्ड में व्यतीत हुआ।

मैजिनी ने 1831 में 'तरुण इटली' (Young Italy) नाम की संस्था की स्थापना की। इस संस्था ने आधुनिक इटली के निर्माण में महत्त्वपूर्ण योग दिया। कार्बोनरी ने क्रमशः 1820 और 1830 में दो क्रान्तियाँ करवाई थीं चूँकि दोनों ही विफल रहीं थीं। इसके अलावा उसे कार्बोनरी से घृणा भी हो गई थी क्योंकि कार्बोनरी का उद्देश्य सिर्फ संहारक था; उसके सामने पुनर्निर्माण की कोई योजना नहीं थी। मैजिनी का मानना था कि क्रान्तियाँ जनता के द्वारा और जनता के लिये की जानी चाहिए।

यंग इटली के संबंध में मैजिनी का मानना था कि यंग इटली के अस्तित्व की रक्षा करने इसे जनता के सामने लाने से रोका गया तथा इसका मुख्य कार्य इटली वासियों का हर क्षेत्र में विकास करना था।

विश्व प्रसिद्ध इतिहासकार मैजिनी ने इटली की स्वतंत्रता एवं एकीकरण के कार्य को एक धर्म कार्य माना था। वह कहा करता था कि यह धर्म मनुष्य की उच्चतम भावनाओं को स्पंदित करता है। इसके लिये पूर्ण आत्मोत्सर्ग और तल्लीनता की आवश्यकता है; युवक ही इसके संदेशवाहक हो सकते हैं। उनका जीवन मिशनरियों के जैसा होना चाहिये। मैजिनी ने नवयुवकों का आह्वान करते हुये कहा कि तुम देश-देश और गाँव-गाँव में स्वतन्त्रता की मशाल ले जाओ, जनता को स्वतन्त्रता के फायदे समझाओ और एक धर्म के रूप में प्रतिष्ठित करो। उनके हृदय में इतना साहस और सहन शक्ति भर दो कि स्वतन्त्रता देवी की आराधना के लिये उन्हें जो यातनायें और कारागार के कष्ट भोगने पड़ें, उनसे वे घबरायें नहीं। मैजिनी के व्यक्तित्व, विचारधारा, त्याग-संघर्ष करने की भावना से उत्साहित होकर अनगिनत लोगों ने उसके इटली के एकीकरण सम्बन्धी राष्ट्रीय आंदोलन में उत्साह के साथ सहयोग किया।

1833 तक यंग इटली के सदस्यों की संख्या साठ हजार से अधिक पहुँच गयी थी। उसकी शाखायें सर्वत्र फैल गई थीं। उन्नीसवीं शताब्दी का यह परिवर्तनकारी आंदोलन काफी रोमांटिक सिद्ध हुआ। इस संस्था 'यंग इटली' का कार्यक्रम स्पष्ट और निश्चित था। प्रथम, आस्ट्रिया को अपने देश से खदेड़ देना। इस सफलता पर ही

एकीकरण की सफलता आधारित थी। मैजिनी और उसके सहयोगियों का विश्वास था कि आस्ट्रिया से युद्ध आवश्यक है। उसने बड़े उत्साह के साथ नवयुवकों को सम्बोधित किया—"जब दो करोड़ जनसंख्या का राष्ट्र अपने अधिकारों के लिये लड़ने खड़ा हो जायेगा तो आस्ट्रिया उसके सामने नहीं टिक सकेगा।" इटली के इतिहास में मैजिनी का सबसे ज्यादा महत्त्व यह है कि उसने इटलीवासियों के हृदय में भी वही ज्वाला पैदा कर दीया जो कि स्वयं उसके हृदय में धधक रहा था। मैजिनी गणतन्त्रवादी था और चाहता था कि एकता स्थापित होने के उपरांत देश की सरकार गणतन्त्रीय हो।

मैजिनी के मार्ग में विभिन्न प्रकार की कठिनाइयाँ थीं। उसे अपने देश से निर्वासित कर दिया गया था और करीब-करीब समस्त जीवन निर्वासित के रूप में लन्दन में बिताना पड़ा था। उसके साधन अल्प थे एवं उसका अपनी जनता से निकट सम्पर्क नहीं रह गया था। इटली का राष्ट्र के रूप में गठन भी मैजिनी की कल्पना के अनुरूप नहीं हो पाया लेकिन फिर भी इटली के निर्माताओं में उसका महत्त्वपूर्ण स्थान है। उसके द्वारा स्थापित संस्था (Young Italy) ने विचारों के क्षेत्र में एक आंदोलन पैदा कर दिया था; उन्हीं विचारों के चतुर्दिक इटलीवासियों की देशभक्ति का उदय और उत्कर्ष हुआ था।

फरवरी 1849 में (1849 की क्रान्ति के फलस्वरूप) मैजिनी के नेतृत्व में रोम में इटली के देशभक्तों ने गणतन्त्र की घोषणा की; रोम का शासक पोप (पोप पायस नवम्) भागकर नेपल्स चला गया लेकिन मैजिनी की सफलता अस्थायी सिद्ध हुई। फ्राँस के गणतन्त्र के राष्ट्रपति लुई नेपोलियन ने फ्राँस के कैथोलिक अनुयायियों का समर्थन प्राप्त करने के लिए पोप को सैनिक सहायता प्रदान कर रोम के नव-स्थापित गणतन्त्र का अन्त कर दिया एवं पोप पायस नवम् को दुबारा रोम में सिंहासन पर बिठा दिया।

कावूर

उसने सैनिक शिक्षा पाई और इंजीनियर के रूप में सेना में नियुक्त हुआ। उसे इंग्लैण्ड की संसदीय व्यवस्था में अभिरुचि थी। उसने अपने देश में भी ऐसी ही प्रणाली स्थापित करने का निश्चय किया था। 1848 में जब पीडमांट में संसद और संविधान की रचना हुई तो उसने उत्साह के साथ उसका स्वागत किया। कावूर का मानना था कि—"इटली का निर्माण स्वतन्त्रता के द्वारा ही हो सकता है।" कावूर का विश्वास संसदीय संस्थाओं में जीवन पर्यन्त अटल रहा। वह पीडमांट की प्रथम संसद

में निर्वाचित हुआ एवं 1850 में मंत्रिमंडल में शामिल किया गया और फिर 1852 में वह पीडमांट राज्य का प्रधानमंत्री बना। इस पद पर वह जीवन-पर्यंत (1861) बना रहा था। प्रधानमंत्री के रूप में उसने एक महान् राजनयिक और अद्वितीय राजनयिक होने का परिचय दिया। कावूर के मानसिक गुण मैजिनी से भिन्न थे। मैजिनी का मस्तिष्क काव्यात्मक और कल्पनाशील था लेकिन कावूर व्यावहारिक तथा निश्चयात्मक प्रकृति का था। कावूर इटली की एकता और स्वाधीनता चाहता था। उसे आस्ट्रिया से घृणा थी परन्तु मैजिनी के विपरीत वह आस्ट्रिया की शक्ति को कम नहीं समझता था और न ही अपने देशवासियों की शक्ति को ज्यादा मापता था। अन्य देशभक्तों की तरह कावूर का भी विश्वास था कि आस्ट्रिया को बाहर निकाले बिना इटली का पुनरुत्थान नहीं हो सकता लेकिन वह मैजिनी के इस कथन से तैयार नहीं था कि इटलीवासी अकेले ही इस काम को निपटाएँ। कावूर किसी ऐसी बड़ी सैनिक शक्ति की मदद पाने का इच्छुक था जो शक्ति में आस्ट्रिया की सेना को पराजित कर सके। कावूर का यह भी मानना था कि इटली की स्वाधीनता और एकता के कार्य में सेवाये का राजवंश और पीडमांट का राजतंत्र ही देश का नेतृत्व कर सकता है। उसकी यह भी धारणा थी कि अगर नये राज्य का निर्माण हो तो उसकी शासन-प्रणाली सांविधानिक राजतंत्रीय ढंग की होनी चाहिये।

कावूर ने अपने राज्य पीटमांट में स्वतंत्र साम्राज्य की स्थापना की थी, जिससे लोगों को स्वशासन का गर्व अनुभव हुआ। उसने राज्य के आर्थिक साधनों के विकास में भी अपनी शक्ति मनों को दी; उत्पादन और वाणिज्य को प्रोत्साहन दिया; कृषि का आधुनिकीकरण किया एवं रेल-यातायात का विकास किया। इस प्रकार उसने पीडमांट को एक उदार और प्रगतिशील राज्य बनाने की सफल कोशिश की थी जिससे कि वह इटली के अन्य राज्यों के लिये एक आदर्श बन सके और वे उसके समर्थक बन जायें साथ ही पश्चिमी यूरोप के देश एवं शासक उसकी सराहना करने एवं उसके मामलों में रुचि प्रदर्शित करने लगें। इस प्रकार कावूर का मुख्य उद्देश्य तथा प्रयत्न था कि किसी महान् शक्ति को इटली का मित्र बना लिया जाये। इसी उद्देश्य ने उसके सभी कार्यों और इच्छाओं को निर्देशित एवं अनुप्राणित किया था। सही मायने में उसने अपने इस लक्ष्य की पूर्ति के लिए अनुपम राजनयिक प्रतिभा का परिचय दिया। इसी से वह अपने समय का अद्वितीय राजनयिक सिद्ध हुआ।

कावूर विभिन्न चरित्रों तथा गुणों का सम्मिश्रण था। एक ओर तो उसकी निर्णय शक्ति, व्यावहारिक सूझ-बूझ, स्पष्ट, सूक्ष्म और तीव्र विचारशक्ति, विवरण की अरुचिकर चीजों में ध्यान देने की क्षमता अद्भुत थीं, दूसरी ओर उसमें कल्पना शक्ति,

साहस दुर्घर्षता, एवं लौहव्रत सुदृढ़ता देखने को मिलती थी। इटली और यूरोप के कूटनीतिक जीवन से सम्बद्ध तत्त्वों और व्यक्तियों की उसे सहीं एवं गम्भीर जानकारी थी; अन्तर्राष्ट्रीय मंच के तेजी से बदलने वाले दृश्यों को समझने की उसमें गजब की क्षमता थी। अपने उद्देश्य की पूर्ति के लिये साधनों को प्राप्त करने में वह हमेशा सफल रहा था। शीघ्र ही आरंभ होने वाले क्रीमिया के युद्ध ने उसे फ्रॉंस से सहयोग पाने का मौका प्रदान कर दिया। 1855 में कावूर ने बिना किसी शर्त के इंग्लैण्ड और फ्रॉंस से जो कि उस समय रूस के विरुद्ध युद्ध में संलग्न थे, मित्रता कर ली एवं उन्हें 18000 सैनिकों की एक टुकड़ी मारमोरा के नेतृत्व में सहायता प्रदान की, सैनिकों ने बड़ी वीरता से युद्ध किया एवं फ्रॉंस-इंग्लैण्ड को विजयी बनाने में अत्यंत महत्त्वपूर्ण योगदान किया। पीडमांट-सार्डीनिया एवं इटली के इतिहास में कावूर का यह कदम निर्णायक सिद्ध हुआ। युद्ध समाप्ति के पश्चात् इंग्लैण्ड और फ्रॉंस ने कावूर के प्रति कृतज्ञता प्रगट करते हुये उसे 1856 में पेरिस शांति सम्मेलन में सादर आमंत्रित किया। कावूर की उपस्थिति के परिणामस्वरूप उसे सम्मेलन में काफी फायदा पहुँचा तथा इटली की एकीकरण की समस्या को उसने अंतराष्ट्रीय प्रश्न बना दिया था। इस सम्मेलन और उसके बाद कावूर की नीतियों से प्रभावित नेपोलियन तृतीय ने उसकी प्रशंसा की; अंततः कावूर ने नेपोलियन तृतीय (फ्रॉंसीसी सम्राट) की भावनाओं तथा आकांक्षाओं से पूरा फायदा उठाकर उसे अपने पक्ष में कर लिया। नेपोलियन तृतीय कावूर को उसकी योजनाओं में सहायता प्रदान देने के लिये उद्यत हो गया; परिणामस्वरूप उसने कावूर को प्लॉबियर्स नामक स्थान पर बुलाकर उससे गुप्त मंत्रणा करके जुलाई, 1858 में एक सन्धि कर ली।

नेपोलियन तृतीय ने प्लॉम्बियर्स की सन्धि के अनुरूप दो लाख सैनिकों के साथ पीडमांट-साडीनिया को आस्ट्रिया के विरुद्ध मदद देने एवं पोप की अध्यक्षता में इटली के चार राज्यों के संघ के रूप में पुनर्निर्माण करना स्वीकार किया–जिसमें पहला मध्य इटली की डचियों से निर्मित मध्य इटली का राज्य जिसके सिंहासन पर नेपोलियन तृतीय के चचेरे भाई जेरोप को शासक बनाया जायेगा; दूसरा लोम्बार्डी एवं वेनीशिया सहित सार्डीनिया का राज्य तीसरा नेपल्स का राज्य। इस व्यवस्था के साथ ही इस सन्धि में यह भी वर्णन किया गया था कि मदद के बदले में नेपोलियन तृतीय को सेवॉय एवं नीस के प्रदेश प्राप्त होंगे, और चौथा पोप का राज्य।

प्लॉम्बियर्स सन्धि के शीघ्र उपरांत कावूर ने आस्ट्रिया को युद्ध करने के लिये उत्तेजित कर दिया, परिणामस्वरूप आस्ट्रिया ने पीडमांट-सार्डीनिया के विरुद्ध युद्ध की घोषणा कर दी (अप्रैल 1859)। अंततो गत्वा 1859 में दोनों पक्षों में युद्ध छिड़ गया

जिसमें एक ओर आस्ट्रिया एवं दूसरी ओर फ्राँस-पीडमांट थे। फ्राँस-पीडमांट ने सम्पूर्ण लोम्बार्डी को विजित कर लिया, उनका मिलान पर अधिकार हो गया, आस्ट्रिया की पराजय होने लगी (जून 1859)। ऐसा प्रतीत होने लगा कि विजयी सेनायें वेनीशिया को आसानी से विजय कर लेंगी एवं इटली में आस्ट्रिया के शासन, प्रभाव का अन्त हो जायेगा। परन्तु नेपोलियन तृतीय ने विश्वासघात करते हुये बिना कावूर से सलाह लिए 11 जुलाई, 1859 को बिलफ्रांका के स्थान पर आस्ट्रिया के सम्राट (फ्रांसिस जोसेफ) से भेंट कर विराम सन्धि कर ली।

इस सन्धि के अनुसार लोम्बार्डी पीडमांट-सार्डीनिया राज्य को प्राप्त हो गया; वेनीशिया पर आस्ट्रिया का अधिकार बना रहा। नेपोलियन तृतीय के विश्वासघात से कावूर अत्यधिक असंतुष्ट हो गया और उसने आस्ट्रेलिया से युद्ध करने का दृढ़ संकल्प किया। पीडमांट-सार्डीनिया के राजा विक्टर इमैनुएल द्वितीय ने उसे सान्त्वना देते हुये युद्ध से रोक दिया; इस पर नाराज कावूर ने जुलाई 1859 में प्रधानमंत्री पद से त्यागपत्र दे दिया। पीडमांट-सार्डीनिया के राजा विक्टर इमैनुएल द्वितीय ने स्थिति पर नियन्त्रण करते हुये दुबारा कावूर को प्रधानमंत्री बनने के लिये प्रेरित कर लिया। इस बार कावूर ने 1860 में लोक निर्णय के लिये मतदान द्वारा मध्य इटली के राज्यों का पीडमांट सार्डीनिया में विलय करा लिया। इसी दौरान गैरीबाल्डी ने 1860 में ही सिसली, नेपल्स (दक्षिणी इटली) की विजय सम्पन्न कर विक्टर इमैनुएल द्वितीय को सौंप दी।

कावूर अपना काम (इटली का एकीकरण) एक दूसरे देशभक्त इटैलियन (गैरीबाल्डी) के हाथों सम्पन्न होता देख प्रसन्न एवं सन्तुष्ट हो गया था लेकिन जब गैरीबाल्डी ने रोम पर हमला करने की योजना की शुरुआत करनी चाही तो उसने गैरीबाल्डी को नियंत्रित किया चूँकि उसे सन्देह था कि नेपोलियन तृतीय रोम के मामले में हस्तक्षेप कर देगा। इस प्रकार कावूर की बुद्धिमत्ता से समस्त इटली में वेनेशिया और रोम को छोड़कर एक सत्ता स्थापित हो गई थी। इस प्रकार 1861 में विक्टर इमैनुएल द्वितीय को इटली का राजा बनाया गया तथा इटली में एकीकरण का सपना साकार हो गया।

इतिहासकारों का मानना है कि 'गैरीबाल्डी' इटली के एकीकरण की 'शक्ति', 'भुजायें' का जन्म 1807 में नीस में हुआ था; उसके माता-पिता उसे पादरी बनाना चाहते थे परन्तु उसने समुद्र का जीवन पसन्द किया और अनेक वर्ष तक एक साहसिक और घुमक्कड़ मल्लाह का जीवन व्यतीत किया। आरंभ में ही वह 'यंग इटली' का सदस्य बन गया था। धीरे-धीरे वह छापामार लड़ाई का कुशल योद्धा के रूप में चर्चित हो गया। 1834 में उसने मैजिनी द्वारा संगठित असफल बगावत में

भाग लिया। जिसके परिणामस्वरूप उसे मृत्युदंड दिया गया लेकिन वह जेल से भाग निकला एवं दक्षिणी अमेरिका पहुँच गया। वहाँ वह करीब-करीब 14 वर्ष रहा एवं 'इतालवी सेना' नामक एक सैन्य दल का गठन करके दक्षिणी अमेरिका के अनेक युद्धों में भाग लिया। क्रांति का प्रसार होने के साथ ही सन् 1848 में वापस इटली चला गया तथा आस्ट्रिया के विरुद्ध युद्ध में लग गया परंतु उसे इस युद्ध में हार का सामना करना पड़ा। इस साहस एवं वीरता से उसके देशवासी गैरीबाल्डी के प्रति अगाध उत्साह से भर उठे। वह उनका अद्वितीय लोकनायक बन गया।

सन् 1854 में गौरीबाल्डी पुनः इटली लौटा और एक छोटे से द्वीप में एक कृषक का जीवन व्यतीत करने लगा। इतिहासकारों का मानना है कि 1859 की घटनाओं (कावूर द्वारा एकीकरण के लिये आस्ट्रिया से युद्ध) ने पुनः उसे युद्ध करने के लिये प्रेरित कर दिया; वह स्वयं-सेवकों के एक दल के साथ आस्ट्रिया के विरुद्ध युद्ध में कूद पड़ा और काफी यश प्राप्त किया। इटली के सभी साहसी सैनिकों में वह आदरणीय बन गया था। उसका नाम देवताओं के समान स्तुत्य बन गया था। 1860 में गैरीबाल्डी ने अपने सैन्य दल के साथ सिसली और नेपल्स पर हमला किया। वह उसके जीवन की सबसे ज्यादा महत्त्वपूर्ण घटना थी। सिसली की जनता ने अपने राजा फ्राँसिस द्वितीय के विरुद्ध बगावत कर दी थी। गैरीबाल्डी ने अकेले ही सिसलीवसियों की मदद करने का संकल्प किया। 5 मई, 1860 को गैरीबाल्डी के स्वयंसेवकों ने जो "दस हजार" और "लाल कुर्ती वालों" के नाम के प्रसिद्ध थे सिसली की सेना से भिड़ गये एवं काफी दुस्साहपूर्ण युद्ध में विजयी हुये। 5 अगस्त, 1860 को विक्टर इमैनुएल द्वितीय के नाम पर गैरीबाल्डी ने अपने को सिसली का अधिनायक घोषित कर दिया। इसके उपरांत 19 अगस्त, 1860 को गैरीबाल्डी ने नेपल्स विजय के लिये प्रस्थान किया। 6 सितम्बर, 1860 को नेपल्स पर गैरीबाल्डी का अधिकार हो गया वहाँ का राजा फ्रांसिस द्वितीय नेपल्स छोड़कर भाग गया। पाँच माह के अन्दर ही गैरीबाल्डी ने एक करोड़ दस लाख जनसंख्या के राज्य सिसली, नेपल्स को विजय कर लिया था। आधुनिक इतिहास में यह एक अद्भुत सफलता स्वीकार की जाती है।

इन सफलताओं से प्रेरित होकर गैरीबाल्डी रोम को अपने अधीन करने के लिए योजना बनाने लगा। लेकिन कावूर ने गतिरोध पैदा कर दिया। कावूर को रोम अभियान में फ्राँस के हमले की आशंका थी जिससे प्राप्त सफलतायें भी विनष्ट हो जाती इस तरह गैरीबाल्डी अभियान स्थगित करने के लिये विवश हो गया।

गैरीबाल्डी ने 7 नवम्बर, 1860 को अपना शानदार सिसली-नेपल्स राजा विक्टर इमैनुएल द्वितीय को यह कहकर सौंप दिया कि मैं "इटली के राजा विक्टर

इमैनुएल द्वितीय" का अभिनन्दन करता हूँ। गैरीबाल्डी ने किसी प्रकार का पुरस्कार तथा सम्मान स्वीकार नहीं किया, सिर्फ एक थैला आलू-सेम के बीज लेकर कैप्रेरा द्वीप स्थित अपने खेत को चला गया। गैरीबाल्डी सभी के लिये आदर का पात्र बन गया था।

गैरीबाल्डी ने 1862 एवं 1867 में रोम पर हमला करने का विफल दुस्साहस किया परन्तु रोम पर 1870 में अधिकार हो सका। इस प्रकार गैरीबाल्डी ने अपने वीरतापूर्ण कृत्यों से इटली के एकीकरण में महत्वपूर्ण योगदान किया। वह इटली के निर्माताओं में अग्रिम पंक्ति में स्थान प्राप्त करने का अधिकारी है। उसके साहस एवं देशभक्ति की भावना ने समग्र विश्व के साहसी देशभक्तों को प्रत्येक युग में प्रभावित, प्रेरित किया है।

विक्टर इमैनुएल द्वितीय

अपने पिता राजा चार्ल्स अलबर्ट द्वारा नोवारा के युद्ध (1849) में आस्ट्रिया के हाथों विक्टर इमैनुएल होने के बाद पदत्याग से रिक्त पीडमांट-सार्डीनिया के सिंहासन पर बैठकर विक्टर इमैनुएल द्वितीय ने इटली के एकीकरण का सफलता से मार्ग प्रशस्त किया था। उसका जन्म 1820 में हुआ था। राजपद संभालते ही आस्ट्रिया के सम्राट ने उसे प्रलोभन दिया था कि वह अपने राज्य के संविधान को विनष्ट कर दे एवं निरंकुश राजा की भाँति रहे तो आस्ट्रिया उसके राज्य की सीमाओं के प्रसार में सहायता करेगा लेकिन उसने इस प्रलोभन को ठुकरा दिया। यह घटना उसके जीवन और पीडमांट-सार्डीनिया तथा इटली के इतिहास में निर्णायक मोड़ सिद्ध हुई; इटलीवासियों ने आनंदित होकर उसे 'ईमानदार राजा' की उपाधि से सम्मानित किया। इससे उसका राज्य (पीडमांट-सार्डीनिया) इटली के उदारवादियों की आशाओं का केन्द्र बन गया। पीडमांट-सार्डीनिया की सरकार राष्ट्रीय और सवैंधानिक थी अतः यह अवश्य था कि इटली का नेतृत्व उसी को प्राप्त होगा। यह राज्य सभी उदारवादियों का संरक्षक बन गया था।

विक्टर इमनुएल में योग्य सैनिक के सभी गुण विद्यमान थे, जिसने सन् 1852 में सफलतापूर्वक इटली का एकीकरण किया। वही ऐसा व्यक्ति था जो कावूर की बौद्धिक प्रतिभा एवं गैरीबाल्डी की साहसिकता तथा शक्ति में समन्वय स्थापित करता रहा एवं विभिन्न प्रकार की कठिनाइयों पर विजय प्राप्त करते हुये इटली के एकीकरण को पूरा किया था।

18 फरवरी, 1861 के दिन विक्टर इमैनुएल द्वितीय ने तूरिन में एक नई

संसद का उद्घाटन करते हुये जिसमें वेनीशिया और रोम को छोड़कर शेष सभी इटली के प्रतिनिधि सम्मिलित थे, विक्टर इमैनुएल द्वितीय ने पीडमांट-सार्डीनिया के राज्य का नाम बदलकर 'इटली' की घोषणा की। यहीं पर विक्टर इमैनुएल द्वितीय को "ईश्वर की अनुकम्पा और राष्ट्र की इच्छा से इटली का राजा" घोषित किया गया।

विक्टर द्वितीय की कोशिशों व निर्णयों के परिणामस्वरूप 1866 में वेनीशिया को इटली में शामिल कर लिया गया एवं 1870 में रोम को सम्मिलित करते ही इटली का एकीकरण पूरा हो गया और इटली एक राष्ट्र बन गया। 1871 में रोम को राजधानी के रूप में राष्ट्र को समर्पित करते हुये एवं रोम में संसद् का उद्घाटन करते हुये विक्टर इमैनुएल द्वितीय ने कहा "अब हमारा दायित्व अपने राष्ट्र 'इटली' को महान् व समृद्ध बनाना है।" इस तरह विक्टर की समझदारी और व्यावहारिक बुद्धि से इटली एक राष्ट्र बन सका था। इटली के एकीकरण में उसका योगदान अद्वितीय है।

इटली के एकीकरण के विविध चरण

इटली के एकीकरण पर नजर डालने से ज्ञात होता है कि इटली पाँच चरणों (Phases) में राष्ट्रीय इकाई की पूर्णता को प्राप्त हुआ था—

प्रथम चरण—जुलाई 1858 में पीडमांट-सार्डीनिया के प्रधानमंत्री कावूर की कूटनीतिज्ञता से फ्राँस के सम्राट नेपोलियन तृतीय के साथ प्लॉम्बियर्स समझौते के सम्पन्न होते ही इटली के एकीकरण का पहला चरण आरंभ हुआ। सन्धि के अनुरूप नेपोलियन तृतीय ने दो लाख सैनिकों की सहायता पीडमांट-सार्डिनिया राज्य को उपलब्ध कराई। सैन्य मदद प्राप्त होते ही पीडमांट-सार्डीनिया के प्रधानमंत्री कावूर ने आस्ट्रिया को युद्ध की घोषणा करने के लिये उत्तेजित कर दिया; अंततः आस्ट्रिया ने अप्रैल, 1859 में पीडमांट-सार्डीनिया के विरूद्ध युद्ध की घोषणा कर दी। युद्ध में (साल्फेरीनो की लड़ाई 14 जून, 1859) आस्ट्रिया पराजित हो गया एवं पीडमांट-सार्डीनिया ने समस्त लोम्बार्डी पर अधिकार कर लिया। विजयी सेनायें वेनीशिया की ओर बढ़ने लगीं लेकिन इसी समय (11 जुलाई, 1859) विलाफ्राँका नामक स्थान पर नेपोलियन तृतीय ने आस्ट्रिया के सम्राट फ्रांसिस जोजेफ से भेंट कर अपनी दो लाख की सेना को वापस कर लिया। यह कृत्य पीडमांट-सार्डीनिया के प्रति नेपोलियन तृतीय का लज्जास्पद विश्वासघात था; परिणामतः पीडमांड-सार्डीनिया ने आस्ट्रिया के विरुद्ध युद्ध को खत्म घोषित कर दिया। पीडमांट-सार्डीनिया के राजा विक्टर इमैनुएल द्वितीय ने ज्यूरिख के स्थान पर विलाफ्राँका की सन्धि को स्वीकार

करते हुये लोम्बार्डी का प्रदेश पीडमांट-सार्डीनिया में शामिल करके इटली के एकीकरण का पहला चरण पूरा किया

द्वितीय चरण—सन् 1859 में पीडमांट तथा आस्ट्रिया के मध्य युद्ध होने के पश्चात् इटली के सभी राज्यों में बगावत कर दिया था तथा मार्च 1860 में जनता ने सर्वसम्मति के साथ पीडमांट-सार्डीनिया में शामिल होने की योजना बनाई।

तृतीय चरण—सिसली (दक्षिणी इटली) की जनता ने 1860 में अपने शासक राजा फ्राँसिस द्वितीय के निरंकुश शासन के विरूद्ध बगावत का झंडा उठा लिया। इस बगावत ने गैरीबाल्डी नामक देशभक्त को महान् वीरतापूर्ण कार्य करने का मौका प्रदान कर दिया। उसने सिसली और नेपल्स पर हमला कर दिया; यह उसके जीवन की सबसे ज्यादा शानदार घटना थी। गैरीबाल्डी के स्वयंसेवकों ने जो "दस हजार" और "लाल कुर्ती वालों" के नाम से पुकारा जाते थे ने निरंकुश शासन व्यवस्था को समाप्त करने हेतु काफी प्रयास किया। सिसली और नेपल्स के राज्यों को गैरीबाल्डी ने विक्टर इमैनुएल द्वितीय को सौंप दिया। इस तरह 1860 के अन्त में दक्षिणी इटली (सिसली और नेपल्स) का पीडमांट-सार्डीनिया में सम्मेलन संयुक्त इटली का जन्म था, यह इटली के एकीकरण का तीसरा चरण था। अब पीडमांट-सार्डीनिया के राज्य का नाम बदलकर इटली रख दिया गया (1 मार्च, 1861) एवं राजधानी तूरिन में विक्टर इमैनुएल द्वितीय को "ईश्वर की अनुकम्पा और राष्ट्र की इच्छा से इटली का राजा" घोषित कर दिया गया।

चतुर्थ चरण—प्रशा के चांसलर बिस्मार्क ने 1866 में विक्टर द्वितीय से सहयोग का समझौता करके आस्ट्रिया से युद्ध आरंभ कर दिया। सैडोवा के युद्ध में आस्ट्रिया प्रशियन सेनाओं से पूर्ण पराजित हो गया; सन्धि के परिणामस्वरूप वेनीशिया इटली में सम्मिलित हो गया (अक्टूबर, 1866)। वेनीशिया का इटली में सम्मिलन इटली के एकीकरण का चौथा चरण था।

पाँचवाँ एवं अन्तिम चरण—1870 में फ्राँस का प्रशा से युद्ध छिड़ गया, इसलिये फ्राँस की सेनायें रोम से वापस बुला ली गईं। विक्टर इमैनुएल द्वितीय ने बिस्मार्क के प्रोत्साहन (प्रशियन चांसलर) रोम पर चढ़ाई कर दी, पोप की ओर से विरोध विफल हो गया एवं 20 सितम्बर, 1870 को रोम इटली की सेना के अधिकार में आ गया। इसके बाद जनमत ने विक्टर इमैनुएल द्वितीय का पक्ष पुष्ट कर दिया और 'रोम' इटली में शामिल हो गया एवं संयुक्त इटली की राजधानी बनाया गया। यह इटली के एकीकरण का पाँचवाँ एवं अंतिम चरण था। अब इटली एक राष्ट्र बन गया था।

एकीकरण की विशेषतायें

इटली के एकीकरण की प्रमुख प्रक्रिया में दो विशेषतायें परिलक्षित होती हैं। प्रथम, पीडमांट-सार्डीनिया में यह प्रक्रिया पूरी तरह से सांविधानिक रही; जो भी कदम उठाये गये चाहे वे युद्ध के क्षेत्र में हों अथवा राजनीतिक क्षेत्र में, वे देश के कानून और संविधान के अन्तर्गत रहकर ही उठाये गये थे। द्वितीय, इटली के एकीकरण में शक्ति का परिणाम परिलक्षित नहीं होता है, अपितु जन-सहमति का नतीजा स्पष्ट दिखाई पड़ता है। इटालियन राज्य और प्रदेशों की जनता को जनमत संग्रह के रूप में अपनी इच्छा प्रकट करने का मौका प्राप्त हुआ था। इटली की एकता उदारवादी तथा राष्ट्रीयतावादी विचारों की विजय थी। इटली में सुधारों की प्रक्रिया आरंभ करने के लिए संविधान और जनमत का हमेशा सम्मान किया गया था।

जर्मनी का एकीकरण

इटली तथा जर्मनी का एकीकरण यूरोप में राष्ट्रवाद के प्रसार के परिणाम स्वरूप ही हुआ था। जर्मनी के एकीकरण में नेपोलियन ने महत्वपूर्ण भूमिका निभाई। जर्मनी के सभी राज्यों को एकजुट करने के अंतर्गत राईन परिसंघ की स्थापना टेस्टफेलिया के नए राज्यों की स्थापना आदि प्रयास किये गये।

जर्मनी उन्नीसवीं शताब्दी के प्रारम्भ में छोटे-छोटे राज्यों में विभजित एक समूह था। यहाँ पर तथाकथित 'पवित्र रोमन साम्राज्य' के अन्तर्गत लगभग 360 राज्य थे, 50 स्वतंत्र राज्य (शाही नगर) थे, जिन्हें सीधे पवित्र रोमन सम्राट से अधिकार मिले हुए थे; जिन्हें समस्त अधिकार पवित्र रोमन सम्राट से प्राप्त हुए थे जो अपने सभी मामलों का निपटारा स्वयं ही करते थे साथ ही कुछ ऐसे भी राज्य थे जिन पर चर्च का अधिकार था और आस्ट्रिया के ही ऐसे राज्य थे, जिनका यूरोप की राजनीति में महत्त्व था। यह पवित्र रोमन साम्राज्य नाम से गौरवपूर्ण प्रतीत होता था लेकिन काफी दुर्बल और निकम्मा था। पवित्र रोमन साम्राज्य का सम्राट वंशानुगत न था बल्कि निर्वाचित हुआ करता था। निःसंदेह वह सिर्फ प्रदर्शन और शोभा की वस्तु था। उसके हाथ में वास्तविक सत्ता न थी– वह न आज्ञा जारी कर सकता था, न सेना रख सकता था और न ही अपनी तरफ से अच्छी-बुरी नीति का अनुसरण कर सकता था क्योंकि पिछली शताब्दियों में जर्मन राजकुमारों ने उसे सभी अधिकारों व शक्तियों से वंचित कर दिया था।

यूरोप में जर्मनी का कोई स्थान नहीं था क्योंकि न तो प्रतिरक्षा की ही दृष्टि से वह कोई महत्त्व रखता था और न उससे कोई गम्भीर प्रयोजन ही साबित होता

था। जर्मनी के इन सब तुच्छ राजाओं या सांमतों में विशेषकर दो भावनायें प्रबल थीं—एक तो वे अपनी स्वतन्त्रता में किसी तरह का हस्तक्षेप नहीं सह सकते थे और दूसरे वे एक-दूसरे की सत्ता को हड़पने के लिये सदैव जागरूक रहते थे। उन्हें जर्मनी के, पवित्र रोमन साम्राज्य के और अपनी जन्मभूमि के हितों का रंच-मात्र भी ध्यान नहीं था। देशभक्ति की भावनाओं से वे अछूते थे। इस प्रकार के परस्पर विरोधी तत्वों को जोड़कर एक संयुक्त राष्ट्र का निर्माण करना चमत्कार ही था। राष्ट्र-निर्माण की सामग्री काफी निराशाजनक थी

आस्ट्रिया और प्रशिया ये दोनों राज्य जर्मनी के सबसे समृद्धिशाली राज्य थे। साधारणतया उनमें आपसी शत्रुता चलती-रहती थी; प्रतिस्पर्धा तो सदैव ही बनी रहती थी, कभी-कभी वे स्वार्थवश मित्र बन जाते थे। आस्ट्रिया का राज्य पुराना था और उसकी प्रसिद्धि भी रही थी। प्रशिया नया राज्य था लेकिन उसकी प्रतिष्ठा और ख्याति तेजी से बढ़ रही थी। आस्ट्रिया में हैप्सबर्ग और प्रशिया में होहेनजोलर्न वंश के राजा राज्य करते थे। आस्ट्रिया एक राष्ट्र न था अपितु राज्यों, नस्लों और भाषाओं का ऐसा विचित्र जमघट था जैसा कि यूरोप में अन्यत्र देखने को नहीं मिलता था। राजवंश के प्रति भक्ति ही एक ऐसा सूत्र थी जो उनको आपस मे बाँधे हुई थी। समस्त आस्ट्रिया को लेकर देश भक्ति की कोई भावना न थी। उसके अन्तर्गत बोहेमिया, हंगरी मिलान नीदरलैण्ड्स और स्वयं आस्ट्रिया मुख्य जनपद थे; उनमें से हर में कुछ एकता की भावना और कुछ आत्म-चेतना थी, लेकिन इन सब तत्वों से मिलकर बना हुआ कोई राष्ट्र न था। जहाँ तक प्रशिया का सम्बन्ध था, उसे सच्चे अर्थ में राष्ट्र कहा जा सकता था। यद्यपि इस समय तक (उन्नीसवीं सदी के प्रारम्भ में) उसकी राष्ट्रीय चेतना शुरुआती अवस्था में ही थी। पीढ़ी दर पीढ़ी प्रशिया के शासकों ने सैनिक शक्ति को अत्यंत महत्त्व दिया था।

आस्टरलिट्स के युद्ध 2 दिसंबर 1805 के पश्चात् नेपोलियन बोनापोर्ट ने 1806 में रोंमन राज्य का अस्तित्व लगभग समाप्त कर दिया था तथा राइन परिसंघ की स्थापना कर फ्राँसिस द्वितीय के प्रभाव को काफी कम कर दिया, साथ ही साथ प्रशिया के पूर्वी क्षेत्रों का प्रभाव भी काफी कम कर दिया तथा उसने सम्पूर्ण यूरोप को समाप्त कर उसका नए सिरे से स्थापना की।

नेपोलियन बोनापार्ट के पतन के पश्चात् वियना कांग्रेस ने 1815 में नेपोलियन की व्यवस्था जो जर्मन क्षेत्र में स्थापित की गई थी, भंग कर दी। लेकिन तब तक राष्ट्रीयता की भावना जड़ पकड़ चुकी थी। जर्मन क्षेत्र में नजदीक आने की तड़प बलवती हो रही थी। राइन परिसंघ के स्थान पर वियना कांग्रेस के राजनीतिज्ञों

ने जर्मन परिसंघ की स्थापना की और 1815 से 1866 तक जर्मनी का शासन उसी के हाथों में रहा। परिसंघ में अड़तीस राज्य सम्मिलित थे। सरकार का केन्द्रीय अंग एक संसद थी जिसकी राजधानी फ्रॉंकफर्ट निश्चित की गई। संसद के सदस्य जनता के प्रतिनिधि नहीं हुआ करते थे। उनकी नियुक्ति भिन्न-भिन्न शासक किया करते थे और उन्हीं के निर्देशानुसार वे अपने-अपने पदों पर काम करते थे। उनकी स्थिति प्रतिनिधियों की सी नहीं होती थी। इस तरह वे स्वयं विवेक के प्रश्नों का निर्णय नहीं कर सकते थे, वे तो सिर्फ राजनयिक अभिकर्ताओं के रूप में कार्य करते और अपने राजाओं के इच्छानुसार मत देते थे। आस्ट्रिया सदैव के लिये इस संस्था का अध्यक्ष था।

हालाँकि जर्मन एक मंडल था न कि परिसंघ राष्ट्र जर्मनी के सभी राष्ट्रों में यह समझौता हुआ था कि वे एक-दूसरे के विरूद्ध युद्ध नहीं छेड़ेगे। हर प्रमुख कानून के सम्बन्ध में प्रत्येक राज्य को निषेधाधिकार प्राप्त था। कार्यपालिका नाम की सही मायने में कोई चीज न थी। संसद् के निर्णय को क्रियान्वित करने का जिम्मा शासकों पर छोड़ दिया गया था। वियना कांग्रेस की व्यवस्थाओं के उपरांत आस्ट्रिया के चांसलर मेटरनिख ने प्रतिक्रियावाद की दृढ़ता से स्थापना करके घोर निरंकुशता को जन्म दिया। इससे जर्मन क्षेत्र में उदारवादियों को काफी निराशा हुई। मेटरनिख द्वारा प्रसारित कार्ल्सवाड की आज्ञाओं (1819) द्वारा लोकतांत्रिक ढंग के नये संविधानों की स्थापना पर प्रतिबंध लगा दिया गया था।

1830 की क्रान्ति का जर्मन परिसंघ में प्रभाव— 1830 में जर्मन परिसंघ आंदोलन की लपेट में आ गया। सैक्सनी, ब्रांजविक, हेस एवं अन्य जर्मन क्षेत्रों में भी क्रान्तिकारी आंदोलन प्रस्फुटित हो गये। इसके परिणामस्वरूप नये संविधानों की स्थापना मुख्यतया उत्तरी जर्मनी में हुई। लेकिन क्रान्तिकारी आंदोलन, मेटरनिख की प्रतिक्रियावादी नीति का शीघ्र ही शिकार हो गया। दमनकारी कानूनों द्वारा, सांविधानिक जीवन का जो सूत्रपात हुआ था उसे खत्म कर दिया गया।

1848 की क्रान्ति का जर्मन परिसंघ में प्रभाव— 1848 की क्रान्ति के परिणामस्वरूप बर्लिन में जनता ने बगावत कर दी। इससे डरकर प्रशिया के राजा (फ्रेडरिक विलियम चतुर्थ) ने संविधान स्थापित करने का वचन दिया। उसने यह भी आश्वासन दिया था कि मैं जर्मनी के एकीकरण के आंदोलन का नेतृत्व करूँगा। इस लक्ष्य को पूरा करने हेतु एक 'जर्मन राष्ट्रीय सभा' का चुनाव किया गया। उसने राष्ट्रीय एकीकरण की दिशा में तुरंत ही प्रारम्भिक कार्यवाही की।

दो महीने के पश्चात् फ्रांकफर्ट में जनता के सहयोग से इस सभा का आयोजन

किया गया परंतु जर्मन राजाओं द्वारा अपने राज्यों में संविधान की स्थापना करने के पश्चात् भी विरोध सफलता हाथ नहीं लगी।

जर्मनी एकीकरण तथा बिस्मार्क की नीतियाँ

बिस्मार्क के प्रयासों के कारण ही सन् 1848 में जर्मनी में एकीकरण की स्थापना की जा सकी थी। वह प्रशिया का चांसलर था, जिसे संसद, संविधान तथा लोकतंत्र के आदर्शों से घृणा थी। उसे भावनात्मक दृष्टि से आस्ट्रिया से विशेष लगाव नहीं था। वह प्रशिया के फायदे के लिए जर्मनी में एकता की स्थापना करना चाहता था। इस तरह जर्मन साम्राज्य (जर्मनी का एकीकरण) रक्त और तलवार की नीति का ही परिणाम था। प्रशिया ने छः वर्ष के अल्पकाल में तीन युद्ध लड़कर इस नीति को व्यावहारिक रूप दिया। प्रथम, 1864 में डेनमार्क से युद्ध; द्वितीय 1866 में आस्ट्रिया से युद्ध; और तृतीय, 1870 में फ्राँस से युद्ध। सभी युद्ध उसकी राजनयिक सफलता की गाथा बन गये थे।

डेनमार्क से युद्ध

जर्मन एकीकरण की दिशा में किया जाने वाला यह प्रथम युद्ध इतिहास की एक सबसे अधिक जटिल समस्या कहलाती है, यह युद्ध इसी समस्या से पैदा हुआ था। यह थी—श्लैशविक और होल्स्टाइन के भविष्य की समस्या। ये दोनों क्षेत्र डेनमार्क के प्रायद्वीप में, जो कि उत्तरी जर्मनी के मैदान का ही एक विस्तार था, स्थित थे। होल्स्टाइन के निवासी सभी जर्मन जाति के थे, इनकी संख्या लगभग छः लाख थी। श्लैशविग में लगभग तीन लाख जर्मन और डेढ़ लाख डेन रहते थे। इन दोनों क्षेत्रों का शताब्दियों से डेनमार्क के साथ संबंध था परन्तु वे डेनमार्क के राज्य के अभिन्न अंग नहीं बन पाये थे। 1863 में ये क्षेत्र डेनमार्क में शामिल घोषित कर दिये गये। इस समस्या को डेनमार्क एवं जर्मनी की जनता के इच्छानुसार नहीं सुलझाया गया था। बिस्मार्क ने देखा कि इस स्थिति से प्रशिया के राज्यक्षेत्र का प्रसार करने और आस्ट्रिया से संघर्ष करने का अच्छा मौका उपलब्ध है। उसने आस्ट्रिया को श्लैशविग होल्स्टाइन के प्रश्न को हल करने में प्रशिया से सहयोग करने हेतु प्रलोभित किया।

आस्ट्रिया बिस्मार्क की राजनीतिक चाल को न समझ पाया। उसने बिस्मार्क के प्रस्ताव का स्वागत किया और तब दोनों शक्तियों (प्रशिया, आस्ट्रिया) ने डेनमार्क को अपनी माँगें (श्लैशविग-होल्स्टाइन पर अधिकार त्यागने हेतु) स्वीकार करने के

लिये 48 घंटे का अल्टीमेटम दे दिया। डेनमार्क ने अल्टीमेटम की उपेक्षा की, फलतः प्रशिया और आस्ट्रिया ने तत्काल युद्ध की घोषणा कर दी। फरवरी 1864 में हुये इस युद्ध का परिणाम निश्चित था। एक छोटा-सा राज्य (डेनमार्क) दो बड़ी शक्तियों (आस्ट्रिया, प्रशिया) का सामने करने की शक्ति नहीं रखता था, अतः प्रशिया आस्ट्रिया को विजय बड़ी सरलता से प्राप्त हो गई और डेनमार्क ने दोनों डची (श्लैशविग-होल्स्टाइन) इन दोनों को (प्रशिया, आस्ट्रिया) को संयुक्त रूप से अक्टूबर, 1864 में सौंप दिया।

दोनों डची (श्लैशविग-होल्स्टाइन) की व्यवस्था के सम्बन्ध में आस्ट्रिया एवं प्रशिया के मध्य विवाद पैदा हो गया। आस्ट्रिया की आकांक्षा थी कि इन दोनों क्षेत्रों को एक अतिरिक्त राज्य के रूप में जर्मन परिसंघ में शामिल कर दिया जाये परन्तु बिस्मार्क इन क्षेत्रों को प्रशिया में शामिल करने का इच्छुक था। इससे प्रशिया का समुद्र तट विस्तृत होने, अच्छा बन्दरगाह (कील) प्राप्त होने और व्यापार-वाणिज्य के विस्तार की सम्भावनायें थीं। इस तरह लूट के माल में बँटवारे को लेकर दोनों शक्तियों के मध्य तीव्र विवाद हो गया। बिस्मार्क का उद्देश्य स्पष्ट था कि आस्ट्रिया से लड़ाई करके ही प्रशिया अपने फायदे के लिये जर्मनी की एकता स्थापित कर सकता है। उसका विश्वास था कि जर्मनी में दोनों शक्तियों के लिये पर्याप्त स्थान नहीं है। ऐसी स्थिति में वह प्रशिया के प्रसार और प्रभाव हेतु बलपूर्वक इन क्षेत्रों पर अधिकार करने के लिये तत्पर हो उठा; आस्ट्रिया भी झुकने के लिये तैयार नहीं था अतः युद्ध अनिवार्य हो गया। अन्त में जून, 1866 में प्रशिया, आस्ट्रिया के मध्य युद्ध प्रारम्भ हो गया। यह इतिहास का सर्वाधिक निर्णायक युद्ध सिद्ध हुआ और इसके परिणाम बहुत ही महत्वपूर्ण साबित हुए।

आस्ट्रिया और प्रशिया का युद्ध

इस युद्ध को इतिहास में सप्त साप्ताहिक युद्ध के नाम से जाना जाता है, जिसकी शुरुआत 16 जून 1866 ई. को तथा अंत 3 जुलाई 1866 को हुआ। विस्मार्क के प्रयास से 1866 को प्राग की संधि के दौरान काफी उदार शर्तें रखी गईं। इटली द्वारा बिस्मार्क के युद्ध में सहयोग करने के कारण आस्ट्रिया को वेनीशिया का क्षेत्र इटली को सौंपना पड़ा। उसमें कुल मिलाकर 22 राज्य थे। इसका संविधान बिस्मार्क ने बनाया। प्रशिया का राजा परिसंघ का अध्यक्ष होगा। 1 जुलाई, 1867 को नया संविधान लागू हो गया। इस उत्तरी जर्मन परिसंघ का अस्तित्व लगभग 4 वर्ष रहा। 1870 में यह जर्मन साम्राज्य में विलीन हो गया।

प्रशिया का फ्राँस से युद्ध

बिस्मार्क के अनुसार फ्राँस से युद्ध तो इतिहास की तर्कसंगत परिणति है। इससे स्पष्ट है कि बिस्मार्क प्रारम्भ से ही फ्राँस विरुद्ध युद्ध की तैयारी में व्यस्त था। फ्राँस के सम्राट नेपोलियन तृतीय को अपनी भूल तब ज्ञात हुई जब बिस्मार्क ने साडोवा के युद्ध (3 जुलाई, 1866) में निर्णायक विजय प्राप्त कर पूर्ण लाभ उठाया और उत्तरी जर्मनी को प्रशा के ढंग के प्रशासन में संगठित करके सैनिक तैयारी प्रारम्भ कर दी। फ्राँस के सम्राट नेपोलियन तृतीय ने 'साडोवा के बदले की बात' आरंभ कर दी परन्तु मौका निकल चुका था। फ्राँस, प्रशा के बढ़ते प्रभाव से आक्रान्त होने लगा था। नेपोलियन तृतीय इसलिये भी क्षुब्ध था कि साडोवा के युद्ध के समय फ्राँस की तटस्थता के बदले उसे कुछ नहीं मिला। वह बारम्बार बिस्मार्क से किसी क्षेत्र की (कभी पैलेटिनेट की, कभी बेल्जियम की, कभी लुक्जमबर्ग की) माँग करता। बिस्मार्क ने इन माँगों का राजनीतिक लाभ उठाया और उसकी इन गोपनीय माँगों को सभी के समक्ष उजागार कर दिया; इससे समस्त दक्षिणी जर्मन राज्यों में नेपोलियन तृतीय के प्रति अविश्वास बढ़ने लगा। इंग्लैण्ड भी नेपोलियन तृतीय के इरादों से सतर्क हो गया। बिस्मार्क ने इसका राजनीतिक लाभ उठाया। उसने निकट भविष्य में होने वाले फ्राँस-प्रशा युद्ध में इंग्लैण्ड, रूस, आस्ट्रिया सभी को तटस्थ रहने के लिये प्रेरित कर लिया। इस तरह बिस्मार्क ने फ्राँस को हर तरफ से एकाकी और मित्रविहीन बना दिया।

इसी समय युद्ध का बहाना (तात्कालिक कारण) भी मिल गया। स्पेन के राजनीतिक परिवर्तनों के उपरांत स्पेन के सिंहासन के लिये जर्मन राजकुमार लिओपोल्ड को (4 जुलाई, 1870) आमंत्रित किया गया। नेपोलियन तृतीय को इस तरह जर्मनी एवं स्पेन के राजवंशों को एक हो जाने से फ्राँस की सुरक्षा को खतरा दिखायी दिया और उसने प्रशा एवं स्पेन से इसका तीव्र विरोध (6 जुलाई, 1870) किया। राजकुमार लिओपोल्ड प्रशा के राजपरिवार से सम्बन्धित था, इससे प्रशा का प्रभाव अवश्य ही बढ़ जाता। यह आमंत्रण पहले अस्वीकार करने के उपरांत लिओपोल्ड ने अंततः स्वीकार कर लिया। इससे नेपोलियन तृतीय बहुत क्षुब्ध हुआ। उसने प्रशा स्थित अपने राजदूत बेनेडेटी को निर्देश दिया कि वह प्रशा के राजा विलियम प्रथम को स्पष्ट कर दे कि लिओपोल्ड द्वारा स्पेन का राजमुकुट स्वीकार करना फ्राँस के सम्राट को पसन्द नहीं है। यह कार्य नेपोलियन तृतीय द्वारा प्रशा में अनर्गल हस्तक्षेप था परन्तु इसी समय लिओपोल्ड ने स्पेन का सिंहासन ग्रहण करने

से इन्कार कर दिया। इसे फ्राँस की विजय कहा जा सकता है। संकट का अंत यहीं पर नहीं होता है। राजदूत बेनेडेटी ने राजा विलियम से आश्वासन माँगा कि स्पेन के सिंहासन पर होहेनजालर्न राजवंश का कोई सदस्य नहीं बैठेगा जिसे राजा विलियम द्वारा नकार दिया गया। तार की सहायता से बिस्मार्क को यह सूचना प्रदान की गई जिसका फायदा बिस्मार्क ने गलत ढंग से उठाया।

फ्राँस को प्रत्येक क्षेत्र में हार का सामना करना पड़ा तथा प्रशा विजयी हुआ फ्रैंकफर्ट में संधि के परिणामस्वरूप फ्राँस को एलसास तथा लोरेन के प्रदेश जर्मन को देने पड़े।

जर्मन एकीकरण की विशेषतायें

जर्मन एकीकरण की दिशा में किये गये सभी प्रयास और कार्य (डेनमार्क से युद्ध, आस्ट्रिया से युद्ध, फ्राँस से युद्ध) मात्र अवसरवादिता का परिणाम न होकर पूर्व-निर्धारित योजना के अंग थे। बिस्मार्क के लिये प्रशा के हित सर्वोपरि थे इसीलिये जर्मन एकीकरण की प्रक्रिया के दौरान उसने इस बात का पूर्ण ध्यान रखा कि नवोदित जर्मनी प्रशा के साँचे में ढले। निःसन्देह बिस्मार्क को जर्मन राष्ट्रवाद से सहानुभूति थी। प्रशा स्वयं जर्मन था और इसलिये उसके व जर्मनी के हित एक ही थे।

दूसरी तरफ बाल्कन का द्वितीय युद्ध प्रारम्भ हो गया। इस बार बाल्कन के राष्ट्र आपस में ही संघर्षग्रस्त हुए। सर्बिया, यूनान, रूमानिया, टर्की एक तरफ एवं बाल्गारिया अकेला दूसरी तरफ में था; मांटीनीग्रो भी पहले पक्ष के साथ हो गया। इस तरह बाल्गारिया सब तरफ से शत्रुओं से घिर गया। वह अकेला पाँच राज्यों से युद्ध कर रहा था; परिस्थिति निराशाजनक थी। पराजित बल्गारिया ने निराश होकर सन्धि की याचना की; अन्ततोगत्वा 10 अगस्त, 1913 को बुखारेस्ट की सन्धि हो गई। सन्धि के अनुरूप सर्बिया को उत्तरी एवं मध्य मेसोडोनिया का भाग प्राप्त हुआ; दक्षिणी मेसोडोनिया (सैलोनिका बन्दरगाह सहित) यूनान को प्राप्त हुआ; रूमानिया को बल्गारियों से उत्तर-पूर्व की संकरी पट्टी प्राप्त हुई, जो रूमानिया की आकांक्षा थी। टर्की को भी लन्दन सन्धि में खोया हुआ विस्तृत भू-क्षेत्र पुनः प्राप्त हो गया जिसमें एड्रियानोपुल का महत्त्वपूर्ण नगर एवं दुर्ग भी शामिल था। इस सन्धि से बल्गारिया गम्भीर रूप से क्षुब्ध हो उठा एवं बुखारेस्ट की सन्धि को तोड़ने के मौके की ताक में रहने लगा। मांटीनीग्रो का भी आकार प्रायः दुगना हो गया।

बाल्कन युद्धों से सर्बिया की शक्ति और प्रभाव में आशातीत् वृद्धि हुई थी।

इससे आस्ट्रिया अधिक क्षुब्ध था क्योंकि उसे भय था कि सर्बिया के स्लाव जाति के लोग संगठन के बहाने आस्ट्रिया में रहने वाले स्लावों को बगावत के लिये उकसायेंगे। इसके परिणामस्वरूप आस्ट्रिया में सर्बिया के खिलाफ द्वेष की भावना का विकास हुआ तथा दोनों के संबंध काफी खराब हो गये। 1914 में बोस्निया की राजधानी सेराजेबों में आस्ट्रिया के राजकुमार की हत्या कर दी गई जिस पर आस्ट्रिया का अधिकार था। इस प्रकार यूरोप के सभी पड़ोसी राज्य एक दूसरे से उलझते चले गए।

निष्कर्षतः कहा जा सकता है कि बिस्मार्क की अद्वितीय नीतियों की बदौलत जर्मनी का एकीकरण संभव हो सका। बिस्मार्क तलवार के बल पर सत्ता की स्थापना करना चाहता था। उसे जर्मन राष्ट्रवाद से काफी लगाव था। उसने फ्राँसीसी क्रांति के पश्चात् स्वतंत्रता, समानता तथा बंधुत्व की भावना का चारों तरफ प्रसार किया।

4

समाजवादी आन्दोलन

समाजवादी विचारधारा का प्रसार उन्नीसवीं शताब्दी की शुरुआत के दौरान इंग्लैंड तथा फ्राँस के उदारवादी चिंतकों तक ही सीमित था। उनके द्वारा मजदूरों की नीति में सुधार करने का काफी प्रयास किया गया, परंतु वे पूर्ण रूप से सफल नहीं हो सकी थी। सर्वप्रथम राबर्ट ओवन ने अपने कारखानों में मजदूरों की आदर्श सहकारी संस्थायें स्थापित की और उनके आमोद-प्रमोद, रहन-सहन, उचित वेतन, उनके बच्चों की शिक्षा की व्यवस्था की। वह मालिक और मजदूरों के बीच फायदा के विभाजन का समर्थक था और उद्योग एवं समाज का सहकारिता के सिद्धान्त पर संगठन करना चाहता था। इंग्लैण्ड के राबर्ट ओवन के समय में ही फ्राँस में सेंट साइमन और फोरिये भी इसी तरह की योजनाओं का समर्थन कर रहे थे। सेंट साइमन वैज्ञानिकों एवं इंजीनियरों द्वारा संचालित सहकारी राज्य का समर्थक था; फोरिये समाज का सहकारी समुदायों में संगठन करना चाहता था लेकिन इन सबकी योजनायें काल्पनिक थीं, उन पर ज्यादा व्यवहार न हो सका। व्यवहार में आने योग्य योजना प्रस्तुत करने वाला फ्राँस से लुई ब्ला हुआ जिसने वैयक्तिक स्वतन्त्रता के सिद्धान्त का भारी विरोध किया, मजदूरों के काम के अधिकारों की माँग की गयी और उस अधिकार की प्राप्ति के लिये राष्ट्रीय कारखानों की आवश्यकता बतायी। फ्राँस में लुई ब्ला की योजनानुसार ही 1848 में क्रान्ति के उपरांत राष्ट्रीय कारखानों की स्थापना हुई थी। फ्राँस के ये विचारक आधुनिक समाजवाद के अग्रदूत थे; उन्होंने तत्कालीन सामाजिक व्यवस्था

एवं उसकी अलग-अलग संस्थाओं के दोषों का उल्लेख किया, आर्थिक स्वतन्त्रता के सिद्धान्त की ओर उसमें निहित विभिन्न प्रकार की स्वतन्त्रताओं की तीखी भर्त्सना की तथा काम का अधिकार, मजदूरों के संगठन, व्यक्ति का व्यक्ति के द्वारा शोषण, मजदूरों का अधिनायकतंत्र आदि विभिन्न समाजवादी सूत्रों का प्रचार किया। 'साम्यवाद' शब्द एवं उसका सूचक लाल झंडा भी फ्राँस से ही जगत को प्राप्त हुआ। आजकल ज्यादातर साम्यवाद को समाजवाद का उग्र रूप माना जाता है लेकिन मार्क्स ने इस अर्थ में इस शब्द का प्रयोग नहीं किया था। इस शब्द का प्रयोग करने में उसका तात्पर्य विभिन्न वैज्ञानिक समाजवाद का पूर्वगामी कल्पना प्रधान समाजवाद से भेद स्थापित करना था।

मार्क्स का सिद्धांत एवं प्रभाव

कार्ल मार्क्स का जन्म सन् 1818 में एक यहूदी परिवार में हुआ था। उन्हीं के द्वारा समाजवाद के अदम्य गतिशील के नाम से जाना जाता है। कार्ल मार्क्स बाल्यावस्था में ही काफी तेज बुद्धि के स्वामी थे। उन्होंने बॉन तथा बर्लिन के विश्वविद्यालयों में दर्शनशास्त्र की शिक्षा ग्रहण की। उन्हें युवावस्था से ही उदारवादी विचारधारा से काफी लगाव था तथा उन्होंने उदारवादी विचारधारा के समाचार पत्र का भी संपादन किया।

उन्होंने अपने मित्र फ्रेडरिक ऐंजिल्स की सहायता से साम्यवादी घोषणा पत्र की रचना की जिसे आधुनिक वैज्ञानिक समाजवाद का आधार माना जाता है। इस घोषणा-पत्र में मार्क्स के वे सम्पूर्ण विचार बीजरूप में विद्यमान हैं, जिनका कालांतर में उसने अपनी महान् कृति 'दास कैपिटल' (Das Capital) में प्रतिपादन किया। यह महान् ग्रन्थ तीन खंडों में है, जिसका सिर्फ प्रथम खंड उसके जीवनकाल में (1867) प्रकाशित हो सका था। शेष दो खंड उपरांत में ऐंजिल्स के सम्पादन के साथ प्रकाशित किए गए।

भौतिकवादी सिद्धांत

इतिहास की भौतिकवादी व्याख्या (Materiallistic) मार्क्स का सबसे मुख्य सिद्धान्त है। उसका विचार था कि इतिहास एक तार्किक एवं क्रमबद्ध विकास है। समाज की विभिन्न संस्थाओं में बदलाव भौतिक अवस्थाओं के कारण अर्थात् उत्पादन तथा वितरण के तरीकों में बदलाव होने के कारण होते हैं, किसी अटल सत्य एवं न्याय के अमूर्त विचारों या भगवान की इच्छा के कारण नहीं। कूटनीतिक संस्थाओं,

धर्म, कानून, दर्शन, मनुष्य का समाज के विभिन्न वर्गों में स्थान आदि सब बातों का निर्णय मुख्य रूप से किसी भी समय समाज में प्रचलित उत्पादन एवं वितरण की प्रणाली द्वारा होता है। जब इस प्रणाली में बदलाव हो जाता है तो उसके साथ ही सामाजिक, कूटनीतिक एवं धार्मिक संस्थाओं में भी बदलाव हो जाते हैं। इस प्रकार समाज का विकास होता है। अब तक का इतिहास और ऐतिहासिक विकास चार युगों में वितरित हैं—'आदिम साम्यवाद का युग' था, जिसमें व्यक्तिगत सम्पत्ति नहीं थी। व्यक्तिगत सम्पत्ति 'द्वितीय युग'—'दास युग' आरंभ हुआ। आर्थिक आधार पर समाज दो वर्गों में विभाजित हो गया—एक वर्ग आर्थिक साधनों के स्वामियों का और दूसरा वर्ग दासों का। इसके उपरान्त 'उपरान्त 'तृतीय युग'—'सामन्तवादी युग' आरंभ हुआ। इस युग में भी समाज दो वर्गों में (सामन्तों और कृषकों) वितरित था। इस युग के उपरांत चतुर्थ युग—'पूँजीवादी युग' आरंभ हुआ जो अभी तक विद्यमान है; इस युग में भी दो वर्ग (पूँजीपति और मजदूर) विद्यमान हैं।

'वर्ग संघर्ष का सिद्धांत – मार्क्स के अनुसार समाज का विकास वर्ग-संघर्ष के द्वारा होता है। हर युग में दो मुख्य वर्ग होते हैं जिनमें एक आर्थिक साधनों का स्वामी होता है और दूसरा उसका आश्रित होता है। इन दोनों वर्गों के हित आपस में विरोधी होते हैं। किसी भी युग में सम्पत्तिशाली वर्ग सामाजिक, राजनीतिक, आर्थिक, धार्मिक सभी संस्थाओं को अपने अनुकूल बना लेता है और उनके द्वारा सम्पत्तिहीन-वर्ग का शोषण करता है। अन्त में दलित वर्ग अपने स्वामियों के विरोध उठ खड़ा होता है और उन पर विजय प्राप्त कर लेता है। इस तरह दास युग में दासों ने स्वामियों के विरुद्ध संघर्ष किया; सामन्त युग में कृषकों ने सामन्तों के विरुद्ध और पूँजीवादी युग में मजदूर पूँजीपतियों के विरुद्ध संघर्षरत है। मार्क्स का यह मानना है कि यह वर्ग-संघर्ष समाज के विकास की स्वाभाविक प्रक्रिया है और तब तक यह संघर्ष चलता रहेगा जब तक समाज दो विरोधी वर्गों में वितरित रहेगा। पूँजीपतियों के विरूद्ध मजदूरों का संघर्ष अन्तिम संघर्ष है; अंततः मजदूर वर्ग की विजय होगी; पूँजीपतियों एवं उनकी सम्पूर्ण संस्थाओं का विनाश करके मजदूर वर्ग अपनी सत्ता स्थापित कर लेगा।

अतिरिक्त मूल्य का सिद्धान्त– मार्क्स का तीसरा सिद्धान्त मूल्य श्रम का तथा अतिरिक्त मूल्य का सिद्धांत मार्क्स का तीसरा सिद्धांत था। पूँजीपति मजदूर के श्रम का पूर्ण पारिश्रमिक नहीं देने के कारण वर्ग-विद्वेष की शुरुआत हुई है। पूँजीपति मजदूर को उतना ही पारिश्रमिक देता है जितना सिर्फ जीवित रहने के लिए पर्याप्त होता है। वह मजदूरों से काम तो अधिक कराता है परंतु पारिश्रमिक काफी कम देता है।

जिसके परिणामस्वरूप छोटे-छोटे पूँजीपति समाप्त हो जायेंगे तथा पूँजी बड़े-बडे पूँजीपति मजदूर वर्ग को मिलती जायेगी। मार्क्स के अनुसार ज्यादा से ज्यादा लाभ प्राप्त करने हेतु प्रतियोगिता बढ़ती ही जाएगी। इसके साथ ही उनकी दरिद्रता और दुर्दशा भी बढ़ती जायेंगी। ज्यादा-से-ज्यादा लाभ के लिये पूँजीपति कारखानों का प्रसार करेंगे जिससे हजारों की संख्या में मजदूर एक ही स्थान पर रहने लगेंगे; उनमें वर्ग-चेतना जाग्रत होगी और वे अपना संगठन स्थापित कर सकेंगे। पूँजीपति अपने मकसद यातायात के साधनों का विकास करेंगे जिससे मजदूरों के लिये दूरस्थ सहकर्मियों से सम्पर्क करना आसान हो जायेगा। अन्त में बहुसंख्यक मजदूर वर्ग पूँजीपतियों के विरुद्ध संघर्ष करने के लिये मजबूर हो उठेगा एवं क्रान्ति द्वारा पूँजीपतियों का अन्त कर देगा। मजदूरों की विजय अनिवार्य है। क्रान्ति के उपरांत अवधि तक मजदूर वर्ग राज्य की सभी दमनकारी शक्ति का प्रयोग पूँजीपतियों के बचे हुये विरोध का दमन करने तथा उन्हें उत्पादन के सभी साधनों से वंचित कर सम्पत्तिविहीन कर देने के लिये करेगा। इस तरह उत्पादन के सम्पूर्ण साधन राज्य के नियन्त्रण में आ जायेंगे; सभी लोगों को परिश्रम करने के लिये मजबूर किया जायेगा और समाज में एक वर्ग ही शेष बचेगा; वर्ग-भेद का खात्मा हो जायेगा। सभी वर्गीय संघर्ष का अन्त हो जायेगा, साथ ही राज्य का भी अन्त हो जायेगा क्योंकि मार्क्स के विचार में राज्य एक दमनकारी संस्था है, जिसके द्वारा एक वर्ग दूसरे वर्ग का शोषण करता है। नए समाज (मार्क्स के कथनानुसार) राज्यविहीन तथा वर्गविहीन होगा जिसमें उत्पादन उपभोग के लिये होगा, मुनाफे के साथ बिक्री के लिये नहीं। सभी काम ऐच्छिक सहयोग से होगा। प्रत्येक व्यक्ति अपनी शक्ति के अनुसार काम करेगा और अपनी आवश्यकता के मुताबिक अपने उपयोग की वस्तुयें प्राप्त करेगा; उसे किसी प्रकार की कमी नहीं होगी। इस प्रकार वर्ग-संघर्ष की प्रक्रिया द्वारा समाज के ऐतिहासिक विकास के सिद्धान्त के आधार पर मार्क्स ने अन्त में मजदूर वर्ग की विजय सुनिश्चित बताकर उसके सामने एक काफी आकर्षक लक्ष्य रखा और अपनी दुर्दशा से मुक्ति पाने के लिए प्रेरणा प्रदान की थी।

मार्क्स कोई राष्ट्रवादी नहीं था। वह सभी राष्ट्रों के पूँजीपतियों को एक वर्ग मानता था। और उसी प्रकार सम्पूर्ण राष्ट्रों के मजदूरों को भी एक वर्ग मानता था और उन सबको एक हो जाने को कहता था। 1848 के पश्चात् मार्क्स का प्रभाव यूरोप में धीरे-धीरे बढ़ने लगा और सर्वत्र मजदूर वर्ग उसे अपना मार्ग-दर्शक समझने लगा था।

मार्क्स ने 1864 में उसने एक अन्तर्राष्ट्रीय मजदूर संस्था का निर्माण किया

था; यही संस्था उपरांत में 'प्रथम अन्तर्राष्ट्रीय (First International) संस्था' के रूप में जानी गयी। मार्क्स के विचारों से सिर्फ क्रान्तिकारी समाजवादी लोग ही प्रभावित नहीं हुऐ बल्कि उनका प्रभाव अनेक संस्थाओं और कूटनीतिक दलों पर भी पड़ा जो सामाजिक संगठन को अधिक अच्छा और न्यायपूर्ण बनाने की कोशिश करने लगे। वास्तव मे मार्क्स ने मजदूरों में अपूर्व जागृति पैदा की और मजदूर अपनी हालत सुधारने के लिये प्रयत्नशील बने। साम्यवाद को उसने गतिशील आंदोलन का रूप दे दिया।

5

प्रथम विश्व युद्ध

यूरोप के इतिहास में बाल्कन युद्ध बहुचर्चित विषय है। इस युद्ध में प्रथम विश्व युद्ध की भूमिका काफी महत्वपूर्ण रही। 1878 की संधि बाल्कन के प्रदेश वासियों को अनेक राज्यों के साथ भाषा, संस्कृति एवं अन्य कई तथ्यों पर बातचीत किये बगैर उन्हें शामिल कर लिया गया था इसी कारण यहाँ के लोग अत्यधिक असंतुष्ट थे। इसी दौरान बाल्कन के सब राज्यों ने एक संघ बनाने का विचार-विमर्श किया। तत्कालीन यूरोप में उत्पन्न राष्ट्रवादी भावना का भी प्रभाव बाल्कन निवासियों पर भी पड़ने लगा और वे एकजुट होने का प्रयास करने लगे किंतु उनके संगठित होने में विभिन्न प्रकार की समस्याएँ व बाधाएँ उत्पन्न हो गयी। 1885 में बल्गारिया ने पूर्वी रूमानिया को अपने में शामिल कर लिया। जो सर्बिया को अच्छा नही लगा और उसने बल्गारिया के विरुद्ध युद्ध करना प्रारंभ कर दिया। सभी राष्ट्र मेसीडोनिया को पूर्ण अथवा अधिकांश रूप से हड़पना चाहते थे। अतः दोनों में मनमुटाव उत्पन्न हो गया। इसी प्रकार की समस्याएँ व रुकावटें थीं जो बाल्कन प्रदेशों के बीच संघ बनाने के मार्ग में रुकावटें उत्पन्न कर रही थीं।

इतना होने के पश्चात् भी बाल्कन के राजनीतिज्ञ इस ओर प्रयास करते रहे। बल्गारिया द्वारा इस ओर प्रथम प्रयत्न किया गया। उसने मान्टीनीग्रो से सबसे पहले अपने सम्बन्धों को सुधारा। यूनान एवं सर्बिया के राजकुमारों ने भी उस समारोह में भाग लिया जिसमें मान्टीनीग्रो और बल्गारिया मिले थे। बल्गारिया के सोफिया विद्यालय के विद्यार्थी यूनान की राजधानी एथेन्स गए जहाँ उनका स्वागत

किया गया। इस तरह आपसी मधुर सम्बन्धों द्वारा बाल्कन प्रदेश समीप आने लगे। 1912 में बल्गारिया के राजकुमार बेरिस (Baris) के जन्म दिन की वर्षगाँठ के मौके पर बाल्कन प्रदेश के राजकुमार एकत्रित हुए।

इस प्रकार सर्बिया एवं बल्गारिया के सम्बन्ध सुधर गये। सर्बिया एवं बल्गारिया में एक सन्धि हुई जिसमें निश्चय किया गया कि–"यदि कोई महान शक्ति उनके हितों को क्षति पहुँचायेगी अथवा पहुँचाने के लिये टर्की पर हमला करेगी तो इन राज्यों द्वारा शक्ति का विरोध किया जायेगा।" मेसोडोनिया के प्रश्न को भी इन्होंने सुलझा दिया। यूनान द्वारा भी क्रीट के मामले पर बल्गारिया से समझौता हुआ। इसी समय यूनान के प्रधानमन्त्री वेनीजलोस (Venizelos) के प्रयास से यूनान, सर्बिया, बल्गारिया का एक संघ बना। मान्टीनीग्रो भी इसमें शामिल हुआ। इस तरह बाल्कन संघ का निर्माण हुआ।

प्रथम बाल्कन युद्ध के प्रमुख कारण

टर्की के भूतपूर्व एवं अत्याचारी शासक अब्दुल हमीद द्वितीय को युवा तुर्क दल द्वारा पदच्युत कर दिया गया था। जनता को आशा थी कि इसके पश्चात् समानता एवं बंधुत्व की भावना से कार्य होगा परन्तु कालांतर में तुर्की भावना के सबल होने से बाल्कन निवासी अप्रसन्न हो गए और टर्की के विरुद्ध तैयार होने लगे। बाल्कन के राज्यों द्वारा एक संघ का निर्माण हुआ जो टर्की के विरुद्ध था। इन दोनों प्रदेशों के एक होने से टर्की चिढ़ गया था। प्रायः बाल्कन प्रदेश मेसोडोनिया को लेकर ही आपस में लड़ा करते थे। परन्तु उन्होंने इस सम्बन्ध में एक समझौता कर लिया था और एक हो गए थे। यद्यपि क्रान्ति द्वारा युवा तुर्क दल ने शासन हथिया लिया था परन्तु वह शासन की बागडोर उचित ढंग से नहीं चला पाये, किसी इतिहासकार ने यह लिखा है कि –"युवा तुर्क दल आरम्भ से ही सुधारों की तरफ से असफल रहे क्योंकि उनके वचन असत्य थे। उनकी असफलताओं ने ही बाल्कन युद्ध का और बाल्कन युद्ध ने यूरोपियन युद्ध का मार्ग प्रशस्त किया।"

युद्ध की घटनायें

8 अक्टूबर 1912 को मान्टीनीग्रो द्वारा टर्की के विरुद्ध युद्ध की घोषणा तब की जब बाल्कन राज्यों में संधि हो गयी थी। बल्गारिया एवं सर्बिया आदि राज्यों ने

भी हिस्सा लिया। 1912 में यूनान द्वारा सेलोनिका को विजित कर लिया गया। सर्बिया और मान्टीनीग्रो ने अल्बानिया को अपने अधीन कर लिया। बल्गारिया की सेना कांसटेंटिनोपल के पास तक पहुंच गई। यूरोपीय देशों ने मध्यस्थता कर दोनों पक्षों के मध्य सन्धि करा दी परन्तु बाल्कन राज्यों की माँग को टर्की ने पूर्ण नहीं किया और दोनों पक्षों में फिर युद्ध आरम्भ हो गया। इस युद्ध में टर्की को हार का मुँह देखना पड़ा और अंत में 30 मई 1913 को बाल्कन और टर्की के मध्य लंदन में संधि हो गयी।

इस सन्धि के तहत युद्ध का अंत हो गया। इस सन्धि के अनुसार यूरोप के अधिकांश प्रदेश टर्की के अधिकार से छीन लिए गए, सिर्फ कुस्तुन्तुनिया एवं आस-पास का क्षेत्र ही उनके पास शेष रहा। क्रीट, ग्रीस में शामिल हुआ। मेसोडोनिया के प्रान्त पर बाल्कन प्रदेशों का प्रभुत्व और अल्बानिया को स्वतन्त्र राज्य का दर्जा प्राप्त हुआ।

द्वितीय बाल्कन युद्ध एवं उसके कारण

बाल्कन के सभी राज्य युद्ध हेतु एकजुट हो गए किंतु प्राप्त राज्यों के विभाजन को लेकर उनमें मनमुटाव पैदा हो गया। द्वितीय बाल्कन युद्ध, बाल्कन प्रदेशों की असन्तुष्टता के कारण हुआ। लन्दन की सन्धि से बाल्कन प्रदेश असन्तुष्ट थे। अल्बानिया की उत्पत्ति आस्ट्रिया के प्रयत्न से हुई थी, परन्तु सर्बिया इससे असन्तुष्ट था क्योंकि वह मान्टीनीग्रो के साथ उसे बाँट लेना चाहता था। इसके अतिरिक्त सर्बिया का भी कुछ भाग अल्बानिया में मिला दिया गया था। प्रथम बाल्कन युद्ध में बल्गारिया को अधिक फायदा नहीं पहुँचा। नुकसान बल्गारिया को ही अधिक हुआ था। अतः वह असन्तुष्ट था। मेसीडोनिया के बंटवारे के प्रश्न को लेकर बाल्कन प्रदेशों में सर्वसम्मत राय नहीं बन सकी। ग्रीस उसे अपने अधिकार में रखना चाहता था। सर्बिया अल्बानिया के स्थान पर मेसीडोनिया को चाहता था। अतः युद्ध की तैयारियां प्रारम्भ हो गई। सर्बिया और ग्रीस ने बल्गारिया के विरुद्ध एक सुरक्षात्मक सन्धि की जिससे बल्गारिया चिढ़ गया। इन अनेक कारणों से पैदा होने से बाल्कन प्रदेश आपस में लड़ पड़े और द्वितीय बाल्कन युद्ध प्रारम्भ हो गया।

युद्ध की घटनायें

सर्बिया, मान्टीनीग्रो एवं ग्रीस और रूमानिया की सेनाओं ने बल्गारिया के

विरुद्ध मोर्चा संभाला। टर्की भी इन प्रदेशों के साथ था। यद्यपि रूस ने मध्यस्थता करनी चाही परन्तु बल्गारिया आस्ट्रिया के मद में फूला हुआ था अतः कुछ न हो सका। रूमानिया ने बल्गारिया की राजधानी सर्बिया को घेर लिया। बल्गारिया ने अपनी पराजय देखकर सन्धि की प्रार्थना की और 10 अगस्त 1913 को रोमानिया की राजधानी बुखारेस्ट में दोनों पक्षों के मध्य सन्धि हुई। सन्धि के अनुसार उत्तरी एवं मध्य मेसोडोनिया, सर्बिया को मिला। ग्रीस के हिस्से में सेलोनिका एवं दक्षिणी मेसोडोनिया आया। बल्गारिया के पास सिर्फ पश्चिमी भाग शेष रहा। मेसोडोनिया का बचा प्रदेश एवं डोस का हिस्सा बल्गारिया को मिला। रूमानियाँ को डेन्यूब नदी पर स्थित सिलिस्ट्रिया का दुर्ग मिला।

बाल्कन युद्ध के परिणाम

वास्तव में यूरोप के इतिहास में बाल्कन युद्ध एक विशिष्ट घटना कहा जाता है। हालाँकि प्रथम बाल्कन युद्ध में बल्गारिया को अधिक लाभ व विजय प्राप्त हुई किंतु द्वितीय युद्ध में बल्गारिया को अपार नुकसान उठाना पड़ा। इससे बल्गारिया को अत्यन्त दुख हुआ। एक इतिहासकार के अनुसार–"1913 का वर्ष बल्गारिया के निवासियों के मस्तिष्क में एक तीखी स्मृति के रूप में रहेगा।" प्रारंभिक दौर में टर्की अपने आपको यूरोप की राजनीति एवं अन्य परिस्थितियों में यूरोप में बनाए हुए था, परन्तु बाल्कन युद्धों ने टर्की का यूरोपीय क्षेत्र का नाश कर दिया। ग्रीस को हर तरह से लाभ हुआ। सर्बिया को भी फायदा ही हुआ। अन्य बाल्कन राज्यों ने बल्गारिया का अधिकांश भाग हड़प लिया था इसलिए बल्गारिया इनका शत्रु बन गया। बल्गारिया और टर्की में हुई एक सन्धि के अनुरूप एड्रियानोपाल, बल्गारिया को टर्की के लिये देना पड़ा। रूमानिया को भी बल्गारिया से प्राप्त भागों से फायदा हुआ और साम्राज्य की वृद्धि हुई। प्रमुख रूप से यूरोप के विविध राज्यों में शत्रुता पैदा होने का प्रमुख करण बाल्कन का युद्ध ही जिम्मेदार था। आस्ट्रिया का प्रसार सर्बिया की शक्ति के कारण रुक गया था जिससे वह सर्बिया से नाराज हो गया। जर्मनी भी सर्बिया से इसलिए असन्तुष्ट था क्योंकि वह उसके कारण कुस्तुन्तुनिया की ओर नहीं पहुँच पा रहा था। रूस सर्बिया का पक्षपाती था। आस्ट्रिया को सर्बिया से युद्ध करने का मौका शीघ्र प्राप्त हो गया। 1914 में सिराजिको नामक नगर में आस्ट्रियन राजकुमार की हत्या का दोष सर्बिया पर लगाया गया और प्रथम विश्व युद्ध प्रारम्भ हो गया। एक इतिहासकार ने लिखा है–"1912 एवं 1913 के बाल्कन युद्ध 1914 के युद्ध की प्रस्तावना मात्र थे।" ग्रांट ने लिखा है कि–"अपने

विशाल साम्राज्य से सर्बिया एक महान शक्ति बन गया। अब बोस्निया एवं हर्जिगोविना में उसे अपनी जाति के हजारों मनुष्य दिखाई दे रहे थे जो इस समय आस्ट्रियन प्रजा थे। बाल्कन के भविष्य की आशातीत सफलता होने पर भी एक ऐसी चिंगारी उठी जिसने 1914 ई. में सारे यूरोप को युद्ध की अग्नि में ढकेल दिया।''

जुलाई, 1908 से जुलाई 1914 तक की घटनाएँ

निश्चय ही तुर्क क्रान्ति के पश्चात् यूरोप का इतिहास इस तरह रहा कि प्रत्येक क्षण युद्ध की सम्भावना बनी रही। मानव जाति द्वारा अथक प्रयास करने के पश्चात् श्रृंखलाबद्ध होती हुई घटनाओं ने यूरोप को प्रथम विश्व-युद्ध का रुख दिखाया। प्रत्येक घटना अपने आप में भयंकर एवं संकट से पूर्ण थी। हर घटना देशों को परस्पर शत्रु बना रही थी। अगर किसी राज्य द्वारा किया गया कार्य एक यूरोपीय देश को अच्छा लगता तो दूसरे देश के स्वार्थों के विरुद्ध होने के कारण उसे बुरा लगता। इन आपस के सम्बन्धों में आस्ट्रिया एवं सर्बिया के सम्बन्ध तो इतने खराब हुए कि यूरोप प्रथम युद्ध हेतु जूझ पड़ा।

बल्गारिया की स्वतन्त्रता—बर्लिन सन्धि के नियम के अनुरूप बल्गारिया को टर्की के अधीन रहना था। परन्तु बल्गारिया स्वतन्त्र होना चाहता था। युवा-तुर्क आन्दोलन का फायदा उठाकर उसने अपने आपको स्वतन्त्र घोषित कर दिया। आस्ट्रिया ने भी उसे सहयोग किया। यद्यपि टर्की ने बहुत हाथ-पैर पटके परन्तु कोई परिणाम न निकला। 50 लाख पौण्ड हर्जाने की रकम लेकर टर्की को सन्तुष्ट होना पड़ा। प्रथम बाल्कन युद्ध में बल्गारिया को काफी फायदा प्राप्त हुआ परन्तु अन्य बाल्कन प्रदेश उसके इस फायदे से जलते थे। उन सभी ने मिलकर बल्गारिया पर हमला कर बुखारेस्ट की सन्धि में उससे बहुत कुछ हड़प लिया। आस्ट्रिया, बल्गारिया का पक्षपाती था परन्तु आक्रान्ता देशों में सर्बिया भी था। इस कारण आस्ट्रिया और सर्बिया की शत्रुता बढ़ी।

बोस्निया एवं हर्जिगोविना एवं आस्ट्रियन अधिकार—बोस्निया एवं हर्जिगोविना पर बर्लिन सन्धि ने आस्ट्रिया को संरक्षक नियुक्त कर दिया था। राजनैतिक स्वार्थों के कारण वह चाहता था कि इन प्रदेशों पर पूर्णतः उनका अधिकार हो जावे।

हंगरी से सम्बन्ध हेतु— बोस्निया, हर्जिगोविना तथा आस्ट्रियन पर कब्जा होने के उपरांत आस्ट्रेलिया का हंगरी से सीधा संबंध बन जाता।

डालमेशिया पर अधिकार करने में सुविधा—इन प्रदेशों के प्राप्त करने पर यह सुविधा भी मिलती।

इस तरह विभिन्न राजनैतिक उद्देश्यों को पूरा करने के कारण उक्त सभी राज्यों पर आस्ट्रिया अधिकार करना चाहता था। बल्गारिया की स्वतन्त्रता की घोषणा के दूसरे दिन ही आस्ट्रिया ने टर्की की कमजोरी का लाभ लेते हुए सभी राज्यों को अपने अधीन कर लिया। इन प्रदेशों पर अपना पूर्ण अधिकार कर लिया। बल्गारिया ने उसका समर्थन किया। इससे सर्बिया बल्गारिया एवं आस्ट्रिया का शत्रु बन गया। किन्हीं कारणवश सर्बिया बोस्निया एवं हर्जिगोविना के प्रदेशों को अपने राज्य में मिलाना चाहता था। वह इन प्रदेशों पर लाव जातियों के विकास के कारण अपनी प्रभुता वैध समझता था। रूस भी आस्ट्रिया के इस कार्य से संतुष्ट नही था किंतु जर्मनी को आस्ट्रिया का पक्ष लेते देख वह चुप रहा। इस घटना ने एक ऐसी भावना पैदा कर दी जिससे प्रथम विश्व युद्ध को और भी प्रोत्साहन प्राप्त हुआ।

इटली का त्रिपोली पर आक्रमण—इटली ने भी अन्य यूरोपीय देशों की भांति टर्की से फायदा उठाने के उद्देश्य से टर्की के प्रदेश त्रिपोली पर आक्रमण कर लिया और उस पर अपना अधिकार जमा लिया। 1912 की लासेन सन्धि द्वारा उसे यह प्रदेश टर्की द्वारा सुपुर्द किया गया था।

अगादीर काण्ड—यह कांड तत्कालीन युरोप की एक प्रमुख घटना थी। अल्जेसिराज सम्मेलन द्वारा यह निश्चय हुआ था कि फ्राँस के मोरक्को में सीमित अधिकार रहेंगे। 1908 में मोरक्को के तत्कालीन सुल्तान को पदच्युत कर उसका भाई गद्दी पर बैठा परन्तु जनता का उसे समर्थन नहीं मिला। सुल्तान ने फ्राँस से मदद चाही। फ्राँस ने बगावत को बड़ी निर्दयता से कुचल दिया।

फ्राँस का यह कार्य जर्मनी को अच्छा नहीं लगा और उसने उसके विमुख नामक जहाज मोरक्को में अगादीर बन्दरगाह भेज दिया। इसका उद्देश्य उसने जर्मन हित बताया। परन्तु इंग्लैण्ड ने जर्मनी का घोर विरोध किया और वातावरण इतना दूषित हो गया कि युद्ध की सम्भावना दिखने लगी। परन्तु 1917 में जर्मनी ने एक समझौता कर लिया। समझौते के अनुसार जर्मनी द्वारा मोरक्को पर फ्राँस का संरक्षण स्वीकार किया गया एवं फ्राँस द्वारा व्यापार हेतु सब देशों को समान सुविधायें देने का वादा किया गया। इस तरह इस घटना से युद्ध होते-होते बचा।

बाल्कन युद्ध—1912-1913 के बाल्कन युद्धों की घटना भी इस काल की महत्वपूर्ण घटना है। इन युद्धों ने भी यूरोप के वातावरण को दूषित किया। यद्यपि बाल्कन प्रदेश स्वतन्त्र हुए परन्तु वे यूरोपीयन देशों के हाथ का खिलौना बन गए।

आस्ट्रिया की इच्छानुसार सर्बिया के दक्षिण-पश्चिम में सर्बिया की गतिविधि सीमित करने हेतु अल्बानिया नामक नया राज्य स्थापित हुआ। सर्बिया एवं आस्ट्रिया में इस कारण शत्रुता और भी बढ़ी। सर्बिया एवं बल्गारिया में भी आपस में मेसोडोनिया के कारण शत्रुता रही।

सिराजिवो हत्याकाण्ड–अब हम इस काल की अन्तिम एवं महत्वपूर्ण घटना का वर्णन करें। प्रथम विश्व युद्ध के लिये तत्कालीन कारणों में से वह सर्वाधिक महत्वपूर्ण कारण है। जैसे कि हम प्रारम्भ से ही अध्ययन करते आये हैं कि युद्ध के लिये सामग्री लम्बे काल से एकत्रित हो रही थी, परन्तु वह किसी न किसी बहाने टाला जाता रहा। सिराजिवो हत्याकाण्ड एक ऐसी घटना घटी जिसे टालना असम्भव था और प्रथम विश्वयुद्ध छिड़ गया। 28 जून 1914 को बोस्निया की राजधानी सिराजिवो में तत्कालीन आस्ट्रिया राजा के भतीजे एवं आस्ट्रिया के उत्तराधिकारी आर्क डियूक फ्रांसिस की किसी सर्बियन ने हत्या कर दी। यद्यपि यह प्रदेश आस्ट्रिया में मिला हत्यारा आस्ट्रियन जनता में से ही था परन्तु आस्ट्रियन ने इस हत्या का दोष सर्बिया पर लगाया।

सर्बिया के राजदूत द्वारा आस्ट्रियन को वियना में ही चेतावनी दे दी गई थी कि राजकुमार की हत्या हो सकती है। इसका कारण यह था कि कुछ उग्र सर्बियन इस प्रयास में थे। परन्तु सर्बिया की सरकार का इसमें कोई हाथ नहीं था। राजकुमार की रक्षा का विशेष प्रबन्ध नहीं किया गया और उसकी हत्या कर दी गई। हत्या के ठीक एक माह पश्चात् सर्बिया को आस्ट्रिया ने अल्टीमेटम दे दिया कि 48 घण्टे के अन्दर उसकी महत्वपूर्ण शर्तें स्वीकार कर ली जायें। सर्बिया ने सभी शर्तें स्वीकार कर लीं परन्तु उन शर्तों को स्वीकार नहीं किया जिससे उसकी प्रादेशिक अखण्डता या सम्प्रभुता को आँच आती थी परन्तु फिर भी उसने विवाद के मामलों में हेग सम्मेलन या अन्य सम्मेलनों द्वारा निबटाने को कहा, परन्तु आस्ट्रिया इस बहाने को छोड़ना नहीं चाहता था, जर्मनी उसके साथ था।

रूस ने भी घोषणा की कि बाल्कन सारे यूरोप का प्रश्न है परन्तु आस्ट्रिया ने कहा कि यह मामला सर्बिया एवं आस्ट्रिया के मध्य का है। वह लाव होने के नाते सर्बिया के पक्ष में ही गया। 48 घण्टों की समाप्ति के उपरांत सर्बिया से युद्ध छेड़ दिया गया और इस तरह प्रथम विश्वयुद्ध का श्रीगणेश हुआ।

प्रथम विश्वयुद्ध की प्रगति एवं अंत

प्रथम विश्व युद्ध 4 अगस्त, 1914 में प्रारम्भ हुआ। अपनी विशालता, प्रसार

प्रकृति, कार्यक्षेत्र और तकनीक में इस महान् युद्ध ने मानव इतिहास के सभी ज्ञात युद्धों को पीछे छोड़ दिया। इस युद्ध में छः यूरोपीय देशों (जर्मनी, आस्ट्रिया एक ओर एवं सर्बिया, रूस, फ्राँस, इंग्लैण्ड दूसरी ओर) के अतिरिक्त शनैः-शनैः विश्व के अधिकांश देश इस युद्ध में शामिल होते चले गये। इससे यह युद्ध एक यूरोपीय युद्ध मात्र न रहकर विश्व के इतिहास का प्रथम विश्व-युद्ध बन गया। यह युद्ध पुराने युद्धों की तरह सिर्फ सैनिकों का युद्ध नहीं था। यह एक ऐसा युद्ध था जिसमें प्रतिपक्षों ने एक-दूसरे के सैन्यबल को ही नहीं बल्कि अर्थव्यवस्था को भी क्षति पहुँचाने की पूर्ण चेष्टा की थी। इस युद्ध में नये-नये साधनों, नई-नई तकनीकों और नये-नये शस्त्रों का प्रयोग किया गया था। इस युद्ध में धन और जन की अपार क्षति हुई थी।

नवम्बर,1914 में टर्की और अक्टूबर, 1915 में बल्गारिया प्रथम विश्व युद्ध में शामिल हुआ। इटली मित्र राष्ट्रों के पक्ष में मई, 1915 में युद्ध में शामिल हुआ था। जर्मनी ने मित्र राष्ट्रों विशेषतः इंग्लैण्ड के समुद्री व्यापार को नष्ट करने का प्रयास किया था। 1917 के प्रारम्भ में दो अत्यन्त महत्त्वपूर्ण घटनायें हुईं जिनका प्रथम विश्व-युद्ध की प्रगति और अन्तर्राष्ट्रीय सम्बन्धों पर गहरा प्रभाव पड़ा। इनमें से पहली घटना थी; 15 मार्च, 1917 की रूसी क्रान्ति। इस क्रान्ति के कारण रूसी सेनायें युद्ध में कोई प्रभावशाली भाग लेने में सर्वथा असमर्थ हो गयीं। रूस (साम्यवादी सरकार) ने जर्मनी के साथ युद्ध-विराम कर लिया और 14 मार्च, 1918 को ब्रेस्ट लिटोवस्क की सन्धि के द्वारा रूस अन्तिम रूप से युद्ध से पृथक् हो गया।

1917 की दूसरी अत्यन्त महत्त्वपूर्ण घटना थी, संयुक्त राज्य अमेरिका का 6 अप्रैल, 1917 को मित्र राष्ट्रों की तरफ से युद्ध में शामिल होना। 1914 में युद्ध प्रारंभ होने के पश्चात् अमेरिका द्वारा पूर्ण तटस्थता की नीति अपनायी गयी किंतु जर्मनी के प्रारम्भ पनडुब्बी युद्ध ने अमेरिका को क्रुद्ध कर दिया। जर्मनी ने चेतावनी दी थी कि इंग्लैण्ड के पास के समुद्र तट में वह तटस्थ राष्ट्रों के जहाजों को डुबो देगा, इसी कारणवश अमेरिका क्रुद्ध होकर जर्मनी के खिलाफ युद्ध में कूद पड़ा। इसके अलावा अमेरिकन ऋण जो मित्र राष्ट्रों को दिया गया था, अदायगी की समस्या थी; अगर मित्र राष्ट्र पराजित हो जाते तो अमेरिकन ऋण डूब जाता अतः अमेरिका ने मित्र राष्ट्रो को भी युद्ध में योगदान देने के लिए प्रेरित किया। अमेरिका का मित्र राष्ट्रों के पक्ष में युद्ध में शामिल होने का शक्ति सन्तुलन का सिद्धांत एक अन्य पहलू था। अमरीका का युद्ध में शामिल होना प्रथम विश्वयुद्ध की सर्वाधिक निर्णयात्मक घटना थी। इससे मित्रराष्ट्रों का पक्ष धन, जन और सैनिक शक्ति सभी दृष्टियों से केन्द्रीय शक्तियों की तुलना में इतना शक्तिशाली हो गया कि उसका विजयी होना स्वाभाविक

था। सितम्बर, 1918 बल्गारिया और अक्टूबर, में टर्की ने आत्मसमर्पण कर दिया; 3 नवम्बर, 1918 को आस्ट्रिया-हंगरी भी युद्ध से अलग हो गए, 4 नवम्बर, 1918 को जर्मनी की नौ-सेना ने बगावत कर दिया; जर्मनी में एक क्रान्ति हुई। जर्मन अंतरिम सरकार ने मित्र राष्ट्रों से युद्ध-विराम की याचना की और फिर 11 नवम्बर, 1918 को ठीक 11 बजे सम्पूर्ण रणक्षेत्रों में युद्ध-विराम की घोषणा कर दी गयी। इस प्रकार प्रथम विश्व-युद्ध समाप्त हो गया।

प्रथम विश्व-युद्ध का मूल्यांकन

प्रथम विश्व युद्ध का सबसे अधिक सकारात्मक परिणाम यह निकला कि जर्मनी, आस्ट्रिया, हंगरी और रूस इन तीनों साम्राज्यों का अस्तित्व समाप्त हो गया। समस्त विश्व में राजतंत्रों के विरुद्ध जन-मानस आंदोलित हो उठा; युद्ध में मित्र-राष्ट्र विजयी हुए थे जिनमें गणतन्त्रों की प्रधानता थी; युद्ध में प्रजातंत्र की रक्षा का नारा दिया गया था अब उसे नैतिक बल प्राप्त हुआ। परन्तु पश्चिमी प्रजातंत्रों ने अपने उपनिवेश स्वतंत्र नहीं किये, इससे उनका खोखलापन अर्थात् दुरंगी नीति स्पष्ट हुई उनका शोषकस्वरूप बना रहा। प्रजातंत्र की अराजकता से ही युद्ध के उपरांत के दिनों में इटली में फासिज्म और जर्मनी में नात्सीवाद का उद्भव और विकास हुआ। युद्ध के दौरान राष्ट्रवादिता के सिद्धान्त का दोनों ही पक्षों ने समर्थन करने की घोषणा थी परन्तु इस सिद्धान्त को यूरोप के बाहर लागू करने से इन विजेताओं से इन्कार कर दिया; इस तरह पश्चिमी देशों का प्रजातांत्रिक चेहरा बेनकाब हो गया और समस्त एशिया, अफ्रीका और लैटिन अमरीका में राष्ट्रवादी प्रवृत्तियों का विकास होने लगा। अन्तर्राष्ट्रीय राजनीति अब यूरोप के देशों के वैदेशिक सम्बन्धों तक ही समिति नहीं रह गई। अब विश्व के उन देशों को भी विश्व राजनीति में महत्त्व प्राप्त होने लगा उन्हें उपेक्षित समझा जाता था।

संयुक्त राज्य अमेरिका महाशक्ति के रूप में अस्तित्व में आया। प्रथम महायुद्ध के पश्चात् उसकी विश्वव्यापी भूमिका बनी रही। हार्डी के विचार में यूरोपीय व्यवस्था के स्थान पर एक विश्वव्यापी व्यवस्था अनिवार्य हो गई। सबसे अधिक महत्त्वपूर्ण बदलाव था युद्ध के दौरान रूस में हुई क्रान्ति से एक सर्वथा नवीन आर्थिक-राजनीतिक-सामाजिक प्रणाली की स्थापना। रूसी समाजवादी व्यवस्था ने पहली बार समाज में आमूल बदलाव से शोषण पर आधारित समाज को खत्म कर दिया। शनैः-शनैः विश्व में समाजवादी आंदोलन विकसित होने लगा। विश्व की राजनीति में पूँजीवादी साम्राज्यवादी शक्तियों का एकाधिकार खत्म हो गया। विश्व

के शोषित प्रताड़ित देशों में आशा की एक नवीन किरण पैदा हो गई। समस्त विश्व में जन-आंदोलनों का प्रसार हुआ।

युद्ध-काल में अन्तर्राष्ट्रीय सहयोग का महत्त्व स्पष्ट हुआ। इसीलिये व्यापक स्तर पर सहयोग का सूत्रपात हुआ और अमेरिका के राष्ट्रपति विल्सन की प्रेरणा और पहल से राष्ट्रसंघ की स्थापना हुई। छोटे स्तर पर परस्पर सहयोग को महत्व दिया जाने लगा और गुप्त सन्धियों की नीति के घातक परिणामों के कारण 'खुली कूटनीति' का आस्तित्व में आयी। युद्धकाल में बढ़ते औद्योगीकरण से अन्तर्राष्ट्रीय व्यापार में वृद्धि हुई थी। अन्तर्राष्ट्रीय सहयोग, राजनीति से भी अधिक यथार्थवादी आधार पर आर्थिक क्षेत्र में प्रारम्भ हुआ। व्यावसाय का अंतर्राष्ट्रीयकरण हो गया परिणाम स्वरूप अन्तर्राष्ट्रीय स्तर पर सहयोग और नीति निर्धारण के तत्त्व प्रत्येक राष्ट्र की विदेश नीति के मूलभूत सिद्धान्त बन गये।

श्रमिक वर्ग पर भी प्रथम विश्व युद्ध का क्रांतिकारी प्रभाव दृष्टिगत हुआ। युद्धकाल में उत्पादन बहुत तेजी से बढ़ा था; इसलिये मजदूरों की संख्या के साथ उनकी शक्ति भी बढ़ने लगी। रूस में 'मजदूरों का राज्य' स्थापित हो जाने के उपरांत अब अन्य देशों के मजदूर शान्त नहीं रह सकते थे, उनका आंदोलन आक्रामक होने लगा। अन्तर्राष्ट्रीय श्रम संगठन का महत्त्व बढ़ने लगा। मजदूरी, श्रम के लिये अनुकूल स्थितियाँ, बीमा, सुरक्षा आदि विभिन्न क्षेत्रों में विशेष रूप से सुधार हुआ।

श्रमिकों की भाँति युवा आंदोलन को भी प्रोत्साहन मिला। वैश्विक स्तर पर छात्र एवं युवा वर्ग अब सामाजिक तथा कूटनीतिक क्षेत्रों में सक्रिय भाग लेने लगे। युद्धकाल की आवश्यकताओं और विवशताओं ने महिलाओं को चारदीवारी से निकाल कर कम्पनियों द्वारा व्यावसायिक कार्यालयों में नौकरी करने के लिए मजबूर कर दिया। इससे नारी-स्वतन्त्रता आंदोलन को बल प्राप्त हुआ। शनैः-शनैः नारियों को कूटनीतिक अधिकार मिलने लगे और उसे पुरुषों के बराबर स्थान मिलने लगा।

सांस्कृतिक क्षेत्र में भी काफी सुधार हुआ। शिक्षा का स्वरूप परिवर्तित होने लगा। साहित्य में नवीन धारा प्रवाहित हुई। छोटे नाटकों और कहानियों को बड़े उपन्यासों और नाटकों के स्थान पर अधिक पढ़ा जाने लगा। चिन्तन की मूलधारा युद्ध और हिंसा के विरोध में समाजवादी और मानवतावादी हो गई। राष्ट्रवादी विचार पनपने लगे। इस तरह प्रथम विश्व युद्ध के बड़े ही महत्त्वपूर्ण परिणाम सभी क्षेत्रों में दृष्टिगत हुए।

इस प्रकार प्रथम विश्व युद्ध से वर्तमान यूरोपीय तथा उनसे जुड़े प्रांतों में विभिन्न प्रकार से क्रांतिकारी बदलाव आया। यह उपनिवेशों के बँटवारे हेतु

साम्राज्यवादियों के मध्य एक संघर्ष था जिसमें कई राष्ट्र उसी प्रकार पिस गए जिस प्रकार गेहूँ के साथ घुन पिस जाता है। यूरोप का इतिहास (1870–1914) सशक्त क्रांति और साम्राज्य निर्माण के घटना चक्रों से परिपूर्ण था। औद्योगिक क्रांति के कारण कच्चा माल व बाजार की तलाश आरंभ हो गई, उपनिवेश स्थापित किए जाने लगे। आत्मरक्षा हेतु गुट बन रहे थे, सैनिक साधनों का विस्तार हो रहा था, दूसरे शब्दों में यूरोप में सशस्त्र शांति थी। ज्वालामुखी पर बैठा यूरोप आशकित था। इस आशंका को आस्ट्रिया सम्राट के भतीजे आर्क ड्यूक फ्रांसिस फर्डीनेंड की हत्या ने विश्व युद्ध को वास्तविकता में बदल दिया।

6

शान्ति सम्मेलन

11 नवंबर 1918 को प्रथम विश्व युद्ध समाप्त होने के बाद 18 जनवरी 1918 को विश्व के समस्त मित्रराष्ट्रों के प्रतिनिधियों का पेरिस में एक सम्मेलन का आयोजन किया गया। इस सम्मेलन का प्रमुख उद्देश्य था यूरोप एवं विश्व के भावी मानचित्र की रचना करना। इसी सम्मेलन को पेरिस का शाँति सम्मेलन कहा गया। विश्व के इतिहास में वियना सम्मेलन (1815) के बाद दूसरा महत्वपूर्ण स्थान था। पेरिस का शांति सम्मेलन इतिहास का प्रथम विश्व सम्मेलन था और इस सम्मेलन में जो मित्र राष्ट्रों के द्वारा निर्णय लिया गया वह यूरोप के साथ-साथ विश्व के सभी देशों के हित में था। सम्मेलन स्थल के रूप में पेरिस का चयन एक दुर्भाग्यपूर्ण निर्णय था। 1919 में पेरिस शान्ति समझौते के लिये अत्यधिक अनुपयुक्त था। युद्ध की ज्वाला पेरिस के करीबी देशों को निष्प्राण बना चुकी थीं। उसका वातावरण शान्तिवार्ता के लिये उपयुक्त नहीं था। इस संदर्भ में विश्व प्रसिद्ध इतिहासकार कीन्स महोदय ने लिखा है कि 'पेरिस एक दुःस्वप्न था और वहीं प्रत्येक व्यक्ति रोगी था; समस्त वातावरण असन्तोष, प्रतिशोध, चिड़चिड़ाहट और घृणा की भावना से उत्तेजित हो रहा था।" परन्तु फ्राँस के राजनेताओं ही हठ थी कि शान्ति सम्मेलन पेरिस में ही होना चाहिये क्योंकि जर्मन हमले के प्रतिरोध में उन्होंने सर्वाधिक कार्य किया है; अतः शान्ति सम्मेलन का घटनास्थल होने का सम्मान उनकी राजधानी (पेरिस) को ही मिलना चाहिये।

पेरिस सम्मेलन की कार्यवाही में पराजित राष्ट्रों के प्रतिनिधियों को भाग नहीं लेने दिया गया। इस तरह पेरिस सम्मेलन एक वास्तविक सम्मलेन न रहकर एक विजेता गोष्ठी बन गया और सन्धियाँ पराजित राष्ट्रों पर थोपी गई थीं।

पेरिस सम्मेलन का संगठन अत्यन्त जटिल था। कार्यपद्धति दोषपूर्ण थी। 18 जनवरी, 1919 को सम्मेलन का प्रथम पूर्ण अधिवेशन हुआ जिसमें सभी प्रतिनिधियों ने भाग लिया परन्तु उसके उपरांत सम्मेलन के सिर्फ 5 और पूर्ण अधिवेशन हुये। सम्मेलन के आरम्भ में ही यह स्पष्ट हो गया था कि पूर्ण अधिवेशन राजनीतिक कार्य के लिये एक उपयुक्त संस्था नहीं थी। सम्मेलन के कार्य को सुचारु रूप से चलाने के लिये एक 'दस सदस्यों की परिषद्' की स्थापना की गई जिसमें संयुक्त राज्य अमरीका, ब्रिटेन, फ्राँस, इटली और जापान के दो-दो प्रतिनिधि थे। परन्तु यह दस सदस्यों की परिषद् भी कूटनीतिक कार्य के कुशल सम्पादन के लिये उपयुक्त प्रतीत नहीं हुई। अतः मार्च, 1919 में चार सदस्यों की परिषद् की नियुक्ति की गई। इसके सदस्य थे–संयुक्त राज्य अमरीका के राष्ट्रपति विल्सन, ब्रिटिश प्रधानमंत्री लायड जार्ज, फ्रेंच प्रधानमंत्री क्लेमेन्सो एवं इटालियन प्रधानमंत्री औरलैण्डो शीघ्र ही फ्यूम के प्रश्न पर विल्सन और औरलैण्डों के मध्य तीव्र मतभेद हो गये; अतः विल्सन, क्लेमेन्सो एवं लायड जार्ज की त्रिसदस्यीय परिषद् ने सम्मेलन में सभी महत्त्वपूर्ण निर्णय किये। पूर्ण सम्मेलन का कार्य इन निर्णयों पर अपनी स्वीकृति की मोहर लगाने तक सीमित रह गया था। सम्मेलन का अध्यक्ष क्लेमेन्सो सम्मेलन के कार्य के प्रति उदासीन और कलाप्रिय था।

पेरिस सम्मेलन का कार्य एवं समस्यायें अत्यन्त जटिल और कठिन थीं। पेरिस सम्मेलन के कर्णधारों का उद्देश्य था–शाश्वत शान्ति की स्थापना एवं विश्व को जनतंत्र के लिये सुरक्षित बनाना। पेरिस सम्मेलन के लिये, जहाँ विभिन्न प्रतिनिधि मंडल अपने-अपने राष्ट्रीय हितों की सुरक्षा के लिये व्यग्र थे, यह लगभग असम्भव ही था।

पेरिस सम्मेलन के कर्णधारों में कूटनीतिक दूरदर्शिता और राजनीतिक योग्यता के गुण पर्याप्त मात्रा में विद्यमान नहीं थे। विल्सन एवं लायड जार्ज में कूटनीतिक दूरदर्शिता तो उच्चकोटि की थी परन्तु इतनी राजनीतिक योग्यता नहीं थी कि वे अन्य प्रतिनिधियों को पराजित राष्ट्रों के साथ उदार व्यवहार करने के लिये तैयार कर सकते। इसके विपरीत क्लेमेन्सो और ओरलैण्डो में उच्चकोटि की राजनीतिक योग्यता थी परन्तु कूटनीतिक दूरदर्शिता नहीं थी। वे यह नहीं समझ सके कि पराजित राष्ट्रों के साथ कठोर व्यवहार करने में स्थायी शान्ति स्थापित नहीं की जा सकती। पेरिस

सम्मेलन के नेताओं के व्यक्तिव परस्पर विरोधी थे। विल्सन एक प्रतिभाशाली वक्ता एवं आदर्शवादी विचारक था। वह हजरत मूसा और ईसा की भाँति एक नवीन व्यवस्था का पैगम्बर बनना चाहता था परन्तु अपरिवर्तनीय विश्वासों से यह राजनीतिज्ञ कूटनीतिक बारीकियों से अनभिज्ञ था। वह शान्ति समझौते को अपने आदर्शों के अनुकूल बनाने में समर्थ सिद्ध नहीं हो सका। ब्रिटिश प्रधानमंत्री लायड जार्ज एक यथार्थवादी, कुशाग्र बुद्धि, अथक कार्य-शक्ति प्रत्युत्मन्नमति वाला एवं विनोदप्रिय राजनीतिज्ञ था; इस उदारदलीय नेता में शीघ्र निर्णय करने एवं अपने सहयोगी व्यक्तियों का ठीक-ठीक उपयोग करने की अद्भुत क्षमता थी। उसने पेरिस सम्मेलन में जर्मनी के साथ उदार व्यवहार पर बल दिया क्योंकि वह जानता था कि ब्रिटिश व्यापार के पुनरुत्थान एवं सोवियत साम्यवाद के विस्तार के अवरोध के लिये एक सुदृढ़ आर्थिक व्यवस्था वाले जर्मनी की आवश्यकता थी परन्तु शीघ्र शान्ति स्थापना भी ब्रिटिश व्यापार की उन्नति के लिये जरूरी थी। अपनी शीघ्र शान्ति स्थापना की तीव्र अभिलाषा के कारण वह क्लेमेन्सो के जर्मनी के साथ कठोर व्यवहार के प्रस्तावों का तीव्र विरोध नहीं कर सका।

पराजित राष्ट्रों के साथ कठोर व्यवहार के लिये सबसे अधिक उत्तरदायी-पेरिस सम्मेलन का अध्यक्ष फ्रेंच प्रधानमंत्री क्लेमेन्सो था। फ्राँस के इस 77 वर्षीय चीते ने 1871 में जर्मन प्रशा द्वारा फ्राँस के पराभव और अपमान को अपनी आँखों से देखा था और वह उसका प्रतिशोध लेने के लिये दृढ़-प्रतिज्ञ था। वह एक दयाहीन, अनुभवशील और रूक्ष व्यक्ति था। उसे मानव प्रकृति का गहरा ज्ञान था; वह सम्मेलन का सबसे अधिक कुशल कूटनीतिज्ञ था। वह विल्सन के आदर्शवाद और लायड जार्ज के उदारवाद दोनों को उपहास की वस्तु समझाता था। क्लेमेन्सो का एकमात्र उद्देश्य जर्मनी का इतना दमन करना था कि वह फिर कभी फ्राँस के लिये संकट न बन सके। इटालियन प्रधानमंत्री ओरलैण्डो एक कुशल राजनीतिज्ञ था। उसका विल्सन के आदर्शवाद में रंच-मात्र विश्वास नहीं था। पेरिस शांति सम्मेलन का प्रमुख उद्देश्य था—इटली के लिये अधिकाधिक सुविधायें और प्रदेश प्राप्त करना।

पेरिस सम्मेलन की शान्ति सन्धियाँ

पेरिस सम्मेलन में मित्र राष्ट्रों एवं पराजित राष्ट्रों के मध्य 'पाँच शान्ति सन्धियाँ' सम्पन्न हुई थीं जिसमें पहली 28 जून, 1919 को जर्मनी के साथ वर्साय की सन्धि, दूसरी 10 सितम्बर, 1919 को आस्ट्रिया के साथ सेंट जर्मेन की सन्धि; तीसरी 27 नवम्बर, 1919 को बल्गारिया के साथ न्यूली की सन्धि; चौथी 4 जून,

1920 को हंगरी के साथ ट्रायनोन की सन्धि; और पाँचवीं 10 अगस्त, 1920 को टर्की के साथ सेव्र की सन्धि थी।

उपरोक्त पाँचों संधियों में से टर्की ने सेव्र की संधि को स्वीकार नहीं किया और अंत में मित्र राष्ट्रों को 23 जुलाई, 1923 को टर्की के साथ एक नवीन और उदार सन्धि 'लुसाने' की सन्धि पर हस्ताक्षर करने पड़े। इनके अतिरिक्त अनेक अल्पसंख्यक सन्धियाँ भी सम्पन्न हुयीं। इन सब संधियों को मिश्रित रूप से 'शान्ति-समझौता' कहा गया।

वर्साय की सन्धि

पेरिस सम्मेलन की सर्वाधिक महत्त्वपूर्ण और विवादग्रस्त सन्धि 'वर्साय की सन्धि' थी। जो 28 जून सन् 1919 को सम्पन्न हुई थी। इस संधि में निम्नलिखित व्यवस्थाएँ की गयी थीं–

प्रादेशिक व्यवस्थायें

जर्मनी ने अल्सास-लारेन का प्रदेश फ्राँस को, उत्तरी जर्मनी का श्लेसविग प्रदेश एक जनमत संग्रह के पश्चात् डेनमार्क को, जर्मनी ने मार्सनेट, युपेन एवं मालमेडी के प्रदेश बेल्जियम को दिये। पश्चिमी प्रशा, पोसेन एवं साइलीशिया के कुछ भाग पोलैण्ड को दिये। इससे पोलैण्ड को बाल्टिक समुद्र तक एक गलियारा (Corridor) मिल गया जिससे पूर्वी प्रशा शेष जर्मनी से पृथक् हो गया, डेंजिग का जर्मन नगर जर्मनी से छीनकर राष्ट्रसंघ में एक स्वतंत्र नगर बना दिया गया। एक सन्धि द्वारा उसे पोलैण्ड के साथ एक बहिःशुल्क संघ में शामिल कर दिया गया एवं पोलैण्ड को उसके विदेशी सम्बन्धों का संचालन करने का अधिकार दे दिया गया। जर्मनी का मेमल बन्दरगाह मित्र राष्ट्रों को दे दिया, जिसे मित्र राष्ट्रों ने लिथुआनिआ को दे दिया। सार के औद्योगिक प्रदेश पर जर्मनी की प्रभुसत्ता को स्वीकार किया गया परन्तु 15 वर्ष के लिये उसका शासन-प्रबन्ध राष्ट्रसंघ द्वारा नियुक्त एक आयोग द्वारा किये जाने की व्यवस्था की गयी। 15 वर्ष उपरांत एक जनमत संग्रह का विधान किया गया। जनवरी 1935 में 90% सारवासियों ने जर्मनी के पक्ष में अपना मत दिया और यह क्षेत्र जर्मनी को पुनः प्राप्त हो गया। राइन नदी के बायें तट को स्थायी रूप से निःशस्त्र जर्मनी एवं आस्ट्रिया के संघीकरण का निषेध कर दिया गया, जर्मनी के सभी उपनिवेश एवं चीन, मिस्र और मोरक्को में जर्मन विशेषाधिकार

छीन लिये गये। जर्मनी के उपनिवेशों को मित्र राष्ट्रों ने परस्पर मैन्डेटों के रूप में विभाजित कर लिया।

आर्थिक व्यवस्थायें

"जर्मनी और उसके मित्रों द्वारा थोपे गये युद्ध के परिणामस्वरूप मित्र राष्ट्रों की सरकारों एवं नागरिकों को होने वाली क्षति के उत्तरदायित्व को जर्मनी स्वीकार करता है।" और जर्मनी मित्र राष्ट्रों के नागरिकों को हुई समस्त हानि की क्षतिपूर्ति करेगा। क्षतिपूर्ति की राशि का निर्धारण मित्रराष्ट्रों द्वारा नियुक्त एक क्षतिपूर्ति आयोग करेगा। जब तक क्षतिपूर्ति आयोग अपना प्रतिवेदन दे, जर्मनी 1919 से 1921 के मध्य तक एक अरब पौंड अदा करेगा। जर्मनी अपनी पनडुब्बी, बेतार के तार मित्र राष्ट्रों को सौंप देगा। जर्मनी 1600 टन से अधिक के अपने सब व्यापारिक जहाज मित्र राष्ट्रों को सौंप देगा, जर्मनी बड़ी संख्या में घोड़े एवं अन्य पशु फ्राँस और बेल्जियम को देगा। वह दस वर्ष तक फ्राँस को 70 लाख टन कोयला प्रतिवर्षः बेल्जियम को 80 लाख टन कोयला प्रतिवर्ष; इटली को 60 लाख टन कोयला प्रतिवर्ष देगा इत्यादि।

निःशस्त्रीकरण व्यवस्थायें

जर्मनी अनिवार्य भर्ती को खत्म कर देगा और उसकी स्थल सेना एक लाख से अधिक नहीं होगी और वह वायु सेना नहीं रखेगा, जल सेना में 10 हजार टन के 6 युद्धपोतों, 6 क्रूजरों, 12 डेस्ट्रायर जहाजों और 12 टारपीडो नौकाओं से अधिक नहीं होगी। उसमें कोई पनडुब्बी नहीं रहेगी इसके अलावा इस संधि में यह भी व्यवस्थाएँ की गयीं कि जर्मनी राइन नदी के बायें तट पर जर्मन क्षेत्र में एवं दायें तट पर 50 कि॰ मी॰ के भीतर किसी प्रकार की किलेबन्दी तथा निश्चित मात्रा से अधिक रण साामग्री का उत्पादन नहीं एवं आयात करने का भी निषेध कर दिया गया।

युद्ध-अपराध एवं दंड सम्बन्धी व्यवस्थायें

जर्मन सम्राट विलियम द्वितीय को अन्तर्राष्ट्रीय नैतिकता एवं सन्धियों की पवित्रता के विरुद्ध सबसे अधिक गम्भीर अपराध का दोषी ठहराया गया परन्तु विलियम द्वितीय ने नीदरलैण्ड की सरकार से शरण माँगी और नीदरलैण्ड की सरकार ने मित्र राष्ट्रों की उसके प्रत्यर्पण की माँग को ठुकरा दिया। मित्र राष्ट्रों ने लगभग

100 अन्य जर्मन पदाधिकारियों को युद्ध अपराधी घोषित कर दिया परन्तु वर्साय सन्धि के युद्ध अपराध सम्बन्धी अनुच्छेदों का जर्मन जनता ने उग्र विरोध किया और अन्ततः सिर्फ 12 व्यक्तियों को साधारण दण्ड दिया जा सका था।

सेंट जर्मेन की सन्धि 10 सितम्बर, 1919 को हुई इस सन्धि की प्रस्तावना में कहा गया था कि पूर्ववर्ती आस्ट्रो-हंगोरियन राजतंत्र खत्म हो गया है, उसके स्थान पर आस्ट्रिया में एक गणतांत्रिक सरकार की स्थापना हुई। आस्ट्रिया की जनसंख्या तीन करोड़ के स्थान पर सिर्फ 65 लाख रह गई और क्षेत्रफल 184000 वर्ग कि॰ मी॰ से घटकर 51200 वर्ग कि॰ मी॰ रह गया। आस्ट्रिया में विशाल साम्राज्य का अधिकांश भाग उससे छीनकर चार नवीन राज्यों की रचना की गई। वे राज्य थे—पोलैण्ड, चेकोस्लोवाकिया, हंगरी, यूगोस्लाविया। आस्ट्रियन गैलीशिया पोलैण्ड को; बोहिमिया, मोराविया, साइलीशिया चेकोस्लोवाकिया को; बोस्निया, हर्जेगोविना, डालमेशियन तट यूगोस्लाविया को; बुकोबिना रूमानिया को; दक्षिणी टिरोल इटली को दे दिये गये। टेशेन का उद्योग-प्रधान क्षेत्र पोलैण्ड एवं चेकोस्लोवाकिया में विभाजित कर दिया गया। आस्ट्रिया की अधिकांश जनसंख्या जर्मन थी परन्तु आस्ट्रिया एवं जर्मनी के एक संघ के निर्माण का निषेघ कर दिया गया। आस्ट्रिया की स्थल सेना को घटाकर तीस हजार कर दिया गया। उसकी नौ-सेना को डेन्यूब नदी पर तीन पुलिस नौकाओं तक सीमित कर दिया गया। उसे क्षतिपूर्ति आयोग द्वारा निर्धारित क्षतिपूर्ति का देनदार ठहराया गया परन्तु इसे कार्यान्वित करने का प्रयास नहीं किया गया।

न्यूली की सन्धि

27 नवम्बर सन् 1919 को हुई इस सन्धि के अनुरूप बल्गारिया को पश्चिमी बल्गारिया का कुछ भाग यूगोस्लाविया को, पश्चिमी थ्रेस यूनान को; दोब्रुजा का क्षेत्र रूमानिया को देना पड़ा। उसका सैन्यबल घटाकर 33000 कर दिया गया एवं उसकी क्षतिपूर्ति सम्बन्धी देनदारी 45 करोड़ डालर निर्धारित हुई।

ट्रायनोन की सन्धि

4 जून सन् 1920 को हुई सन्धि के अनुसार हंगरी को स्लोवाकिया का क्षेत्र चेकोस्लोवाकिया को; क्रोशिया का क्षेत्र यूगोस्लाविया को; ट्रांसिल्वानिया का क्षेत्र रूमानिया को देना पड़ा। हंगरी के सैन्यबल को घटाकर 35000 कर दिया गया।

सेव्र की सन्धि

10 अगस्त सन् 1920 को हुई इस सन्धि के अनुसार मिस्र, सूडान, साइप्रस, ट्रिपोली, मोरक्को, ट्यूनिस, अरब, फिलिस्तीन, मेसोपोटामिया, सीरिया, पूर्वी थ्रेस,

इजियन सागर के द्वीप, स्मर्ना, दक्षिणी-पूर्वी लघु एशिया, आर्मीनिया, कुर्दिस्तान आदि के आदि राज्य टर्की से वापस ले लिए गये और अंत में। खलीफा के विशाल साम्राज्य का अन्त हो गया। टर्की का अनातोलिया के पहाड़ी प्रदेश और कांस्टेंटिनोपाल के समीपस्थ क्षेत्र पर ही अब अधिकार रह गया।

लोसाने की सन्धि

23 जुलाई सन् 1923 को सम्पन्न हुई सेव्र की संधि को क्रियान्वित करने में सफलता नही मिली क्योंकि इस संधि की गतिविधियों से टर्की की जनता संतुष्ट नहीं थी। टर्किश जनता मुस्तफा कमाल के समर्थ और शाक्तिशाली नेतृत्व में खलीफा के विरुद्ध बगावत कर उठी। एक ही वर्ष के अन्दर एक मित्र राष्ट्रीय बल द्वारा रक्षित कान्स्टेंटिनोपल नगर को छोड़कर शेष टर्की पर कमाल की राष्ट्रीय सरकार शासन करने लगी। कमाल की सरकार ने सेव्र के संधि को अस्वीकार कर दिया। विवश मित्र राष्ट्रों ने मुस्तफा कमाल की राष्ट्रवादी सरकार को टर्की की सरकार के रूप में मान्यता दे दी और 9 नवम्बर, 1922 को टर्की में सुल्तान का पद खत्म कर दिया। अन्ततोगत्वा मित्र राष्ट्रों एवं राष्ट्रवादी टर्की के मध्य लोसाने नामक स्थान में 23 जुलाई, 1923 को सन्धि सम्पन्न हुई।

इसीलिए इस संधि को लोसाने की सन्धि कहा जाता है। टर्की ने अरब, मेसोपोटामिया, सीरिया, मिस्र, फिलिस्तीन, सूडान, ट्रांसजोर्डन, हेजाज आदि प्रदेशों पर अपने अधिकार त्याग दिये परन्तु उससे टर्की को विशेष नुकसान नहीं हुआ क्योंकि टर्की की नई राष्ट्रवादी सरकार ने आटोमन साम्राज्य के प्राचीन इस्लामी आधार को त्यागकर राष्ट्रीय आत्मनिर्णय एवं धर्म-निरपेक्ष राज्य के सिद्धान्तों को अपना लिया था। इन सिद्धान्तों की स्वीकृति के कारण टर्की उपयुक्त गैर-टर्क प्रदेशों को अपने अधीन रखने को उत्सुक नहीं था। सेव्र की सन्धि द्वारा छीने गये प्रदेशों में से पूर्वी थ्रेस, इजियन सागर के द्वीप, स्मर्ना आदि प्रदेश टर्की को वापस कर दिये गये थे। सेव्र की सन्धि द्वारा टर्की की स्थल सेना एवं जल सेना पर लगायी गयी सीमायें एवं उसकी वित्त व्यवस्था पर लगाये गये नियन्त्रण हटा लिये गये। उससे क्षतिपूर्ति की रकम नहीं माँगी गयी परन्तु दर्रे दानियाल एवं बास्फोरस के जलडमरूमध्यों के क्षेत्रों को अन्तर्राष्ट्रीय और असैन्यीकृत रहने दिया गया।

प्रथम विश्व युद्ध के उपरांत के शान्ति समझौते में लोसाने की सन्धि का एक विशेष स्थान है; यह एकमात्र ऐसी सन्धि थी जो उदार और न्यायपूर्ण थी। सिर्फ यही ऐसी सन्धि थी जिसकी शर्तों को दोनों पक्षों के मध्य वार्त द्वारा निश्चित किया गया था।

अल्पसंख्यक सन्धियाँ

पेरिस सम्मेलन में राष्ट्रीय आत्मनिर्णय के सिद्धान्त को कार्यान्वित करने और राष्ट्रीय अल्पसंख्यकों की संख्या को कम करने का प्रयास किया गया था। इसी परिप्रेक्ष्य में सात नवीन राष्ट्रों की रचना की गई थी, ये राष्ट्र थे—एस्टोनिया, लैटविया, लिथुआनिया, फिनलैण्ड, पोलैण्ड, चैकोस्लोवाकिया और यूगोस्लाविया। इस व्यवस्था के उपरांत भी विभिन्न राष्ट्रों में एक करोड़ सत्तर लाख के लगभग अल्पसंख्यक रह गये थे। इन अल्पसंख्यकों को बहुमत जाति के अत्याचार से बचाने के लिये आस्ट्रिया, हंगरी, बल्गारिया और टर्की आदि पराजित राष्ट्रों पोलैण्ड, चैकोस्लोवाकिया, आदि नव-निर्मित राष्ट्रों एवं यूगोस्लाविया, रूमानिया, यूनान आदि उन राष्ट्रों जिनके क्षेत्र में पर्याप्त वृद्धि हुई थी, को मित्रराष्ट्रों से अल्पसंख्यक सन्धियाँ करनी पड़ीं। लिथुआनिया, लैटविया, एस्टोनिया, फिनलैण्ड, अल्बानिया को भी राष्ट्रसंघ से इसी प्रकार की सन्धियाँ पड़ी थीं। इन सन्धियों के द्वारा "जातीय, धार्मिक और भाषायी अल्पसंख्यकों को इस बात का आश्वासन दिया गया कि उन्हें धार्मिक और सांस्कृतिक स्वतन्त्रता एवं राजनैतिक अधिकार प्राप्त रहेंगे। इससे वे अपनी अस्मिता बनाये रखेंगे और स्वाभिमान से उस राष्ट्र के अंग बने रहेंगे।

पेरिस संधि सम्मेलन के समझौतों का मूल्यांकन

स्टीफन किंगहाल के कथनानुसार, "शान्ति वार्ता की घटनाओं को संक्षेप में एक राजनीतिक ढरकी (Shuttle) के चित्र की कल्पना करके जाना जा सकता है जो एक ऐसा जाल (Web) बनते हुये आगे-पीछे जाती है जिसमें विल्सन के चौदह सूत्रों के ताने (Woof) में बाहर-भीतर पिरोई हुई यूरोपियन शक्तियों की परस्पर विरोधी महत्त्वाकाँक्षायें बाने (Weft) के समान थीं।"

संयुक्त राज्य अमेरिका द्वारा दी गयी समयोचित सहायता की वजह से ही प्रथम विश्व युद्ध में मित्र राष्ट्रों को विजय मिली। 1917 की सोवियत क्रान्ति के पश्चात् रूस शनैः-शनैः युद्ध से पृथक् हो गया था। उस समय ऐसा प्रतीत होने लगा था कि मित्र राष्ट्र शीघ्र ही पराजित हो जायेंगे परन्तु अमरीकन मदद ने उनकी सम्भावित पराजय को बदल दिया गया अतः स्पष्ट रूप से यह कहा जा सकता है कि युद्धोतर शान्ति समझौते में सबसे बड़ा योगदान अमेरिकी राष्ट्रपति विल्सन का ही था।

राष्ट्रपति विल्सन एक आदर्शवादी विचारक थे। वह अपने को शान्ति और

स्वतन्त्रता का एक नवीन पैगम्बर समझते थे। उसका विश्वास था कि युद्ध कुछ निश्चित उद्देश्यों की प्राप्ति के लिये ही लड़ा जाना चाहिये और युद्धोत्तर शान्ति व्यवस्था कुछ निश्चित सिद्धान्तों पर आधारित होनी चाहिये। 6 अप्रैल, 1917 को संयुक्त राज्य अमेरिका ने जर्मनी के विरुद्ध युद्ध की घोषणा की थी; उससे चार दिन पूर्व (2 अप्रैल, 1917) को ही विल्सन ने कांग्रेस के समक्ष घोषणा की थी कि "विश्व को अवश्य ही जनतन्त्र के लिये सुरक्षित होना चाहिये। इसकी शान्ति का निर्माण कूटनीतिक स्वतन्त्रता के सुपरीक्षित आधार पर होना चाहिये। हमें अपनी कोई स्वार्थपूर्ति नहीं करनी है। हमें किसी विजय के द्वारा प्रदेशों की आकाँक्षा नहीं है। हम तो सिर्फ मानव जाति के अधिकारों के संरक्षक हैं।" इस उद्घोषणा के अतिरिक्त युद्धकाल में विल्सन ने चार अन्य अवसरों पर मित्र राष्ट्रों के युद्ध उद्देश्यों की व्याख्या की। 8 जनवरी, 1918 को कांग्रेस के समक्ष उसने 14 सूत्रों की घोषणा की। 11 फरवरी, 1918 को कांग्रेस में उसने चार सिद्धान्तों का प्रतिपादन किया।

विल्सन के चौदह सूत्र

1. वर्तमान आटोमन साम्राज्य को सुरक्षित प्रभुसत्ता का आश्वासन दिया जाये परन्तु इस समय जो अन्य राष्ट्र जातियाँ तुर्की शासन में रह रही हैं, उन्हें पूर्णतया सुरक्षापूर्ण जीवन एवं स्वतन्त्र विकास के निर्बाध मौका का आश्वासन दिया जाये। दर्रे दानियाल के जलडमरूमध्य को अन्तर्राष्ट्रीय प्रत्याभूतियों के अन्तर्गत सभी राष्ट्रों के व्यापार और जहाजों के लिये निर्बाध मार्ग के रूप में स्थायी रूप से खोल दिया जाये।
2. एक स्वतंत्र पोलिश राज्य की स्थापना की जाये, जिसमें वे क्षेत्र शामिल किये जाएँ जिनमें निर्विवाद रूप से पोल आबादी हो। इस राज्य को निर्बाध समुद्री मार्ग दिया जाये एवं अन्तर्राष्ट्रीय समझौते द्वारा उसकी राजनैतिक और आर्थिक स्वतन्त्रता एवं प्रादेशिक अखण्डता की प्रत्याभूति की जाये।
3. छोटे और बड़े दोनों ही प्रकार के राज्यों को कूटनीतिक स्वतन्त्रता और प्रादेशिक अखंडता की पारस्परिक प्रतिभूतियाँ समान रूप से प्राप्त हो सकें। इस प्रयोजन की पूर्ति के लिये कुछ विशिष्ट समझौतों के अन्तर्गत राष्ट्रों एक सामान्य संगठन (राष्ट्र संघ) का निर्माण किया जाये।
4. बेल्जियम से विदेशी सेनायें हटा ली जायें और उसे पुनः सम्प्रभु राष्ट्र बना दिया जाये।
5. आल्सास लारेन का प्रदेश फ्राँस को वापस किया जाये।

6. समस्त रूसी क्षेत्र से विदेशी सेनाओं का हटाना और रूस से सम्बधित सभी प्रश्नों का इस तरह समाधान करना कि रूस को अपने कूटनीतिक विकास और अपनी राष्ट्रीय नीति के निर्धारण के लिये मौका प्राप्त हो सके।
7. शान्ति के अनुबन्ध उजागर किये जायेंगे। किसी भी प्रकार के गुप्त अन्तर्राष्ट्रीय समझौते नहीं किये जायेंगे।
8. शान्ति और युद्ध-काल दोनों में ही समान रूप से प्रादेशिक समुद्र से बाहर नौकाचालन की पूर्ण स्वतंत्रता।
9. राष्ट्रों के शस्त्रास्त्र घरेलू सुरक्षा से संगत रखते हुये न्यूनतम कर दिये जायें।
10. सभी औपनिवेशिक दावों का निर्बाध, उदार और निष्पक्ष समायोजन, निर्णय करते समय सम्बन्धित औपनिवेशिक जनता के हितों का पूर्ण ध्यान रखा जाये।
11. समस्त राष्ट्रों के लिये आर्थिक प्रतिबन्धों का निराकरण; व्यापारिक परिस्थितियों की समानता की स्थापना।
12. इटली की सीमाओं की पुनर्व्यवस्था राष्ट्रीयता के आधार पर की जाये।
13. आस्ट्रिया-हंगरी की जनता को स्वायत्तशासक विकास का मौका दिया जाये।
14. रूमानिया, सर्बिया और मांटीनीग्रो से विदेशी सेनायें हटा ली जायें। अधिकृत क्षेत्र वापस किया जाये। सर्बिया को निर्बाध और सुरक्षित समुद्री मार्ग दिया जाये।

विल्सन के चार सिद्धान्त

अमेरिकी राष्ट्रपति विल्सन द्वारा प्रतिपादित चार सिद्धांत इस प्रकार हैं–

1. इस युद्ध से सम्बन्धित प्रत्येक प्रादेशिक व्यवस्था उस प्रदेश की जनता के हित की दृष्टि में होनी चाहिये।
2. राष्ट्रीय महत्त्वाकांक्षाओं की अधिकतम पूर्ति और सम्पुष्टि होनी चाहिये।
4. अन्तिम समझौते की ऐसी व्यवस्था होनी चाहिये जो स्थायी शान्ति की स्थापना कर सके।
3. विभिन्न जन-समूहों और प्रान्तों को एक प्रभुसत्ता से दूसरी प्रभुसत्ता को इस तरह न दिया जाये मानों वे शक्ति संतुलन के खेल के मोहरे मात्र हों।

विल्सन के चौदह सूत्रों की समीक्षा करते हुये अनेक राजनीतिज्ञों ने यह कहा था कि वे न्यूनाधिक रूप से अव्यावहारिक थे। विल्सन के चौदह सूत्रों को शान्ति समझौते का आधार स्वीकार किया गया था। उसकी समस्त यूरोप में शान्ति दूत के

रूप में अभ्यर्थना की गई थी। विल्सन ने समझा कि पेरिस सम्मेलन में वही महत्त्वपूर्ण प्रश्नों का वास्तविक निर्णायक होगा, परन्तु वास्तव में स्थिति दूसरी ही थी। पेरिस सम्मेलन के अन्य कर्णधार एक आदर्श विश्व की स्थापना का स्वप्न नहीं देख रहे थे। अपने-अपने राष्ट्रों की महत्त्वाकांक्षाओं और स्वार्थों की पूर्ति के लिये दृढ़-प्रतिज्ञ थे। अतः पेरिस सम्मेलन शान्ति और सहयोग के नवयुग का प्रणेता न रह कर अन्तर्राष्ट्रीय आदर्शों एवं राष्ट्रीय स्वार्थों का संघर्ष-स्थल बन गया। लैंगसम के शब्दों में "सम्मेलन में विल्सन के आदर्शवाद एवं यूरोपीय भौतिकवाद में तीव्र संघर्ष हुआ और अधिकांशतः भौतिकवाद की विजय हुई।" निःशस्त्रीकरण के प्रश्न पर विल्सन पूर्णतया विफल रहे। इसी प्रकार मैन्डेट व्यवस्था में भी विल्सन पूरी तरह मित्र राष्ट्रों के शोषण से उपनिवेशों की रक्षा न कर पाये। विल्सन ने राष्ट्रसंघ की स्थापना करने का सम्मेलन में सभी राष्ट्रों से आग्रह किया परन्तु अधिकांश राष्ट्र राष्ट्रसंघ के प्रति उत्साहपूर्ण दिखाई नहीं दिये। सम्मेलन के पूर्ण अधिवेशन में राष्ट्रसंघ की व्यवस्था की स्वीकृति प्राप्त हो गई परन्तु जिस सरलता से उसको स्वीकार किया गया था उससे ऐसा प्रतीत होता था कि शामिल राजनीतिज्ञों ने राष्ट्रसंघ के सम्बन्ध में अधिक विचार-विनिमय नहीं किया था बल्कि राष्ट्रसंघ को एक पवित्र अभिलाषा मानकर अंगीकार कर लिया था।

विल्सन के आदर्शवाद के उपरांत भी जर्मनी को पंगु बना दिया था; पूर्वी यूरोप से सम्बन्धित प्रश्नों का निबटारा करते समय आत्मनिर्णय के सिद्धान्त को लगभग तिलांजलि ही दे दी गई थी। इसी प्रकार फ्यूम, शाटुग और क्षतिपूर्ति के प्रश्न पर भी विल्सन को विफलता प्राप्त हुई थी। इस तरह पेरिस सम्मेलन अन्तर्राष्ट्रीय राजनीति के क्षेत्र में विल्सन के सिद्धान्त पर आधारित शान्ति और सहयोग के स्वर्णयुग का सूत्रपात करने में सफल नहीं हुआ किंतु यह पूर्ण रूप से नहीं कहा जा सकता कि विल्सन के आदर्शवाद का पेरिस शान्ति समझौते पर कोई असर पड़ा था अन्तर्राष्ट्रीय विवादों के शान्तिपूर्ण और न्याययुक्त समाधान के लिये राष्ट्रसंघ का निर्माण हुआ; राष्ट्रीयता के आधार पर सात नये राष्ट्रों का निर्माण हुआ, ये राष्ट्र थे—पोलैण्ड, फिनलैण्ड, एस्टोनिया लैटविया, लिथुआनिया, चेकोस्लोवाकिया, यूगोस्लाविया। विल्सन ने राष्ट्रीयता का उल्लंघन करने वाले अनेक प्रस्तावों पर विरोध जताया था। उसने फ्राँस के राइन प्रदेश में पृथक् राज्य की स्थापना के प्रस्ताव को स्वीकृत नहीं होने दिया था। यूरोप में राष्ट्रीय अल्पसंख्यकों की संख्या 540 लाख से घटकर 170 लाख रह गई थी। इन सभी कार्यों में जो सफलता मिली उन सभी में विल्सन की महत्वपूर्ण भूमिका थी। आत्मनिर्णय के सिद्धान्त का अनेक प्रश्नों के समाधान में पालन किया गया था।

यूरेन, मालमेडी, साइलीशिया, श्लेशविग के भविष्य का निर्णय जनमत संग्रह के द्वारा किया गया। सार प्रदेश में भी जनमत संग्रह की व्यवस्था की गई थी।

28 जून 1919 को सम्पन्न हुई वर्साय की सन्धि पेरिस शान्ति समझौतों का सबसे महत्वपूर्ण हिस्सा थी। इस सन्धि के विपक्षियों ने इसे एक अन्यायपूर्ण और कलुषित दस्तावेज कहा है। निःसन्देह मित्रराष्ट्र घृणा और प्रतिशोध की भावना से भरे हुए थे। अतः अधिकांश समीक्षकों ने वर्साय की सन्धि को अन्यायपूर्ण माना है। जर्मन ने इसे विश्वासघाती सन्धि का नाम दिया। यह एक कठोर सन्धि के साथ ही आरोपित सन्धि भी थी। जर्मन राष्ट्र के लिये अपमानजनक थी। जनरल स्मट्स के अनुरूप वर्साय की सन्धि राजीनतिज्ञों की शान्ति थी, जनता की नहीं। यह अन्तर्राष्ट्रीय शान्ति के नवीन सिद्धान्त पर आधारित थी। परिणामस्वरूप मार्शल फौच का यह कथन सत्य का उद्‌घाटन करता हुआ सिद्ध हुआ कि "यह (वर्साय की सन्धि) शान्ति नहीं बल्कि बीस वर्ष के लिये युद्ध विराम है।" इस तरह वर्साय की सन्धि के उन्मूलन की प्रक्रिया का अन्त द्वितीय विश्वयुद्ध में हुआ। अतः वर्साय की सन्धि को द्वितीय विश्व-युद्ध के प्रारंभ होने का जिम्मेदार माना जाता है।

राष्ट्र संघ का निर्माण

प्रथम विश्व युद्ध एक ऐसा संकट भरा युद्ध साबित हुआ जिसमें जन-धन दोनों की अत्याधिक क्षति हुई। इस युद्ध में भयंकर क्षति व बर्बादी पर ध्यान देते हुए विश्व के लगभग सभी साम्राज्यवादी राष्ट्रों ने वैश्विक स्तर पर शांति व्यवस्था की बहाली के उद्देश्य से एक संगठन बनाने की जरूरत महसूस की। इसी के संदर्भ में राष्ट्रसंघ का निर्माण किया गया। राष्ट्रसंघ के निर्माण में अमेरिका के राष्ट्रपति वुडरो विल्सन की महत्वपूर्ण भूमिका रही। वैश्विक स्तर पर स्थायी रूप से शान्ति बनाए रखना और विश्व के देशों के बीच सहयोगपूर्ण सम्बन्ध स्थापित करना था। राष्ट्रसंघ का प्रमुख उद्देश्य था इस उद्देश्य को पूरा करने के हेतु अपने इस मूल उद्देश्य की पूर्ति के लिए राष्ट्रसंघ को जिन विभिन्न कार्यों को करना पड़ता था वे बेशक अत्यधिक विस्तृत थे। अपने सामाजिक, आर्थिक, कूटनीतिक, मानवीय, आदि सभी कार्यों के द्वारा वह विश्व के उच्च कोटि के स्वच्छ तथा स्वस्थ वातावरण कायम करने के पक्ष में था राष्ट्रसंघ द्वारा प्रशासन संबंधी कार्य, अल्पसंख्यकों के हितों की सुरक्षा संबंधी कार्य, आर्थिक, सामाजिक और मानवता सम्बंधी कार्य और अंतर्राष्ट्रीय शांति सुरक्षा संबंधी कार्य करने पड़ते थे। अतः इन सभी कार्यों पर विस्तृत प्रकाश नीचे अलग-अलग बिंदुओं में डाला गया है।

(1) प्रशासन संबंधी कार्य–पेरिस के शान्ति सन्धियों के आधार पर राष्ट्रसंघ का निर्माण किया गया था और प्रमुख रूप से 28 जून 1919 को सम्पन्न हुई वर्साय की सन्धि में राष्ट्रसंघ से यह अपेक्षा की गई थी कि वह उस सन्धि को क्रियान्वित करेगा। सन्धियों के सामान्य प्रशासन के अतिरिक्त सन्धियों में कुछ ऐसी विशिष्ट धाराएँ थीं जिनके प्रशासन का काम विशेष तौर पर राष्ट्रसंघ को सौंपा गया था जिनमें सार की घाटी और डेजिंग के स्वतन्त्र नगर का प्रशासन और प्रदेश प्रणाली के कार्य प्रमुख थे।

(2) अल्पसंख्यकों के हितों की सुरक्षा सम्बन्धी कार्य–राष्ट्रसंघ का एक प्रमुख कार्य अल्पसंख्यकों के हितों की सुरक्षा करना। अन्तर्राष्ट्रीय राजनीति के समक्ष उनकी सुरक्षा करना एक जटिल कार्य था। अल्पसंख्यकों के विरोध को सिर्फ तभी तक टाला जा सकता है जब तक कि अथवा तो वे अत्यन्त अल्प संख्या में बने रहें अथवा बहुसंख्यक वर्ग किसी न किसी रूप में उनके हितों की पूर्ति करता रहे। अगर ऐसा हीं तो कोई भी राष्ट्र अल्पसंख्यकों की निन्दा करके उन्हें विघटित होने से कोई नहीं रोक सकता है सत्य तो यह है कि अल्पसंख्यकों को बहुसंख्यक वर्ग अपनी अर्थव्यवस्था पर एक बोझ समझता है और इसीलिए उन्हें बाहर निकालना चाहता है।

अल्पसंख्यकों के विरोध अनेक प्रकार की विभेद-नीति अपनाई जाती है। भेदभावों से कानूनों का निर्माण करके अल्पसंख्यकों को द्वितीय श्रेणी का नागरिक बना दिया जाता है। इसके लिए तर्क यह दिया जाता है कि वे कूटनीतिक एकता के लिए मिलकर कार्य नहीं कर सकते। ऐसा तर्क प्रस्तुत करने वाले यह भूल जाते हैं कि रूस ने अल्पसंख्यकों की समस्या को सुलझाकर किस तरह शांतिपूर्ण राष्ट्रीय एकता कायम कर रखी है। सोवियत संघ में लगभग 200 विभिन्न जाति और रंग के समूह हैं जो लगभग 125 प्रकार की विभिन्न भाषाएँ बोलते हैं। परंतु ये सभी समूह राष्ट्रीय एकता, अखण्डता और संप्रभुता के लिए एक ही विचारधारा से कार्य करते हैं। कूटनीतिक ही नहीं, बल्कि आर्थिक और सांस्कृतिक क्षेत्र में भी रूस ने अल्पसंख्यकों को एक सूत्र में पिरोने और उन्हें नागरिकता के समान अवसर देने में एक महत्त्वपूर्ण सफलता हासिल की है।

(3) आर्थिक, सामाजिक और मानवता सम्बन्धी कार्य– राष्ट्रसंघ का एक प्रमुख कार्य आर्थिक, सामाजिक एवं मानवता सम्बंधी कार्य भी है राष्य। यद्यपि राष्ट्रसंघ मुख्यतः एक कूटनीतिक संस्था थी तथापि कूटनीतिक कार्यों की तुलना में उसका गैर-राजनीतिक क्षेत्रों में कार्य विशेष महत्त्वपूर्ण है। संघ ने आर्थिक, सामाजिक,

साँस्कृतिक आदि मानव जीवन के लगभग सभी क्षेत्रों में अन्तर्राष्ट्रीय सहयोग के एक नवीन युग का सूत्रपात किया। इस संदर्भ में प्रसिद्ध इतिहासकार ई. एच. कार (E. H. Carr) ने कहा है कि–"राष्ट्रसंघ का सामाजिक और मानवतावादी कार्य कुछ अंश तक युद्ध से पहले उन यदा-कदा और यंत्र-तंत्र होने वाले असम्बद्ध अन्तर्राष्ट्रीय क्रियाकलापों में समन्वय स्थापित करना था और कुछ अंश तक नई दिशाओं में कार्य करना था।" राष्ट्रसंघ के प्रयासों से विश्व-इतिहास में सम्भवतः पहली बार अन्तर्राष्ट्रीय सम्मेलनों में आर्थिक तथा सामाजिक विषयों पर विस्तृत स्तर पर विचार-विमर्श प्रारंभ होने लगा। राष्ट्रसंघ द्वारा आर्थिक समितियों की स्थापना आर्थिक बौद्धिक शरणार्थी, परिवहन एवं संचार, नारी एवं बाल कल्याण सहयोग, स्वास्थय संबंधी सहयोग, मादक द्रव्यों पर नियंत्रण सम्बंधी सहयोग, युद्ध बंदियों की रिहाई तथा दासता एवं शोषण का उन्मूलन आदि सम्बन्धित कार्य किया गया।

अतः इन सभी कार्यों पर संगठित प्रकाश नीचे अलग-अलग बिंदुओं में डाला जा रहा है–

(क) आर्थिक समितियों की स्थापना–राष्ट्रसंघ को युद्ध से जर्जर राज्यों की आर्थिक व्यवस्था को पुनर्स्थापित करने का उत्तरदायित्व सौंपा गया था। राष्ट्रसंघ ने इस दिशा में एक प्रभावशाली नीति का अनुसरण किया। उसने सबसे पहले विश्व के सभी देशों को इस बात के लिए प्रेरित किया कि वे स्वस्थ आर्थिक नीतियाँ अपनाएँ जिससे महायुद्ध से ध्वस्त विश्व का आर्थिक पुनर्निर्माण सफलतापूर्वक किया जा सके। इसके लिए संघ ने अनेक वित्तीय तथा आर्थिक समितियों की स्थापना की जिन्होंने आँकड़ों और तथ्यों के संकलन का कठिन कार्य पूरा करने के साथ-साथ विविध आर्थिक समस्याओं से सम्बन्ध में उपयोगी शोध कार्य किया। राष्ट्रसंघ के संगठन में वे सब अन्तर्विरोध निहित थे जो हमेशा पूँजीवादी व्यवस्था में पाए जाते हैं। परन्तु इस सीमा के होते हुए भी संघ ने विभिन्न आर्थिक सम्मेलनों का आयोजन किया और तत्कालीन आर्थिक समस्याओं को सुलझाने का पूर्ण प्रयत्न किया।

(i) आर्थिक सहयोग—आर्थिक दृष्टि से पिछड़े हुए देशों को राष्ट्रसंघ द्वारा उनके विकास के लिए आर्थिक सहयोग दिया गया। सन् 1918-1920 के वर्षों में समस्त मध्य व पूर्वी यूरोप में भुखमरी का बादल छाया हुआ था। जिसमें आस्ट्रेलिया की स्थिति सबसे अधिक खराब थी। मित्रराष्ट्रों ने 3 वर्षों में लगभग 40,000,000 पौण्ड की मदद ऑस्ट्रियावासियों को जीवित रखने के लिए प्रदान की। जब यह मदद भी अपर्याप्त रही तो मित्रराष्ट्रों ने राष्ट्रसंघ से आस्ट्रिया के आर्थिक पुनर्निर्माण की दिशा में कार्यवाही करने की प्रार्थना की। सन् 1923 में राष्ट्रसंघ ने आर्थिक पुनर्निर्माण

के लिए आस्ट्रिया को अन्तर्राष्ट्रीय ऋण एकत्र करने में मदद दी और उसकी देख रेख के लिए एक वित्तीय आयुक्त की नियुक्ति की। ऑस्ट्रिया की हालत सुधर गई और जनता में विश्वास पैदा हुआ। ऑस्ट्रिया की सरकार का बजट पूर्ण रूप से सन्तुलित हो गया।

सन् 1930-31 के बीच विश्व-व्यापी आर्थिक मन्दी के कारण ऑस्ट्रिया पुनः आर्थिक संकट में आ गया। सन् 1931-32-33 में राष्ट्रसंघ ने ऑस्ट्रिया को पुनः मदद दी जिससे उसकी प्रचलित मुद्रा पुष्ट हुई। हंगरी की राजस्व व आर्थिक सम्बन्धी पुनर्स्थापना का कठिन कार्य भी राष्ट्रसंघ ने सफलता से निबटाया। संघ ने मार्च, 1924 के दो समझौतों के अनुसार हंगरी को आर्थिक सहायता दी। सितम्बर, 1931 में हंगरी सरकार की प्रार्थना पर राष्ट्रसंघ ने हंगरी में अर्थ-व्यवस्था की पुनः जाँच की। अनुसार हंगरी को आर्थिक सहायता दी। सन् 1924, 1928, 1932 और 1933 में यूनान को एवं सन् 1926 व 1928 में बल्गारिया को विभिन्न रूप से आर्थिक सहायता प्रदान की। संघ ने इन दोनों देशों के शरणार्थियों के पुनर्वास की व्यवस्था की। मुद्रा की व्यवस्था की गई।

(ii) शरणार्थी सहयोग–राष्ट्रसंघ द्वारा दिया गया शरणार्थी सहयोग एक उल्लेखनीय सहयोग था। महायुद्ध के कारण लाखों रूसी, यूनानी एवं आर्मेनियनों का घर उजड़ गया था तथा यूरोप के भीतर एक भयानक शरणार्थी समस्या उत्पन्न हो गयी थी। जनसेवी संगठन, रेडक्रॉस, बाल-कोष और व्यक्तिगत सरकारों द्वारा इस गम्भीर सामाजिक समस्या के समाधान हेतु जो भी कार्य सम्पन्न किये गये थे वे पर्याप्त नहीं थे। अतः इस समस्या से निपटने के उद्देश्य से राष्ट्रसंघ ने एक अन्तर्राष्ट्रीय कार्यालय की स्थापना की जिसके अध्यक्ष डॉ. नानसेन (Dr. Fridty of Nansen) को बनाया गया। लाखों, रूसी, यूनानी और आर्मेनियन डा. नानसेन के निर्देशन में पुनः बसाए गए। यूनान-टर्की शत्रुता के परिणामस्वरूप सन् 1922 में 10 लाख से भी अधिक यूनानी शरणार्थियों ने स्वदेश लौटकर यूनान के लिए एक कठिन समस्या पैदा कर दी तो राष्ट्रसंघ के प्रयास से एक यूनानी शरणार्थी बोर्ड का निर्माण किया और उसके अलावा राष्ट्रसंघ के संरक्षण में शरणार्थियों को बसाने के लिए यूनान सरकार को सन् 1924 और 1928 में दो ऋण भी प्रदान किये गये।

डॉ. नानसेन की इन महान व्यक्ति डा. नानसेन की सन् 1930 में मृत्यु हो गयी। इसके बाद संघ ने इन्हीं के नाम पर 'नानसेन शरणार्थी कार्यालय' (Nansen's Office for Refugees) की स्थापना की, परंतु नाजीवाद के उदय के परिणाम स्वरूप जर्मनी में तथा अन्य अनेक देशों में जब यहूदियों पर घोर अत्याचार किए गए

और लाखों यहूदी घरों से निर्वासित हो गए तो राष्ट्रसंघ इस जटिल शरणार्थी समस्या का कोई प्रभावी समाधान करने में विफल रहा। राष्ट्रसंघ का मदद से शरणार्थियों के लिए एक उच्च आयुक्त के लिए पद की स्थापना की जो सन् 1946 तक कार्य करता रहा और उसके बाद इसे संयुक्त राष्ट्रसंघ में मिला लिया गया।

(iii) स्वास्थ्य सम्बन्धी सहयोग—राष्ट्रसंघ की प्रसंविदा की 23वीं धारा के अन्तर्गत यह प्रावधान किया गया था कि "संघ के सदस्य बीमारियों को रोकने और उन्हें नियंत्रित करने के विषय में जरूरी कदम उठाने की चेंष्टा करेंगे।" इस उद्देश्य की पूर्ति के लिए साधारण सभा और परिषद् ने सन् 1913 में एक प्रस्ताव पारित करते हुए 'स्थायी स्वास्थ्य संगठन' की स्थापना की। इस संगठन का उद्देश्य 'अन्तर्राष्ट्रीय सहयोग' द्वारा जन-स्वास्थ्य की सुरक्षा को बढ़ावा देना था। अन्तर्राष्ट्रीय संगठन होने के नाते उसका सम्बन्ध किसी देश की आन्तरिक स्थिति से न था। इस संगठन के प्रमुख अंग थे– स्वास्थ्य समिति, परामर्शदात्री कौंसिल और स्वास्थ्य विभाग इस संगठन का मुख्य कार्य संक्रामक रोगों के निवारण हेतु सेवाएँ प्रदान करना, निद्रा रोग पर अध्ययन, अफ्रीका का विभिन्न राज्यों में स्वास्थ्य अफसरों का आन्तरिक परिवर्तन, यूनान और चीन जैसे अनेक देशों की जनस्वास्थ्य सेवाओं का पुनर्निर्माण, मानव-जीवन की दैनिक समस्याओं के विषय में विश्व के ज्ञान और अनुभव की एकत्रित करना आदि थे। इस संगठन के तत्त्वावधान में संक्रामक रोगों को रोकने के लिए सिंगापुर में एक पूर्वी कार्यालय (Eastern Bureau) की स्थापना की गई। प्रति सप्ताह 113 बन्दरगाह अपने यहाँ की सार्वजनिक स्वास्थ्य की रिपोर्ट इस ब्यूरो के पास भेजते थे। इसके अतिरिक्त मलेरिया रोग के निवारण के लिए इस संगठन ने सन् 1923 में एक मलेरिया आयोग की स्थापना की।

(iv) बौद्धिक सहयोग—राष्ट्र संघ द्वारा दिया गया बौद्धिक सहयोग एक सराहनीय सहयोग था इस सहयोग का प्रथम उद्देश्य उन बौद्धिक दिशाओं में प्रगति करना था जिनके द्वारा अन्तर्राष्ट्रीय साहित्यकारों, वैज्ञानिकों, कलाकारों, शिक्षकों और लेखकों के बीच पारस्परिक सम्बन्धों का विकास हो। सम्बन्धों का यह विकास सभ्यता और संस्कृति की उन्नति के लिए बड़ा उपयोगी था। राष्ट्रसंघ के उद्देश्य की मूल भावना थी कि बौद्धिक क्षेत्रों में राष्ट्रों के मध्य घनिष्ठ एकता स्थापित हो और श्रेष्ठतर ज्ञान-ज्योति के द्वारा शान्ति की सुरक्षा के लिए अन्तर्राष्ट्रीय सहयोग में वृद्धि हो। बेल्जियम के सुझाव पर राष्ट्रसंघ के परिषद् ने बौद्धिक सहयोग के लिए एक अन्तर्राष्ट्रीय समिति की स्थापना की जिसमें प्रारम्भ में 12 सदस्य थे और उपरांत में उनकी संख्या 17 हो गई। इस समिति के सदस्य विश्व के बुद्धिजीवी थे, जैसे प्रो.

आइन्सटाइन, मैडम क्यूरी, गिलबर्ट मरे, लौरेन्ज आदि। इस बौद्धिक समिति ने अन्तर्राष्ट्रीय सम्बन्धों का वैज्ञानिक अध्ययन, क्षत विक्षत क्षेत्रों में बौद्धिक मदद प्रदान करना, शिक्षा सम्बन्धी सूचना प्रसारित कर प्रौढ़ तथा श्रमिकों की शिक्षा के राष्ट्रीय केन्द्रों का एकीकरण, राष्ट्रसंघ के उद्‌देश्यों और अन्तर्राष्ट्रीय सम्बन्धों के विषय में युवकों को शिक्षा, वैज्ञानिक अनुसंधान केन्द्र को सहयोग की सहायतार्थ अन्तर्राष्ट्रीय फण्ड एकत्रित करना, अन्तर्राष्ट्रीय सद्‌भाव के विकास हेतु विद्यालयों की पाठ्य-पुस्तकों से हानिकारक अंशों को निकालना, राष्ट्रीय व केन्द्रीय पुस्तकालयों में सहयोग, स्मारकों तथा कलाकृतियों की सुरक्षा, वैज्ञानिक संग्रहालयों, थियेटरों एवं संगीत और कविता के क्षेत्र में अन्तर्राष्ट्रीय दृष्टिकोण का विकास आदि कार्यों को सम्पन्न किया।

सन् 1926 में पेरिस में बौद्धिक सहयोग संस्थान की स्थापना की गयी उसके उपरान्त कुछ ही अवधि में इस संस्था, राष्ट्रसंघ की समिति और अनेक विशिष्ट अन्तर्राष्ट्रीय एवं 40 से भी अधिक राष्ट्रीय समितियों ने पूर्ण रूप से बौद्धिक सहयोग संगठन का रूप धारण कर लिया। आर्थिक कठिनाइयों और मतभेदों का सामना करते हुए भी इस संगठन ने अपने ढंग से सम्मेलनों, विचार-गोष्ठियों, वाद-विवादों का आयोजन किया, सामूहिक सुरक्षा पर साहित्य प्रकाशित किया, अनेक उच्चकोटि की साहित्यिक पुस्तकों की रचना की और निःशस्त्रीकरण, रेडियो के प्रसारण कार्यक्रमों एवं अन्तर्राष्ट्रीय स्तर पर बौद्धिक मैत्री का प्रसार किया। इन सब कार्यक्रमों द्वारा इसने विश्वशान्ति की स्थापना में पर्याप्त सहयोग दिया और जल के वितरण में विकास करना, जलयानों अथवा रेलों की भीड़ के आपसी अधिकारों के विवादों पर सम्बन्धित सरकारों को परामर्श देना आदि उल्लेखनीय कार्य किये।

(v) मादक द्रव्यों पर नियन्त्रण संबंधी कार्य—मनुष्य को उन हानिकारक नशीले पदार्थों से बचाना राष्ट्रसंघ के कार्यों का एक अन्य महत्वपूर्ण पहलू था जो उसके मानसिक और शारीरिक विकास की गति रोककर उसे कमजोर बना देते है। इस कार्य की प्रसंविदा की धारा 23 में भी चर्चा की गई हैं। सन् 1920 में संघ ने अफीम और अन्य हानिकारक मादक द्रव्यों के व्यापार के सम्बन्ध में एक परामर्शदात्री समिति नियुक्त की। यह समिति अफीम कमेटी के नाम से प्रसिद्ध हुई। इसका मुख्य उद्देश्य सभी प्रकार के मादक पदार्थों (कच्ची अफीम, तैयार अफीम, कोकीन आदि) पर नियन्त्रित करके सिर्फ औषधियों और वैज्ञानिकों प्रयोगों तक ही सीमित करना था। सन् 1925 एवं सन् 1931 में मादक पदार्थों की समस्या को सुलझाने के लिए 'जेनेवा अधिनियम' स्वीकार किए गए। इनके द्वारा यह व्यवस्था की गई कि मादक पदार्थों का उत्पादन सिर्फ वैज्ञानिक तथा चिकित्सा सम्बन्धी उद्‌देश्यों के लिए ही

सीमित रहना चाहिए। इस उद्देश्य की प्राप्ति के लिए दो नवीन संस्थाएँ स्थापित की गईं। इनमें प्रथम संस्था स्थायी केन्द्रीय मण्डल और द्वितीय संस्था निरीक्षक निकाय कहलाया।

(vi) नारी-एवं बाल-कल्याण संबंधी कार्य—राष्ट्रसंघ की प्रसंविदा की धारा 23 के अनुसार सभी सदस्य राष्ट्र अपने-अपने देश में महिलाओं एवं बच्चों के व्यवहार पर प्रतिबंध लगायेंगे और इस विषय में सामान्य पर्यवेक्षण का कार्य संघ को सौंप देंगे। इस व्यवस्था के अनुपालन में संघ ने सर्वप्रथम एक परामर्शदात्री आयोग का गठन किया जिसे बाद में दो समितियों तथा बाल हितकारी समिति और द्वितीय स्त्रियों और बच्चों के अनैतिक व्यापार को रोकने वाली समिति में विभाजित कर दिया गया स्त्रियों के अनैतिक व्यापार को रोकने के नियम बनाए। साधारण सभा ने एक अधिनियम स्वीकार किया जिसके द्वारा विवाह के लिए दम्पति की आयु में वृद्धि कर दी गयी ओर महिलाओं के अनैतिक व्यापार पर रोक लगा दी गयी।

सन् 1927 में राष्ट्रसंघ के समक्ष एक विशेषज्ञ-समिति ने समस्या पर अपनी शोध रिपोर्ट प्रस्तुत की। सन् 1929 में संघ के तत्वावधान में ही सुदूरपूर्व में बच्चों और महिलाओं की स्थिति की जाँच की गई। सन् 1932 में सामाजिक प्रश्नों पर परामर्शदात्री समिति के रूप में एक परामर्शदाता-आयोग का पुनर्निर्माण हुआ। सन् 1933 में यह नियम बनाया गया कि अगर किसी युवती का अनैतिक व्यापार होता है तो व्यापार करने वालों को दण्ड दिया जायेगा। चूँकि इससे पहले यह नियम था कि दण्ड सिर्फ उसी स्थिति में दिया जाएगा जब कि बेची जाने वाली स्त्री अवयस्क हो। राष्ट्रसंघ ने अश्लील प्रकाशनों को रोकने और वेश्यावृत्ति उन्मूलन सम्बंधी भी कार्य करने का प्रयत्न किया। बाल-हितकारी-समिति ने विभिन्न देशों के तत्सम्बन्धी कानून का अध्ययन किया, अवैध बच्चों की समस्या पर विचार किया साथ ही साथ इस विषय में अपने मूल्यवान परामर्श दिए। इसके परिणामस्वरूप अनेक देशों ने विवाह की उम्र में वृद्धि करने हेतु अपने-अपने अधिनियमों में संशोधन किया।

(vii) दासता तथा शोषण उन्मूलन संबंधी कार्य—राष्ट्र संघ द्वारा सन् 1924 में दासता एवं शोषण की समस्या पर विचार करने हेतु एक विशेष समिति की स्थापन को गयी। इस समिति की रिपोर्ट के आधार पर सन् 1926 में साधारण सभा ने 'दासता के अन्तर्राष्ट्रीय नियम' को स्वीकार किया और परिषद् को यह निर्देश दिया कि वह समस्या पर प्रतिवर्ष एक सालाना रिपोर्ट तैयार करे एवं अन्तर्राष्ट्रीय श्रम संगठन को इस कठिनाई का गहराई से अध्ययन करने के लिए प्रेरित किए। सन् 1926 तक राष्ट्रसंघीय सचिवालय ने भी इस गम्भीर सामाजिक कुरीतियों के खिलाफ

विभिन्न राज्यों द्वारा किए गए कार्यों का सालाना प्रकाशन प्रारम्भ कर दिया। राष्ट्रसंघ ने विशेषज्ञों की एक अस्थायी समिति की भी नियुक्ति की जिसने सन् 1931 की अपनी रिपोर्ट में बताया कि तिब्बत और मध्य एशिया के कुछ भागों को छोड़कर, जिनके विषय में जानकारी प्राप्त नहीं हो सकी सिर्फ अरब तथा अफ्रीका के कुछ भागों में ही दास-प्रथा खत्म नहीं हो सकी थी। इनके अलावा अन्य सबने दासता को कानूनी तौर पर खत्म कर दिया था।

राष्ट्रसंघ ने लीबिया से दासता खत्म करने के प्रश्न पर बड़ी लगन से कार्य किया। उसने इथोपिया, नेपाल और बर्मा की सरकारों को इस तथ्य पर अधिक से अधिक बल देने के लिए प्रेरित किया कि वे अपने-अपने देश में जातिप्रथा का उन्मूलन करें। सन् 1930 में अन्तर्राष्ट्रीय श्रमसंघ ने शोषण के उन्मूलन के लिए एक अन्तर्राष्ट्रीय नियम को मान्यता दी और इस नियम में अल्पावधि में ही अनिवार्य श्रम को खत्म करना था। सन् 1930 से 1939 तक राष्ट्रसंघ ने मनुष्य द्वारा मनुष्य के शोषण को अत्यधिक सीमा तक समाप्त कर दिया।

थोड़े में यह कहा जा सकता है कि आर्थिक, सामाजिक, बौद्धिक एवं सांस्कृतिक जगत में महत्वपूर्ण योगदान दिया है। उपरोक्त सभी कार्यों में संघ को आशानुरूप सफलता प्राप्त हुई। गैर-राजनीतिक क्षेत्र में संघ का एकमात्र उद्देश्य यह था कि समस्त विश्व में एकता, सहयोग, प्रेम, सद्भावना और मैत्रीभाव विकसित हो। संघ के प्रयासों ने लाखों लोगों में विश्वास आशा, और नवजीवन का संचार किया।

(viii) दासता तथा शोषण उन्मूलन संबंधी कार्य—राष्ट्र संघ द्वारा सन् 1924 में दासता एवं शोषण की समस्या पर विचार करने हेतु एक विशेष समिति की स्थापना की गयी। इस समिति की रिपोर्ट के आधार पर सन् 1926 में साधारण सभा ने 'दासता के अन्तर्राष्ट्रीय नियम' को स्वीकार किया और परिषद् को यह निर्देश दिया कि वह समस्या पर प्रतिवर्ष एक सालाना रिपोर्ट तैयार करे एवं अन्तर्राष्ट्रीय श्रम संगठन को इस कठिनाई व गहराई से अध्ययन करने के लिए प्रेरित किए। सन् 1926 तक राष्ट्रसंघीय सचिवालय ने भी इस गम्भीर सामाजिक कुरीतियों के खिलाफ विभिन्न राज्यों द्वारा किए गए कार्यों का सालाना प्रकाशन प्रारम्भ कर दिया। राष्ट्रसंघ ने विशेषज्ञों की एक अस्थायी समिति की भी नियुक्ति की जिसने सन् 1931 की अपनी रिपोर्ट में बताया कि तिब्बत और मध्य एशिया के कुछ भागों को छोड़कर, जिनके विषय में जानकारी प्राप्त नहीं हो सकी सिर्फ अरब तथा अफ्रीका के कुछ भागों में ही दास-प्रथा खत्म नहीं हो सकी थी। इनके अलावा अन्य सबने दासता को कानूनी तौर पर खत्म कर दिया था।

राष्ट्रसंघ ने लीबिया से दासता खत्म करने के प्रश्न पर बड़ी लगन से कार्य किया। उसने इथोपिया, नेपाल और बर्मा की सरकारों को इस तथ्य पर अधिक से अधिक बल देने के लिए प्रेरित किया कि वे अपने-अपने देश में जातिप्रथा का उन्मूलन करें। सन् 1930 में अन्तर्राष्ट्रीय श्रमसंघ ने शोषण के उन्मूलन के लिए एक अन्तर्राष्ट्रीय नियम को मान्यता दी और इस नियम में अल्पावधि में ही अनिवार्य श्रम को खत्म करना था। सन् 1930 से 1939 तक राष्ट्रसंघ ने मनुष्य द्वारा मनुष्य के शोषण को अत्यधिक सीमा तक समाप्त कर दिया।

थोड़े में यह कहा जा सकता है कि आर्थिक, सामाजिक, बौद्धिक एवं सांस्कृतिक जगत में महत्वपूर्ण योगदान दिया है। उपरोक्त सभी कार्यों में संघ को आशानुरूप सफलता प्राप्त हुई। गैर-राजनीतिक क्षेत्र में संघ का एक मात्र उद्देश्य यह था कि समस्त विश्व में एकता, सहयोग, प्रेम, सद्भावना और मैत्रीभाव विकसित हो। संघ के प्रयासों ने लाखों लोगों में विश्वास आशा, और नवजीवन का संचार किया।

अन्तर्राष्ट्रीय शान्ति और सुरक्षा सम्बन्धी कार्य—राष्ट्रसंघ का सबसे अधिक महत्वपूर्ण कार्य अन्तर्राष्ट्रीय शान्ति तथा सुरक्षा कायम रखना एवं अन्तर्राष्ट्रीय विवादों को शान्तिपूर्ण ढंग से समाधान करना था। विश्व को भावी विनाश से बचाना था। इस उद्देश्य की प्राप्ति के लिए संघ की प्रसंविदा (Covenant) में चार प्रकार की व्यवस्थाएँ की गई थीं जिस पर संक्षिप्त प्रकाश नीचे डाला जा रहा है—

प्रथम व्यवस्था – प्रथम व्यवस्था में प्रसंविदा की धारा 10 के अनुसार राष्ट्रसंघ के सदस्यों ने यह कानूनी बाध्यता स्वीकार की कि वे सब मिलकर सब देशों की कूटनीतिक स्वतन्त्रता और प्रादेशिक अखण्डता की बाह्य हमलों से रक्षा करेंगे। राष्ट्रसंघ का 'सामूहिक सुरक्षा' (Collective Security) सम्बन्धी यह प्रमुख प्रसिद्ध सिद्धान्त था। संघ के विधान की धारा 11 से 16 तक की धाराओं में युद्धों को शान्तिपूर्ण ढंग से नियंत्रित करने की गतिविधियों पर प्रकाश डाला गया है। इन धाराओं में युद्ध से पहले की स्थिति में प्रमुख रूप से तीन प्रकार के संशोधन किये गये जिनका उद्देश्य नीचे दिया गया है—

(क) इन संस्थाओं के सम्मुख विवाद प्रस्तुत किए जाने के लिए कुछ प्रक्रियाएँ और पद्धतियाँ निर्धारित की गईं।

(ख) द्वितीय सदस्य-राज्यों को बाधित किया गया कि वे अपने विवादों की शान्ति-समझौते के लिए संघ के सम्मुख पेश करें और कुछ समय के लिए युद्ध-विराम कर दें।

(ग) तृतीय संशोधन में कूटनीतिक और कानूनी विवादों को निबटाने के लिए कुछ नवीन संस्थाओं की स्थापना की गई।

राष्ट्रसंघ के अधिनियम की धारा 10 में सामूहिक सुरक्षा के सन्दर्भ में प्रकाश डाला गया था इस धारा के अनुसार "संघ के सदस्य, सभी सदस्यों की प्रादेशिक अखण्डता एवं कूटनीतिक स्वतन्त्रता का सम्मान करके एवं उन्हें बाह्य हमले के विरुद्ध सुरक्षित रखने का वचन देते हैं। इस तरह के किसी भी हमला अथवा हमला की धमकी अथवा भय पैदा होने की अवस्था में परिषद् उन साधनों के विषय में परामर्श देगी जिनसे इस उत्तरदायित्व को पूरा किया जा सके।"

राष्ट्रसंघ के अधिनियम की धारा 11 में किसी युद्ध या युद्ध की धमकी को राष्ट्रसंघ के लिए चिन्ता का विषय बताया गया। संघ के किसी भी सदस्य की प्रार्थना पर महासचिव को परिषद् की तत्काल बैठक बुलाने का अधिकार दिया गया और हर सदस्य का यह नैतिक अधिकार है कि वह अन्तर्राष्ट्रीय शान्ति को खतरा पैदा करने वाली परिस्थितियों की ओर साधारण सभा या परिषद् का ध्यान आकर्षित करे। यह धारा सही मायने में राष्ट्रसंघ के संविदा की सबसे महत्त्वपूर्ण धारा थी और यह विल्सन की अभिशंसा पर आधारित थी। संघ के समक्ष इस धारा के अन्तर्गत 40 अन्तर्राष्ट्रीय विवाद लाए गए। इस महत्त्वपूर्ण धारा का मूल उद्देश्य यह था कि युद्धों के खिलाफ एक शक्तिशाली जनमत तैयार किया जाए। ऐसा विश्वास किया गया था कि जब परिषद् अथवा साधारण सभा में अन्तर्राष्ट्रीय शान्ति को भंग करने वाले विषयों पर विवाद हो तो जगत की शान्ति में विश्वास करने वाले लोकमत की शक्ति द्वारा ऐसे संकेतों का निराकरण हो सकेगा।

अधिनियम की 12वीं धारा में विदेशी विवादों को निपटान के सन्दर्भ में उपाय बताये गये थे। यह उपाय प्रमुख रूप से तीन प्रकार के थे जो निम्नलिखित हैं—प्रथम उपाय में संघ के सदस्यों ने यह स्वीकार कर लिया कि अगर उनमें किसी प्रकार का ऐसा विवाद होगा जिससे शान्ति भंग होने की सम्भावना हो तो वे उसका न्यायिक समझौता कराएँगे अथवा इसे किसी पंच (Arbitrator) को सौंपेंगे, या इसे जाँच के लिए परिषद् के सम्मुख पेश करेंगे। साथ ही, उन्होंने यह भी तय किया कि किसी भी अवस्था में पंच अथवा अदालत के निर्णय या परिषद् की रिपोर्ट के तीन महीने के अन्दर युद्ध का सहारा नहीं लेंगे। इस धारा में तीन महीने तक युद्ध न करने की व्यवस्था इसलिए की गई थी ताकि विवाद की उग्रता कम हो जाए, उत्तेजित मनोभावनाएँ शान्त हो जाएँ और इस बीच शान्तिप्रिय लोकमत का दबाव पड़ने से युद्ध की सम्भावना कम हो जाए। लेकिन यह है कि संघ के अल्पकालिक जीवन में

ऐसा कोई मौका उपस्थित नहीं हुआ जब किसी राज्य द्वारा इस धारा की व्यवस्थाओं का पालन किया गया हो। इस धारा द्वारा परिषद् से अपनी रिपोर्ट छः महीने के अन्दर देने एवं पंचायत और न्यायालय से अपना निर्णय उचित समय के अन्दर दे देने के लिए कहा गया। 13वीं धारा के अन्तर्गत यह व्यवस्था की गई थी कि किसी सन्धि की व्याख्या के बारे में एवं अन्तर्राष्ट्रीय कानून और अन्तर्राष्ट्रीय दायित्वों के उल्लंघन के सम्बन्ध में पैदा होने वाले विवादों का पंचायत अथवा अन्तर्राष्ट्रीय न्यायालय द्वारा निर्णय हो। संघ के सदस्यों ने यह स्वीकार किया कि वे पंचायती या न्यायिक निर्णयों का पालन करने वाली किसी राज्य के खिलाफ युद्ध की कार्यवाही नहीं करेंगे। इसके विषय में यह स्पष्ट है कि 13वीं धारा किसी अनिवार्य व्यवस्था को लागू नहीं करती थी। इसी धारा में यह भी कहा गया था कि पंच या न्यायालय के निर्णय को क्रियान्वित कराने का उत्तरदायित्व परिषद् का है।

द्वितीय व्यवस्था—इस व्यवस्था में प्रसंविदा की धारा 14 द्वारा साधारण सभा या परिषद् को यह प्रमुख रूप से अधिकार प्रदान किया गया कि वे किसी भी विवाद या प्रश्न पर अन्तर्राष्ट्रीय न्यायालय की सम्मति माँग सकेंगे। संविदा की सबसे लम्बी 15वीं धारा में उन विवादों को हल करने की व्यवस्थाएँ दी गई थीं जिन्हें पंचायती अथवा न्यायिक निर्णय के लिए न सौंपा गया हो, परन्तु जिन्हें परिषद् के सामने पेश कर दिया गया हो। इस धारा के अधीन परिषद् के सम्मुख रखे जाने वाले विवाद हर तरह के हो सकते थे और उनकी संवीक्षा करने में परिषद् प्रश्न के कानूनी व कूटनीतिक दोनों रूपों को मान्यता देती थी। परंतु परिषद् ऐसे किसी विषय पर ऐसी कोई सिफारिश नहीं कर सकती थी जो किसी राज्य के घरेलू अधिकार-क्षेत्र में आता हो।

तृतीय व्यवस्था—इस व्यवस्था में 16वीं धारा में शास्तियों द्वारा युद्धों को रोकने का उल्लेख था। 16वीं धारा के अनुसार यदि संघ का कोई सदस्य 12वीं, 13वीं या 15वीं धारा की अवहेलना कर युद्ध आरम्भ कर दे तो उसका वह कार्य समस्त संघ के खिलाफ किया गया कार्य समझा जाएगा और संघ के सभी सदस्य ऐसे राज्य के साथ अपने व्यापारिक सम्बन्धों का विच्छेद कर लेंगे। इस व्यवस्था को आर्थिक शास्तियों का नाम दिया गया था। इसके मूल में यह बात थी कि आर्थिक प्रतिबन्ध के भय से कोई देश किसी अन्य देश पर आक्रमण करने की हिम्मत नहीं करेगा। यदि ऐसा किया तो जटिल आर्थिक रोक की वजह से वह उसे अधिक समय तक जारी नहीं रख सकेगा एवं अन्त में विवश होकर वह युद्ध बन्द कर देगा। आर्थिक प्रतिबन्ध के सन्दर्भ में अमेरिका के राष्ट्रपति विल्सन ने यह कहा था कि—"यह पूरा

बहिष्कार होगा। आर्थिक प्रतिबन्ध की इस व्यवस्था के महत्व तथा प्रभाव का वर्णन करते हुए आक्रामक देश अन्य देशों से एकदम अलग हो जाएगा। कोई भी माल उस देश में न पहुँच सकेगा और न वहाँ से बाहर आ सकेगा। इस तरह के बहिष्कार के उपरांत युद्ध बन्द हो जाएगा, क्योंकि कोई भी देश छः महीने से अधिक आर्थिक बहिष्कार का प्रतिरोध नहीं कर सकेगा।" विल्सन के तर्कों में निस्सन्देह बल था, लेकिन आर्थिक प्रतिबन्धों की सफलता बड़े राज्यों के सहयोग पर निर्भर थी। राष्ट्रसंघ के अल्पकालिक जीवन में इस अस्त्र का प्रयोग सिर्फ एक बार सन् 1935 में इटली के विरोध में किया गया था, जबकि उसने एबीसीनिया पर हमला कर दिया था लेकिन बड़ी शक्तियों के सहयोग के अभाव में यह कार्यवाही निष्फल रही।

चौथी व्यवस्था—युद्ध को नियंत्रित करने हेतु आर्थिक रोक के अलावा इस धारा में सैन्य सम्बधी कार्यवाही का भी प्रावधान किया गया था। विधान में यह कहा गया था कि संघ आक्रामक राज्यों के खिलाफ सैनिक कार्यवाही कर सकता है और इसके लिए सदस्य राज्यों को सेना देनी होगी। लेकिन व्यावहारिक नजर से इस व्यवस्था की कोई कीमत नहीं थी क्योंकि विधान में ऐसी कोई धारा नहीं थी जिससे सदस्यों को सेना देने के लिए मजबूर किया जा सके। इस व्यवस्था का पालन करना न करना ऐच्छिक था और संघ के इतिहास में इस व्यवस्था का प्रयोग कभी हुआ भी नहीं। संघ ने किसी भी मौके पर इसके नियम तोड़ने वाले सदस्यों के खिलाफ सैनिक कार्यवाही नहीं की।

संघ की प्रसंविदा की 17वीं धारा में संघ के सदस्यों और गैर-सदस्य राज्यों के विवादों अथवा गैर-सदस्य राज्यों के पारस्परिक विवादों के समाधान की व्यवस्था थी। ऐसी अवस्था में गैर-सदस्य राज्य को आमन्त्रित किया जाता था कि वह उस विवाद के सम्बन्ध में राष्ट्रसंघ की सदस्यता के उत्तरदायित्वों को स्वीकार कर ले। इस परिस्थिति में दो अवस्थाएँ उत्पन्न हो सकती थीं जिनमें प्रथम गैर-सदस्य राज्य परिषद् के आमन्त्रण को स्वीकार कर ले। ऐसा होने पर 12वीं से 16वीं धाराओं तक की व्यवस्थाएँ सैद्धान्तिक रूप में लागू हो जाती थीं, और द्वितीय, गैर-सदस्य राज्य विवाद के निर्णय के लिए संघ की सदस्यता के उत्तरदायित्वों को स्वीकार करने से इन्कार कर सकते थे। ऐसा होने पर 12वीं से 15वीं धाराओं में अंकित प्रक्रियाओं में से कोई भी लागू नहीं होती थी। परंतु फिर भी आमन्त्रित राज्य द्वारा संघ के किसी सदस्य के खिलाफ युद्ध छेड़ देने की अवस्था में उसके विरुद्ध 16वीं धारा के उपबन्धों को लागू कर देने की व्यवस्था थी। विवाद से सम्बन्धित अगर दोनों ही दल गैर-सदस्य

राज्य होते थे और वे संघ के आमन्त्रण को अस्वीकार कर देते थे तो परिषद् ऐसे उपाय काम में ले सकती थी जिससे युद्ध रुक जाए या विवाद तय हो जाए।

19वीं धारा में यह प्रावधान किया गया कि सामान्य सभा समय-समय पर संघ के सदस्यों से उन सन्धियों पर पुनर्विचार के लिए कह सकती थी जो समय के अन्तर के कारण अनुपयुक्त हो गई हों। इस धारा का उद्देश्य कानून को नवीन परिस्थितियों के अनुकूल बनाने का था। चतुर्थ युद्ध के निवारण के लिए राष्ट्रसंघ के विधान के अन्तर्गत चौथी व्यवस्था श्स्त्रास्त्रों को घटाने और शस्त्रों की होड़ बन्द करने के बारे में थी। इसकी 8वीं धारा में शान्ति स्थापित करने के लिए शस्त्रास्त्रों की कमी को जरूरी बताया और इस सम्बन्ध में वृहद् योजना बनाने का कार्य परिषद् को सौंपा गया था। परिषद् ने इस दिशा में अनेक कदम उठाए, परंतु उसे सफलता प्राप्त नहीं हुई।

राष्ट्रसंघ के द्वारा अंतर्राष्ट्रीय विवाद का निपटारा

राष्ट्रसंघ के सामने जो भी विवाद सामने आए उसमें सिर्फ छोटे राष्ट्रों के संघर्ष को सुलझाने में सफलता मिली। बड़े राष्ट्रों से संबंधित विवादों का निपटारा नहीं कर पाया। राष्ट्रसंघ ने अपनी 20 वर्ष की अवधि में 11 विवाद सुलझाए जो किसी देश पर हमले से संबंधित था एवं 9 विवाद ऐसे थे जो हमले से संबंधित नहीं था, उसका निपटारा किया। ये सभी विवाद इस तरह थे–

(1) आलैण्ड विवाद– यह विवाद फिनलैण्ड और स्वीडन के मध्य था आलैण्ड द्वीप। यह टापू दोनों देशों के बीच बाथनिया की खाड़ी के दक्षिण में स्थित है। इसके अधिकांश निवासी स्वीडिश जाति से सम्बन्ध रखते थे और उनकी यह हार्दिक इच्छा थी कि इस द्वीप को स्वीडन में मिला लिया जाए। स्वीडन की सरकार की स्वाभाविक सहानुभूति इनके पक्ष में थी, अतः उसने फिनलैण्ड की सरकार से, जिसका सन् 1809 से ही इस द्वीप पर स्वामित्व था, इस विषय पर बातचीत आरम्भ की। फिनलैण्ड सरकार की नीति बिल्कुल स्पष्ट थी। उसका कहना था कि न सिर्फ एक लम्बे समय से द्वीप पर उसका स्वामित्व था अपितु वर्साय की सन्धि द्वारा भी द्वीप पर उसके प्रभुत्व को स्वीकार किया गया। चूँकि ये दोनों ही देश राष्ट्रसंघ के सदस्य नहीं थे। इसलिए ब्रिटेन ने इनके विवाद को राष्ट्रसंघ के सामने पेश किया।

सन् 1921 में संघ की परिषद् का ध्यान इस विवाद की ओर आकर्षित किया गया। फिनलैण्ड ने विवाद को ''अपना घरेलू मामला घोषित किया और उसे राष्ट्रसंघ के अधिकार-क्षेत्र से बाहर बताया।'' परिषद् ने फिनलैण्ड के इस दावे को अस्वीकार

करते हुए मामले की जाँच के लिए एक आयोग निश्चित किया। आयोग ने एक व्यवस्था लागू कर दी कि फिनलैंड द्वीप पर स्वामित्व रहेगा परंतु वहाँ के लोगों को सभी सुविधाएं व अधिकार फिनलैंड द्वारा प्रदान किये जाएँगे। इन अवस्थाओं को दोनों देशों ने मान लिया और तदनुसार दोनों देशों में 6 अप्रैल, 1922 को एक अन्तर्राष्ट्रीय सन्धि हो गई। राष्ट्र संघ की यह एक उल्लेखनीय आरम्भिक सफलता थी।

(2) अल्बानिया का सीमा विवाद (1921-24)—यूनान के पश्चिम में अल्बानिया था जिसे यूनान और यूगोस्लाविया हड़प लेना चाहता था। इसी को लेकर 1921 से 24 तक दोनों के बीच विवाद हुआ। परंतु राष्ट्रसंघ ने अल्बानिया को एक स्वतन्त्र राज्य की मान्यता दे दी और सन् 1920 में वह राष्ट्रसंघ का सदस्य बना लिया गया। अल्बानिया की सीमा का निर्धारण करने में कुछ देर लग गई। इसी बीच सन् 1921 में यूगोस्लाविया के कुछ सैनिकों ने अल्बानिया पर आक्रमण कर दिया। अल्बानिया ने संघ से गुजारिश की और राष्ट्रसंघ ने इस विवाद को शांत कर दिया।

(3) ब्रिटिश-फ्रेंच विवाद (1921-22)—राष्ट्रीयता के प्रश्न पर ब्रिटेन और फ्रांस के बीच ट्यूनिस और मोरक्को में विवाद उठ खड़ा हुआ। फ्राँस ने ट्यूनिस व मोरक्को में सन् 1921 में एक आदेश प्रसारित किया कि फ्राँस और उसके उपनिवेशों में जन्म लेने वाले को फ्राँस की नागरिकता प्राप्त होगी। इन प्रदेशों में अंग्रेज निवासी भी थे। रक्त के आधार पर इन्हें इंग्लैण्ड की नागरिकता भी प्राप्त होती थी। इसको लेकर दोनों देशों के बीच विवाद हो गया जिसे हल करने के लिए ब्रिटेन पंच निर्णय के पक्ष में था परंतु फ्राँस ने घरेलू मामला मानकर इस पक्ष को अस्वीकार कर दिया। उपरांत में यह विवाद अन्तर्राष्ट्रीय न्यायालय के अधीन किया गया जिसने घरेलू अधिकार क्षेत्र के फ्रेंच दावे को स्वीकार नहीं किया गया। अन्त में विवाद को राष्ट्रसंघ से वापस ले लिया गया और दोनों देशों के विदेश मन्त्रियों ने पारस्परिक वार्ता द्वारा समस्या को हल कर लिया। दो बड़े राष्ट्रों द्वारा पारस्परिक वार्ता से विवाद का हल राष्ट्रसंघ की भावना की विजय थी।

(4) हंगेरियन विवाद—यह विवाद 1923 से 1930 तक हंगरी और रूमानिया के मध्य होता रहा। पेरिस के शान्ति-समझौते के अनुरूप हंगरी का ट्रांसिलवानिया और बानात का प्रदेश रूमानिया को हंगरी से प्राप्त हुआ था। इन प्रदेशों में बसे हुए हंगेरियन हंगरी में बसना चाहते थे। ऐसे व्यक्तियों को रूमानिया में शामिल प्रदेशों में बहुत सम्पत्ति थी। अतः इस सम्बन्ध में विवाद उठ खड़ा हुआ। राष्ट्रसंघ न शांतिपूर्ण तरीके से विवाद को शांत कर दिया।

(5) बल्गेरिया एवं यूनान का विवाद — बल्गेरिया और यूनान के बीच का

विवाद युद्ध के पश्चात् भी नही सुलझा। अक्तूबर, 1925 में दोनों देशों के मध्य सीमान्त सम्बन्धी गम्भीर विवाद शुरू हो गया। सीमा पर सलोनिका के उत्तर-पूर्व में यूनानी सीमान्त चौकी के अधिकारी और उसके एक सन्तरी की हत्या कर दी गई। इस पर यूनान की सरकार ने पहले तो बल्गेरिया से क्षतिपूर्ति और क्षमा-याचना की माँग की और दो दिन उपरांत ही इस बारे में जाँच कमीशन स्थापित करने के बल्गेरियन प्रस्ताव को अस्वीकार कर अपनी सेनाओं को बल्गेरिया पर हमला करने का आदेश दे दी। यूनानी सेना बल्गेरिया के एक नगर में घुस गई और बल्गेरिया के 70 वर्गमील क्षेत्र पर उसने अपना अधिकार जमा लिया। इस पर, 22 अक्तूबर, 1925 को 10वीं और 11वीं धाराओं के अन्तर्गत बल्गेरिया ने राष्ट्रसंघ से यूनान की शिकायत की। राष्ट्रसंघ की परिषद ने शीघ्र ही पेरिस में अपनी बैठक बुलाई और उसने सबसे पहले लड़ाई बन्द करने एवं दोनों देशों की सीमाओं को अपनी सीमाओं में लौट आने का आदेश दिया। परिषद् ने ब्रिटेन, फ्रांस एवं इटली से कहा कि वे सैनिकों की वापसी की देखभाल करने के लिए वहाँ अपने सैनिक अधिकारी भेजे। राष्ट्रसंघ के आदेश का यूनान और बल्गेरिया दोनों ही ने पालन किया। 29 अक्तूबर तक सेनाओं के वापस लौट जाने के उपरांत सर होरेस रम्बोल्ड की अध्यक्षता में पाँच व्यक्तियों का एक जाँच-कमीशन नियुक्त किया गया जिसने यूनान के हमला को अन्यायपूर्ण ठहराया और बल्गेरिया को इस हमला से होने वाली अति के लिए मुआवजा (भरपाई) देने को कहा। 1 मार्च, 1926 को यूनान ने क्षतिपूर्ति की रकम चुकाई और इस प्रकार राष्ट्रसंघ ने एक और मामले को सफलतापूर्वक तय किया। ई. एच. कार (E. H. Carr) ने इसका मूल्यांकन करते हुए स्पष्ट किया है–"इसके उपरांत युद्ध का खतरा पैदा करने वाले किसी विवाद के परिणाम स्वरूप ऐसी परिस्थितियों का सौभाग्यपूर्ण संयोग कभी नहीं आया। इसलिए यह घटना युद्ध रोकने में राष्ट्रसंघ की सफलता का चरम बिन्दु रही।"

(6) लौटिशिया विवाद –यह विवाद कोलम्बिया और पेरू के मध्य था। नैटिशिया पर ये दोनों देश अपनी-अपनी मालिकाना का दावा करते थे। यद्यपि पेरू ने सन् 1922 की सन्धि के अन्तर्गत इसे कोलम्बिया को दे दिया था, परन्तु सन् 1933 में पेरू की फौजों ने इस पर फिर से अधिकार कर लिया। कोलम्बिया ने इसकी राष्ट्रसंघ में शिकायत की। संघ के हस्तक्षेप से सन् 1933 में यह पुनः कोलम्बिया को लौटा दिया गया।

(7) मोसुल विवाद (1924-25)–यह विवाद मोसुल पर टर्की, ईराक और ब्रिटेन द्वारा अपने अधिकार प्रकट करने की वजह से पैदा हुआ था। लोसाने की सन्धि

में यह व्यवस्था की गई थी कि इराक और टर्की की सीमा विवाद को ब्रिटेन व टर्की परोक्ष रूप से आपस में बातचीत द्वारा समस्या सुलझा लेंगे और अगर अगले नौ महीनों तक मामला नहीं सुलझता तो उसे संघ को सौंप दिया जाएगा। कोई भी पक्ष पेट्रोल के कारण महत्वपूर्ण मोसल जिले पर अपना दावा छोड़ने को तैयार नहीं था, इसलिए दोनों पक्षों में कोई फैसला नहीं हो सका और 6 अगस्त, 1924 को ब्रिटेन द्वारा यह मामला राष्ट्रसंघ के सम्मुख पेश किया गया। अपने प्रथम दो चरणों में परिषद् ने दोनों पक्षों से यह वादा करा लिया कि वे लोसाने-सन्धि की व्यवस्थाओं का सम्मान करते हुए 'यथास्थिति' (Status quo) बनाए रखेंगे और राष्ट्रसंघ के निर्णय को मानेंगे। परिषद् ने समस्या की जाँच के लिए एक सर्वथा तटस्थ जाँच आयोग भी नियुक्त कर दिया। अक्तूबर में दोनों ही पक्षों की तरफ से शिकायतें आने पर कि 'यथास्थिति रेखा' का अतिक्रमण करने के प्रयास किए गए हैं, परिषद् की ब्रुसेल्स में बैठक हुई जिसने एक स्थायी सीमान्त स्थापित कर दिया, जिसे उपरांत में 'ब्रुसेल्स रेखा' कहा गया। सन् 1925 में स्वीडन, हंगरी एवं बेल्जियम ने मामले पर विचार आरम्भ कर परिषद् को रिपोर्ट दी। सितम्बर में परिषद् ने आयोग की रिपोर्ट पर विचार करना शुरू किया। मध्य टर्की के केल्डियन ईसाइयों ने बगावत कर दी। जिसे टर्की सरकार ने निर्दयतापूर्वक दबा दिया। राष्ट्रसंघ के प्रतिनिधि जनरल लेडोनर की निष्पक्ष रिपोर्ट से टर्की के अत्याचारों की कहानी सिद्ध हो गई। राष्ट्रसंघ ने पर्याप्त खोजबीन और विचार-विमर्श के उपरांत अन्त में मोसुल-विवाद पर अपना निर्णय दे दिया। 'बुसेल्स-रेखा' को इस शर्त पर स्वीकार कर लिया गया कि उसे 25 वर्षों के लिए ब्रिटेन और इराक दोनों के ही संरक्षण में रखा जाएगा और केल्डिन ईसाइयों या कुर्दों (Kurds) को सुरक्षा की पूर्ण गारन्टी प्राप्त होगी। जून, 1926 में ब्रिटेन, टर्की और इराक ने एक त्रिपक्षीय-सन्धि पर हस्ताक्षर किए जिसके अनुसार निर्धारित सीमान्त को स्वीकार कर लिया गया। राष्ट्रसंघ के लिए यह एक गौरवशाली सफलता थी।

(8) मेमल समस्या— वर्साय-सन्धि के आधार पर मेमल को जर्मनी से अलग कर दिया गया था जिससे लिथुआनिया को बाल्टिक सागर के लिए मार्ग मिल जाए। इस क्षेत्र को जब डेंजिग के समान स्तर देने का प्रश्न उठा और पोलैण्ड ने इसे स्वयं हस्तगत करना चाहा तो लिथुआनिया, जो स्वयं मेमल पर अधिकार चाहता था, भड़क गया। जनवरी, 1923 में लिथुआनिया ने मेमल पर हमला करके वहाँ से फ्राँसीसियों को निकाल दिया और एक अस्थाई सरकार की स्थापना कर दी। इस समस्या को हल करने के लिए राष्ट्रसंघ की परिषद् ने एक समिति का गठन किया। समिति की रिपोर्ट के आधार पर संघ ने यह तय किया कि बन्दरगाह को छोड़कर शेष समस्त

मेमल क्षेत्र का स्वामी लिथुआनिया है; पर साथ ही मेमलवासियों को आन्तरिक स्वतन्त्रता मिली और मेमल बन्दरगाह पर शासन करने के लिए एक अन्तर्राष्ट्रीय बोर्ड की स्थापना हुई। पोलैण्ड ने इस व्यवस्था का विरोध किया पर इसका कुछ असर नहीं हुआ।

(9) यावोर्जनो विवाद (1923-29)—पोलैंड तथा चैकोस्लाविया के मध्य सीमा को लेकर 1923 से 1929 तक विवाद रहा। इस विवाद के समाधान करने के लिए परिषद् की धारा 11 के अनुरूप कमीशन नियुक्त किया। कमीशन की सिफारिशों के अनुरूप निर्धारित की गई सीमा को दोनों देशों ने स्वीकार कर लिया।

(10) यूपेन एवं मेलमैडी का विवाद—जर्मनी ने राष्ट्रसंघ की कौंसिल को सन् 1920-21 में अनेक स्मृतिपत्रों द्वारा यूपेन व मेलमैडी को बेल्जियम में मिला देने का विरोध किया। कौंसिल ने इस पर विचार कर निर्णय दिया कि उक्त दोनों को स्थानान्तरित करने का निर्णय अन्तिम व अपरिवर्तनीय है। जर्मनी को भी इस निर्णय की सूचना दे दी गई।

(11) अपर साइलेशिया का विवाद —यह विवाद जर्मनी और पोलैण्ड के बीच 1921 में हुआ जिसमें पोलैण्ड का साथ फ्रांस और जर्मनी की सहायता से ब्रिटेन ने दिया। इस समस्या के समाधान के लिए मामले को राष्ट्रसंघ की परिषद् के समक्ष प्रस्तुत किया गया, जिसने बेल्जियम, ब्राजील, चीन और स्पेन के सदस्यों की समिति नियुक्त की। इस समिति की रिपोर्ट के आधार पर परिषद् ने निर्णय दिया जो स्वीकार कर लिया। इस नवीन सीमा समझौते के परिणामस्वरूप अपर साइलेशिया के एक हिस्से पर जर्मनी की और दूसरे हिस्से पर, जिसमें खजिन पदार्थ के क्षेत्र थे, पोलैण्ड की प्रभुसत्ता कायम हुई। ई. एच. कार के अनुसार—"इन सभी मामलों में यह स्पष्ट हो चुका था कि परिषद् सिर्फ मनाने-समझाने ही काम में ला सकती थी। इस समय राष्ट्रसंघ के नैतिक अधिकार के कारण अधिक प्रतिष्ठा और शक्ति प्राप्त थी।

राष्ट्रसंघ की विफलताएँ

राष्ट्र संघ की असफलता की प्रमुख वजह बड़े राष्ट्रों के द्वारा किए गए विवादों का निपटारा नहीं कर पाना था क्योंकि बडे राष्ट्र राष्ट्रसंघ के सिद्धांतों में विश्वास को ढोंग तो कहते थे परंतु इसका अनुसरण नहीं करते थे। उनकी कथनी ओर करनी में बहुत फर्क था। राष्ट्रसंघ के प्रति सबसे ज्यादा विश्वासघात सन् 1929 से 1996 के बीच महाशक्ति राष्ट्रों द्वारा किया गया। राष्ट्रसंघ द्वारा निम्नलिखित अंतर्राष्ट्रीय विवाद नहीं सुलझ पाया।

(1) विलना विवाद (1920-22)—विलना में लियुआनिया की राजधानी थी। लिथुआनिया की जनसंख्या सबसे अधिक थी। अतः इसकी अधिकाँश आबादी लिथुनियन थी। युद्ध के उपरान्त जब लिथुआनिया के स्वतन्त्र राज्य की स्थापना हुई तो वर्साय सन्धि के अन्तर्गत विलना नगर पर लिथुआनिया के आधिपत्य को मान लिया गया। परंतु सन् 1920 में रूस के बोल्शेविकों ने विलना पर अधिकार कर लिया। 12 जुलाई, 1920 को रूस और लिथुआनिया के मध्य एक सन्धि हुई जिसके अनुसार विलना पुनः लिथुआनिया को वापस मिल गया। रूसियों के हट जाने पर पोलैण्ड युद्ध पर उतर आया क्योंकि उसकी पहले ही विलना पर आँखें लगी हुई थीं। अब पोलैण्ड और लिथुआनिया में विलना पर सीधी लड़ाई छिड़ गई। पोलैण्ड ने राष्ट्रसंघ में अपील की। परिषद् ने तुरन्त ही वहाँ सैन्य बलों को भेज दिया।

7 अक्तूबर, 1920 को दोनों पक्षों ने एक युद्धविराम समझौते पर हस्ताक्षर किए जिसके अनुसार विलना लिथुआनिया के अधीन ही रहा। यह समझौता 10 अक्तूबर से लागू होने वाला था, परंतु 9 अक्तूबर को ही एक स्वतन्त्र पोलिश कमाण्डर जनरल जैलीगोस्की ने पोलैण्ड की फौजों की मदद से विलना पर अधिकार कर लिया और लिथुनियनों को बाहर निकाल दिया। पोलैण्ड की सरकार ने न सिर्फ इस कार्यवाही का उत्तरदायित्व लेने से ही मना कर दिया और यह भी कहा कि बिना जनमत-संग्रह हुए वह विलना से निकाले जाने का विरोध करेगा। पोलैण्ड ने एक संदिग्ध जनमत-संग्रह द्वारा विलना को अपने राज्य का अंग बना लिया। इस पर लिथुआनिया ने सन् 1923 में मेमल पर, जो वर्साय की सन्धि के अनुरूप मित्र राष्ट्रों के अधिकार में था, अधिकार कर लिया। इधर इसकी प्रतिक्रियास्वरूप मित्रराष्ट्रों ने विलना पर पोलैण्ड के अधिकार को मान्यता प्रदान कर दी। समस्या इस तरह जटिल होती गई। राष्ट्रसंघ की परिषद् ने दो वर्ष से भी अधिक समय तक झगड़े को सुलझाने के असफल प्रयास करने के उपरांत अन्त में 3 फरवरी, 1923 को दोनों देशों के बीच पुनः सीमा निर्धारण किया जिसके अनुसार विलना पोलैण्ड में मिला दिया गया। लिथुआनिया के प्रतिवाद की कोई सुनवाई नहीं हुई। राष्ट्रसंघ ने लिथुआनिया के साथ कोई न्याय नहीं किया और न ही वह दोनों पक्षों में समझौता करा सका। इसके विपरीत उसने विवाद का जो हल पेश किया वह स्पष्ट रूप से वर्साय-सन्धि के अनुकूल नहीं था और उसमें दुर्बल राज्य के खिलाफ शक्ति सम्पन्न राज्य के प्रति पक्षपात का दृष्टिकोण दिखाई देता था। सन्धि के प्रयासों से विदेशीय तनाव कम हो गया।

(2) कोर्फू विवाद (1923)— यह विवाद यूनान और इटली के मध्य था

जिसकी शुरूआत यूनान एवं अल्बानिया की सीमा का निर्णय करने वाले प्रतिनिधी की हत्या से हुई। यह प्रतिनिधि इटली का था। इसके बाद इटली ने यूनान पर हमला करके कोर्फू नामक टापू पर अधिकार कर लिया। राष्ट्रसंघ के सामने यह ऐसा विवाद था जिसमें बड़ी शक्ति उलझी हुई थी। राष्ट्रसंघ ने मामले को पेरिस में राजदूतों के सम्मेलन को सुपुर्द कर दिया। मामले पर राजदूतों के सम्मेलन में तो विचार हुआ ही, परंतु दोनों देशों ने परस्पर व्यक्तिगत वार्तालाप भी जारी रखा। परंतु इससे कोई हल नहीं निकला जिसके पश्चात् राजदूतों के सम्मेलन ने सिफारिश की कि यूनान को माफी माँगनी चाहिए, हत्या करने वालों को दण्ड दिया जाना चाहिए और 5 करोड़ डॉलर की क्षतिपूर्ति कर देनी चाहिए। इन शर्तों की पूर्ति होने पर इटली द्वारा कोर्फू वापस यूनान को लौटा देना चाहिए। सम्मेलन द्वारा दी गई व्यवस्था के अनुसार सभी बातों की पूर्ति हो गई और यूनान एवं इटली पुनः मित्र बन गए। निस्सन्देह राष्ट्रसंघ की विजय थी, परंतु यूनान का कमजोर होने का दंड भुगतना पड़ा और बम की मार झेलने के बाद भी इटली को मुआवजा दिया। इससे जाहिर हो गया कि राष्ट्रसंघ बड़े देशों के विरुद्ध विश्वास और दृढ़ता के साथ कार्यवाही नहीं कर सकता था। कोर्फू विवाद का हल संघ के नियमों की पहली भारी अवहेलना थी। इस सम्बन्ध में यह भी ध्यान रखने योग्य बात है कि समस्त निर्णय राजदूतों के सम्मेलन ने दिया था, संघ की परिषद् की इस मामले में पूर्ण उपेक्षा की गई थी।

(3) ग्रान चाको विवाद (1928-33)—यह विवाद दक्षिण अफ्रीका अमेरिका के पैरागुए और बौलिविया के मध्य था इन दोनों राज्यों के बीच सीमा का निर्धारण कभी नहीं हुआ था। समस्त चाको प्रदेश के लगभग 15,000 वर्गमील क्षेत्र में तेल कुँओं का पता लगाने से इस क्षेत्र का महत्त्व बढ़ गया और पैरागुए ने अपना आधिपत्य स्थापित करने के लिए इस प्रदेश पर आक्रमण कर दिया। विवादास्पद चाको जिले में 8 दिसम्बर, 1928 को सशस्त्र संघर्ष से शान्ति को खतरा पैदा हो गया और राष्ट्रसंघ की परिषद् ने मामले में हस्तक्षेप करते हुए दोनों पक्षों से कहा। विवादास्पद क्षेत्र के प्रश्न को शान्तिपूर्ण ढंग से सुलझाने का प्रयास करें। दोनों राज्यों ने अन्त-अमेरिकन-संघ के निर्णय को मानना अस्वीकार नहीं किया, लेकिन हमला न करने सम्बन्धी यह समझौता अस्थाई सिद्ध हुआ और सन् 1922 में विवादास्पद क्षेत्र पर दोनों राज्यों में पुनः युद्ध छिड़ गया। इस समय तक राष्ट्रसंघ पर्दे के पीछे ही रहा।

चाको में राष्ट्रसंघ ने जनवरी 1933 में एक जांच आयोग भेजने का फैसला किया परंतु जून तक तो कार्य ही आरम्भ नहीं कर सका और जब इसने कार्य शुरू किया तो इससे कोई स्थाई हल नहीं निकल सका। कमीशन की रिपोर्ट के आधार

पर सन् 1934 में परिषद् ने दोनों राज्यों को शस्त्र भेजे जाने पर प्रतिबन्ध लगा दिया। बोलीविया ने सिफारिश की कि मामला परिषद् से हटाकर साधारण सभा (Assembly) को सौंप दिया जाए। सभा के शान्ति-प्रस्ताव को बोलीविया ने तो मान लिया, परंतु पैरागुए ने उसे अस्वीकृत कर दिया। इस पर राष्ट्रसंघ द्वारा बोलीविया को शस्त्रास्त्र भेजे जाने की पाबन्दी हटा ली गई, लेकिन पैरागुए के खिलाफ यह प्रतिबन्ध जारी रहा। परिणाम यह हुआ कि पैरागुए ने संघ की सदस्यता त्याग दी। संघ से बाहर अमेरिकन राज्यों द्वारा मध्यस्थता के प्रयास होते रहे और अन्त में 21 जुलाई, 1938 को दोनों राज्यों में एक समझौता हुआ जिनके आधार पर मध्य तथा पूर्वी चाको का बड़ा भाग पैरागुए को और छोटा पश्चिम भाग बोलीविया को प्राप्त हुआ।

(4) मंचूरिया की समस्या (1931-32)—राष्ट्र संघ के सामने मंचूरिया समस्या आई। मंचूरिया के संकट का समाधान करने में राष्ट्रसंघ बुरी तरह विफल रहा राष्ट्रसंघ ने इस समस्या को सुलझाने के लिए जाँच-पड़ताल, बहस कमीशन, प्रचार, पंचायत नैतिक दबाव रूपी विभिन्न उपायों का प्रयोग किया, परंतु ये सभी उपाय विफल सिद्ध हुए। सन् 1905 की रूस-जापान की सन्धि के अनुरूप जापान को यह अधिकार मिला था कि वह दक्षिण मंचूरिया रेलवे की रक्षा के लिए मंचूरिया में 15,000 सैनिक रखेगा जिनका प्रधान कार्यालय मुकदन (Mukden) होगा। 18 सितम्बर, 1931 की रात्रि को जापान ने अचानक ही चीनियों पर हमला कर दिया और मुकदन पर अधिकार कर लिया। इस घटना के पक्ष में जापान ने यह तर्क दिया कि उपद्रवी चीनियों द्वारा रेलवे की सम्पत्ति को विनष्ट होने से बचाने के लिए ही जापान को विवश होकर यह कार्यवाही करनी पड़ी है। कुछ ही दिनों में जापान ने मुकदन के उत्तर के चीन के सभी शहरों पर अधिकार कर लिया। मंचूरिया का बहुत बड़ा भू-भाग जापानी कब्जे में आ गया। जापान ने वहाँ मंचूकुओ सरकार के नाम से एक कठपुतली सरकार स्थापित करके उसे मान्यता दे दी। यह राष्ट्रसंघ के विधान का घोर अतिक्रमण था।

मूल जापान ने ब्रिटेन को यह आश्वासन देकर अपने पक्ष में कर लिया कि उसका मूल उद्देश्य साम्यवाद के विस्तार को रोकना है। चीन की परिषद् में शिकायत पर बहस होती रही और 30 सितम्बर को सर्वसम्मति से यह प्रस्ताव पारित किया गया कि जापानी सरकार यथासम्भव शीघ्र ही अपनी सेनाएँ वापस बुलाए ताकि 'यथास्थिति बहाल हो सके। इसके बाद परिषद का अधिवेशन दो सप्ताह के लिए रोक दिया गया।

जापान ने राष्ट्रसंघ परिषद् के उपर्युक्त प्रस्ताव अस्वीकार करके मंचूरिया पर

अपना दबाव और अधिक बढ़ाता गया उससे यह साफ हो गया कि जापान द्वारा न केवल राष्ट्रसंघ के विधान का ही उल्लंघन कर रहा था, अपितु पेरिस-समझौते तथ वाशिंगटन व नौ राष्ट्रों की बीच सन्धि का भी उल्लंघन कर रहा था। इन दोनों सन्धियों का सम्बन्ध संयुक्त राज्य अमेरिका से भी था। परिणामतः अमेरिका में जापानी हमले की गम्भीरता को समझा जाने लगा और इस विवाद में अमेरिका रुचि लेने लगा। जब जापानी हमला शान्त नहीं हुआ तो मजबूर होकर चीन ने 9 अक्तूबर की राष्ट्रसंघ में एक दूसरी सिफारिश (अपील) की। 13 अक्तूबर को परिषद् की बैठक हुई जिसमें यह निर्णय लिया गया कि बैठक में भाग लेने के लिए अमेरिकी प्रतिनिधि को भी आमन्त्रित किया जाना चाहिए। जापान ने परिषद् के इस निर्णय का तीव्र विरोध करते हुए कहा कि विधान की 17वीं धारा के अन्तर्गत किसी गैर सदस्य-राज्य को सिर्फ तभी बुलाया जा सकता है जबकि वह विवाद में किसी एक पक्ष से सम्बद्ध हो। परंतु परिषद् ने इस आपत्ति को अनुचित मान कर इसकी उपेक्षा कर दी। जापान और संघ के मध्य पहले की अपेक्षा आज मतभेद और बढ़ गया।

16 अक्तूबर की अमेरिकी प्रतिनिधियों के कुछ समय के लिए पेरिस-समझौते की रक्षा हेतु परिषद् की सभा में दर्शक के रूप में हिस्सा लिया। अमेरिका के इस सहयोग से राजनीतिक क्षेत्रों में काफी उत्साह बढ़ गया और यह समझा गया कि अगर राष्ट्रसंघ जापान को खो रहा था तो उसकी जगह उसे संयुक्त राज्य अमेरिका जैसा महान राष्ट्र मिल रहा था। परंतु अमेरिकी प्रतिनिधि को इस घोषणा से कि उसका देश परिषद् की कार्यवाही में सिर्फ उसी सीमा तक भाग लेगा जिसका सम्बन्ध पेरिस-समझौते से होगा, संघ के राज्यों को बड़ी निराशा हुई। परिषद् में मंचूरिया के प्रश्न पर वाद-विवाद होता रहा। जापानी प्रतिनिधि ने इस बात पर बल दिया कि मंचूरियन कार्यवाही आत्म-रक्षा के उद्देश्य से की गई है और इसको युद्ध न मानकर 'पुलिस' कार्यवाही माना जाए। 24 अक्तूबर को परिषद् ने यह प्रस्ताव पारित करना चाहा कि जापान 16 नवम्बर से पूर्व अपनी सेनाएँ मंचूरिया से हटा ले। जापान को छोड़कर सभी सदस्यों ने प्रस्ताव के पक्ष में मत दिया। जापान के विशेषधिकार के प्रयोग से प्रस्ताव पारित न हो सका। यह राष्ट्रसंघ की पहली बड़ी पराजय थी। जापान के इस कदम से समझौते का मार्ग भी एक प्रकार से खत्म हो चुका था।

16 नवम्बर को ही परिषद् की दूसरी बैठक शुरू हुई। इस बैठक मे 5 सदस्यीय कमीशन का गठन किया गया। जिसमें फ्रांस, ब्रिटेन, जर्मनी, इटली और अमेरिका के प्रतिनिधि शामिल थे। सभापति ब्रिटेन के लॉर्ड लिटन थे, इसीलिए इसे लिटन आयोग कहा गया। इस आयोग ने घटनास्थल का जायजा लिया और धीरे-धीरे अपना

कार्य आरम्भ कर दिया परंतु इसी बीच 28 जनवरी, 1932 को शंघाई में जापानी भिक्षुओं के एक दल पर चीनियों ने आक्रमण कर दिया। प्रतिक्रिया स्वरूप जापान ने शंघाई पर आक्रमण कर कब्जा कर लिया।

चीन ने शंघाई युद्ध की ओर दुनिया का ध्यान आकर्षित किया और राष्ट्रसंघ से अपील की कि जापान पर 10वीं, 15वीं और 16वीं धाराएँ लागू की जाएँ। 12 फरवरी, 1932 को विवाद साधारण सभा में भेजा गया और 3 मार्च को सभा का अधिवेशन हुआ। इस प्रकार मामला ऐसी जगह पहुँच गया जहाँ सामूहिक सुरक्षा के सिद्धान्त की वास्तविक जाँच पहले-पहल होने वाली थी। अधिवेशन में विश्व-शान्ति और सामूहिक सुरक्षा जैसे विषयों पर सुन्दर भाषण देने के अतिरिक्त कोई अन्य व्यावहारिक कार्य नहीं किया गया और लिटन आयोग प्राप्त होने तक प्रतीक्षा करने का निर्णय लेते हुए अधिवेशन स्थगित कर दिया गया। जापान के खिलाफ कार्यवाही बड़े राष्ट्र की मदद से की जा सकती थी। बड़े राष्ट्रों में रूस और अमेरिका, जिनको पूर्वी एशिया की राजनीति में दिलचस्पी थी, संघ के सदस्य नहीं थे और ब्रिटेन जापान के अनैतिक कार्य का नैतिक समर्थन कर रहा था। परिषद् ने जापान से प्रार्थना की कि वह चीन की अखण्डता और स्वतन्त्रता का हनन न करे, परंतु जापान ने उस पर कोई ध्यान न दिया।

सन् 1931 के अन्त तक जापान का सम्पूर्ण दक्षिणी मंचूरिया पर अधिकार हो गया था। अतः संयुक्त राज्य अमेरिका के विदेश सचिव स्टिमसन (Stimson) ने जापान और चीन दोनों देशों को सूचित किया कि पेरिस समझौते के विपरीत किया गया कोई भी समझौता अमेरिकी सरकार को स्वीकार नहीं होगा। अमेरिका ने जापान द्वारा स्थापित मंचुकुओं की कठपुतली सरकार को मान्यता देने से इन्कार कर दिया। कुछ और राष्ट्रों ने भी अमेरिका का अनुकरण किया, पर इससे कोई फायदा नहीं हुआ।

राष्ट्रसंघ की साधारण सभा ने 'स्टिमसन सिद्धान्त' का पक्ष लेते हुए युद्ध समाप्त करने की घोषणा की। इसके लिए 19 व्यक्तियों की समिति नियुक्त की और यह आग्रह किया कि जापानी फौजें शंघाई खाली कर दें। ब्रिटेन के प्रभाव से जापान ने शंघाई से अपनी फौजें हटा लीं। नवम्बर, 1932 में परिषद् को लिटन आयोग की विस्तृत रिपोर्ट मिली जिसमें चीन-जापान सम्बन्धों के प्रत्येक पहलू पर प्रकाश डालते हुए यह स्पष्ट किया गया कि मंचूरिया में चीन से अलग होने का कोई जन-आन्दोलन नहीं है, यद्यपि चीनियों का व्यवहार जापानियों के प्रति उत्तेजनात्मक रहा है। समिति ने अपनी रिपोर्ट में जापानी सेना को हटा लेने और मंचूरिया में स्थायत्त-शासन की स्थापना करने की बात का समर्थन किया और यह भी माना गया कि जापान की

कार्यवाही पुलिस कार्यवाही न होकर सैन्य कार्यवाही है। परन्तु उसने यह नहीं कहा कि जापान ने राष्ट्रसंघ के विधान की अवमानना की है। जापान के बर्बरतापूर्ण हमले को सिर्फ इसलिए भुला दिया गया कि पाश्चात्य साम्राज्यवादी राष्ट्रों को यह आशा थी कि जापान अन्त में सोवियत रूस पर हमला करेगा। चीन और सामूहिक सुरक्षा के सिद्धान्त के प्रति उन्हें कोई परवाह न थी।

हालाँकि साधारण सभा ने जापान द्वारा उठाये गये कदमों की अवहेलना की तथा लिए आयोग द्वारा दिये गये सुझावों को मान्यता प्रदान की। सभा के 44 सदस्यों में से 42 ने इस प्रस्ताव का समर्थन किया, स्वयं तटस्थ रहा और जापान ने विपक्ष में मत दिया। मतगणना के उपरांत जैसे ही परिणाम की घोषणा की गई, जापानी प्रतिनिधि-मण्डल के नेता ने अपने एक अत्यन्त संक्षिप्त भाषण में सभा की कार्यवाही पर दुख व्यक्त करते हुए कहा–"राष्ट्रसंघ के साथ सहयोग करना अब जापान के लिए असम्भव प्रतीत होता है।" तदोपरान्त सभासद के निर्णय के विरोध में जापानी प्रतिनिधि-मण्डल सभास्थल से उठकर चला गया। उपरांत में 27 मार्च, 1933 को जापान ने राष्ट्रसंघ की सदस्यता त्यागने की विधिवत् सूचना दे दी।

राष्ट्रसंघ की जब स्थापना हुई तो विश्व के लोगों में यह आशा जगी कि दुनिया में सद्भावपूर्ण युग का आरंभ होगा परंतु मंचूरिया कांड ने इस उम्मीद पर पानी फेर दिया। शूमैन ने इसकी बड़ी जिम्मेदारी ब्रिटेन के विदेश मन्त्री सर जॉन साइमन पर डालते हुए लिखा है कि "उसे विश्वास हो गया था कि जापान का मुख्य उद्देश्य 'साम्यवाद' से लड़ना है और वह सोवियत रूस पर भी हमले तैयारी कर रहा है।" वाशिंगटन सम्मेलन द्वारा सामूहिक सुरक्षा का सिद्धांत विफल हो गया। सभी देश के लोगों को ऐसा लगा जैसे राष्ट्रसंघ के नियम (Covenant), नौ देशों की सन्धि और पेरिस-समझौता सब व्यर्थ हो गया।

(5) इटली-एबीसीनिया युद्ध (1934-37)– मुसोलिनी ने सन् 1935 पर हमला कर दिया। मुसोलिनी प्राचीन रोमन साम्राज्य की स्थापना का आकाँक्षी था। अफ्रीका में एबीसीनिया प्रदेश सिर्फ उसके अधिकार में था, जिस पर रोमन साम्राज्य की स्थापना से इटली कच्चे माल खनिज प्राप्ति और तैयार माल का बाजार बन सकता था। सन् 1896 में इसे जीतने के प्रयत्न में इटली को अडोवा में गम्भीर पराजय का मुख देखना पड़ा था। इसलिए वह अपनी उस हार का बदला भी लेना चाहता था। इसमें इटली ने न सिर्फ राष्ट्रसंघ के विधान का उल्लंघन किया था, अपितु अन्य सन्धियों की भी अवहेलना की थी। इसलिए राष्ट्रसंघ के इतिहास में इटली-एबीसीनिया

विवाद का अपना विशेष महत्त्व है। इटली और एबीसीनिया दोनों ही राष्ट्रसंघ के सदस्य थे और दोनों एक दूसरे के मित्र होने का दावा करते थे।

यह सत्य है कि इटली के कहने पर ही एबीसीनिया ने सन् 1923 में राष्ट्रसंघ का सदस्य बना था। इसके अतिरिक्त इटली, ब्रिटेन और फ्राँस के साथ सन् 1906 की उस सन्धि में भी सम्मिलित था जिसमें एबीसीनिया की स्वतन्त्रता बनाए रखने का वचन दिया गया था। सन् 1928 में इटली और एबीसीनिया ने एक सन्धि पर हस्ताक्षर करके स्थाई मित्रता की प्रतीज्ञा की थी और दोनों ने ही अन्तर्राष्ट्रीय स्थाई न्यायालय की ऐच्छिक धारा पर हस्ताक्षर किए थे जिसके अन्तर्गत कानूनी झगड़ों में न्यायालय का अनिवार्य हस्तक्षेप स्वीकार किया था। दोनों ने ही सन् 1929 के अन्तर्राष्ट्रीय विवादों के शान्तिपूर्ण समझौता सम्बन्धी सामान्य अधिनियम पर हस्ताक्षर किए थे और दोनों ही सन् 1928 के पेरिस-समझौते के हस्ताक्षरकर्त्ता थे। परन्तु इतनी बातों के होते हुए भी इन दोनों के विवाद ने राष्ट्रसंघ के समक्ष इतनी गम्भीर समस्या प्रस्तुत की कि उसे हल करने में अपने तमाम प्रयत्नों के बावजूद भी वह विफल रहा। इटली ने एबीसीनिया को अपने अधिकार में लिया और राष्ट्रसंघ कुछ नहीं कर सका। दोनों राज्यों के मध्य यह विवाद कोई बड़ा विवाद नहीं था। इस विवाद ने एक छोटी घटना से शुरू होकर उग्र रूप धारण कर लिया था। 5 दिसम्बर, 1934 को दोनों राज्यों के मध्य सीमा की अस्पष्टता के कारण वलवल नामक स्थान पर दोनों की सेनाओं में अचानक मुठभेड़ हो गई। इस सैनिक मुठभेड़ में 30 इटालियन सैनिक मारे गये और लगभग 100 घायल हो गए। दूसरे पक्ष के हताहतों की संख्या इससे भी अधिक थी। इस घटना पर दोनों ही ओर से विरोध प्रकट किया गया। इटली ने साम्राज्य-निर्माण के इस सुनहले मौके से पूरा फायदा उठाने के उद्देश्य से एबीसीनिया से क्षमा-याचना और भारी हर्जाने की माँग की, जबकि एबीसीनिया ने इस बात पर आग्रह किया कि दोनों देशों में हुई सन् 1928 की सन्धि के अनुरूप यह झगड़ा मध्यस्थता अथवा पंच-निर्णय के लिए सौंप दिया जाए।

युद्ध से भयभीत होकर एबीसीनिया ने 14 दिसम्बर, 1934 को राष्ट्रसंघ में अपने प्रदेश पर इटली के हमले की शिकायत की। स्थिति यह थी कि दोनों ही पक्ष एक-दूसरे को आक्रामक कह रहे थे। संघ ने इस प्रश्न पर कुछ दिनों तक तो इसलिए कोई कार्यवाही नहीं की कि इसका एक प्रभावशाली सदस्य फ्राँस, इस समय जर्मनी के खिलाफ इटली को अपना मित्र बनाने के लिए लालायित था। इसलिए वह उसको नाराज नहीं करना चाहता था। हालाँकि पंच-निर्णय से सहमत होना इटली का एक दिखावा था– दोनों देशों से दो-दो पंच नियुक्त किए। जब वलवल को राजनीतिक

स्तर का प्रश्न उठाया गया अर्थात् जब पंचों ने वलवल की सीमा निश्चित करानी चाही तो इटली के प्रतिनिधि ने उसकी यह कहकर अवहेलना कर दी कि एक पाँचवें तटस्थ सदस्य की नियुक्ति होनी चाहिए। जब यह मामला राष्ट्रसंघ के सामने गया तो उसने इटली का पक्ष लिया इसी कारण वलवल की सीमा निर्धारित करने का प्रश्न टल गया हालाँकि पाँचवें निष्पक्ष पंच की नियुक्ति स्वीकार कर ली गई।

3 सितम्बर, 1935 को पंचों के कमीशन ने रिपोर्ट प्रस्तुत की कि वलवल की घटना के लिए दोनों ही देश जिम्मेदार नहीं हैं। परन्तु इस समय मुसोलिनी एबीसीनिया को अधिकृत करने के लिए प्रतिबद्ध था भले ही यह कार्य जेनेवा की मदद से हो, या उसकी मदद के बिना हो अथवा इसका विरोध करके हो। इस प्रतिबद्धता को पूरा करने के लिए इटली कोई भी कदम उठाने को तैयार था। इटली ने अपने तथाकथित गौरव की रक्षा के लिए जब पूर्वी अफ्रीका में सेनाएँ भेजना आरम्भ कर दिया तो 15वीं धारा के अन्तर्गत एबीसीनिया ने फिर राष्ट्रसंघ से अपील की। इस पर परिषद् ने मेड्रियागा (Madriaga) की अध्यक्षता में पाँच व्यक्तियों की एक समिति की स्थापना की और उसे शान्तिपूर्ण माहौल में हल के बारे में सुझाव तैयार करने को कहा। इस समिति में ब्रिटेन, पोलैण्ड, टर्की, स्पेन और फ्राँस के प्रतिनिधियों को स्थान दिया गया। इस समिति ने भी इटली के प्रति तुष्टीकरण की नीति अपनाई और एबीसीनिया के कुछ प्रदेश इटली को सौंप देने का प्रस्ताव किया। मुसोलिनी ने इस व्यवस्था का कड़ा विरोध करते हुए घोषणा की कि "मैं रेगिस्तानों को इकट्ठा करने वाला नहीं हूँ।"

मुसोलिनी ने यह कहा था कि "यदि सारा एबीसीनिया भी उसे चाँदी की थाली में भेंट किया जाए तो भी वह उसे अस्वीकार कर देगा, तब भी मुसोलिनी एबीसीनिया को शक्ति से जीतेगा " 19 सितम्बर को उसने इस सम्बन्ध में मेड्रियागा समिति के सुझावों को अस्वीकार कर दिया। उपरांत में समझौता कराने के लिए परिषद् ने 13 व्यक्तियों की एक अन्य समिति गठित की गयी लेकिन इटली तानाशाह मुसोलिनी द्वारा इस समिति के प्रस्ताव को भी अस्वीकार कर दिया गया। 29 सितम्बर को सम्राट हेल सिलासी ने इटली की तरफ से युद्ध की आशंका से आत्मरक्षा के लिए सेनाओं के परिचालन का आदेश दिया। उधर एबीसीनिया पर हमले के लिए इटली सैनिकों, विमानों और टैंकों के साथ स्वेज नहर के मार्ग से होकर पहले ही आगे बढ़ गया था। 1 अक्तूबर, 1935 को मुसोलिनी ने 'आत्मरक्षा' के बहाने इटालियन सेनाओं को मोर्चों पर भेज दिया और एबीसीनिया पर चढ़ाई कर दी। इटली ने एक तरफ तो हमला कर दिया और दूसरी ओर राष्ट्रसंघ को सूचित किया

कि एबीसीनिया ने इटली के विरुद्ध युद्ध का बिगुल बजा दिया है इसलिए वह अपनी सुरक्षा के लिए विशेष रूप से प्रयासरत है।

7 अक्तूबर को परिषद् ने इटली के आरोप का खण्डन करते हुए उस पर यह प्रत्यारोप लगाया कि वह राष्ट्रसंघ के कानूनों की अवमानना कर युद्ध करने की दिशा में प्रवेश कर रहा है। परिषद् ने शीघ्र ही साधारण सभा का आपात्कालीन अधिवेशन बुलाया जिसने 11 अक्तूबर को परिषद् के निर्णय को स्वीकृति प्रदान कर दी। सभा ने सब सदस्यों को इटली के खिलाफ आर्थिक प्रतिबन्ध लगाने को कहा और इसके लिए 18 व्यक्तियों की एक 'समन्वय समिति' स्थापित की। 19 अक्टूबर को इटली, अल्बानिया, आस्ट्रिया और हंगरी को छोड़कर अन्य सभी देशों ने एक प्रस्ताव द्वारा यह निश्चय किया कि एबीसीनिया पर से शस्त्र-निर्यात सम्बन्धी प्रतिबन्ध हटाकर उसे इटली के विरुद्ध लागू कर दिया जाए और राष्ट्रसंघ के सदस्यों में पारस्परिक सहयोग कायम करके प्रतिबन्धों से हुई क्षति को कम किया जाए। मुसोलनी के डर से इटली पर तेल प्रतिबंध नहीं लगाया गया। 18 नवम्बर, 1935 को राष्ट्रसंघ के इतिहास में पहली बार एक देश के खिलाफ ये आर्थिक प्रतिबन्ध लगाए गए थे। लेकिन ये प्रतिबन्ध सफल नहीं हुए क्योंकि सितम्बर, 1935 में फ्रैंच विदेश मन्त्री लेवाल और ब्रिटिश विदेश मन्त्री सर सेमुअल होर के मध्य एक गुप्त समझौते में यह निश्चय किया जा चुका था कि अगर इटली पर प्रतिबन्ध लगाए गए तो उसका विरोध करेंगे।

राष्ट्रसंघ के सदस्य होते हुए भी फ्राँस और ब्रिटेन इटली की मदद कर रहे थे। अमेरिका इटली को पहले से अधिक तेल निर्यात कर रहा था। दोनों देशों की जनता को इस बात का बहुत ही दुख हुआ कि उनकी सरकारों द्वारा एबीसीनिया और राष्ट्रसंघ के प्रति विश्वासघात किया गया है। जनवरी, 1936 से इटली की सेनाएँ आधुनिक हथियारों के साथ एबीसीनिया की ओर बढ़ने लगीं और 1 मई को आदिस अबाबा पर कब्जा कर लिया।

9 मई को इटली के राजा को एबीसीनिया का सम्राट घोषित कर दिया गया। अब अन्य राज्यों ने भी इटली के विरुद्ध लगाए गए आर्थिक प्रतिबन्धों को वापस लेना आरम्भ कर दिया। 30 जून को साधारण सभा की बैठक शुरू हुई। भागकर आए हुए सम्राट हेल सिलासी ने स्वयं ही सभा में उपस्थित होकर इटली के बर्बरतापूर्ण कृत्यों का रोमांचकारी वर्णन किया और सहायता की सिफारिश की, परंतु इसका किसी पर कोई प्रभाव न पड़ा। सोवियत प्रतिनिधि को छोड़कर किसी ने एबीसीनिया का समर्थन नहीं किया।

15 जुलाई को इटली के खिलाफ लगाए गए आर्थिक प्रतिबन्ध हटा लिए गए। इस प्रकार एबीसीनिया की सभी माँगों को ठुकराते हुए सामूहिक सुरक्षा के सिद्धान्त की अवहेलना की गई और एबीसीनिया को उसके भाग्य पर छोड़ दिया गया। यही दुखद अध्याय की समाप्ति नहीं हुई। राष्ट्रसंघ में एबीसीनिया को अभी भी प्रतिनिधित्व प्राप्त था, अतः इसके विरुद्ध इटली ने राष्ट्रसंघ का बहिष्कार कर दिया। अब ब्रिटेन और फ्राँस एबीसीनिया को राष्ट्रसंघ से निकालकर इटली को राष्ट्रसंघ में वापस लेने के लिए दाँव-पेंच खेलने लगे। राष्ट्रसंघ के महासचिव श्री एवेनोल मुसोलिनी से क्षमा माँगने स्वयं रोम गए। इसके उपरांत ब्रिटेन और फ्राँस के प्रयत्न से एबीसीनिया राष्ट्रसंघ से निकाल दिया गया। नवम्बर, 1938 तक ब्रिटेन और फ्राँस ने इटली-एबीसीनिया विजय को मान्यता दे दी। अपने दोस्तों की इस उदारता का मुसोलिनी ने सिर्फ 19 महीनों उपरांत ही बड़ा उचित उत्तर दिया। उसने इन दोनों ही देशों के खिलाफ युद्ध की घोषणा करके बता दिया कि वह उनसे बढ़कर अवसरवादी और चालाक है।

उपर्युक्त आधार पर राष्ट्रसंघ असफल होता गया।

(6) स्पेन का गृह युद्ध (1936-1939)—स्पेन के विवादों में राष्ट्रसंघ को सफलता हाथ नहीं लगी। जनरल फ्रॉको के नेतृत्व में स्पेन के प्रतिक्रियावादी तत्त्वों ने उदारवादी गणतन्त्रीय सरकार के खिलाफ विद्रोह करके एक भयानक गृह-युद्ध का सूत्रपात किया जिसमें इटली और जर्मनी ने फ्रॉको को पूरी मदद की। गणतन्त्रीय सरकार ने राष्ट्रसंघ की मदद माँगी। लेकिन मदद देने की बात तो दूर रही, इंग्लैण्ड और फ्राँस ने संघ से पृथक् एक 'अहस्तक्षेप समिति' की स्थापना करके दोनों पक्षों को शस्त्र और ऋण दिए जाने पर प्रतिबन्ध लगा दिया। इटली और जर्मनी ने इस प्रतिबन्ध की पूर्ण उपेक्षा करते हुए जनरल फ्रॉको को शस्त्रास्त्रों से मदद देना जारी रखा। 2 अक्तूबर, 1937 को राष्ट्रसंघ की साधारण सभा ने आदेश दिया कि स्पेन की भूमि पर जो विदेशी फौंजे पड़ी हैं ,उनको शीघ्र ही हटा लिया जाए। इटली और जर्मनी ने फ्रॉको की सहायतार्थ पड़ी हुई अपनी फौजों को हटाने से साफ इन्कार कर दिया और राष्ट्रसंघ कुछ न कर सका। परिणाम यह हुआ कि फ्रॉको का दल गृह-युद्ध से जीत गया और राष्ट्रसंघ के सदस्य-राष्ट्रों से तुरन्त ही उसको मान्यता भी मिल गई। यह राष्ट्रसंघ की एक महान असफलता थी क्योंकि उसकी उपेक्षा के कारण ही स्पेन का जनतन्त्रीय शासन समाप्त हो गया।

(7) चीन-जापान युद्ध (1937-1945)—जापान ने 7 जुलाई, 1937 को लूकावोचिआवो की घटना के फलस्वरूप चीन पर हमला कर दिया। चीन ने राष्ट्रसंघ

से अपील की पर संघ के परिषद् ने यह निर्णय दिया कि जापान पर प्रतिबंध नहीं लगाया जाएगा। इस पर चीन के प्रतिनिधि ने कठोर शब्दों में संघ की आलोचना करते हुए कहा कि "राष्ट्रसंघ मिस्र की ममीकी तरह समस्त ऐश्वर्य-साधनों से सम्पन्न होता हुआ भी निर्जीव हो चुका है।" चीन को राष्ट्रसंघ से कोई मदद न मिलने के कारण सन् 1941 के अंत में यह युद्ध द्वितीय विश्वयुद्ध में बदल गया। इस प्रकार चीन की जापानी हमले से रक्षा न कर सकने के कारण राष्ट्रसंघ की विफलता के इतिहास में एक और अध्याय सम्मिलित हो गया।

(8) रूसी-फिनिश युद्ध (1939-40)—फिनलैण्ड ने राष्ट्र संघ से 30 नवम्बर 1939 को यह अनुरोध किया कि समाजवादी रूस से उसकी रक्षा की जाए और हमलावर के विरुद्ध अविलम्ब कठोर कार्यवाही की जाए। इस बार राष्ट्रसंघ ने बड़ी तत्परता से कार्य करते हुए घोषणा की कि सोवियत रूस ने राष्ट्रसंघ की प्रसंविदा का उल्लंघन किया है इसलिए रूस को राष्ट्रसंघ से निष्कासित कर दिया गया परंतु फिनलैण्ड को इससे कोई फायदा नहीं पहुँचा और रूसी हमला जारी रहा। फिनलैण्ड की शोचनीय हालत देखते हुए राष्ट्रसंघ के कुछ सदस्यों ने उसे नैतिक मदद तथा कुछ युद्ध सामग्री भी दी। फिनलैण्ड के लिए यह अपर्याप्त मदद सफल सिद्ध नहीं हुई और 12 मार्च, 1940 को फिनलैण्ड ने रूसी फौजों के समक्ष अपने घुटने टेक दिये। राष्ट्रसंघ के नियमों का पालन महाशक्ति देश में सिर्फ रूस ही कर रहा था। राष्ट्रसंघ का अंतिम अधिवेशन 8 अप्रैल का जेनेवा में शुरू हुआ, जिसने एक प्रस्ताव पारित कर राष्ट्रसंघ का अस्तित्व समाप्त कर दिया।

राष्ट्रसंघ का मूल्यांकन

विश्व में शांति की स्थापना में राष्ट्रसंघ की असफलता सदस्य राष्ट्रों के विश्वासघात के कारण हुई। शूमैन के कथनानुसार, "संघ और उससे सम्बन्धित संस्थाएँ कभी भी मानवीय भाईचारे की भावना का सूचक नहीं हो सकीं, जिससे सम्पूर्ण देशों की अधिकांश जनता में प्रेम एवं भक्ति पैदा हो सकती एवं जिसके द्वारा उस प्रतिष्ठा तथा शक्ति का विकास हो सकता जिसकी एक आरम्भिक विश्व-सरकार को आवश्यकता थी।" लैग्सम के शब्दों में—"किन्तु फिर भी इसमें कोई सन्देह नहीं कि राष्ट्रसंघ ने स्वयं को ऐतिहासिक महत्त्व की एक महान संस्था प्रमाणित किया। गैर-राजनीतिक कार्यों में संघ ने आशातीत सफलता प्राप्त की और विश्व में अन्तर्राष्ट्रीय सहयोग एवं सम्बन्धों के प्रचार में उसे अपूर्व सफलता मिली।" पोटर ने सत्य ही लिखा है—"भूतकाल में अन्य अन्तर्राष्ट्रीय संगठनों ने जो कुछ किया अगर उससे तुलना की जाए तो संघ का कार्य, यहाँ तक कि सुरक्षा के क्षेत्र में भी, उच्च

स्तर का था एवं अन्य सभी अन्तर्राष्ट्रीय संस्थाओं से उच्च था।" श्लीचर ने राष्ट्रसंघ की सफलता अथवा विफलता उस कसौटी पर निर्भर है जिस पर इसे कसा जाता है। अगर यह कसौटी उन आदर्शवादियों की हो, जो इस संस्था द्वारा युद्धों का पूर्ण निरोध करना चाहते थे, तो राष्ट्रसंघ अवश्य विफल हुआ। अगर वह कसौटी संघ के वास्तविक कार्यों, उसकी मर्यादाओं और मानव जाति पर उसके प्रभाव पर आधारित हो तो यह मानना पड़ेगा कि कूटनीतिक क्षेत्र में असफल होने पर भी वह आर्थिक, सामाजिक और मानवीय क्षेत्रों में बहुत सफल हुआ।" गैथोर्न-हार्डी ने राष्ट्रसंघ का मूल्याँकन इस तरह किया है—"राष्ट्रसंघ के उद्देश्यों की कुछ प्रत्यक्ष असफलताओं तथा आलोचनाओं का उल्लेख मैंने किया है लेकिन इनके होते हुए भी हमें यह स्वीकार करना होगा कि जिस लक्ष्य को राष्ट्रसंघ ने अपनी दृष्टि में रखा था, उसे प्राप्त करने की दिशा में बहुत ज्यादा प्रगति हुई है।"

राष्ट्रसंघ की असफलता से विश्व के मानव जाति ने बहुत फायदा उठाया। वाल्टर के अनुसार—"संयुक्त राष्ट्रसंघ के उद्देश्यों, सिद्धान्तों, संस्थाओं और पद्धतियों पर एवं इसकी प्रत्येक बात पर राष्ट्रसंघ की स्पष्ट रूप से छाप है। दरअसल 18 अप्रैल, 1946 को राष्ट्रसंघ का अन्तिम संस्कार ही नहीं हुआ अपितु उसने संयुक्त राष्ट्रसंघ के रूप में पुनर्जन्म प्राप्त किया। संघ की स्थापना इस रूप में एक क्रान्तिकारी कदम था। इसके साथ ही इसमें अन्तर्राष्ट्रीय सम्बन्धों में अद्भुत बदलाव भी थे, जैसे—सामान्य विश्वासों में परिवर्तन, सैद्धान्तिक परिवर्तन, ढंगों में बदलाव आदि। संघ से पूर्व, सिद्धान्त और व्यवहार दोंनों में यह माना गया था कि प्रत्येक राज्य स्वयं सम्प्रभु एवं अपने कार्यों का पूर्णतः निर्णायक था। किसी उच्च शक्ति के प्रति किसी राज्य-भक्ति के लिए बाधित नहीं था एवं अन्य राज्यों के द्वारा की गई आलोचना या संशय का विरोध करने का अधिकारी था। लेकिन संघ के उदय से इस तरह की धारणाएँ सदैव के लिए विलीन हो गईं। विश्व में अब यह विश्वास हो गया कि युद्ध से मानव समाज का विनाश ही होगा, उसका भला नहीं होगा। राष्ट्रसंघ भले मृत हो गया हो परंतु उसके आदर्श और मूल्य वर्तमान समय में भी जिन्दा हैं उनके प्रभाव जब तक जीवित रहेंगे तब तक मानव जाति का कल्याण होगा।

7

फासिज़्म

इटली के एक छोटे से गाँव में मुसोलिनी का जन्म हुआ था। उनके पिता लुहार थे। उसकी माता बच्चों को स्कूल में पढ़ाती थी। वह दस वर्ष की छोटी सी आयु से ही समाजवादी पार्टी से जुड़ गया। प्रथम विश्वयुद्ध में मुसोलिन इटली को शामिल करने का पक्षधर था जिस कारण 1914 में समाजवादी पार्टी से मुसोलिनी को बाहर कर दिया गया। 1915 में मुसोलिन सेना में सम्मिलित हो गया जिसमें कारपोरल का पद प्राप्त कर लिया। 1917 में जख्मी होने के बाद उसने समाचार-पत्र निकालकर विचारों को प्रभावित करना शुरू कर दिया। इस समाचार पत्र का नाम 'पीपुल्स द इटालिए' था। इसका प्रकाशन 'अवन्ति' के सम्पादक पद से हटने के बाद ही शुरू कर दिया था।

इटली का एकीकरण होने के बाद भी स्वयं को अपूर्ण समझता था। प्रगति सीमित थी, प्रजातंत्र में भ्रष्टता थी और सरकारें अस्थिर रहती थीं। ऐसी स्थिति में मुसोलिनी ने इटली की राष्ट्रीय आकांक्षाओं का आक्रामक आह्वान किया। फासिज़्म के उदय का प्रमुख कारण था वर्तमान असंतोष, क्षोभ और एक प्रकार की निराशा। यह असंतोष था 'अपूर्णता के विरुद्ध'। 1870 में एकीकरण के उपरांत भी इटली को एड्रियाटिक सागर पर प्रबल अधिकार प्राप्त नहीं हो सका था; फ्यूम बन्दरगाह प्राप्त नहीं हो पाया था। प्रथम विश्वयुद्ध में केन्द्रीय राष्ट्रों के पक्ष का परित्याग कर मित्रराष्ट्रों के पक्ष में युद्ध में भाग लेने पर भी मायूसी ही हाथ लगी थी। 1919 में इटली के लिए विजय के फल खट्टे सिद्ध हुए थे। इससे राष्ट्रवादियों को बहुत क्षोभ हुआ इटली

में निराशा घर कर रही थी; उद्योग-धन्धे ठप हो रहे थे; बेरोजगारों की संख्या बढ़ती जा रही थी। अफ्रीका और भूमध्य सागर में इटली की प्रमुखता स्थापित नहीं हो पा रही थी। इन सबके लिए इटली के नागरिक अपनी ही सरकार को उत्तरदायी मान रहे थे। इस भावनात्मक असन्तोष के पीछे आर्थिक विपन्नता खतरनाक स्थिति में थी। सरकार की अकर्मण्यता पर सभी क्रोधित थे। सामान्य असन्तोष के इस भयावह दौरान की स्थितियों में तत्काल बदलाव, रोजगार और राष्ट्रीय सम्मान की भूखी जनता को एक ऐसा विकल्प चाहिए था जो बहुत ही जल्दी कुछ करे। चर्च, सामंतों और उद्योगपतियों को भी समाजवाद विरोधी एक समृद्धिशाली ताकत की आवश्यकता थी जो मुसोलिन में विद्यमान थी।

मुसोलिनी ने युद्ध के उपरांत की स्थिति (1919 के तत्काल उपरांत की स्थिति) पर विचार करने हेतु पुराने सैनिकों को निमंत्रित किया और कुछ मनुष्यों से मिलकर मिलान में (1919) में एक संगठन स्थापित किया जो 'फासिस्ट दल' के नाम से चर्चित हुआ। लकड़ी के बँधे बोझ (गट्ठे) को अपना निशान और एकता का सूचक बनाकर मुसोलिनी ने उग्रवादी नारों के साथ परिवर्तन का एक क्रांतिकारी कार्यक्रम प्रस्तुत किया। इटली में जैसे-जैसे आर्थिक असन्तोष उभरता गया और संसदीय सरकार (लोकतांत्रिक सरकार) विफल होती गई, मुसोलिनी और उसके फासिस्ट दल का तरीका बढ़ता चला गया।

मुसोलिनी ने फासिस्ट दल को षड्यन्त्रकारी आधार पर संगठित किया था। अपने समाचार-पत्र व भाषणों द्वारा मुसोलिनी आग उगलता था और उसके युवा अनुयायी विरोधियों पर हर उचित-अनुचित तरीके से प्रहार करते रहते थे। साम्यवादियों से भयभीत इटली की लोकतांत्रिक सरकार भी मुसोलिनी और उसके फासिस्ट दल की छुपे रूप से सहायता-संरक्षण करती रहती थी। 1921 के निर्वाचन में फासिस्ट दल को 35 सीटें प्राप्त हुई थीं; अलग-अलग कारणों से क्षुब्ध लोगों का सहयोग मुसोलिनी को मिलता रहा और वह साम्यवाद के खिलाफ एक सशक्त मोर्चे के रूप में प्रतिष्ठित हो गया। उसे उद्योगपतियों से निरंतर सहायता प्राप्त हो रही थी। अन्ततोगत्वा मुसोलिनी की लोकप्रियता एवं संगठनात्मक क्षमता एवं जनता में प्राप्त लोकनायक की छवि ने फासिस्ट दल को समस्त इटली में प्रतिष्ठापित करा दिया। जिसके बाद मुसोलनी ने नेपल्स में अपने स्वयंसेवकों की सभा में यह घोषणा की—"या तो हमें सरकार में शामिल किया जाये वरना हम रोम की सरकार पर अधिकार कर लेंगे।" इटली की अस्थिर सरकार मुसोलिनी की इस चेतावनी से डर कर फासिस्ट दल की भागीदारी सरकार में सुनिश्चित करने की माँग स्वीकार कर ली;

लेकिन मुसोलिनी की आकांक्षाएँ बढ़ती गईं। उसने अपने फासिस्ट दल को 'रोम चलो' का नारा देकर, रोम के लिए प्रस्थान करने का आदेश दिया। इटली के प्रधानमंत्री फाक्ता ने आपातकाल की घोषणा कर मुसोलिनी को दबाना चाहा परंतु राजा विक्टर इमैनुएल तृतीय ने मुसोलनी को सरकार बनाने के लिए आमंत्रित किया! इस तरह 1922 में मुसोलिनी ने असाधारण अधिकारों सहित इटली के प्रधानमंत्री का पद प्राप्त कर अपने दल 'फासिस्ट' की सरकार बनाई। फासिस्ट दल अपने उत्कर्ष को प्राप्त कर इटली में प्रतिष्ठापित हो गया।

फासिस्ट दल की आन्तरिक नीति

मुसोलिनी ने सभी दूसरे दलों पर प्रतिबंध लगाकर देश का फासिस्टीकरण किया। 'विश्वास करो', 'आज्ञा पालन करो', 'संघर्ष करो' , इन नारों के साथ फासिस्ट दल समस्त देश और प्रशासकीय तंत्र पर प्रभावी हो गया। तानाशाही चलाने के लिए मुसोलिनी ने कैबिनेट एवं विचार से अभिव्यक्त करने की स्वतंत्रता को समाप्त कर दिया और फासिस्ट दल की महापरिषद् का अध्यक्ष बन गया। महापरिषद् में मुसोलिनी के लगभग 20 विश्वासपात्र सदस्य रखे गये। महापरिषद् को प्रशासन सम्बन्धी महत्त्वपूर्ण अधिकार मिले थे। एक तरह से फासिस्ट महापरिषद् ने इटली की सरकार का रूप धारण कर लिया था। प्रशासन का हर शीर्ष अधिकारी अपने नेता मुसोलिनी, जिसे 'इल ड्यूस' कहा जाता था, के अनुसार काम करता था।

फासिस्टों का आर्थिक सुधार कार्यक्रम

राष्ट्र को आर्थिक दृष्टि से समृद्ध बनाने के लिए मुसोलिनी ने 'निगमित राज्य व्यवस्था' स्थापित की। इस व्यवस्था के अन्तर्गत श्रमिकों और पूँजीपतियों की पुरानी संस्थाओं (ट्रेड यूनियनों आदि) को समाप्त कर दिया गया था। श्रमिकों और उद्योगपतियों के भिन्न-भिन्न सिंडिकेट बनाये गये। 1933 में ऐसे 13 बड़े सिंडिकेट थे। इनमें छह उद्योगपतियों के, छह श्रमिकों के और एक कलाकारों व दस्तकारों का था। ये स्थानीय सिंडिकेट प्रान्तीय सिंडिकेटों और प्रान्तीय सिंडिकेट राष्ट्रीय संघों से सम्बद्ध थे। राष्ट्रीय संघों को राष्ट्रीय निगम परिषदों से जोड़ा गया था। इनकी संख्या 22 थी। राष्ट्रीय निगम परिषदों से भी ऊपर एक केन्द्रीय समिति थी। इसमें दूसरे प्रतिनिधियों के साथ-साथ स्वयं मुसोलिनी भी होता था। संक्षेप में निगम व्यवस्था के अन्तर्गत श्रमिकों और उद्योगपतियों के संघों पर पूर्ण राजकीय नियन्त्रण स्थापित कर दिया गया था। हड़तालों और तालाबन्दी को गैरकानूनी घोषित किया गया।

आर्थिक सुधार-कार्यक्रम के अन्तर्गत रविवार को अवकाश के रूप में रखा गया; हर मजदूर को सवेतन छुट्‌टी का अधिकार मिला और उनके लिए सामाजिक बीमे की भी व्यवस्था की गयी थी। इस प्रकार मुसोलिनी ने जनता के आर्थिक असन्तोष को समाप्त करने का प्रयास किया था। उसकी गृह नीति का उद्देश्य युद्ध और क्रान्ति के विनाशकारी असरों से देश को मुक्ति देना और उसकी उत्पादन शक्ति को बढ़ाना था। मुसोलिनी ने राज्य के खर्च में भारी कटौती करके और नये-नये कर लगाकर बजट को सन्तुलित कर लिया। इससे घाटे की जगह पर बचत होने लगी। इस सफलता से मुद्रा का गिरता हुआ मूल्य स्थिर हो गया। तदोपरान्त उसने रेल-यातायात को कुशलता प्रदान की। कोयले की कमी की पूर्ति प्राकृतिक झरनों से जल-विद्युत पैदा करके ऊर्जा प्राप्त की गई। इससे उद्योग विकास की और अग्रसर होने लगा। मुसोलिनी के वक्त में इटली रेशम एवं नकली रेशम (Rayon) के उद्योग में यूरोप के अन्य देशों से आगे बढ़ गया था। मशीनें, रेल के इंजन, मोटर, जहाज आदि बनाने के व्यवसायों में भी आश्चर्यजनक प्रगति हुई थी। कृषि विकसित हुई, दलदल सुखाये गये, अच्छी खाद का प्रबन्ध किया गया और किसानों को कृषि के नये तरीकों का प्रशिक्षण दिया गया, इससे खेती के उत्पादन में आशा के अनुसार वृद्धि हुई।

यह अभूतपूर्व आर्थिक प्रगति इस कारण सम्भव हो सकी थी कि मुसोलिनी ने आर्थिक उदारवाद को समाप्त करके कृषि, उद्योग, राजस्व आदि सभी पर राज्य का नियन्त्रण स्थापित करके एक सुनिश्चित योजना के अनुरूप कार्य किया था जिसमें उसने कानून के जोर पर सभी वर्गों का सहयोग प्राप्त किया था। बेरोजगारी को समाप्त करने व देशभक्ति को जागृत करने के लिए उसने बड़े-बड़े सार्वजनिक निर्माण-कार्य आरंभ किये। इस तरह देश में आर्थिक पुनरुत्थान का पथ-प्रशस्त हुआ था।

पोप से समझौता—मुसोलिनी ने इटली में चर्च और राज्य के बीच 1870 से जारी विवाद को समाप्त कर दिया। वह जानता था कि इस कैथोलिक बहुल देश में पोप से अच्छे सम्बन्ध आवश्यक हैं। उसने 1929 में पोप से एक समझौता किया। इस समझौते के अनुरूप मुसोलिनी ने पोप के महलों को एक स्वतन्त्र राज्य मान लिया। उसे अपना सिक्का और डाक टिकट प्रचलित करने एवं दूसरे देशों में अपना राजदूत नियुक्त करने का अधिकार स्वीकार कर लिए। और पोप ने रोम के अधिकतर भाग पर अपने अधिकार को त्याग दिया जिससे विवाद सुलझ गया। इस मौके पर पोप का मत था—"इटली को ईश्वर और ईश्वर को इटली वापस मिल गये।" राज्य और चर्च का दीर्घकालीन विवाद समाप्त हो गया।

शिक्षा सम्बन्धी कार्यक्रम—फासिस्ट शिक्षा की व्यवस्था स्कूलों में इसलिए की गई जिससे राष्ट्र के नवयुवकों में फासिस्ट विचारधारा पैदा की जा सके। आठ से चौदह वर्ष की आयु वाले बालकों हेतु एक तरह की बालचर संस्था 'बलिला' स्थापित की गई। इस संस्था से निकलकर वे एक दूसरी संस्था 'अवानगार्डिया' में प्रवेश करते थे जो चौदह से अठारह साल तक की उम्र वाले बच्चों के लिए होती थी। इस संस्था से पास होकर बालक 'युवक फासिस्ट' नामक दल में प्रवेश करता था। उसमें तीन साल तक शिक्षा प्राप्त करके वह फासिस्ट नागरिक सेना में भर्ती होता था। इस प्रकार की शिक्षा प्राप्त करके वह फासिस्ट दल का सदस्य बनता था। बालिकाओं की शिक्षा के लिए पिकाल इटलियानी नामक संस्था थी जिसमें 12 वर्ष तक की उम्र की लड़कियों के प्रवेश की व्यवस्था थी। उन्हें भी फासिस्ट शिक्षा दी जाती थी। इस प्रकार शिक्षा का उपयोग करके फासिज़्म के सिद्धांतो का प्रसार-प्रचार किया जाता था।

सैन्य शक्ति सम्बन्धी कार्यक्रम—सैन्य बल में गुणवत्ता के लिए मुसोलिनी ने अनिवार्य सैन्य सेवा क्रियान्वित की। सैनिकों को अलग-अलग प्रकार से प्रोत्साहित किया गया था। हकीकत में सैन्य शक्ति का प्रसार मुसोलिनी के आंतरिक व बाह्य कार्यक्रमों की आधारशिला थी। मुसोलिनी के कथनानुसार कि युद्ध जीवन है और शान्ति मृत्यु है; इसलिए युद्धों के लिए सेना को अपरिहार्य और कुशल बनाने का प्रयत्न किया था।

विविध सांस्कृतिक एवं अन्य कार्य—फासिज़्म (मुसोलिनी के दृष्टिकोणों से) जीवन के किसी अंग को अछूता नहीं छोड़ता। हर उम्र के लोगों के लिए भिन्न-भिन्न संस्थाएँ बनाई गई थीं। लड़कों को उम्र के गणना-क्रम के अनुरूप से दलों में विभाजित करके अनुशासन, मनोरंजन, स्वास्थ्य और सिद्धान्त को मिलाकर उनकी पूरी लामबन्दी की गई थी। मुसोलिनी नारी स्वातंत्र्य का विरोध करता था और उन्हें चारदीवारी के अन्दर पत्नी और माँ बनने तक सीमित रखना चाहता था। उसने धर्म और राष्ट्रीयता का सहारा लेकर इटली को नई संस्कृति से प्रभावित करने का प्रयास किया था। अपने को आर्यों और गौरवशाली परम्पराओं से जोड़कर फासिस्ट दर्शन को बल प्रदान किया था। युद्ध को गौरवान्वित किया जाने लगा था। फासिज़्म हमला और उत्कृष्ट राष्ट्रवादिता का दर्शन बन गया था। इस प्रकार मुसोलिनी की आंतरिक नीति का लक्ष्य था जीवन के विभिन्न अंगों पर फासिस्ट दल का नियंत्रण। लक्ष्य में निश्चय ही उसे प्रारम्भिक सफलता प्राप्त हुई थी। इटलीवासियों के गौरव एवं देशभक्ति की भावना को जाग्रत करने हेतु अनेक प्रयत्न किये गये थे।

फासिस्ट दल की अंतर्राष्ट्रीय विदेश नीति

मुसोलिनी के मतानुसार, "फासिज़्म वह दर्शन है जो राज्य की सत्ता की सर्वोच्चता में विश्वास करता है और शक्ति, अनुशासन व एकता पर बल देता है।" इसका एक ही सर्वोपरि उद्देश्य था—राष्ट्रीय प्रतिष्ठा और गौरव की प्राप्ति। राष्ट्रीय प्रतिष्ठा की अभिवृद्धि के लिए उसने एक त्रि-सूत्रीय कार्यक्रम अपनाया। इस कार्यक्रम का प्रथम अंग था सैनिक शक्ति का विकास। इटलीवासियों की धारणा थी कि पेरिस शान्ति सम्मेलन में उनकी माँगों की अस्वीकृति का कारण उनकी सैनिक कमजोरी थी। अतः मुसोलिनी ने एक शक्तिशाली सैन्य बल के निर्माण को अपना प्रथम लक्ष्य बनाया।

मुसोलिनी के कार्यक्रम का दूसरा अंग उपनिवेशों की विजय और साम्राज्य प्रसार था। वह जगत की आँखों में इटली की प्रतिष्ठा में वृद्धि के लिए कटिबद्ध था। वह कच्चे माल की प्राप्ति और अपनी बढ़ती हुई जनसंख्या की समस्याओं के समाधान हेतु भी उपनिवेशों को प्राप्त करना चाहता था। मुसोलिनी के कार्यक्रम का तीसरा अंग इटली को सर्वश्रेष्ठ भूमध्यसागरीय शक्ति बनाना था।

मुसोलिनी ने 'युद्धरत राष्ट्रीयता' (Militent Nationalism) के सिद्धान्त में यकीन करता था। स्थाई शान्ति बेकार की बातें समझता था। इसका सिद्धान्त हमारे सिद्धान्त और प्रवृत्ति से मेल नहीं खाता। सामूहिक सुरक्षा का सिद्धान्त न कभी स्थापित रहा है और न भविष्य में कभी स्थापित रहेगा। राष्ट्रसंघ एक बेकार संस्था है। हमें अपने जीवन-मरण के लिए स्वयं तैयार रहना चाहिए।"

मुसोलिनी ने 1924 में यूगोस्लाविया के साथ रोम की सन्धि के द्वारा फ्यूम नगर 1926 को टिराना की सन्धि से अल्बानिया पर अधिकार प्राप्त कर लिया। 1928 में टैंजियर नगर के अन्तर्राष्ट्रीय प्रशासन में भाग लेकर इटली ने एक और राजनीतिक विजय हासिल की थी। इटली ने अप्रैल, 1927 को हंगरी के साथ; 23 सितम्बर, 1928 को यूनान के साथ एवं 6 फरवरी, 1930 को आस्ट्रिया के साथ दोस्ती की सन्धियाँ कर अपनी स्थिति को सुदृढ़ बनाया। इस प्रकार मुसोलिनी अपने शासन की प्रथम दशाब्दी में एड्रियाटिक सागर पर इटली के आधिपत्य को दृढ़ करने; भूमध्यसागर में उसके सम्मान की बढ़ोत्तरी करने एवं दक्षिण-पूर्व यूरोप में अपने राजनीतिक व आर्थिक प्रभाव को विस्तृत करने में सफल रहा था।

जर्मनी में 1933 में नात्सी दल की सरकार बनी और फासिस्ट विचारधाराओं की समानताओं को दृष्टिगत रखते हुए आरंभ में मुसोलिनी ने नात्सी क्रान्ति का स्वागत किया। 15 जुलाई, 1933 को मुसोलिनी के प्रयासों से ब्रिटेन, फ्राँस, जर्मनी

और इटली की चतु:शक्ति सन्धि हुई, जिसका लक्ष्य एक ओर तो राष्ट्रसंघ के मुकाबले में चार महाशक्तियों का गुट बनाकर यूरोपीय मैत्री की पद्धति को पुनर्जीवित करना था और दूसरी ओर जर्मनी और इटली की अन्तर्राष्ट्रीय प्रतिष्ठा में बढ़ोतरी करना था लेकिन जब जर्मनी ने आस्ट्रिया को अपने साथ मिलाने का प्रयत्न किया तब अपनी श्रगालन नीति के अनुसार इटली दुबारा जर्मनी के विरोधी फ्राँस की ओर झुक गया। 17 मार्च, 1934 को रोम प्रोटोकाल के रूप में इटली, आस्ट्रिया व हंगरी का एक त्रिकोणात्मक गठबन्धन स्थापित हुआ। 7 जनवरी, 1935 को मुसोलिनी और फ्रेंच विदेशमंत्री लावाल ने फ्रांको इटालियन समझौता (रोम समझौता) किया। इसके द्वारा दोनों देशों ने आस्ट्रिया की स्वतन्त्रता पर मुसीबत आने की हालत में परस्पर विचार-विमर्श करने का निश्चय किया था; यूरोप में यथास्थिति बनाये रखने की आवश्यकता पर बल दिया था; फ्राँस ने अपने 71 हजार वर्ग कि.मी. के अफ्रीकी प्रदेश इटली को दे दिये थे व फ्रेंच ट्यूनिस में इटली को कुछ विशेषाधिकार सौंपे थे। इस तरह 1922 से 1935 तक मुसोलिनी को अंतर्राष्ट्रीय स्तर पर कई सफलताएँ प्राप्त हुईं।

इन सफलताओं से उत्साहित होकर मुसोलिनी ने अन्तर्राष्ट्रीय प्रतिष्ठा की अभिवृद्धि व बढ़ती जनसंख्या की समस्याओं के निदान के लिए और उद्योगों की समस्याओं के निबटारे हेतु एबीसीनिया विजय करने का निश्चय किया। एबीसीनिया को अधिकृत करने से इटली का लाल सागर पर नियंत्रण बढ़ जाता जिससे उसके भूमध्य सागर को 'हमारा समुद्र' बनाने की आकांक्षा की पूर्ति में सहायता प्राप्त होती। अन्ततोगत्वा मुसोलिनी ने एबीसीनिया में सैनिक हस्तक्षेप किया। ब्रिटेन, फ्राँस के विश्वासघात के कारण राष्ट्रसंघ अपने सदस्य राज्य एबीसीनिया की रक्षा कर पाने में असमर्थ हो गया और एबीसीनिया पर इटली का आधिपत्य मई, 1936 में स्थापित हो गया।

एबीसीनिया प्रकरण में जर्मनी ने इटली का पूर्ण समर्थन किया था। इसलिए इटली जर्मनी की मित्रता हेतु उत्सुक हो उठा। 25 अक्टूबर, 1936 को जर्मनी और इटली के बीच एक समझौता हुआ और 1 नवम्बर, 1936 को मुसोलिनी ने रोम-बर्लिन धुरी की घोषणा की। स्पेन के गृहयुद्ध में जर्मनी और इटली दोनों ने जनरल फ्रॉकों की सहायता की थी, इससे जर्मनी और इटली की मित्रता और भी प्रगाढ़ हो गईं। इटली की साम्राज्यवादी नीति को इससे और भी बल मिला। अल्बानिया पर इटली का आधिपत्य स्थापित होने के बाद जर्मनी और इटली के मध्य एक फौलादी समझौता हुआ जिसमें एक दूसरे का साथ देने का वादा किया गया। अतः जर्मनी

से अपनी बढ़ती हुई मित्रता के बावजूद मुसोलिनी ब्रिटेन से दोस्ती सम्बन्ध बनाये रखने के लिए उत्सुक था। 2 जनवरी, 1937 को ब्रिटेन और इटली के बीच एक 'सज्जन समझौता' हुआ जिसके अनुसार दोनों देशों ने स्पेन की अखंडता और तटस्थता को स्वीकार करते हुए भूमध्यसागर में यथास्थिति को बनाये रखने पर जोर दिया था। लेकिन साथ ही, इटली जर्मनी से भी अपनी मित्रता प्रगाढ़ करता रहा। म्यूनिख समझौते के समय (29 सितम्बर, 1938) इटली को जर्मनी और पाश्चात्य राष्ट्रों के बीच मध्यस्थ का कार्य करके एक बार फिर अपनी पीठ ठोंकने का अवसर मिल गया।

द्वितीय विश्वयुद्ध जब 1939 में शुरू हो गया। तो इटली इसमें शामिल हो गया। जर्मन इटालियन फौलादी समझौते के बावजूद इटली युद्ध में तटस्थ बना रहा लेकिन जब उसे यह विश्वास हो गया कि फ्रॉंस की पराजय निश्चित है तब उसने 10 जून, 1940 को ब्रिटेन और फ्रॉंस के खिलाफ युद्ध की घोषणा कर दी। इस युद्ध में इटली पराजित हो गया जिसके बाद मुसोलिनी को अपने ही देश के व्यक्ति ने गोली मार दी। इस प्रकार मुसोलिनी के फासिस्ट शासन में कुछ उपलब्धियाँ तो प्राप्त हुई थीं लेकिन व्यक्तियों की अधिकांश आशाओं को पूरा करने में असमर्थ रहा था। व्यवस्था के नाम पर इटली के लोगों की स्वतंत्रताओं का गला घोंट दिया गया था। द्वितीय विश्वयुद्ध हार की वजह से फासिज़्म व्यवस्था इटली के लिए लाभदायक साबित नहीं हो सकी।

मूल्यांकन—इटली में फासिज़्म साम्यवाद का उदय विकल्प के रूप में हुआ था। यह पूँजीवाद का सबसे भ्रष्ट रूप है। एक व्यक्ति (मुसोलिनी) की सत्ता के पीछे सारी प्रतिक्रियावादी और पूँजीवादी ताकतें थीं। फासिज़्म के मुख्य तत्त्व उत्कष्ट और उग्र राष्ट्रवाद, सैनिकवाद, एकतंत्र नस्लवाद और रूमानी दृष्टिकोण होते हैं। फासिज़्म देश की अर्थव्यवस्था को कुछ दिनों के लिए गतिमान कर देता है जैसे थके-हारे घोड़े को चाबुक मारकर कुछ दौड़ाया जा सकता है। युद्ध की आवश्यकतायें रोजगार पैदा कर देती हैं। कड़े अनुशासन और आतंक के कारण कानूनों का पालन किया जाता है; प्रतीत होता है देश में अनुशासन एवं ऊर्जा का संचार हो गया है, लेकिन फासिज़्म हकीकत में एक रोग है निदान नहीं। फासिज़्म का अर्थतंत्र वास्तविकताओं पर आधारित नहीं था और समाज की मुख्य जरूरतों की पूर्ति नहीं करता था इसलिए उसका स्थायी होना असम्भव था। फासिज़्म का मूल विरोधी समाजवाद था और पश्चिमी प्रजातंत्र भी इसके विरोधी थे। फासिज्म का उदय जिस तरह परिस्थितियों के कारण हुआ उसी प्रकार उसका पतन भी हो गया।

8

नात्सी क्रान्ति

एडोल्फ हिटलर का जन्म आस्ट्रिया के ब्रोनों नामक स्थान में 20 अप्रैल 1889 में हुआ। उसके पिता चुंगी विभाग के सामान्य कर्मचारी थे। युवावस्था में वह चित्रकार बनना चाहता था जिसमें असफल हो गया। वियना में शाही अकादमी में प्रवेश नही मिलने पर वह आजीविका के लिए घर में ही कवेंटर का काम आरंभ कर दिया। इसी दौरान वह परिपक्व होता गया और साम्यवादियों और यहूदियों से नफरत करने लगा। उसने एकछत्र 12 वर्षों तक जर्मनी पर भाग्यविधाता के रूप में शासन किया संसदीय शासन प्रणाली में वह विश्वास नहीं करता था।

प्रथम विश्वयुद्ध के समय वह जर्मन सेना में शामिल हो गया क्योंकि वह साहस और शौर्यपूर्ण जीवन व्यतीत करना अच्छा समझता था। युद्ध में वीरतापूर्ण प्रदर्शन के लिए उसे आयरन फ्रांस का पुरस्कार प्रदान किया गया। परन्तु, सन् 1928 में जर्मनी की पराजय से वह विक्षिप्त-सा हो गया। जर्मन जाति की सर्वोच्चता में अगाध निष्ठा रखने वाले इस उग्र देशभक्त ने यह मानने से इनकार कर दिया कि युद्ध में अपनी अक्षमता के कारण जर्मन जाति को पराजित होना पड़ा है। उसके अनुसार इस पराजय का प्रधान कारण साम्यवादियों, समाज़वादियों और यहूदियों का देशद्रोह था। युद्ध के उपरांत हुई वर्साय की सन्धि ने उसके तन-बदन में आग लगा दी और वे अपने हृदय में दो कठोर निश्चय कर बैठा। एक ओर तो उसने राष्ट्रीय अपमान को प्रतिशोध लेने के उद्देश्य से जर्मनी के राष्ट्रीय गौरव का पुनर्जीवित करने एवं वर्साय की सन्धि की कलंक-कालिमा धोने का दृढ़ संकल्प किया और दूसरी ओर

वह साम्यवादियों व यहूदियों को उनके तथाकथित देशद्रोह का बदला लेने के लिए पूर्ण रूप से निश्चय कर लिया।

युद्ध के बाद सन् 1918 में म्यूनिख आने पर हिटलर की नियुक्ति गुप्तचर विभाग में हुई। अपने काम के सिलसिले में उसने पता लगाया कि जर्मन श्रमिक-दल के नाम से 6 व्यक्तियों का एक गुप्त दल काम कर रहा है जिसकी बैठकें म्यूनिख शराबखाने के पिछले कमरे में होती रहती हैं। हिटलर इस दल का सातवाँ सदस्य बन गया और उसके अथक् परिश्रम द्वारा उसी वर्ष दल का सुदृढ़ संगठन स्थापित हो गया। हिटलर ने दल के प्रसार में अपनी पूरी ताकत लगा दी। वह शीघ्र ही उसका नेता बन गया। उसने अपने चारों ओर स्वामिभक्त लोगों को एकत्र कर लिया और साथ ही दल का नाम बदलकर 'राष्ट्रीय समाजवादी जर्मन श्रमिक-दल' संक्षेप में 'नाजी दल' रख दिया। सन् 1920 में उसने दल के आदि संस्थापक ड्रेक्सटर को दल से निष्कासित कर नाजी दल में सर्वोच्च शक्ति अपने हाथों में ले ली और हेस, गोयरिंग , रोजनबर्ग, गोबल्स आदि की मदद से दल को शक्तिशाली बनाया। ये सदस्य ही आगे चलकर उसके दल के प्रधान आधार-स्तम्भ बने। इस दल का एक समाचार-पत्र भी प्रकाशित होने लगा। सन् 1920 में ही दल की नीति और कार्यक्रम की प्रथम अधिकृत व्याख्या की गई। दल के 25 सूत्री कार्यक्रम में विभिन्न तथ्यों को प्राथमिकता प्रदान की गयी थी जिनमें वर्साय की सन्धि को अमान्यता, जर्मनी से छीने गए प्रान्तों की पुनः प्राप्ति, जर्मन सैन्य-शक्ति का प्रसार, जर्मनीकरण को पूर्ण करना और विदेशी हस्तक्षेप को रोकना, समाजवादियों, साम्यवादियों, और यहूदियों को कुचलना, तथा भ्रष्टाचार पर आधारित संसदात्मक शासन-प्रणाली का अन्त करना आदि प्रमुख हैं। हिटलर का मानना है कि—''जर्मन शुद्ध आर्य नस्ल हैं। वे जहाँ-जहाँ भी रहते हैं, वे प्रदेश उनके हैं। वे जगत के सर्वश्रेष्ठ लोग हैं, इसलिए हर दृष्टि से उन्हें अधिकार है कि वे जगत के सब लोगों पर शासन करें।'' हिटलर ने राज्य के मनुष्य का सर्वश्रेष्ठ संगठन बताते हुए एक सर्वाधिकारवाद के सिद्धान्त का प्रतिपादन किया।

हिटलर युद्ध को सर्वोपरि मानता था। उसके दल का प्रत्येक काम गुप्त होता था। उसने सन् 1923 में सरकार के विरुद्ध विद्रोह किया जिसके लिए उसे 5 वर्ष का कारावास मिला लेकिन आठ माह बाद ही रिहा कर दिया गया। सत्ता प्राप्ति के उपरांत हिटलर ने जिस 'विदेश नीति को स्वीकार किया उसके मुख्य आधार उसने 'मीन कैम्प' में निर्धारित कर दिए थे। एक स्थान पर उसने लिखा था कि—''जर्मनी के सीमान्त आकस्मिकता के परिणाम हैं और वे सिर्फ अस्थायी सीमान्त हैं जिसकी

स्थापना विभिन्न समयों पर लड़े गए कूटनीतिक संघर्षों के परिणामस्वरूप हुई है। राज्यों की सीमाएँ मनुष्यों के द्वारा निर्धारित और परिवर्तित किया जा सकता है।

मीन कैम्प में ही उसने लिखा है कि "जर्मनी अपने वर्तमान सीमान्तों में कच्चे माल में आत्मनिर्भर एक अत्यधिक सीमित मात्रा में ही प्राप्त कर सकता है और खाद्यान्न के उत्पादन में तो बिल्कुल नहीं कर सकता। इसका एकमात्र इलाज यही है कि वह रहने योग्य अधिक स्थान प्राप्त करे।"

जर्मनी का प्रथम साम्राज्य आठवीं शताब्दी में शर्लमैंन के द्वारा स्थापित किया गया था। सन् 1871 से 1918 तक द्वितीय जर्मन साम्राज्य था और तृतीय निर्माण नाजी दल करना चाहता था। इस 'तृतीय राइक' के वृहत्तर जर्मनी जर्मन वंश के सब व्यक्तियों का समावेश जरूरी था। इस समय अनेक जर्मन में ऑस्ट्रिया, हॉलैण्ड, चेकोस्लोवाकिया, अल्सेस आदि अन्य देशों में रहते थे। हिटलर के मतानुसार इन सब प्रदेशों का जर्मनी में विलीनीकरण अवश्यंभावी था। हिटलर के अन्य प्रमुख कार्यक्रम थे—वर्साय की एवं सेंट जर्मन की सन्धियों को रद्द करना, जर्मनी को युद्धापराधी ठहराने वाली सन्धि-व्यवस्थाओं का निराकरण करना, क्षतिपूर्ति की राशि में संशोधन करना, यहूदियों को जर्मनी से निकाल फेंकना, उपनिवेशों को पुनः प्राप्त कराना, सब नागरिकों को रोजी-रोटी दिलाना, उन्हें अच्छे जीवन के साधनों को प्राप्त कराना, ब्याज की ऊँची दरों को खत्म करना, सब ट्रस्टों और बड़ी दुकानों व फर्मों का राष्ट्रीयकरण करना, कृषि के क्षेत्र में सुधार करना, राज्य द्वारा वृद्ध व्यक्तियों की मदद का प्रबन्ध करना, शस्त्रास्त्र के निर्माण तथा सैनिक क्षेत्रों में अन्य देशों के साथ समानता का आधार प्राप्त करना और ब्रिटेन व इटली को मित्र बनाकर फ्राँस एवं सोवियत रूस को कुचल डालना।

हिटलर का जर्मनी के सम्बंध बनाने में प्रमुख कारण यह था कि वह जर्मन जाति के पश्चात् अंग्रेजों को दूसरी प्रधान आर्य जाति मानता था। इटली से वह मैत्री का इसलिए इच्छुक था कि प्रथम तो जर्मनी और इटली के हित समान थे क्योंकि फ्राँस दोनों का ही शत्रु था, और दूसरे दोनों के कूटनीतिक विचार समान थे क्योंकि दोनों ही की प्रवृत्ति फासिस्टवादी एवं यहूदी-विरोधी थी। टॉयनबी (Toynbee) के शब्दों में, "यदि रूस और फ्राँस हिटलर की शत्रुता के मौलिक और स्थायी लक्ष्य थे तो ब्रिटेन और इटली उसकी मैत्री के मौलिक लक्ष्य थे।" जर्मनी की मित्रता का तीसरा लक्ष्य जापान था। हिटलर का विश्वास था कि यहूदी यूरोपीय राष्ट्रों को धोखा दे सकते थे, लेकिन जापान जैसे एशियाई राष्ट्रीय राज्य को नहीं। जर्मनी की ये विशेषताएँ रक्षात्मक नहीं वरन् आक्रामक होनी थीं क्योंकि हिटलर का कहना था कि "राष्ट्रों के

भाग्य सिर्फ शक्ति के पारस्परिक प्रसार की समान सफलता की सम्भावना से ही परस्पर बँधे हैं,'' एवं ''वह मैत्री, जिसमें युद्ध की कोई वजह निहित नहीं होती, अर्थहीन और मूल्यहीन होती है।''

विश्व की प्रमुख जातियों (Races) को हिटलर ने 'मीन कैम्फ' (Mein Kampf) में तीन वर्गों संस्कृति की प्रसारक पीत वर्ग की जातियाँ जैसे जापानी; संस्कृति की प्रेरणा श्वेत वर्ग की आर्य जातियाँ, जैसे जर्मन और ब्रिटिश; तथा अर्द्ध-सभ्य काली जातियाँ और संस्कृति की विनाशक यहूदी जाति में विभाजित था। हिटलर काली जातियों को स्वशासन के योग्य नहीं समझता था। वह जर्मन जाति को शुद्धतम आर्य जाति मानता था और जर्मनी को विश्व का सिरमौर बनाने के पक्ष में था।

कारावास जाने के कारण हिटलर जर्मन नागरिकता और जर्मन सेना में शामिल होने के कारण आस्ट्रिया नागरिकता को खो चुका था उसके बावजूद अपने उद्देश्यों की प्राप्ति के लिए उसने हिंसा, शक्ति, छल-कपट, प्रचार आदि के साधनों का सहारा लिया एवं आन्तरिक क्षेत्र में उसने वर्साय की सन्धि को अपने प्रचार का मुख्य साधन बनाया। उसने छह करोड स्त्री-पुरुषों के दिलों दिमाग में नफरत का सागर फैलाकर मजबूत संकल्प उत्पन्न करना चाहा जिससे यह आवाज प्रकट हो —हम फिर हथियार लेंगे।

हिटलर ने 'मीन कैम्फ' द्वारा नाजी दल को एक नयी दिशा प्रदान की। नाजियों के लिए 'मीन कैम्फ' बाइबिल बन गया। उसने नाजी सभाओं की रक्षा के लिए और विरोधी दलों की सभाओं को भंग करने के लिए सैनिक वेशधारी तूफानी दस्तों का संगठन किया। नाजी नेताओं की रक्षा के लिए सफेद खोपड़ी के चिह्न से अलंकृत काली वर्दीधारी अंगरक्षकों के दल का निर्माण किया। सभी भाग में सुशिक्षित प्रभावशाली वक्ता भेजे जाने लगे।

दिसंबर 1929 के चुनाव में निरंतर प्रचार और कठिन परिश्रम के बाद भी जाजी दल को 14 सीटों पर ही विजय प्राप्त हुई । दल को पहले की अपेक्षा 18 सीटें कम मिलीं अर्थात् कुल 14 सीटों पर उसे सफलता प्राप्त हुई। सन् 1928 में यह संख्या घटकर मात्र 12 हो गई और मत भी सिर्फ 8 लाख 10 हजार प्राप्त हुए। परन्तु सन् 1928 के उपरांत दल की शक्ति का क्रमशः विकास होता गया। मार्च, 1930 में दल की सदस्य-संख्या बढ़कर जिनका 2 लाख 10 हजार तक पहुँच गई। नाजी दल के सदस्यों में अधिकांश वे व्यक्ति थे जिनका निम्न व मध्यम वर्ग के साथ सम्बन्ध था। आर्थिक संकट के सबसे भयानक परिणाम इसी वर्ग को भोगने पड़े थे,

अतः इस वर्ग ने नाजी दल को दिल खोलकर मदद पहुँचाई। इसके उपरांत इस सन्देह की काली छाया फैलने लगी कि वाइमर गणतन्त्र की मृत्यु नजदीक है। परन्तु इतना सब होते हुए भी हिटलर का उत्कर्ष सही मायने में धूमकेतु की भाँति इतना आकस्मिक था कि अन्तर्राष्ट्रीय राजनीति के कुशल प्रेक्षक सन् 1932 तक भी यह कल्पना नहीं कर सके कि जर्मनी में हिटलर और उसका दल कभी सत्ता हथियाने की इस स्थिति में आ सकेगा। विख्यात ब्रिटिश इतिहासकार टॉयनबी ने दिसम्बर, 1932 में अपना विचार व्यक्त किया कि, "बहुत-सी बातें स्पष्ट नहीं हो सकती हैं लेकिन एक बात निश्चित है कि नाजी दल पतनोन्मुख है।" और तो और हिटलर के चांसलर बनने से कुछ ही दिन पूर्व राष्ट्रपति हिंडेनबर्ग ने स्ट्रासेर को आश्वासन दिया था कि "मैं आपके सामने प्रतिज्ञा करता हूँ कि वह वोटेमियन सिपाही हिटलर कभी भी जर्मनी का चांसलर नहीं बनेगा। मैं उसे पोस्टमास्टर बना दूँगा और वह दिन में सौ बार मेरा मुख चाटेगा।" लेकिन ये सब धारणाएँ गलत सिद्ध हुईं और जनवरी, 1933 में हिटलर एक पोस्टमास्टर नहीं वरन् जर्मनी का प्रधानमन्त्री बन गया और नाजी-क्रान्ति सफलतापूर्वक सम्पन्न हुई।

नाजी दल के विनाश का प्रमुख कारण

गम्भीर आर्थिक, कूटनीतिक और सामाजिक कारणों से हिटलर और उसके दल ने अप्रत्याशित सफलता अर्जित की अतः नाजी दल के उत्कर्ष के प्रमुख कारण निम्नलिखित थे–

हिटलर विलक्षण भाषण कला का धनी था। उसके वक्तव्यों से जर्मन की जनता बहुत प्रभावित हुई। वर्साय की शान्ति-व्यवस्था ने जर्मनी को नैतिक तथा भौतिक दृष्टि से एकदम पंगु बना दिया। लैंगसम के अनुरूप, "वर्साय की सन्धि से यूरोप में जर्मन प्रदेश का आठवाँ भाग एवं 70 लाख व्यक्ति कम हो गए, उसके सारे उपनिवेश, 12 पशु, 15 कृषि योग्य भूमि, और 10 कारखाने छिन गए। उसके व्यापारिक जहाज 57 लाख टन से घटकर सिर्फ 5 लाख टन रह गये, ब्रिटेन की नौ-शक्ति बिल्कुल विनष्ट कर दी गई, स्थल सेना की अधिकतम संख्या एक लाख निश्चित कर दी गई। उसे अपने कोयले के 2/5 भाग से, लोहे के 2/3 भाग से, जस्ते के 7/10 भाग से एवं आधे से अधिक सीसे से हाथ धोना पड़ा। उपनिवेशों के छिन जाने से रबड़ और तेल की भारी कमी हो गई। वर्साय की प्रादेशिक व्यवस्थाओं ने उसके उद्योग-धन्धों और व्यापार को बिल्कुल विनष्ट कर दिया। क्षतिपूर्ति के लिए उसने कोरे चैक पर हस्ताक्षर कर दिए।

वर्साय की सन्धि को जर्मनी के युवा, बुजुर्ग, सैनिक, अपने मस्तक पर कलंक का टीका मानकर एक ऐसे नेता की आकाँक्षा करने लगे जो देश के अपमान को धोकर उनके राष्ट्र को पुनः गौरव-पद पर आसीन कर सके। जनता की इस प्रतिशोधात्मक प्रवृत्ति का फायदा उठाते हुए हिटलर ने जर्मनी के राष्ट्रीय गौरव की पुनः प्राप्ति का आकर्षक नारा लगाकर युवकों, सैनिकों, मध्यम और निम्न वर्ग के लोगों को अपने पक्ष में कर लिया। नाजी दल का उग्रवादी कार्यक्रम और 'वर्साय सन्धि का अन्त हो' का नारा जर्मन जनता को बड़ा प्रिय लगा।

प्रो. लिप्सन के अनुसार, "हिटलर के सत्तारूढ़ होने का वास्तविक कारण वर्साय की सन्धि नहीं थी। स्ट्रेसमान के शासनकाल में जर्मनी की स्थिति बहुत अच्छी हो गई थी। राष्ट्रसंघ की सदस्यता प्राप्त करके जर्मनी राष्ट्रों के परिवार में समानता के स्तर पर आ चुका था, जिस समय हिटलर का उत्थान हुआ उस समय तक जर्मनी अपनी बेड़ी की अन्तिम कड़ियों को काट चुका था। इन परिस्थितियों में वर्साय-सन्धि को हिटलर के सत्तारूढ़ होने का कारण बताना सही नहीं लगता है। इस बात से भी इन्कार नहीं किया जा सकता है कि जर्मन जनता एट्रेसमान से जो अपेक्षा रखती थी वह पूरा नही हो पाया। साथ ही जर्मन जनता अपनी पराजय, अपमान और वर्साय के अन्याय को ठीक उसी तरह नहीं भुला सकी थी, जिस तरह फ्राँस सन् 1871 के अपने अपमान को मिटाने के लिए 'हम फिर हथियार लेंगे' का नारा लगाकर अपने आपको सच्चा देशभक्त प्रमाणित करने की सफल चेष्टा की।

हिटलर और उग्रवादी नाजी दल के विकास का एक प्रमुख कारण स्वयं जर्मन जाति की परम्परा थी। जर्मन जाति की स्वाभाविक सैनिक मनोवृत्ति, अनुशासन तथा वीर-पूजा की भावना ने हिटलर के उत्कर्ष का मार्ग प्रशस्त कर दिया। हिटलर के व्यक्तित्व में उन्हें एक ऐसा व्यक्ति मिल गया जो उनका नेता अर्थात् 'फ्यूहरर' बन सकता था। प्रो. शूमैन ने ठीक ही लिखा है कि "राष्ट्रों के आन्तरिक जीवन का पता उसके नेतृत्व के प्रतीकों से चल जाता है। जर्मनी का इतिहास एक राष्ट्रीय नायक से शुरू हुआ, तीन राष्ट्रीय राजवंशों के नेतृत्व में चलता रहा और एक राष्ट्रीय नेता के साथ ही खत्म हुआ। वे नायक हाटेन स्टोफेन, टर्मन, टोटेन जोलर्न हैप्सबर्ग, और हिटलर थे।"

नाजी दल की शक्ति के विकास का एक प्रमुख कारण था प्रजातान्त्रिक संसदात्मक शासन प्रणाली के खिलाफ जर्मन जनता की अरुचि। संसदात्मक शासन प्रणाली जिस ढंग से कार्य कर रही थी, अधिकांश जर्मन उससे असन्तुष्ट थे क्योंकि उन्हें वे दिन याद थे जब संसद में अनुशासन और व्यवस्था की दृढ़ व्यवस्था थी,

वाद-विवाद और उच्छृंखलता का वातावरण नहीं था। जर्मन जनता यह देखकर बड़ी गुस्से में थी कि तत्कालीन राजनीतिज्ञ सिर्फ खाली बातें करते और झूठी प्रतिज्ञाएँ करते रहते थे। इसलिए जर्मन जनता उस समय एक ऐसे शक्तिशाली व्यक्ति को जर्मनी के भाग्य-विधाता के रूप में देखने को उत्सुक थी जो उसके देश का तत्कालीन सोचनीय स्थिति से मुक्ति दिलवा सके। जनता की इस मनोदशा ने हिटलर के उत्कर्ष में बड़ा योग दिया।

जर्मनी की समस्याओं को हल करने में गणराज्य की अक्षमता भी जर्मनी में तानाशाही की स्थापना का एक प्रमुख कारण थी। नवीन गणराज्य का जन्म अत्यन्त दुर्भाग्यपूर्ण परिस्थितियों में हुआ था और अपने 15 वर्ष के जीवनकाल में इसकी अप्रियता और विफलताओं ने हिटलर के उत्कर्ष में बहुत सहयोग दिया। इसे अपने जन्म के साथ ही वर्साय की अपमानजनक सन्धि पर हस्ताक्षर करने पड़े, क्षतिपूर्ति और निःशस्त्रीकरण के कड़वे घूँट पीने पड़े, रूर पर फ्राँसीसी अधिकार एवं मुद्रास्फीति का गहरा दुख सहना पड़ा। यद्यपि रूर के प्रदेश से उपरांत में फ्राँसीसी सेनाएँ हटा ली गईं। परंतु तब तक जर्मनी दिवालिया बन चुका था। 15 वर्षीय जीवन काल में वाईमर गणतंत्र अन्तर्राष्ट्रीय क्षेत्र में अनेक कामों को करने में सफल रहा परंतु कुछ में उसे असफलता हाथ लगी। इसके अलावा लोकतांत्रिक संविधान के कारण राइकस्टाय में कई दल हो गए। इन अनेक दलों के कारण गणराज्य में कुशल और दृढ़ प्रशासन की व्यवस्था नहीं हो सकी। इस स्थिति से असन्तुष्ट और नाराज जर्मन जनता की आत्मा अधिनायकवादी शासन के प्रति ही बनी रही। उदारवादी प्रजातन्त्र के प्रति लोगों के मन में किसी दृढ़ निष्ठा का उदय नहीं हुआ और वे सोचने लगे कि जर्मन राष्ट्र का इतिहास तो फ्रैंड्रिक महान की परम्पराओं से प्रभावित है, यहाँ तो बिस्मार्क की आवश्यकता है।

राजतन्त्र समाप्त होने, और गणराज्य के असफल होने से जनता में असंतोष व्याप्त हो गया। जिसका लाभ उठाकर हिटलर तानाशाह बन गया।

जर्मनी ने सन् 1930 के आर्थिक संकट के कारण नाजी पार्टी को अपूर्व सफलता प्राप्त हुई। हार्डी (Gathorne-Hardy) के मतानुसार, "हिटलर की सफलता का प्रधान कारण वर्साय का अपमान नहीं वरन् हिटलर का कूटनीतिक नेतृत्व का गुण एवं आर्थिक संकट की सहवर्ती निराशा थी।" आर्थिक संकट के कारण जर्मनी के मध्यम और निम्नमध्यम वर्ग कंगाल हो गया। छोटे दुकानदारों, किसानों, कारीगरों, सरकारी कर्मचारियों, विधवाओं, भूतपूर्व सैनिक अधिकारियों, सेवानिवृत्त कर्मचारियों आदि की जीवन भर की बचत मुद्रास्फीति (Inflation) के

कारण विनष्ट हो गई। हिटलर ने ऐसे समय पर बार-बार यह घोषणा की कि जर्मन जनता की इस दुर्दशा का कारण वह सरकार है जो साम्राज्यवादी देशों के सामने घुटने टेक चुकी है। नाजी दल यंग योजना का पहले ही विरुद्ध था कि जर्मनी इसका आर्थिक भार वहन नहीं कर सकता, लेकिन स्ट्रेसमान और उसके साथियों का यह मत था कि अन्य देशों के साथ सुलह और समझौते की नीति एवं भरपाई की राशि की अदायगी जर्मनी को समृद्ध बनाएगी। सन् 1930 के आर्थिक संकट ने यह सिद्ध कर दिया कि स्ट्रेसमान की नीति भ्रान्तिपूर्ण थी और नाजियों का तर्क सही था।

इस आर्थिक संकट के लिए हिटलर ने जर्मनी के पूँजीपतियों और यहूदियों को दोषी ठहराया और मध्यम तथा निम्न मध्यम वर्ग में विद्यमान पूँजीपति-विरोधी भावना को बड़ी खूबी से उभारकर उनका सहयोग प्राप्त किया। शूमैन के अनुसार "आर्थिक संकट ने जर्मनी में 60 लाख व्यक्तियों को बेरोजगार बना दिया एवं उनकी दिवालियापन और निर्धनता को बढ़ाया। अधिकांश बेरोजगार व्यक्ति और ऋण-भार से दबे कृषक हिटलर के नाजी दल में शामिल होने लगे। कृषक जनता साम्यवाद के वैयक्तिक सम्पत्ति के उन्मूलन के सिद्धान्त से भयभीत होकर विशेष रूप से हिटलर का गुणगान करने लगी क्योंकि वह उसे बोल्शेविज्म और यहूदियों से रक्षा का आश्वासन दे रहा था।" जून, 1931 में तीन अरब डॉलर का ऋण कृषकों पर था। नाजियों ने इन ऋणों को रद्द करने का आन्दोलन किया, अतः कृषक स्वाभाविक रूप से नाजी दल की ओर झुकने लगे। उद्योगपतियों ने भी नाजी दल को सहयोग दिया और आर्थिक मदद प्रदान की क्योंकि वे इसके द्वारा ट्रेड यूनियनों को विनष्ट करना चाहते थे एवं साम्यवादियों से अपनी सम्पत्ति की रक्षा के आकांक्षी थे। फ्रिट्स थेसीन जैसे उद्योगपतियों ने साम्यवाद से भयभीत होकर हिटलर का समर्थन किया।

जर्मनी का मध्यम वर्ग और बेकार लोग कट्टर यहूदी-विरोधी थे, क्योंकि उनमें यह भावना पैदा हो गई कि जर्मनों की पराजय यहूदियों के कारण ही हुई है। हिटलर ने उनकी इस यहूदियों के विरुद्ध भावना को उभार कर अपना स्वार्थ पूर्ण किया। यहूदी लोग बड़े-बड़े पूँजीपति थे, अतः हिटलर ने कहा कि इन्हें अपने देश से निकाल देना चाहिए ताकि जर्मन जाति की अपने देश में आर्थिक हालत ठीक हो सके। उन दिनों कानून, डॉक्टरी, महाजनी और व्यापार में यहूदियों का ही बोलबाला था। इसलिए हिटलर द्वारा यहूदियों के विरोध के कारण वकील, व्यापारी, जर्मन डॉक्टर, आदि नाजी दल की ओर आकृष्ट हुए। जर्मनी के भीषण आर्थिक संकट को दूर करने के लिए जब तत्कालीन जर्मन प्रधानमंत्री ब्रूनिंग ने व्यय में भारी कटौती करनी चाही तो

पार्लियामेंट ने इसका तीव्र विरोध किया। इस घटना ने हिटलर का तानाशाह बनने का मार्ग सरल बना दिया।

नाजियों ने ऐसा माहौल बना दिया जिससे लगा कि नाजी दल ही जर्मनी को आर्थिक मंदी से बाहर निकाल सकता है फलस्वरूप नाजी दल के सदस्यों की संख्या बढ़ने लगी। नाजी दल के सिर्फ 12 सदस्य थे, परन्तु राइकस्टाग का सबसे बड़ा दल हो गया।

नाजी दल का उत्कर्ष हिटलर की विलक्षण प्रतिभा के कारण हुआ था। उसमें एक विचित्र मोहिनी शक्ति थी जो जर्मन समाज को आकर्षित करने की अपूर्व क्षमता से परिपूर्ण थी। हार्डी के अनुसार, ''हिटलर में मोहिनी क्षमता अपूर्व थी। चाहे वह दिव्य न होकर राक्षसी थी।'' ली वेन्स के शब्दों में, ''हिटलर एक कुशल मनोवैज्ञानिक था, एक चतुर जन-नेता था और एक श्रेष्ठ अभिनेता था। वह एक साधन-सम्पन्न आन्दोलनकारी, एक आक्लांत कार्यकर्ता एवं एक योग्य संगठनकर्ता था।''

हिटलर अच्छी तरह जानता था कि प्रचार का कितना गहरा प्रभाव पड़ता है। उसका प्रचार मंत्री डॉ. गोबल्स था जिसके अनुसार –"झूठी बात को इतना दोहराओ कि वह सत्य ही बन जाए"–यह था गोबल्स के प्रचार-सिद्धान्त का मूल उद्देश्य जिससे जर्मनी की अन्य पार्टियाँ अनभिज्ञ थीं। हिटलर के अद्भुत व्यक्तित्व और प्रचार-कार्य द्वारा नाजियों ने जर्मन-जनता के दिल पर सरलता से अधिकार कर लेने में सफलता प्राप्त की।

जर्मनी में साम्यावाद का बढ़ता प्रभाव भी नाजियों की सफलता में सहायक सिद्ध हुआ। रूस में साम्यवाद की जो लहर प्रारम्भ हुई थी उसका प्रभाव जर्मनी पर भी पड़ रहा था और जर्मन साम्यवादी दल दिन-प्रतिदिन विकास कर रहा था। नवम्बर, 1932 के चुनावों में साम्यवादियों ने राइकस्टाग में 100 स्थान प्राप्त कर लिये थे। हिटलर इस बात से भलीभाँति परिचित था कि साम्यवादी दल उसके मार्ग का सबसे बड़ा काँटा सिद्ध हो सकता था और इस काँटे को सिर्फ पूँजीपतियों के समर्थन से ही नहीं प्रत्यक्ष जन-साधारण के सहयोग के बल पर ही हटाया जा सकता था। इसीलिए उसने और उसके दल ने जर्मन उद्योगपतियों एवं धनकुबेरों से रुपया पाने के लिए उनके समक्ष साम्यवादी क्रान्ति की आशंका बड़े अतिरंजित रूप में उपस्थित की। हिटलर का विश्वास था कि साम्यवाद का निराकरण करने के लिए पूँजीपति नाजी दल के पक्ष में मुक्तहस्त से धन देंगे। हिटलर का यह विश्वास बड़ी सीमा तक सही सिद्ध हुआ। हिटलर ने सामान्य जर्मन जनता के हृदय में भी साम्यवाद का भूत के डर बैठा दिया। वह लोगों से सदैव कहा करता था कि समाजवाद का अन्तर्राष्ट्रीयता

का सिद्धान्त जर्मन राष्ट्रीयता के लिए सर्वाधिक खतरा है और अगर नाजी पार्टी शक्तिशाली नहीं बनी तो साम्यवादी शक्ति-सम्पन्न होकर राज्य पर अपना अधिकार कर लेंगे औंर जर्मनी की राष्ट्रीय इच्छाएँ विनष्ट हो जाएँगी। हिटलर की इन बातों का जर्मन जनता पर बहुत ज्यादा प्रभाव पड़ा और राष्ट्रीयता के नाम पर नाजी पार्टी जनता का समर्थन पाने में विफल हुई।

हिटलर का अत्यन्त आकर्षक कार्यक्रम एवं जर्मन जनता की इच्छाओं, परम्पराओं और विचारधाराओं के अनुकूल कार्यक्रम भी उसके उत्कर्ष का एक कारण था। हिटलर का कार्यक्रम एक प्रकार से जर्मन विचारों और विश्वासों पर आधारित था। जनता जिन बातों को चिरकाल से सोचती, मानती और चाहती थी, उन्हें हिटलर ने खुल्लम-खुल्ला कहना शुरू कर दिया और उन्हें पूरा करने का वचन दिया। चूँकि हिटलर जर्मन आकांक्षाओं का मूर्त रूप था, इसलिए उसे जनता का हार्दिक समर्थन मिला। जर्मन जनता वर्साय की सन्धि को अपमानजनक मानती थी, हिटलर ने उसे छिन्न-भिन्न करने का संकल्प स्पष्ट किया। जनता फ्रैड्रिक महान, बिस्मार्क और कैसर जैसे वीर नायकों की पुजारी थी, सैनिक मनोवृत्ति में विश्वास रखती थी और राजतन्त्र एवं अधिनायकवाद की समर्थक थी। हिटलर ने जनता की इस भावना को उभारा एवं लोकतन्त्र को मूर्खों, पागलों और कायरों की व्यवस्था बताया। उसने 'शक्ति ही अधिकार है' के सिद्धान्त में विश्वास व्यक्त किया और सैनिकवाद के गीत गाकर अपनी तानाशाही के लिए मार्ग को उत्कर्ष की राह में प्रशस्त किया।

हिटलर का उग्र राष्ट्रीयता के विचारों से ओतप्रोत कार्यक्रम सहज ही जर्मन जनता में लोकप्रिय हो गया। जर्मनों ने हिटलर को अपने देश के उद्धारक नेता के रूप में ग्रहण किया और उसे बिस्मार्क तथा कैसर के समान समझते हुए उसका अन्धानुकरण करने में अपना कल्याण समझा।

युद्ध के पश्चात् जर्मनी की स्थिति बहुत दयनीय थी। छात्रों के पास रोजगार नहीं था वे लोग हिंसा में ही अपने कल्याण का मार्ग ढूँढ़ने लगे इसलिए नाजी दल का कार्यक्रम उनके आकर्षण का केन्द्र बन गया। हिटलर का उग्र राष्ट्रवादी कार्यक्रम और पुनः शस्त्रीकरण की माँग से सेना और नौकरशाह नाजी दल का समर्थक बन गया।

पापेन षड्यन्त्र और हिटलर द्वारा सत्ता प्राप्त करना—उपर्युक्त कारणों के आधार पर एवं अपने भाग्य में जोर से हिटलर निरन्तर सफलता की सीढ़ियाँ चढ़ता चला गया। सन् 1932 से वह पहली बार हिंडेनबर्ग के मुकाबले में राष्ट्रपति पद के चुनाव के लिए खड़ा हुआ। इस चुनाव में यद्यपि हिटलर हार गया, परंतु हिंडेनबर्ग जैसे

प्रतिष्ठित और सर्वमान्य व्यक्ति के मुकाबले में उसे 37 प्रतिशत अर्थात् 1 करोड़ 34 लाख मत मिले। 31 जुलाई, 1932 के राइकस्टाग के चुनावों में नाजियों को 1 करोड़ 37 लाख 44 हजार मत मिले या कुल मतों का 37 प्रतिशत प्राप्त हुआ। लेकिन इसके उपरांत नाजी पार्टी की लोकप्रियता में कमी होना आरम्भ हो गया। इस समय राइकस्टाग में नाजीदल सबसे बड़ा होने पर भी उसको बहुमत प्राप्त नहीं था। परंतु हिटलर का भाग्य प्रबल था, इसलिए नाजीवाद की अन्तिम विजय निर्वाचन-परिणामों के कारण नहीं अपितु एक गम्भीर कूटनीतिक षड्यन्त्र के कारण हुई।

यह कूटनीतिक षड्यन्त्र अन्तिम प्रजातन्त्रवादी चांसलर कुर्तबॉन श्लीचर के विरुद्ध रचा गया और इसका रचयिता उसका पुराना मित्र फ्रांज बॉन पापेन था। पापेन श्लीचर को अपदस्य करके स्वयं सत्ता हथियाना चाहता था और इसके लिए उसने हिटलर का एक साधन के रूप में प्रयोग किया। जर्मनी के अनेक उद्योगपतियों का सहयोग प्राप्त करके राष्ट्रपति हिंडेनबर्ग ने बेल्जियम के संकट का भय दिखाकर यह कहा गया कि हिटलर ही जर्मनी को बोल्शेविज्म से जर्मनी की रक्षा के लिए श्लीचर को पदच्युत करके हिटलर को प्रधानमंत्री तथा पापेन को उप-प्रधानमंत्री बनाया। इस तरह सांविधानिक तरीकों से जर्मन गणतन्त्र की हत्या कर दी गई और हिटलर का कहना सत्य सिद्ध हुआ कि "मैं वैध उपायों से सत्ता हस्तगत करूँगा।"

हिटलर ने सत्ता निश्चित वैध उपायों से प्राप्त की, लेकिन इसे बनाए रखने और अपनी शक्ति को निरन्तर सुदृढ़ करने के लिए उसने वैध-अवैध सभी उपायों का सहारा लिया। शासन में आने के उपरांत उसने जर्मन व्यवस्थापिका अर्थात् राइकस्टाग को भंग कर दिया। 5 मार्च, 1933 को नए चुनाव कराए जाने की घोषणा हुई, लेकिन उससे कुछ ही दिनों पूर्व 27 फरवरी, 1933 को रहस्यपूर्ण परिस्थितियों में राइकस्टाग के भवन में आग लग गई। कुछ विद्धानों का कहना है कि इस अग्निकांड में नाजी दल का ही हाथ था। परन्तु हिटलर ने उसे साम्यवादी षड्यंत्र की संज्ञा दी। इस बहाने वामपक्ष नेताओं को बन्दीगृह में ठूँस दिया गया और वामपक्षी दलों को निर्वाचन के अधिकार से वंचित कर दिया गया। साम्यवादियों का आरोप था कि हिटलर के प्रबल समर्थक और राइकस्टाग के सभापति गोरिंग के निवास स्थान से एक गलियारा भूमि के भीतर से होता हुआ राइकस्टाग के भवन के निचले भाग तक पहुँचता था और इसी गुप्त मार्ग से नाजियों द्वारा राइकस्टाग भवन में जानबूझकर इसलिए आग लगाई गई थी ताकि साम्यवाद को पूरी तरह बदनाम किया जा सके। जो भी हो, हिटलर ने इस अग्निकांड के सहारे कूटनीतिक दमन का भीषण चक्र चलाया। दमन के इस वातावरण में नाजी दल राइकस्टाग में बहुमत प्राप्त करने में

विफल हो गया। 647 सीटों में से नाजियों को 288 सीटें मिलीं। इस प्रकार नाजियों ने राइकस्टाग में बहुमत प्राप्त कर लिया।

हिटलर ने विधि पारित कर नाजी दल के अतिरिक्त किसी अन्य दल का संगठन अवैध घोषित कर दिया गया। राइकस्टाग ने हिटलर की प्रेरणा से चार वर्ष के लिए मंत्रिमंडल को पूर्ण अधिकार दे दिया और हिटलर की तानाशाही का श्रीगणेश कर दिया। 1 सितम्बर, 1933 को एक अन्य विधि द्वारा राज्य और नाजी दल की एकता की घोषणा की गई। 2 अगस्त, 1934 को हिंडेनबर्ग का देहान्त हो गया। 14 अगस्त, 1934 को एक जनमत-संग्रह द्वारा राष्ट्रपति और प्रधानमंत्री के पदों को एक में मिलाने की व्यवस्था की गई। ये दोनों पद 'राइक्सफ्यूरर' के नाम से एक कर दिए गए और हिटलर जर्मनी का सर्वेसर्वा बन गया, जिससे नाजी क्रांति पूरी हो गई।

विश्व राजनीति पर जर्मन नाजी क्रान्ति का प्रभाव

जर्मनी की नाजी क्रान्ति का प्रभाव सम्पूर्ण विश्व पर पड़ा। शूमैन के अनुसार, "जिस प्रकार सन् 1918 से पहले की 5 दशाब्दियों में यूरोप तथा विश्व की राजनीति कैसर के द्वितीय जर्मन साम्राज्य के चारों ओर घूमती थी उसी प्रकार सन् 1933 में हिटलर के उत्कर्ष के उपरांत वह तृतीय जर्मन साम्राज्य के चारों ओर परिभ्रमण करने लगी।" इसी तरह हार्डी का मानना है कि, "एडोल्फ हिटलर के नेतृत्व में जर्मन शक्ति का पुनर्जीवन का अकेला तथ्य न सिर्फ इस समय के यूरोपीय इतिहास पर अपितु कुछ अंशों में समस्त विश्व के इतिहास पर प्रभावी रहा।"

नाजी क्रान्ति ने सही मायने में अखिल विश्व पर अपना प्रभाव डाला। ई. एच. कार के अनुसार, "यह प्रभाव दो प्रकार का था। कुछ देशों में हिटलरी तानाशाही की क्रूरताओं के प्रति नैतिक रोष की भावना प्रधान थी एवं अन्य देशों में इस बात की गहरी चिन्ता थी कि इसके द्वारा सन् 1919 के शान्ति-समझौते को खुली चुनौती दी गई थी। दूसरे प्रकार की प्रतिक्रिया पहले प्रकार की प्रतिक्रिया से अधिक प्रभावशाली प्रतीत होती थी। ग्रेट-ब्रिटेन व अमेरिका में जहाँ रोष न कि डर की ही भावना प्रधान थी, जर्मनी के प्रति नीति में कोई स्पष्ट बदलाव नहीं हुआ। इटली और सोवियत संघ में, जहाँ सरकारें स्वयं ही हिंसा द्वारा सत्तारूढ़ हुई थीं, नैतिक भर्त्सना के लिए गुंजाइश कम थी। लेकिन हिटलर के सत्तारूढ़ होने के अन्तर्राष्ट्रीय परिणामों से इन देशों ने एकाएक अपनी नीति बदल दी।"

सचमुच हिटलर का उत्कर्ष एक अन्तर्राष्ट्रीय महत्त्व की घटना थी जिसकी

विभिन्न देशों में गहरी प्रतिक्रियाएँ हुईं और उसकी विदेश नीति को विश्व-राजनीति पर विभिन्न प्रकार से दूरगामी एवं आकस्मिक बदलाव माना है—

हिटलर और उसके नाजी दल के उत्कर्ष की सर्वप्रथम प्रतिक्रिया जर्मनी के पड़ोसी राष्ट्रों—चेकोस्लोवाकिया, यूगोस्लाविया और रूमानिया में हुई। नाजी क्रान्ति के समय लघुमंत्री संघ के ये तीनों देश जेनेवा के निःशस्त्रीकरण सम्मेलन में भाग ले रहे थे। वहीं पर तीनों देशों के विदेश मन्त्रियों ने परस्पर मिलकर 'एकता समझौता' किया जिसके अनुसार यह निश्चित हुआ कि तीनों देशों के परराष्ट्र मन्त्रियों की एक परिषद् स्थापित की जाए जो समय-समय पर अपनी बैठकें करके सामान्य हितों की बातों पर विचार-विमर्श करें।

नाजीवाद क्रान्ति की विशिष्ट प्रतिक्रिया चतुर्शक्ति संघ (Four Power Pact) थी। 15 जुलाई, 1933 की रोम में सम्पन्न हुई इस सन्धि के द्वारा ब्रिटेन, फ्रांस, जर्मनी और इटली ने शान्ति की रक्षा और निःशस्त्रीकरण की प्रगति के उद्देश्य से परस्पर विचार-विमर्श करने का वचन दिया। यह सन्धि इटली की प्रेरणा से हुई क्योंकि वह चाहता था कि जर्मनी शक्तिशाली राष्ट्र बने। ऐसा होने पर ही वह वर्साय-सन्धि के सुधार की बात कर सकता था। नाजीवाद के उदय के उपरांत हंगरी और जर्मनी एक-दूसरे के निकट आने लगे क्योंकि दोनों ही देश वर्साय-सन्धि द्वारा उत्पीड़ित थे और दोनों ही लघु-मैत्री-संघ के देशों से घृणा करते थे। इस समय हंगरी में नाजीवाद से सहानुभूति रखने वाला जूलियस गोम्बस प्रधानमंत्री था। मैत्री का वातावरण पैदा होने पर दोनों ही देशों के नेता एक-दूसरे के देश में भ्रमण करने लगे और यह उम्मीद पैदा होने लगी कि अगर द्वितीय महायुद्ध छिड़ गया तो हंगरी सम्भवतः जर्मनी का साथ देगा।

नाजी क्रान्ति की सफलता और कार्यक्रम को देखकर पोलैंड भयभीत हो गया क्योंकि उसे लगता था कि रूस-जर्मन संघर्ष में उसकी धरती रणभूमि बन जाएगी। अतः वह जर्मनी के साथ समझौता कर लेने में ही अपना कल्याण समझने लगा। उधर मित्रहीन नाजी जर्मनी भी मित्रों की तलाश में था। परिणामतः जनवरी, 1934 में दोनों देशों में समझौता हो गया। जर्मनी में नाजी क्रांति और पूर्वी एशिया में जापानी साम्राज्य के नग्न नृत्य से सोवियत संघ चिन्तित हो गया जिसके कारण उसने राष्ट्रसंघ की सदस्यता यह सोचकर स्वीकार कर ली कि सम्भवतः राष्ट्रसंघ विश्व-शान्ति और सुरक्षा को मजबूत बनाने के सम्बन्ध में अब ईमानदारी से काम करेगा। इसके अतिरिक्त एक ओर से जर्मनी के सामान्य खतरे को रोकने के लिए फ्राँस और रूस के मध्य मित्रता बढ़ने लगी और दूसरी तरफ जापान के खिलाफ अपनी सुरक्षा मजबूत

करने के उद्देश्य से संयुक्तराज्य अमेरिका के साथ मैत्री सम्बन्ध, अमेरिका और फ्रांस से मैत्री-सम्बन्ध स्थापित करने के उपरांत रूस ने चेकोस्लोवाकिया के साथ भी एक पारस्परिक सुरक्षा-सन्धि कर ली। जो आस्ट्रिया नाजी क्रान्ति से पहले जर्मनी से मिलने की माँग कर रहा था वह नाजियों की अधिनायकवादी गतिविधियों से सशंकित हो उठा और उसने जर्मनी के साथ एकीकरण का आन्दोलन बन्द कर दिया। इसके साथ ही सन् 1934 में आस्ट्रिया और इटली एवं हंगरी के मध्य विभिन्न राजनीतिक-आर्थिक समझौते हुए। अन्ततोगत्वा एबीसीनिया-संकट के कारण जर्मन-इटालियन समझौता हो जाने के परिणामस्वरूप रोम-बर्लिन धुरी का विकास हुआ।

जर्मनी में नाजियों के उत्कर्ष से फ्राँस में असुरक्षा की भावना बढ़ गई, फलतः वह रूस, इटली और चेकोस्लोवाकिया के साथ मैत्री सम्बन्ध स्थापित करने की दिशा में अग्रसर हुआ। लेवाल-मुसोलिनी समझौते के द्वारा जनवरी, 1935 में फ्राँस और इटली के मध्य मैत्रीपूर्ण सम्बन्धों की स्थापना हुई, यद्यपि पारस्परिक स्वार्थों में गम्भीर अन्तर के कारण यह मैत्री अल्पजीवी सिद्ध हुई। इस फ्राँस-इटली मैत्री संघ की चर्चा करते हुए ई. एच. कार ने लिखा है—"हिटलर के सत्तारूढ़ होने से जो राजनीतिक उथल-पुथल हुई, उसमें अन्तिम महत्त्वपूर्ण उथल-पुथल फ्राँस और इटली में पुनः मैत्री थी।"

नाजी क्रान्ति का एक गम्भीर परिणाम यह निकला कि हिटलर के साम्यवाद-विरोधी रुख के कारण ब्रिटेन तथा अमेरिका के सरकारी क्षेत्रों में जर्मनी में प्रजातन्त्र की हत्या को विशेष चिन्ता की दृष्टि से नहीं देखा गया। उन्होंने हिटलर के उत्कर्ष को अपने सोवियत-विरोधी लक्ष्यों की प्राप्ति के लिए वांछनीय समझा। अतः वे ऐसे किसी भी कदम को उठाने में हिचकिचाते रहे जिससे हिटलर के रुष्ट होने का भय हो। इसके विपरीत उन्होंने हिटलर के प्रति तुष्टिकरण की नीति का अनुसरण किया और इस तरह सन् 1938 के कुख्यात म्यूनिख-समझौते की पृष्ठभूमि तैयार की। हिटलर के उत्कर्ष ने सामूहिक सुरक्षा के सिद्धान्त पर जबरदस्त प्रहार किया। नाजी क्रान्ति के उपरांत लगभग सभी यूरोपीय राष्ट्र अपनी सुरक्षा-व्यवस्थाओं को मजबूत करने में जुट गये। न सिर्फ महाशक्तियों ने अपनी गुटबन्दियों को मजबूत किया, अपितु पूर्वी तथा दक्षिण-पूर्वी यूरोप के छोटे-छोटे राष्ट्र भी अपनी सुरक्षा के लिए चिन्तित हो उठे। इसलिए बाल्कन मैत्री संघ (Balkan Entente) का जन्म हुआ। सही मायने में जिन देशों को जर्मनी के हमला का भय था उन सभी ने जर्मनी के समीपवर्ती देशों में समझौता करने की चेष्टा की। स्वयं जर्मनी भी अपनी रक्षा-व्यवस्था सुदृढ़ करने के प्रयत्नों में लग गया, फलतः रोम-बर्लिन-टोकियो धुरी का

निर्माण हुआ। इस तरह हिटलर के आगमन से यूरोप के रंगमंच पर तहलका मच गया।

नाजी क्रांति ने अपने उग्रवादी विचारों से चारों तरफ भय का माहौल बना दिया। जिससे द्वितीय विश्वयुद्ध के काले बादल अन्तर्राष्ट्रीय कूटनीतिक क्षितिज पर मँडराने लगे। हिटलर का उत्कर्ष प्रत्यक्ष रूप से सन् 1939 के सितम्बर में प्रारम्भ होने वाले नरसंहार और विध्वंस के साथ सम्बद्ध हो गया।

9

रूस : युद्ध के उपरान्त

लेनिन

लेनिन का वास्तविक नाम वदिमर इलिच यूलियेनोव था। उसका जन्म रूस के कजान प्रांत में सियबिस्क नामक नगर में 1870 में हुआ। उसका पिता स्कूल निरीक्षक था। उसके बड़े भाई ने जार अलेक्जेंडर द्वितीय की हत्या का षड्यन्त्रकर्ता था जिसके लिए उसे फाँसी की सजा दे दी गयी लेनिन बचपन से ही क्रांतिकारी विचारधारा का था। वह कार्ल मार्क्स के सिद्धांत के अनुरूप नये समाज की रचना का पक्षधर था।

सरकार ने उसे 1895 ई. में बन्दी बना लिया और तदोपरान्त उसे साइबेरिया में निर्वासित कर दिया गया। 1900 ई. में उसे मुक्त कर दिया गया। तदोपरान्त वह स्विजरलैण्ड चला गया। मजदूरों का संगठन कायम करने के उद्देश्य से उसने 'इस्का' नामक समाचार पत्र निकाला। इसकी प्रतिलिपियाँ गुप्त रूप से रूस में भेजी जाती थीं। 1905 ई. में क्रान्ति के समय वह रूस लौटा परन्तु 1905 ई. की क्रान्ति में उसने कोई विशेष भाग न लिया। 1905 ई. से 1917 ई. तक रूस से बाहर रह कर उसने समाजवाद और क्रान्तिकारी भावनाओं का प्रचार किया। 1917 ई. में जब रूस में क्रान्ति हुई तो वह पुनः रूस वापिस आ गया। उसने क्रान्ति का नेतृत्व किया और रूस से निरंकुश शासन का अन्त कर वहाँ साम्यवादी सरकार की स्थापना की।

बोल्शेविक दल का गठन—साम्यवादी सरकार की स्थापना के लिए बोल्शेविक दल की स्थापना मजदूरों को संगठित करने और समाजवाद का प्रचार करने के लिए किया गया।

लेनिन के विचार और उद्देश्य—लेनिन कार्ल मार्क्स के समाजवादी सिद्धान्तों का कट्टर समर्थक था। उसके विचार तथा उद्देश्य निम्नलिखित थेः—

वह जार के निरंकुश शासन को खत्म कर साम्यवादी सरकार की स्थापना करना चाहता था ताकि राज्य सत्ता मजदूरों के हाथ में हो। साम्यवादी सिद्धान्तों के अनुरूप नवीन आर्थिक और सामाजिक व्यवस्था स्थापित करना चाहता था जिसमें विशेषाधिकार वर्ग तक का नाम नहीं हो। बड़े-बड़े जमींदारों से जमीनें छीनकर किसानों को देना चाहता था। लेनिन उद्योगों के राष्ट्रीयकरण के पक्ष में था और कारखानों का प्रबन्ध मजदूरों के हाथ में देना चाहता था। जार की सरकार के सभी ऋण रद्द कर देना चाहता था। लेनिन का विचार था कि वोट का अधिकार सिर्फ श्रमिकों को ही दिया जाए और धनिकों को इस अधिकार से वंचित रखा जाए। जार के काल में की गई सभी सन्धियों को रद्द कर दिया जाए और जर्मनी से सन्धि कर युद्ध को खत्म कर दिया जाए एवं विदेशी शक्तियों को रूस के आन्तरिक मामलों में हस्तक्षेप करने से रोका जाए।

लेनिन देश में समाजवाद के आधार पर राजनीतिक, सामाजिक और आर्थिक व्यवस्था स्थापित करना चाहता था ताकि सबको समान रूप से भोजन, वस्त्र आदि उपलब्ध हो।

लेनिन और 1917 ई. की रूसी क्रान्ति

7 मार्च, 1917 ई. को रूस में क्रान्ति का विस्फोट हुआ। परिणामस्वरूप 15 मार्च, 1917 ई. को जार का सिंहासन छोड़ने पर विवश किया गया और कैरेंस्की के नेतृत्व में अस्थायी सरकार की स्थापना की गई। यह सरकार युद्ध जारी रखने के पक्ष में थी। उसने जनता को कुछ कूटनीतिक अधिकार भी प्रदान किए। परन्तु लोग उससे सन्तुष्ट नहीं थे। वे तो शान्ति, भूमि और भोजन की माँग कर रहे थे। अप्रैल, 1917 ई. में लेनिन रूस वापिस लौटा और उसने क्रान्ति का नेतृत्व सम्भाला। उसने बोल्शेविक दल के अधीन सिद्धान्तवादी उग्र, परिश्रमी एवं भावुक व्यक्तियों को संगठित किया और श्रमिकों का समर्थन प्राप्त कर 6 नवम्बर, 1917 ई. को अस्थायी सरकार को खत्म करने के लिये पुनः क्रान्ति आरम्भ कर दी।

लेनिन ने बलपूर्वक अस्थायी सरकार को खत्म कर दिया। कैरेंस्की भाग निकला और इस तरह राज्य-सत्ता लेनिन के नेतृत्व में बोल्शेविक दल के हाथ में आ गई।

रूसी क्रान्ति के प्रमुख कारण

रूस की जनसंख्या का 4/5 भाग कृषि पर निर्भर करता था। बहुसंख्यक लोगों का कृषि पर निर्भर रहते हुये भी कृषि व कृषकों की स्थिति दयनीय थी। कृषि योग्य भूमि का क्षेत्र कम था और उत्पादन भी यूरोपीय देशों की तुलना में अत्यल्प था; साथ ही भूमि पर नियन्त्रण मनमाने व दोषपूर्ण ढंग का था। एक-तिहाई के लगभग कृषकों के पास भूमि नहीं थी। ये किसान भू-स्वामियों के खेतों पर काम करते थे; भू-स्वामी किसान से लगभग 50 प्रतिशत उपज का भाग ले लेते थे। रूस में तीस हजार लोगों के पास 7 करोड़ डेन्सयाटिन भूमि थी और एक करोड़ पाँच लाख किसानों के पास सिर्फ 75 लाख डेन्सयाटिन भूमि थी। किसानों की इस शोचनीय हालत ने समाज में बड़े भूमिपतियों और गरीब किसानों के बीच संघर्ष को जन्म दिया। रूस का औद्योगीकरण यूरोप के अन्य देशों की अपेक्षा बहुत समय उपरांत हुआ था अर्थात् उन्नीसवीं शताब्दी के उत्तरार्ध में रूस में उद्योग स्थापित होने लगे थे। यहाँ उद्योगों में पूँजी लगाने के लिये मध्यम वर्ग नहीं था। ऐसी स्थिति में विदेशी पूँजीपतियों ने अन्धाधुन्ध धन प्राप्त करने के दृष्टिकोण से रूसी उद्योगों में धन लगाया था। रूसी मजदूरों को विदेशी मालिक कम वेतन देता था जिससे उसकी स्थिति बहुत दयनीय थी। मजदूरों ने सामाजिक व आर्थिक बदलाव लाने वाले नेताओं व आंदोलनों का समर्थन किया।

रूस में 300 वर्ष तक जार का शासन था जिसमें जनता को किसी प्रकार का अधिकार नहीं था। जार अलेक्जेंडर तृतीय (18817-1894) और अन्तिम जार निकोलस द्वितीय (1894-1917) घोर निरंकुश शासक थे; उनकी इच्छा ही कानून थी। इन शासकों की प्रतिक्रियावादी, स्वेच्छाचारी व दमनशील नीति ने जनता में असन्तोष को व्यापक बना दिया था। वह बदलाव चाहने वाले वर्ग की पक्षधर बन गई और शनैः-शनैः अपनी भागीदारी भी सुनिश्चित करके क्रान्ति का पथ प्रशस्त किया। रूस में मजदूर संगठनों ने 1917 के क्रांति में सक्रिय भाग लिया था। 'एशियन सोशल डेमोक्रेटिक पार्टी ' की स्थापना जार्ज प्लेरवानोव ने की। 1898 में अनेक समाजवादी गुटों को मिलाकर 'एशियन सोशल डेमोक्रेटिक लेबर पार्टी बनाई गई थी। 1903 में इसमें दो गुट बन गये। सोशलिस्ट रेवोल्यूशनरी पार्टी किसानों की भलाई के कार्य में सक्रिय थी। इन विभिन्न समाजवादी संगठनों ने मजदूरों और किसानों को बदलाव करने के लिये जागृत कर दिया था।

बुद्धिजीवी वर्ग भी रूसी क्रान्ति की पृष्ठभूमि निर्मित करने में सक्रिय भागीदारी में संलग्न रहा था। शिक्षित वर्ग अन्याय के विरुद्ध निरन्तर आवाज उठा रहा था। प्रसिद्ध साहित्यकार टालस्टाय (1828-1910) ने अपनी महान् कृति के द्वारा सामाजिक सुधारों को जोरदार ढंग से प्रस्तुत किया और प्रचलित दोषों को जनता के समक्ष प्रभावी रूप से रखा। तुर्गनेव (1818-1882) ने अपने प्रसिद्ध उपन्यास 'Fathers and Sons' में निहिलिस्ट विचारधारा का प्रतिपादन किया। अमानवीय दास-प्रथा और किसानों की दयनीय हालत को 'Sportman Scatches' के द्वारा जनता के समक्ष उजागर किया। दास्तोवस्की (1821-1881) ने 'Crime and Punishment', 'The ldiot', 'The Brothers Kaarmazove' नामक कृतियों द्वारा तत्कालीन समाज में प्रचलित अपराधों व अन्यायों को उजागर किया। गोर्की (1868-1936) ने 'The Lower Depths' में मानव आदर्शों को सजीव ढंग से जनता के समक्ष प्रस्तुत किया। ये महान् विचारक पाश्चात्य उदारवादी विचारधारा से प्रभावित थे। इन विचारकों ने निःसन्देह जनता को अत्याचारों व अन्याय के प्रति जागरूक करके और मानव महत्ता को लोगों के अन्तःकरण में सजीव करके सामाजिक उथल-पुथल की भूमिका तैयार की ज़िसने क्रान्ति का सूत्रपात किया था। 1917 की क्रान्ति का मूल कारण यही था।

जार शासकों ने प्रारम्भ से ही साम्राज्यवादी नीति का अनुसरण किया था। क्रीमिया युद्ध, रूस-टर्की युद्ध आदि जार शासकों की साम्राज्य-विस्तार की इच्छा के परिणाम थे। इन युद्धों में रूस को विफलता प्राप्त हुई थी, प्रतिष्ठा खत्म हो गई थी एवं इच्छा के अनुरूप साम्राज्यवाद का स्वप्न पूरा न हुआ था। इस विफलता ने रूस में असन्तोष को जन्म दिया और ऐसी पृष्ठभूमि निर्मित हुई, जिससे महायुद्ध (1914) का पथ-प्रशस्त हुआ था। साम्राज्यवादी महत्त्वाकांक्षा के कारण ही रूस-जापान युद्ध (1914-1905) हुआ था। इस युद्ध में एक छोटे से एशियाई देश (जापान) ने यूरोप के गर्वीले देश (जापान) ने यूरोप के गर्वीले देश (रूस) को पराजय स्वीकार करने के लिये विवश कर दिया था। इस पराजय ने जार सरकार की निर्बलता व खोखलेपन को स्पष्ट रूप से जनता के समक्ष उजागर कर दिया। अब जनता सम्पूर्ण कमजोरियों के मूल में जार सरकार को ही उत्तरदायी स्वीकार करने लगी। इससे जार-प्रशासन के पतन की पृष्ठभूमि निर्मित हुई।

गैर रूसी जातियों के साथ अलेक्जेण्डर तृतीय के काल में बहुत क्रूरतापूर्ण व्यवहार किया गया। सिर्फ यहूदियों का बुरी तरह उत्पीड़न ही नहीं किया जाता था बल्कि फिनलैण्ड, पोलैण्ड आदि के माध्यमिक स्कूलों में रूसी भाषा अनिवार्य कर दी

गई । रूसीकरण की यह नीति जार अलेक्जेंडर तृतीय के उत्तरधिकारी निकोलस द्वितीय (1894-1917) ने भी सशक्त ढंग से क्रियान्वित की थी। जार शासकों की इस रूसीकरण नीति ने गैर रूसी जातियों को क्राँति के लिए उद्वेलित कर दिया।

रूस में सुधारों की माँग को लेकर डेढ़ लाख मजदूर इकट्ठा हुए जिसका नेतृत्व एक नवयुवक पादरी (फादर गेपो) कर रहे थे। ये मजदूर अपनी माँग मनवाने के लिए शाही भवन् की तरफ बढ़े। जारशाही शासन ने निहत्थे लोगों पर गोली चलाकर 130 मजदूरों को मार डाला, इसीलिये रूसी इतिहास में इस दिन को 'खूनी रविवार' के नाम से पुकारा जाता है। गोली चलाने से आंदोलन दबा नहीं बल्कि यह जन-आंदोलन के रूप में बदल गया। परंतु सरकार की निरंकुशता और भी बढ़ गई थी; जिसके कारण जन-आंदोलन इतना बलवती हो गया कि जार सम्राट (निकोलस द्वितीय) को 30 अक्टूबर 1905 को प्रशासनिक सुधारों की घोषणा करने के लिये विवश होना पड़ा। रूस में पहली संसद (ड्यूमा) (Duma) की स्थापना 10 मई, 1906 को हुई परन्तु जैसे ही लोक आंदोलन शान्त हुआ जार निकोलस द्वितीय ने सुधारों को खत्म करके स्वेच्छाचारी निरंकुश शासन पुनः स्थापना कर दिया। 1905 की क्रान्ति अपने उद्देश्य में सफल नहीं हो पाई परन्तु इस क्रान्ति ने 1917 की क्रान्ति का मार्ग प्रशस्त कर दिया।

रास्पूटिन के प्रभाव का दुष्परिणाम—जारशाही शासनकाल में शनैः शनैः सरकारी अधिकारियों से जनता का विश्वास खत्म हो गया था। समस्त नौकरशाही भ्रष्ट्र थी। प्रथम महायुद्ध के कारण युद्ध सामग्री की कमी व युद्ध के प्रारम्भ में रूसी सेनाओं की पराजय के कारण जनता में अनेक प्रकार की अफवाहें प्रसारित हो रही थीं। सभी दोषों के लिये जनता जार और उसकी भ्रष्ट नौकरशाही को दोषी मान रही थी। रास्पूटिन नामक साधु का सरकारी कार्यों में प्रभावी हस्तक्षेप से जनमानस और भी अधिक असन्तुष्ट होता जा रहा था। रास्पूटिन का जारीना (साम्राज्ञी) पर विशेष प्रभाव था। साम्राज्ञी रास्पूटिन के रहस्यवादी चमत्कारों से प्रभावित थी। रास्पूटिन का जारीना (साम्राज्ञी) पर प्रभाव इसलिये जम गया था क्योंकि उसने जारीना के पुत्र का होमोफीलिया नामक बीमारी से छुटकारा दिलाया था। रास्पूटिन की प्रशासनिक इच्छा इतनी बढ़ी हुई थी कि वह सैनिक अधिकारियों और मन्त्रियों के कार्यों को भी प्रभावित करने लगा था। जार निकोलस द्वितीय के शासनकाल के अन्तिम वर्षों में रास्पूटिन ही वास्तविक शक्तियों का प्रयोग कर रहा था। राजा एक प्रकार से नाम-मात्र का सम्राट रह गया था। रास्पूटिन का शासन-कार्यों में हस्तक्षेप सर्वथा हानिकारक था क्योंकि वह शासन-कला से पूर्ण अनभिज्ञ था। रास्पूटिन का प्रभाव अन्तोगत्वा सभी

को अखरने लगा अन्त में 30 दिसम्बर, 1916 को राजकुमार यस्सुपोव ने अनेक दरबारियों के समक्ष उसकी हत्या कर सभी को उस दुष्ट साधु से मुक्ति दिलाई। इससे जनता को वह विश्वास हो गया कि प्रक्रियावादी जारशाही को खत्म करके ही जनता दमनचक्र से मुक्त हो सकती है। इसी विश्वास ने 1917 में क्रान्ति की पृष्ठभूमि निर्मित की थी।

विश्व के आधुनिक समाजवादी आंदोलनों को मार्क्स की शिक्षाओं ने नवीन दिशा व जीवन-शक्ति प्रदान की थी। यूरोप में मार्क्स के सिद्धान्तों का प्रचार इण्टरनेशनल की स्थापना के द्वारा और अनेक समाजवादी संगठनों के द्वारा हुआ था। रूस में क्रान्ति के मुख्य नेता लेनिन और ट्राटस्की मार्क्स के ग्रन्थों को पवित्र मानते रहे। मार्क्स की शिक्षाओं से रूसी किसान और मजदूर जो कि सैकड़ों वर्षों की पुरानी रूसी व्यवस्था के शिकार थे, मौलिक रूप से प्रभावित हुये थे। लेनिन और उसकी पार्टी क्राँति को तेज कर पुरानी व्यवस्था को उखाड़ फेंकने के लिए काम करने लगे। मार्क्स और लेनिन को 1917 की क्रान्ति का पथ-प्रदर्शक स्वीकार किया गया।

रूसी क्रान्ति की शुरुआत और महत्त्वपूर्ण घटनाक्रम

प्रथम विश्वयुद्ध के समय की खाद्यान्न की कमी के कारण क्रांति हुई। क्रांति के प्रथम चरण में महिलाओं और मजदूरों के 'रोटी दो', 'युद्ध बन्द हो' 'निरंकुशता का अन्त हो', आदि नारों की प्रतिध्वनि होने लगी। तीसरे दिन मजदरों की यह हड़ताल देशव्यापी के रूप में बदल गयी। सैनिक भी क्रान्तिकारियों से मिल गये। स्थिति को नियन्त्रण से बाहर देखकर 15 मार्च, 1917 को जार निकोलस द्वितीय ने पद-त्याग दिया। इसके बाद एक नये सरकार का गठन किया गया। जार्ज ल्वाव को इसका अध्यक्ष बनाया गया उसके कुछ दिन बाद ही करेंसकी को सरकार का दायित्व दिया गया। परंतु यह सरकार भी जनता की महत्त्वपूर्ण माँगों को पूरा करने में असमर्थ रही। मजदूरों और किसानों के बगावत जोर पकड़ रहे थे। दूसरी ओर बोल्शेविक नेता (लेनिन) रूस आ गया था जिसने किसानों और मजदूरों की माँगों को पूरा करने का स्पष्ट आश्वासन दिया। गैर रूसी जनता के लिये भी लेनिन ने आत्मनिर्णय के सिद्धान्त को अपनी सरकार की स्पष्ट नीति बतलाया। बोल्शेविक पार्टी के नारे—'शोषकों को खत्म करो', 'राजमहलों पर आक्रमण', और 'झोंपड़ियों में शान्ति', आदि जनता में लोकप्रिय हो रहे थे। लेनिन ने लोगों को यह भी बतलाया कि नवीन समाजवादी व्यवस्था में सेना और नौकरशाही को महत्त्व नहीं दिया जायेगा; लेनिन ने किसानों और मजदूरों को अपने पक्ष में देखकर अस्थायी सरकार से सत्ता

छीनने का दृढ़ संकल्प कर लिया। 7 नवम्बर, 1917 (जूलियन कलेण्डर के अनुरूप 25 अक्टूबर, 1917) को करेन्सकी सरकार का तख्ता उलट दिया गया। करेन्सकी से सत्ता बिना खून-खच्चर के कुछ ही घंटों में छीन ली गई। ट्राटस्की ने सत्ता बिना मारकाट के बोल्शेविक पार्टी के हाथों में आने की घटना पर टिप्पणी करते हुये कहा था, "लोग कहते थे कि कठिन संघर्ष होगा, रक्त की नदियाँ बहेंगी परन्तु एक भी व्यक्ति हताहत नहीं हुआ, इतिहास में ऐसा कोई उदाहरण नहीं है कि किसी क्रान्ति में इतने लोग शामिल हों और वह रक्तहीन हो।" इस तरह रूस से जारशाही स्वेच्छाचारिता का अन्त हो गया। लेनिन के महान् प्रयत्नों से किसानों और मजदूरों की सरकार की स्थापना हुई।

रूसी क्रान्ति का प्रभाव

1917 की महान् रूसी क्रान्ति के परिणामस्वरूप प्रतिक्रियावादी और स्वेच्छाचारी जार शासन खत्म हो गया और 'सोवियत समाजवादी गणराज्य' की स्थापना हुई। सर्वहारावर्ग की सरकार में इस तथ्य को प्रमुखता प्राप्त हुई कि प्रत्येक व्यक्ति को उसकी क्षमता के अनुरूप काम दिया जायेगा और प्रत्येक को उसके काम के अनुरूप पारिश्रमिक मिलेगा। साम्यवादी सरकार ने देश की सम्पदा और सम्पूर्ण साधनों का अधिक से अधिक उपयोग लोगों के आर्थिक, सामजिक और सांस्कृतिक स्तर को उठाने के लिये किया, परिणामस्वरूप अत्यन्त पिछड़ा हुआ देश (रूस) नवीन व्यवस्था के अन्तर्गत सशक्त राष्ट्र के रूप में अन्तर्राष्ट्रीय क्षेत्र में दृष्टिगत हुआ। मजदूरों और किसानों का परम्परागत शोषण खत्म हुआ और उनके कल्याण के लिये साम्यवादी सरकार ने विविध योजनायें बनाकर जारकालीन वर्ग-भेद को खत्म कर दिया। रूसी क्रान्ति ने विश्व के अन्य देशों को भी प्रभावित किया। विश्व के विभिन्न भागों में चल रहे राष्ट्रवादी आंदोलनों को साम्यवादी क्रान्ति से प्रेरणा व दिशा प्राप्त हुई। रूसी क्रान्ति द्वारा स्थापित व्यवस्था ने चीन के राष्ट्रनिर्माता सनयात सेन को चीनी पुनर्निर्माण व एकीकरण में सहयोग व प्रेरणा प्रदान किया। रूसी क्रान्ति ने भारतीय राष्ट्रवादी नेताओं को प्रभावित किया। वे क्रान्ति की समाजवादी व्यवस्था से प्रभावित हुये। पं. जवाहरलाल नेहरू ने अपनी आत्मकथा में लिखा– 'रूसी क्रान्ति ने मुझे राजनीति को सामाजिक बदलाव की दृष्टि से सोचने के लिये प्रेरित किया था।' 1917 की रूसी क्रान्ति ने विश्व समाजवादी विचारधारा को लोकप्रिय बनाया। विश्व में उपनिवेशवाद,

पूँजीवाद, साम्राज्यवाद के विरुद्ध लोगों को आंदोलित किया। रूसी क्रान्ति के परिणामस्वरूप विकसित मार्क्सवादी विचारधारा, सर्वहारावर्ग की शासन प्रणाली एवं समाजवादी चिन्तन ने अन्तर्राष्ट्रीय भाईचारे (विश्व-बंधुत्व) के सन्देश को प्रसारित करने में सहयोग किया। इस क्रान्ति से प्रभावित होकर अनेक प्रजातंत्रीय राष्ट्रों ने अपने संविधानों में समाजवादी कार्यक्रमों को उचित स्थान व महत्त्व दिया था।

इस प्रकार बोल्शेविक क्रान्ति के पश्चात् नवीन रूस (सोवियत गणतंत्र) की स्थापना हुई; उसका सदियों पुराना पिछड़ापन खत्म हुआ। वहाँ पर वैज्ञानिक दृष्टिकोण का समग्र विकास हुआ एवं रूस इस क्रान्ति के पश्चात् विश्व के अन्तर्राष्ट्रीय रंगमंच पर सशक्त राष्ट्र के रूप में चिह्नित हुआ था।

बोल्शेविक क्रान्ति के बाद का रूस

बोल्शेविक क्रान्ति ने जारशाही को समाप्त करके साम्यवादी व्यवस्था को स्थापित किया था। इस क्रांति को सफल बनाने में लेनिन, ट्राटस्की और स्टालिन का प्रमुख योगदान रहा था। 7 नवम्बर, 1917 को बोल्शेविकों ने बगावत द्वारा मेनशेविकों से सत्ता छीन ली एवं शीघ्र ही सर्वहारा वर्ग की सरकार स्थापित कर दी थी।

लेनिन ऐसी सरकार की स्थापना करना चाहता था जिसमें मजदूरों, सैनिकों और किसानों के प्रतिनिधि शामिल हों। रूस में सत्ता बदलाव तो हो गया, परन्तु बोल्शेविक सरकार के समक्ष अनेक प्रमुख कठिनाइयाँ थीं। जैसे सबसे मुख्य कठिनाई युद्ध की थी। मित्र राष्ट्रों को सोवियत सरकार से कोई सहानुभूति नहीं थी। जर्मन सेनायें रूस के अनेक भागों पर अधिकार जमाने लगीं थी। युद्ध के कारण, गृहयुद्ध के परिणामस्वरूप तथा तत्कालीन दुर्भिक्ष व सूखे ने अर्थ-व्यवस्था को विनष्ट कर दिया था जो नवीन सरकार के समक्ष भी प्रमुख कठिनाई थी।

रूस की नवीन बोल्शेविक सरकार ने लेनिन के नेतृत्व में अपनी आन्तरिक व बाह्य क्षेत्र की कठिनाइयों को खत्म करने का सफलतापूर्वक प्रयत्न किया एवं रूस को अन्तर्राष्ट्रीय गौरव प्रदान करने व सशक्त राष्ट्र बनाने में प्रभावी भूमिका निर्वाह किया।

लेनिन के सुधार कार्य और नवनिर्माण कार्य

लेनिन ने राजसत्ता तो प्राप्त कर ली परन्तु उसके सामने अनेक कठिनाईयाँ थी जिनमें प्रमुख हैं

जर्मनी से युद्ध अभी तक चल रहा था और जर्मनी का पलड़ा भारी था, जार के समर्थक विदेशी मदद से बोल्शेविकों को खत्म करने के लिये प्रयत्नशील थे, लोगों की आर्थिक हालत बड़ी दयनीय थी. नवीन संविधान की व्यवस्था करना शेष था। साम्यवाद की विजय को सुदृढ़ बनाना था।

इन समस्याओं के समाधान के लिए महत्वपूर्ण कार्य किए जो निम्नलिखित हैं—

लेनिन युद्ध को शीघ्र बन्द करने के पक्ष में था। अतः उसने 5 दिसम्बर, 1917 ई. को जर्मनी से सन्धि कर ली। इस सन्धि द्वारा उसे अनेक प्रदेशों से हाथ धोना पड़ा परन्तु वह शान्ति स्थापित करना चाहता था। लेनिन साम्यवादी सिद्धान्तों का सम्पूर्ण विश्व में प्रचार करना चाहता था। इससे पूँजीवादी देश भयभीत हो गए और मित्र-राष्ट्रों ने रूस में सेनाएँ भेजी। यह सेना व्यर्थ के युद्ध से परेशान थी इस कारण से वह सफल नहीं हो पाया। समाज के पुनः निर्माण के लिये उसने जमींदारों से भूमि छीनकर किसानों को दे दी। कारखानों का राष्ट्रीयकरण कर उनका प्रबन्ध मजदूरों को सौंप दिया। लेनिन की इस नीति का जमींदारों, व्यापारियों, पादरियों और एकतन्त्र एवं जार के समर्थकों ने घोर विरोध किया। परिणामस्वरूप रूस में गृह-युद्ध आरम्भ हो गया जो 1918 ई. से 1920 ई. तक चलता रहा। इस गृह युद्ध का सरकार ने शक्ति प्रयोग कर दमन कर दिया।

नवीन संविधान

क्रान्ति खत्म होने के बाद रूस में नया संविधान लागू किया गया जिसकी मुख्य विशेषताएँ निम्नलिखित थीं—

(1) स्थानीय सोवियत— स्थानीय शासन व्यवस्था के लिये ग्रामों और नगरों में सोवियत संस्थाओं की स्थापना की गई जिनके सदस्यों का चुनाव श्रमिकों द्वारा किया जाता था।

(2) मताधिकार—रूस में 18 वर्ष के उस प्रत्येक व्यक्ति को वोद देने का अधिकार था जो श्रम द्वारा अपनी जीविका कमाता हो। जार के शासनकाल के अधिकारियों, पादरियों और जमींदारों को वोट देने का अधिकार नहीं था।

(३) अखिल रूसी सोवियत कांग्रेस— स्थानीय सोवियतों प्रान्तों के सोवियतों के सदस्य का चुनाव करते थे। प्रान्तों के सोवितयों के सदस्य अखिल रूसी सोवियत कांग्रेस के सदस्यों को चुनते थे। इसके लगभग 2,000 सदस्य थे और राज्य की वास्तविक शक्ति इनमें निहित थी।

(4) केन्द्रीय शासन समिति– इसके सदस्यों की संख्या 200 होती थी जिनका चुनाव केन्द्रीय सोवियत द्वारा किया जाता था। कानून इसी समिति द्वारा पास किए जाते थे। जो केन्द्रीय सोवियत की सम्मति के पश्चात् लागू किए जाते थे।

(5) मन्त्रियों का सदन– यह आजकल के मन्त्रिमण्डल के समान होता था। इसके सदस्यों की संख्या लगभग 18 होती थी और इनका चुनाव केन्द्रीय शासन समिति द्वारा किया जाता था। शासन का संचालन इसी के हाथ में था।

(6) 1923 ई. में संशोधन– गृह-युद्ध की समाप्ति के उपरांत कई खोए हुए प्रदेश रूस में सम्मिलित कर लिये गए थे और इस समय रूस में सात गणराज्य थे। इनको मिलाकर नए संविधान में सोवियत समाज गणराज्यों के संघ की स्थापना की गई। प्रत्येक गणराज्य की सरकार का ढाँचा ऊपर वर्णित केन्द्री सरकार के ढाँचे के अनुरूप होता था।

(7) साम्यवादी दल– शासन की वास्तविक शक्ति साम्यवादी दल के हाथ में थी और इसका सम्पूर्ण शासन, आर्थिक और सामाजिक व्यवस्था पर पूरा नियन्त्रण था। इस दल का प्रधान लेनिन था जो सर्वोसर्वा था।

लेनिन की नवीन आर्थिक नीति

लेनिन ने जमींदारों से भूमि छीन कर किसानों को दे दी थी। ये अपने आपको भूमि का स्वामी समझने लगे और उपज का फालतू भाग सरकार को देने के लिये तैयार न हुए। जब सरकार ने उन्हें ऐसा करने के लिये बाध्य किया तो उन्होंने खेती करना छोड़ दिया। इससे उपज कम होने लगी और अनाज की कमी के कारण 1912 ई. में रूस में एक भयंकर अकाल फैला जिससे हजारों व्यक्ति मारे गए।

औद्योगिक क्षेत्र में हालात और भी बिगड़ गए। लेनिन ने उद्योगों का राष्ट्रीयकरण कर कारखानों का प्रबन्ध श्रमिकों के हाथों में दे दिया। अनुशासन और शासन सम्बन्धी योग्यता के अभाव के कारण वे उनका प्रबन्ध ठीक प्रकार न कर सके और वस्तुओं के निर्माण में भारी कमी हुई। रेल सिस्टम खराब होने के कारण स्थिति और भी गम्भीर हो गई।

लेनिन ने समाजवादी सिद्धांतों को वर्तमान परिस्थिति से सामंजस्य कर नवीन आर्थिक नीति बनाया। जिसकी प्रमुख विशेषता निम्नलिखित थी–किसानों को सारी उपज अब सरकार को नहीं देनी पड़ती थी। उन्हें उपज अथवा धन के रूप

में सरकार को एक निश्चित कर देना पड़ता था। किसानों को अपनी फालतू उपज मार्केट में बेचने का अधिकार था। बड़े-बड़े उद्योगों और कारखानों का राष्ट्रीयकरण कर दिया गया और छोटे-छोटे उद्योगों और कारखानों को जनता के लिये खुला छोड़ दिया गया। कुछ नियन्त्रणों के अधीन निजी परचून व्यापार करने का आदेश दिया गया। ये व्यापारी अनुचित फायदा न उठाएँ—इसका प्रबन्ध करने के लिये सरकारी परचून स्टोर खोले गए। इसकी कमियों को पूरा करने और पूँजीवाद को रोकने के लिये उसने सहयोगी कृषि-व्यवस्था आरम्भ की। उसने हालात के अनुरूप समाजवाद और पूँजीवाद का समन्वय कर देश को भारी आर्थिक विपत्ति से बचाया।

विदेश नीति

लेनिन समाजवाद को विश्व में फैलाना चाहता था। उसकी इस नीति से भयभीत होकर मित्र-राष्ट्रों ने अपनी सेनाएँ रूस में भेज दीं। परन्तु पूरी शक्ति से उन्होंने हस्तक्षेप नहीं किया और वे अपने उद्देश्य में विफल रहे। पोलैंड ने भी फ्राँस के भड़काने पर 1920 ई. में रूस पर हमला कर दिया। दोनों पक्षों के थक जाने के पश्चात् 1921 ई. में रीगा की सन्धि कर ली और अपनी सीमा निर्धारित कर ली। लेनिन ने 1970 ई. में आंग्ल-रूसी सन्धि को भी खत्म कर दिया और अफगानिस्तान को अंग्रेजों के विरुद्ध भड़काना आरंभ कर दिया। लेनिन ने शीघ्र ही अनुभव कर लिया कि पश्चिम के पूँजीवाद को खत्म करना सुगम कार्य नहीं है। अतः उसने पृथकता की नीति त्याग कर रूस की आर्थिक हालत को सुधारने के लिये और बोल्शेविकों की सत्ता को सुदृढ़ करने के लिये पश्चिमी देशों के साथ सम्बन्ध स्थापित करने का प्रयास किया। 1921 ई. में उसने इंग्लैण्ड के साथ एक व्यापारिक समझौता किया। एक वर्ष के अन्दर-अन्दर 11 अन्य देशों के साथ व्यापारिक समझौते किए गए। रूस ने जर्मनी के साथ रेपोलो की सन्धि की जिसके अनुसार रूस को जर्मनी से ऋण मिलने लगा। 1924 ई. में इंग्लैण्ड ने बोल्शेविक सरकार को मान्यता दी और तदोपरान्त नौ अन्य देशों ने भी इस सरकार को मान्यता दे दी अतः इस वर्ष लेनिन की भी मृत्यु हो गई।

लेनिन की समीक्षा

लेनिन बहुत योग्य, परिश्रमी और प्रतिभाशाली व्यक्ति था। वह साम्यवाद का पिता, क्रान्ति का संचालक और रूस के नवीन समाज का निर्माता था। कट्टर समाजवादी होते हुए भी उसने परिस्थिति के अनुरूप समाजवाद का पूँजीवाद के

साथ समन्वय कर बोल्शेविक सरकार को बचा लिया। यह उसकी बुद्धिमत्ता का उदाहरण है। उसने रूस से निरंकुश सरकार की समाप्ति कर साम्यवादी सरकार की स्थापना की और समाजवाद के आधार पर नवीन समाज एवं आर्थिक व्यवस्था का निर्माण किया। उसने अपने अनथक प्रयत्नों से रूस को एक महान राष्ट्र और विश्व की एक महान शक्ति बना दिया और साम्यवाद का पाठ सम्पूर्ण विश्व को पढ़ाया। साम्यवादी आज भी उसकी देवतुल्य पूजा करते हैं और मास्को में उसका मकबरा एक धर्म-स्थान के समान समझा जाता है। रूस के ही नहीं वरन् विश्व के इतिहास में उसे महत्त्वपूर्ण स्थान प्राप्त है।

स्टालिन

स्टालिन का जन्म गोरी गाँव में 1879 ई. गरीब मोची परिवार में हुआ। उसे एक धार्मिक संस्था में शिक्षा ग्रहण करने के लिये भेजा गया, जिससे वह पादरी बने। वह आगे चलकर लेनिन के साथ काम करने लगा। उसे अनेक बार बन्दीगृह भेजा गया और निर्वासित किया गया। परन्तु दृढ़ निश्चय से वह समाजवाद की प्रगति के लिये कार्य करता रहा। लेनिन ने उसे स्टालिन (फौलाद) का नाम दिया। बोल्शेविक दल के सैक्रेटरी के रूप में स्टालिन ने गृह युद्ध के समय प्रशंसनीय काम किया। उसने क्रान्ति में बड़ा महत्त्वपूर्ण भाग लिया और अपने भाषणों द्वारा जनता में नवीन उत्साह भर दिया। बोल्शेविक दल के संगठन में और गृह-युद्ध के दौरान उसने बड़ा सराहनीय कार्य किया।

स्टालिन का उत्कर्ष—लेनिन की मौत के बाद स्टालिन साम्यवादी दल का नेता बन गया और रूस में समाजवाद की जड़ें मजबूत करने के लिए काम करने लगा।

आर्थिक नीति

लेनिन जब सत्तारूढ़ हुआ तो उसने पंचवर्षीय योजनाएँ बनाईं। राष्ट्रों का नव-निर्माण करना, उपज में वृद्धि, उद्योगों में उन्नति, उपज में वृद्धि कर आर्थिक क्षेत्र में आत्म-निर्भरता प्राप्त करना और देश को समृद्धिशाली बनाना आदि इन योजनाओं के मुख्य उद्देश्य थे। स्टालिन की आर्थिक नीति का सम्यक् विवेचन उसकी पंचवर्षीय योजनाओं द्वारा किया जा सकता है—

प्रथम पंचवर्षीय योजना, 1928-1932 ई.—पहली पंचवर्षीय योजना में बड़े-बड़े उद्योगों पर अधिक बल दिया गया और बड़े-बड़े कारखाने और प्लांट

(Plants) स्थापित किए गए। ट्रैक्टर और खेतों में काम करने के लिये औजार बनाने के कारखाने खोले गए। फौलाद का सामान बनाने की मशीनें लगाई गईं। जल से बिजली पैदा करने की नदी घाटी योजनाओं को कार्यरूप दिया गया। कोयले, लोहे और पेट्रोल की उपज में दुगनी वृद्धि हुई। टेक्निकल स्कूल खोले गए, विदेशों से ऋण लिया गया और विदेशी विशेषज्ञों की सेवाएँ प्राप्त की गईं।

खेती को भी महत्वपूर्ण स्थान दिया गया। निजी खेती और अमीर किसानों (Kulaks) को खत्म करके, सामूहिक खेती और सरकारी खेती पर अधिक बल दिया गया। उपज की वृद्धि के लिये नवीन साधनों, अच्छे बीजों, खादों और यन्त्रों का प्रयोग किया जाने लगा। सामूहिक खेती की देखभाल के लिये एक निरीक्षण बोर्ड की स्थापना की गई।

आलोचकों का कहना है कि प्रथम पंचवर्षीय योजना वस्तुओं के मूल्य में कमी करने, बढ़िया वस्तुयें तैयार करने, श्रम में दक्षता बढ़ाने और जीवन-स्तर को ऊँचा करने में अधिक सफल न हुई। दोष होते हुए भी इस बात से इनकार नहीं किया जा सकता कि इस योजना का रूस के औद्योगिक इतिहास में अपना विशेष महत्त्व है।

दूसरी पंचवर्षीय योजना, 1932-37 ई.—दूसरी पंचवर्षीय योजना 1933 ई. में लागू की गई। इसमें पहली योजना की त्रुटियों को दूर करने का प्रयास किया गया। इसमें दैनिक जीवन में आने वाली वस्तुयें अधिक मात्रा में और बढ़िया माल तैयार करने और यातायात के साधनों को सुधारने पर अधिक बल दिया गया। श्रमिकों की कार्य-क्षमता बढ़ाने के लिये अच्छे मकानों, विश्राम-गृहों एवं आमोद-प्रमोद के अन्य साधनों का प्रबन्ध किया गया। मजदूरी की दरों में वृद्धि की गई और प्रशिक्षण केन्द्रों की स्थापना की गई। वैज्ञानिक ढंग से और सामूहिक खेती करने पर अधिक बल दिया गया।

दूसरी पंचवर्षीय योजना के कारण लोहे, फौलाद, पैट्रोल, मशीन-निर्माण आदि के उद्योगों को विशेष प्रोत्साहन मिला। 1934 ई. में रूस को कच्चा माल पैदा करने में जगत भर में दूसरा, फौलाद तैयार करने में तीसरा स्थान प्राप्त हुआ। अनाज के क्षेत्र में भी रूस आत्म-निर्भर हो गया।

तीसरी पंचवर्षीय योजना, 1938-42 ई.—तीसरी पंचवर्षीय योजना का उद्देश्य यह था कि उत्पादन के क्षेत्र में शिल्पीय योग्यता में रूस पूँजीवादी देशों से आगे बढ़े।

परिणाम—पंचवर्षीय योजनायें अपने उद्देश्य प्राप्त करने में काफी सीमा तक

सफल रहीं। कृषि और औद्योगिक क्षेत्र में आश्चर्यजनक ढंग से फायदा उठाया गया। देश के प्राकृतिक साधनों का वैज्ञानिक ढंग से उपयोग किया गया। देश आत्म-निर्भर हो गया और भूख एवं निर्धनता दूर हो गई। देश में बेरोजगारी पूरी तरह खत्म हो गई। इस प्रकार स्टालिन ने पंचवर्षीय योजनाओं द्वारा देश को समृद्ध कर दिया।

शिक्षा सम्बन्धी सुधार

स्टालिन का मत था कि बौद्धिक क्रॉंति से ही साम्यवादी आर्थिक नीति सफल हो सकती है। इसलिए शिक्षा को अनिवार्य कर दिया गया और विभिन्न विद्यालय और कॉलेजों की स्थापना की गई।

धार्मिक सुधार

साम्यवाद में धर्म का कोई स्थान नहीं था। वह जारशाही का पक्षधर था। पादरियों को शिक्षा और विवाह सम्बन्धी अधिकारों से वंचित कर दिया गया। रूस में धर्म, गिरजाघरों और पादरियों को घृणा की दृष्टि से देखा जाने लगा।

विदेश नीति

स्टालिन भली प्रकार जानता था कि रूस के पुनर्निर्माण और साम्यवाद के विस्तार के लिये शान्ति अति जरूरी है। अतः उसने लेनिन की पृथकता की नीति को त्यागकर यूरोपीय शक्तियों से मित्रता स्थापित करने के प्रयास किए। पूर्व में जापान की बढ़ती हुई शक्ति उसके लिये एक महान खतरा थी और जर्मनी भी उसका शत्रु था। जापान की साम्राज्यवादी नीति को रोकने के लिये उसने अपने राज्य की पश्चिमी सीमाओं की सुरक्षा के लिये 1932 ई. में पोलैंड, एस्टोनिया लेटविया और लिथूनिया आदि देशों से अनाक्रमण-समझौता किया। इसी वर्ष फ्रॉंस से भी एक ऐसा ही समझौता किया गया।

1933 ई. में संयुक्त राज्य अमेरिका; ने रूस को मान्यता दी और उसके साथ राजनीतिक और व्यापारिक सम्बन्ध कायम किए। 1934 ई. में रूस ने राष्ट्र संघ में प्रवेश किया और वह कौंसिल का स्थायी सदस्य बना गया। उधर जर्मनी हिटलर की नाजी पार्टी के नेतृत्व में दिन-प्रतिदिन शक्तिशाली हो रहा था। उसकी बढ़ती हुई शक्ति रूस के लिये एक भारी खतरा थी। ऐसी हालत में उसने फ्रॉंस से 1935 ई. में सुरक्षा सन्धि की और यह निश्चय हुआ कि यदि उनमें से किसी

पर भी किसी यूरोपीय शक्ति ने हमला किया तो वे एक-दूसरे की मदद करेंगे। तत्पश्चात् उसने चैकोस्लोवाकिया के साथ भी ऐसी ही एक सुरक्षात्मक सन्धि की।

हिटलर ने 1938 ई. में आस्ट्रिया और उपरांत में चैकोस्लोवाकिया पर अधिकार कर लिया। इंग्लैण्ड और फ्राँस को विवश होकर उसके इस अधिकार को स्वीकार करना पड़ा। स्टालिन को इंग्लैण्ड और फ्रांस से सुरक्षा सम्बन्धी मदद मिलने की अधिक आशा नहीं थी। अतः उसने 23 अगस्त, 1939 ई. को जर्मनी के साथ हमला समझौता कर लिया। स्टालिन की विदेश-नीति के कारण उसे अन्तर्राष्ट्रीय क्षेत्र में अत्यधिक गौरव प्राप्त हुआ। प्रथम विश्व युद्ध की तुलना में द्वितीय विश्व युद्ध के दौरान रूस अत्यधिक समृद्धशाली हो चुका था।

10

इंग्लैण्ड : युद्ध के उपरान्त

प्रथम विश्व युद्ध में हुए नुकसान से विश्व की आर्थिक स्थिति बहुत दयनीय हो गई । इस युद्ध में इंग्लैंड विजय हुआ परंतु उसे भी भारी नुकसान हुआ जिससे बहुत सी समस्याएँ उत्पन्न हो गईं, इंग्लैंड के उद्योग धंधे बंद होने लगे जिससे मजदूरों के सामने बेकारी की समस्या पैदा हो गई, जनता के सामाजिक जीवन में प्रगति ठप्प हो गई, लैटिन अमेरिका का व्यापार भारत, चीन, जापान, संयुक्त राज्य से होने लगा। इससे इंग्लैंड के व्यापार को काफी नुकसान हुआ। युद्ध में बेघर हुए सैनिक को मुआवजा देना पड़ा जिससे इंग्लैंड पर भारी आर्थिक बोझ पड़ा। युद्ध के कारण इंग्लैंड का जहाजी बेडा और व्यापारिक बेड़ा बहुत घट गया था। युद्ध में इंग्लैंड के लगभग 2,000 जहाज विनष्ट हो गए थे। इस कमी को भी पूरा करने की समस्या थी। युद्ध के कारण ऋण बहुत बढ़ गया था। 1919-1920 में जरा तेजी आई थी। उसका 1921 ई. में अन्त हुआ। मूल्य कम हो गए। वस्तुओं की माँग में भी भारी कमी आ गई। व्यापार में अवनति हुई। कारखाने बन्द होने लगे और 1921 ई. में 20 लाख मजदूर बेकार हो गए।

लायड जार्ज की सरकार (1919-22 ई.)—युद्ध के दौरान लायड जार्ज ने संयुक्त मन्त्रिमण्डल की स्थापना की। 1918 ई. में पुनः चुनाव हुए। इसके पश्चात् भी लायड जार्ज ने संयुक्त मन्त्रिमण्डल का निर्माण (1919-22 ई.) में किया और

देश की विभिन्न समस्याओं को हल करने की कोशिश की। उसने व्यापार को प्रोत्साहन देने के लिये 1921 ई. में रूस से व्यापारिक सन्धि की। उसने संरक्षण की नीति का अनुकरण कर आयात कर भी लगाए ताकि अपने देश के हितों की रक्षा की जा सके। 1920 ई. में एक अधिनियम द्वारा बेकार मजदूरों की अधिक मदद करने की व्यवस्था की गई। इतना करने पर भी उसे आन्तरिक असन्तोष दूर करने में विशेष सफलता न मिली।

आयरलैण्ड की समस्या (1912 ई. तक)—इंग्लैण्ड ने आयरलैण्ड की समस्या को हल करने के लिये तीन होमरूल बिल पास किए परंतु अलस्टर (Ulster) प्रान्त और आतंकवादी पार्टी की अड़चनों के कारण यह समस्या हल न हो सकी। प्रथम महायुद्ध के पश्चात् लायड जार्ज ने आयरलैंड को होमरूल देने का फिर प्रयास किया, परन्तु क्योंकि अब आयरलैंड के लोग पूर्ण स्वतन्त्रता प्राप्त करने पर तुले हुए थे, इसलिए अलस्टर प्रान्त को छोड़कर शेष आयरलैंड को 1922 ई. में पूर्ण स्वतन्त्रता दे दी गई और आयरिश फ्री स्टेट (Irish Free State) की स्थापना की गई। परन्तु आयरलैंड की देशभक्त इससे भी सन्तुष्ट नहीं हुए क्योंकि वे इंग्लैण्ड से सम्पूर्ण सम्बन्ध तोड़ कर सम्पूर्ण आरयलैंड के गणराज्य की स्थापना करना चाहते थे और वे अलस्टर के बिना आरयलैंड की स्वतन्त्रता को अधूरा समझते थे। उन्होंने इस उद्देश्य की प्राप्ति के लिये डी वेलेरा (De Velera) के नेतृत्व में अपने प्रयास जारी रखे। अन्त में 1937 ई. में उनके प्रयास सफल हुए जबकि अलस्टर प्रान्त सहित आयरलैंड में गणराज्य की स्थापना हुई।

इंग्लैण्ड और टर्की—कुस्तुन्तुनिया पर टर्की ने अपना आधिकार नहीं छोड़ा, जिससे यूनान और टर्की में युद्ध शुरू हो गया। इंग्लैण्ड को इस युद्ध में हस्तक्षेप करना पड़ा और लायड जार्ज ने यह घोषणा कर दी कि इंग्लैण्ड टर्की को किसी भी अवस्था में यूरोप में दाखिल नहीं होने देगा। सन् 1923 ई. की लॉसान सन्धि से युद्ध समाप्त हो गया।

भारत की समस्या—प्रथम महायुद्ध के बाद प्रांतों में द्वैध शासन की स्थापना का प्रयत्न किया गया। भारतीय इन सुधारों से सन्तुष्ट नहीं थे। उन्होंने गाँधी जी के नेतृत्व में 1920 ई. में असहयोग आन्दोलन आरम्भ कर दिया। सरकार ने दमन की नीति का सहारा लिया परन्तु यह आन्दोलन दिन-प्रतिदिन तीव्र होता गया।

1922 ई. से 1931 ई. तक की विभिन्न सरकारों के कार्य और सफलतायें—लायड जार्ज देश के विभिन्न आन्तरिक और विदेशी मामलों का निपटारा करने में विफल रहने के कारण अप्रिय हो गया। 1922 ई. में नये चुनाव

हुए जिसमें उसकी हार हुई और उदारवादी नेता बोनरला ने नवीन मन्त्रिमण्डल की स्थापना की परन्तु शीघ्र ही उसने त्याग-पत्र दे दिया और स्टेनले बाल्डविन प्रधानमंत्री बना। उसकी रक्षित व्यापार की नीति के कारण उसका विरोध बढ़ गया और उसे अपने पद से त्याग-पत्र देना पड़ा।

1924 ई. के चुनाव बाद रेमजे मैकडानल्ड को प्रधानमंत्री बनाया गया परंतु वह भी बेकारी को दूर करने में असफल रहा।

बल्डविन का मन्त्रिमण्डल–1929 ई. तक अनुदार नेता बाल्डविन का मन्त्रिमण्डल सत्तारूढ़ रहा। बाल्डविनल ने अपने शासन काल में धन का व्यय अपेक्षाकृत कम किया। विभिन्न प्रकार के करों में भी कमी की गयी तथा मजदूरों की हालत को सुधारने के लिये प्रयास किए परन्तु इसमें उसे विशेष सफलता न मिली। औद्योगिक पतन जारी रहा और कोयले के व्यापार में भारी कमी हुई। इसका कारण यह था कि कुछ देशों को वर्साय की सन्धि के अनुरूप जर्मनी से मुफ्त कोयला मिलता था, कुछ ने कोयले की उपज को बढ़ा लिया और कुछ देशों ने कोयले के स्थान पर तेल, बिजली आदि का प्रयोग आरंभ कर दिया। 1925 ई. तक खानों में काम करने वाले 1/4 मजदूर बेकार हो गए। उनकी मजदूरी में कमी कर दी गई और काम करने के समय में वृद्धि कर दी गई। 1926 ई. में कई लाख मजदूरों ने हड़ताल कर दी। परन्तु मजदूर विफल रहे, उन्होंने हड़ताल खत्म कर दीं और मालिकों की शर्तों को स्वीकार कर लिया। मजदूरों की समस्या हल न हुई और उनमें बेकारी और बढ़ गई।

महिलाओं को मत देने का अधिकार प्रदान किया गया और 1918 ई. में तीस वर्ष की आयु की स्त्रियों को वोट देने का अधिकार दिया गया। 1928 ई. में एक अधिनियम बनाया गया जिसके अनुसार 21 वर्ष की आयु के प्रत्येक स्त्री एवं पुरुष को वोट देने का अधिकार दिया गया। 1928 ई. में इंग्लैण्ड सही मायने में लोकप्रिय देश बन गया।

1925 ई. में यूरोप के विभिन्न देशों में लोकार्नो पैक्ट हुए। इसके अनुसार उन्होंने अपनी समस्याओं को शान्तिपूर्ण ढंग से निपटाने का निर्णय किया। जर्मनी ने राइन के निःशस्त्रीकरण का आश्वासन दिया। इससे राष्ट्र संघ का महत्व बढ़ गया।

रूसी लोग कई देशों में इंग्लैण्ड के विरूद्ध कार्य कर रहे थे। उनकी इन कार्यवाहियों को देखते हुए इंग्लैण्ड ने रूस के साथ अपने राजनीतिक सम्बन्ध तोड़ लिए।

मैकडानाल्ड का मन्त्रिमण्डल, (1929-31 ई.)—1929 ई. के चुनाव में मजदूर दल की विजय हुई और मैकडानाल्ड ने पुनः अपने मन्त्रिमण्डल की स्थापना की। उसने रूस से पुनः सम्बन्ध कायम किए और भारत एवं मिश्र से समझौते का प्रयास किया। इस समय भारत का राष्ट्रीय आन्दोलन अपने उच्च शिखर पर था। समस्या को सुलझाने के लिये 1930 ई से 1932 ई. तक के काल में इंग्लैण्ड में तीन बार गोलमेज कान्फ्रेंस बुलाई गई परन्तु इनका कुछ भी परिणाम न निकला। रूस से इंग्लैण्ड के प्रति अपने व्यवहार में बदलाव किया और दोनों देश एक दूसरे के पास आने लगे। रूस से व्यापारिक सन्धि की गई और रूस का एक व्यापार डैलीगेशन (Russian Trade Delegation) इंग्लैण्ड आया। उसका वहाँ अच्छा स्वागत किया गया। तदोपरान्त हिटलर के उत्थान के कारण दोनों के सम्बन्ध घनिष्ठ होते चले गए।

इंग्लैण्ड में आर्थिक संकट—प्रथम विश्व युद्ध के बाद अमेरिका की आर्थिक स्थिति मजबूत हो गई और यूरोपीय देशों से सोना अमेरिका पहुँचने लगा जिससे इंग्लैंड में आर्थिक संकट उत्पन्न हो गया। 1929 से 1931 तक इंग्लैंड की स्थिति बहुत दयनीय रही, परन्तु फिर भी व्यापार की हालत न सुधर सकी और बेकारी को न रोका जा सका और बेकारों की संख्या भी बड़ी तीव्र गति से वृद्धि होती गई।

वैस्टमिनिस्टर की संविधि— प्रथम महायुद्ध के पश्चात् ब्रिटिश उपनिवेशों में राष्ट्रीयता की भावना उत्तेजित हो गई और वे अपनी स्वतन्त्रता के लिये प्रयत्नशील हो गए। इंग्लैण्ड उनसे पूर्ण सम्बन्ध-विच्छेद नहीं करना चाहता था। अतः दिसम्बर 1911 में वैस्टमिनिस्टिर की संविधि के अनुरूप कैनेडा, दक्षिणी अफ्रीका, आस्ट्रेलिया और न्यूजीलैंड की डोमिनियनों की स्वतन्त्रता को मान लिया गया। वहाँ की संसदों को कोई भी नियम पास करने का अधिकार दिया गया। वहाँ के लोग अपनी इच्छानुसार अन्य देशों से राजनीतिक सम्बन्ध स्थापित कर सकते थे। उन्हें अपना संविधान निर्माण करने का भी अधिकार था। वे चाहें तो इंग्लैंड से सम्बन्ध तोड़ सकते थे। ताज उनके बीच एक कड़ी का काम करता था। इस तरह ब्रिटिश-साम्राज्य के स्थान पर ब्रिटिश राष्ट्र मण्डल की स्थापना हुई।

महात्मा गाँधी के नेतृत्व में भारत में भी राष्ट्रीय आन्दोलन की गति तीव्र हो गई थी। महात्मा जी ने अहयोग, सत्याग्रह और आज्ञा भंग आदि कई आन्दोलन चलाए। विवश होकर सरकार को 1935 ई. का अधिनियम; पास करना पड़ा। इसके अनुसार प्रान्तों में स्वायत्त शासन और पूर्णतः उत्तरदायी सरकार और केन्द्र में

द्वैध शासन-प्रणाली की स्थापना का निश्चय किया गया। परन्तु भारतीय, जो पूर्ण स्वतन्त्रता की माँग कर रहे थे, इससे असन्तुष्ट ही रहे। भारत की भाँति मिश्र और बर्मा में भी अंग्रेजों के विरुद्ध व्यापक असन्तोष विद्यमान था। इटली वर्साय की सन्धि से सन्तुष्ट नहीं था। वह अफ्रीका में अपने औपनिवेशिक साम्राज्य का प्रसार करना चाहता था। 1935 ई. में उसने एबीसीनिया पर हमला कर दिया। राष्ट्र संघ द्वारा इटली के विरुद्ध आर्थिक बहिष्कार की नीति का अनुकरण किए जाने के कारण यह नीति विफल रही और इटली ने एबीसीनिया को जीतकर अपने साम्राज्य में मिला लिया। 1936 ई. के नवीन चुनाव के पश्चात् भी राष्ट्रीय सरकार की स्थापना की गई। प्रथम युद्ध के पश्चात् इंग्लैण्ड की सहानुभूति जर्मनी के साथ थी। जब फ्राँस ने 1923 में रूहर की घाटी पर हमला किया तो इंग्लैण्ड ने जर्मनी का पक्ष ही लिया। परन्तु हिटलर के उत्थान के उपरांत जर्मनी के प्रति उसके रवैये में परिवर्तन हुआ। जर्मनी में सैनिक तैयारी आरम्भ हो गई। 1936 ई. में जर्मनी ने राइनलैण्ड पर अधिकार कर लिया। 1938 ई. में उसने आस्ट्रिया और उसके उपरांत चेकोस्लोवाकिया पर अधिकार कर लिया। लेकिन इंग्लैण्ड का प्रधानमंत्री चैम्बरलेन युद्ध के विरुद्ध था। अतः उसने 1938 में म्यूनिख सन्धि की। परंतु यह सफल नहीं हुई। 1939 ई. में जर्मनी ने पोलैण्ड पर अधिकार कर लिया तो दूसरा विश्व युद्ध आरम्भ हो गया और इंग्लैण्ड को जर्मनी के खिलाफ युद्ध में कूदना पड़ा।

11

टर्की का उदय

प्रथम विश्व युद्ध में तुर्की पराजित हो गया जिसके बाद आत्मसमर्पण कर दिया। पेरिस शांति सम्मेलन में सेव्र संधि हुई जिसे तुर्की का सुल्तान मानने को राजी नहीं था। मुस्तफा कमाल पाशा जो अनातोलिया में इंस्पेक्टर था इस संधि का विराधी था उसने सुल्तानी सरकार के खिलाफ विद्रोह करके एक स्वतंत्र सरकार का गठन कर दिया और अंकारा को राजधानी बनाया। कमाल पाशा ने खुलेआम सेव्र संधि को अस्वीकार कर दिया।

ऐसी स्थित्रि में यूनानी प्रधानमन्त्री बेनिजेलास ने 'मित्रराष्ट्रों के सामने यह प्रस्ताव रखकर उन्हें इस बात के लिए राजी कर लिया कि तुर्की से सेव्र की सन्धि स्वीकार कराने के लिए एशिया माइनर स्थित स्मर्ना के प्रदेश पर यूनानी सेना कब्जा कर ले। ब्रिटेन इसके लिए यूनान को कर्ज देने को तैयार हो गया। इटली भी इस अपवित्र कार्य में सहयोग देने के लिए तैयार था। कुछ ही दिनों में इन दोनों देशों की सेनाएँ तुर्की की भूमि पर अपना अधिकार करने के लिए चल पड़ीं। अपने कट्टर और अत्यन्त घृणित शत्रुओं द्वारा तुर्की की भूमि पर इस तरह अतिक्रमण किए जाने पर तुर्की ने बहुत रोष प्रकट किया। इस रोष के परिणामस्वरूप कमालपाशा का नेतृत्व और भी मजबूत हो गया। वह साम्राज्यवादियों से लोहा लेने के लिए तैयार ही था।

यूनान और इटली की सेना तुर्की में बढ़ती गई और अगस्त, 1920 में मित्रराष्ट्रों ने तुर्की के सुल्तान से सेव्र की सन्धि पर जबरदस्ती हस्ताक्षर करवा लिये, पर कमालपाशा ने यूनान और इटली के साथ युद्ध जारी रखा। कुछ दिनों उपरांत यह अनुभव करके कि तुर्की के साथ युद्ध जारी रखना व्यर्थ है, इटली की सरकार ने लन्दन

में कमालपाशा के प्रतिनिधि के साथ गुप्त रूप से यह समझौता कर लिया कि तुर्की के सारे प्रदेशों से इटली की सेनाएँ वापस बुला ली जाएँगी। अब मैदान में अकेला यूनान ही बचा रहा। 1919 से 1921 तक तुर्की और यूनान में युद्ध चलता रहा। इसी बीच मित्रराष्ट्रों के बीच मतभेद पैदा हो गया। 1921 में बोल्शेविक रूस ने कमाल सरकार को मान्यता प्रदान कर दी। इसके पहले अक्टूबर, 1920 में यूनान के राजा अलेक्जेण्डर की मृत्यु एक पालतू बन्दर के काटने से हो गई। इसके उपरांत यूनान में आम चुनाव हुआ। परिणामस्वरूप बेनिजेलास सरकार का पतन हो गया और जर्मनी का समर्थक कान्सटेन्टिन यूनान की गद्दी पर बैठा। विविध कारणों से मित्रराष्ट्रों की सहानुभूति कान्सटेन्टिन के प्रति नहीं हो सकती थी। इटली कमालपाशा से समझौता कर चुका था और 1921 में फ्रांस ने भी कमालपाशा सरकार के साथ एक सन्धि कर ली। यूनान की सहायता करने वाला अब कोई नहीं रहा। यूनानियों को धीरे-धीरे पीछे खदेड़ दिया गया और सितम्बर, 1922 में मुस्तफा कमाल ने एशिया की भूमि से अन्तिम यूनानी सेना को भी मार भगाया। फ्रांस और ब्रिटेन अब यह अनुभव करने लगे कि तुर्की के साथ झगड़ा जारी रखना बेकार है। वे अब इस फिक्र में थे कि तुर्की के साथ समझौता करके उससे कुछ ऐसी आर्थिक सुविधाएँ प्राप्त कर ली जाएँ जिससे फ्राँस और ब्रिटेन के पूँजीपतियों को उस देश का आर्थिक शोषण करने का मौका प्राप्त होता रहे। ऐसी स्थिति में यूनान और तुर्की के बीच विराम-सन्धि करा दी गई और इस प्रकार लुसान में होने वाले शान्ति-सम्मेलन के लिए रास्ता साफ हो गया।

लुसान की सन्धि– स्विट्जरलैण्ड के नगर लुसान में ब्रिटेन, फ्राँस, इटली, यूनान, जापान, अमेरिका, रूस, रूमानिया, यूगोस्लाविया और तुर्की के साथ एक सम्मेलन किया जिसमें एक संधि हुई, जिसे लुसान की संधि कहते हैं। इस सन्धि के अनुरूप पूर्वी थ्रेस, स्मार्ना, अडेलिया, अनातोलिया इत्यादि प्रदेश, जो सेब्र की सन्धि के अन्तर्गत विविध यूरोपीय राज्य को दे दिए गए थे, तुर्की को पुनः वापस मिल गए। क्षतिपूर्ति की रकम में भारी कमी कर दी गई। कुर्दिस्तान पर तुर्की का प्रभुत्व स्वीकार कर लिया गया और इराक एवं तुर्की की सीमा निश्चित करने का प्रश्न भविष्य के लिए स्थगित कर दिया गया। कमालपाशा के द्वारा लुसान की संधि से पश्चिमी राष्ट्र का वर्चस्व तुर्की पर खत्म हो गया एवं अंतर्राष्ट्रीय स्तर पर तुर्की को अधिक स्वतंत्रता हासिल हुई।

तुर्की की विदेश नीति के मूल आधार तत्त्व–लुसान-सन्धि पर हस्ताक्षर करने के उपरांत कमालपाशा का ध्यान आन्तरिक पुनर्निर्माण की ओर आकृष्ट हुआ और उसके प्रयत्न से कुछ ही दिनों में तुर्की एक आधुनिक राज्य बन गया। आन्तरिक

सुधार करने के साथ-साथ कमालपाशा के लिए यह स्वाभाविक ही था कि वह तुर्की के लिए एक आदर्श विदेश-नीति का अवलम्बन करे। कमालपाशा का एकमात्र उद्देश्य यह था कि वह नवजात तुर्की रिपब्लिक का बाह्य और आन्तरिक खतरों से रक्षा करे। इसके लिए यह जरूरी था कि वह पुराने तुर्की साम्राज्य की हमलावर और साम्राज्यवादी विदेश-नीति का परित्याग कर दे। रिपब्लिक की स्थापना के उपरांत राष्ट्रीय स्वतन्त्रता की रक्षा तुर्की की विदेश-नीति का एकमात्र उद्देश्य था। पुराने साम्राज्य को फिर से स्थापित करने का अब प्रश्न ही नहीं था। कमालपाशा का विचार था कि तुर्की को साम्राज्य से कोई फायदा नहीं हुआ है। इसलिए पुरानी तुर्की साम्राज्य की विदेश नीति के मूल तत्त्व 'अखिल इस्लाम आन्दोलन' का सर्वथा परित्याग कर दिया गया। कमालपाशा के विचार में राजनीति और धर्म एक दूसरे से मुक्त होने चाहिएँ। 1931 में तुर्की के विदेश सचिव ने कहा कि हम लोग आन्तरिक अथवा बाह्य किसी भी नीति में धर्म का प्रयोग नहीं करना चाहते हैं। संक्षेप में, धर्म-निरपेक्षता नवीन तुर्की की विदेश नीति की एक विशेषता बनी।

मोसुल विवाद को लेकर साम्राज्यवाद विरोधी भावना और भी पुष्ट हो गई। लुसान-सन्धि द्वारा यह तय हुआ कि तुर्की और इराक की सीमा नौ मास के अन्दर तुर्की और ब्रिटेन के एक मैत्रीपूर्ण समझौते के अनुरूप निर्धारित की जाएगी। इराक उस समय ब्रिटिश-संरक्षण में था इसलिए ब्रिटेन मोसुल का क्षेत्र इराक में शामिल करना चाहता था। उधर कमालपाशा का कहना था कि मोसुल तुर्की का अभिन्न अंग है और उसको कोई अलग नहीं कर सकता। जब ब्रिटेन और तुर्की में समझौता नहीं हो सका तो यह मामला राष्ट्रसंघ में गया। राष्ट्रसंघ ने अपना निर्णय ब्रिटेन के पक्ष में दिया। तुर्की देशभक्तों को यह सारा प्रकरण एक संगठित साम्राज्यवादी षड्यन्त्र जैसा लगा। ऐसी स्थिति में उसका साम्राज्यवाद का विरोधी होना जरूरी था। इस तरह नवीन तुर्की की विदेश-नीति के चार स्तम्भ थे—धर्मनिरपेक्षता, साम्राज्यवाद का विरोध, राष्ट्रीय सम्मान की प्राप्ति और राष्ट्रीय सुरक्षा की व्यवस्था। दो विश्व युद्धों के बीच में इन्हीं चार मूल आधारों पर तुर्की गणराज्य की विदेश-नीति विकसित हुई।

तुर्की की विदेश नीति में पुरानी साम्राज्यवादी नीति को खत्म करना था। साम्राज्यवाद विरोधी होने का मतलब यह भी था कि विश्व के पराधीन देशों के स्वतन्त्रता-संग्राम के प्रति सहानुभूति प्रकट की जाए और उन्हें यथासम्भव नैतिक और राजनीतिक सहायता दी जाए। अन्य देशों के साथ तुर्की ने जो सन्धियाँ कीं उनमें इस भावना को यथासम्भव स्थान दिया गया।

मोन्त्रो की सन्धि—स्विट्ज़रलैंड के मोन्त्रो नामक जगह पर तुर्की को जलडमरूमध्यों के आस-पास किलेबंदी करने की अनुमति पर विचार हुआ। इस

समझौते के परिणामस्वरूप तुर्की पर विदेशी हस्तक्षेप खत्म हो गया।

रूस-तुर्की सम्बन्ध—यूनानी सैनिक के हमले से तुर्की परेशान था वैसी विकट स्थिति में कमाल सरकार को सोवियत रूस ने मान्यता दी जिससे तुर्की और सोवियत रूस में घनिष्ठ संबंध स्थापित हो गया। इस सन्धि के अनुरूप दोनों हस्ताक्षरकर्त्ताओं ने इस बात को स्वीकार कर लिया कि एशिया के विभिन्न देशों को स्वतन्त्र होने का अधिकार है। इसके उपरांत दोनों देशों के राजनीतिज्ञ और सैनिक विशेषज्ञ एक दूसरे के देश में भ्रमण करते रहे। 17 दिसम्बर, 1925 को तुर्की का विदेश मन्त्री पेरिस गया और वहाँ सोवियत-संघ के प्रतिनिधि से मिलकर एक मित्रता एवं अनाक्रमण सन्धि पर हस्ताक्षर किये। सन्धि दस साल के लिए की गई थी; किन्तु जरूरत पड़ने पर इसे पुनः बढ़ाया भी जा सकता था। यह सन्धि बहुत ही महत्त्वपूर्ण थी; क्योंकि विगत दो सौ वर्षों से दोनों देश एक-दूसरे के कट्टर दुश्मन रहे थे।

1925 में पेरिस-सन्धि को दुहराकर इसकी अवधि दस साल के लिए और बढ़ा दी गई और सरकारी तौर पर दोनों का सम्बन्ध अच्छा बना रहा। पर जहाँ तक आन्तरिक राजनीति का सम्बन्ध था, तुर्की-सरकार साम्यवाद की कट्टर विरोधी बनी रही। सही मायने में तुर्की के शासक वर्ग के अधिकांश व्यक्ति कुलीन घराने के थे और इसलिए साम्यवाद का विरोध करना अपना कर्तव्य समझते थे। इसलिए सोवियत संघ से कोई महत्त्वपूर्ण आर्थिक मदद नहीं ली जाती थी। जब तुर्की में साम्यवादी प्रचार बढ़ने लगा तब कमालपाशा पश्चिमी राष्ट्रों के साथ भी अच्छे सम्बन्ध स्थापित करने की बात सोचने लगा।

यूरोपीय देशों से सन्धियाँ—1928 में तुर्की ने इटली के साथ एक सन्धि की। 1929 में फ्राँस के साथ भी एक सन्धि हो गई। इसके अनुसार तुर्की सीरिया सीमान्त पर तुर्की के पक्ष में कुछ बदलाव हुए। 1927 में अन्तर्राष्ट्रीय न्यायालय ने 'लोटस' जहाज से सम्बन्धित फ्राँसीसी-तुर्की विवाद पर अपना निर्णय दिया जो तुर्की के पक्ष में था। इससे राष्ट्रसंघ में तुर्की का विश्वास बढ़ा और 1932 में वह इसका सदस्य बन गया।

अमेरिका-तुर्की संधि—युद्ध के उपरांत अमेरिका और तुर्की का सम्बन्ध कुछ विचित्र था। यद्यपि दोनों राज्यों में किसी ने विधिवत् युद्ध की घोषणा नहीं की थी, फिर भी दोनों के राजनीतिक और व्यापारिक सम्बन्ध विच्छेद हो गए थे। इस 'सम्बन्ध' को पुनः स्थापित करने के लिए नई सन्धि की जरूरत थी। अमरीकी सिनेट में कई वर्षों तक तुर्की के साथ सन्धि करने के विषय पर बहस चलती रही। लेकिन, इसका कोई नतीजा नहीं निकला। इसी बीच तुर्की उन देशों के मालों पर अत्यधिक कर लगाने लगा, जिनके साथ उनका राजनीतिक सम्बन्ध नहीं था। अपने आर्थिक

हितों की रक्षा करने के लिए अन्त में अमेरिका को 1927 में तुर्की के साथ सन्धि करनी पड़ी। तुर्की की राजधानी में एक अमरीकी राजदूत रहने लगा।

पड़ोसी देशों से सन्धि – 1930 में तुर्की और अफगानिस्तान के बीच एक समझौता हुआ। इसमें इस बात की मान्यता दी गई कि तुर्की पश्चिमी एशिया के राष्ट्रीय आन्दोलनों का नेता है। 1921 में तुर्की, फारस और अफगानिस्तान के बीच एक मैत्री सन्धि हुई। 1926 में फारस के साथ एक दूसरी सन्धि हुई।

तुर्की और बाल्कन-प्रायद्वीप के राज्य–बाल्कन प्रायद्वीप की राजनीति में दिलचस्पी लेना तुर्की के लिए बिल्कुल स्वाभाविक था। 1923 में हंगरी और 1924 में आस्ट्रिया के साथ उनकी मैत्री सन्धि हुई। यूगोस्लाविया और बुल्गेरिया के साथ तुर्की का कुछ विरोध था। 1925 में यूगोस्लाविया और बुल्गेरिया के साथ मैत्री सन्धि पर हस्ताक्षर करने की कुछ दिक्कतों को दूर कर दिया गया। 1928 में इटली और 1929 में यूनान के साथ तुर्की की सन्धि हुई। इसके अनुसार हस्ताक्षरकर्त्ताओं ने यह वादा किया कि वे शान्तिपूर्ण ढंग से अपने झगड़ों का फैसला करेंगे। 1923 में यूनान और तुर्की में दस वर्ष के लिए एक सन्धि हुई। परिणामस्वरूप दोनों देशों के सम्बन्धों में काफी सुधार हुआ। तुर्की का सम्बन्ध बाल्कन-प्रायद्वीप के देशों के साथ इतना अच्छा हो गया कि वह बाल्कन देशों के सम्मेलनों में भाग लेने लगा। यहाँ तक कि द्वितीय बाल्कन सम्मेलन का अधिवेशन तुर्की की राजधानी में ही हुआ था और तुर्की बाल्कन-गुट का प्रमुख सदस्य हो गया।

तुर्की और द्वितीय विश्व युद्ध–1933 ई. में हिटलर जर्मनी का प्रधानमन्त्री बना और उसके कुछ ही दिनों उपरांत युद्ध के बादल मँडराने लगे। सम्भावित हमले से अपनी रक्षा करने के लिए जून 1939 में तुर्की ने फ्राँस के साथ अनाक्रमण सन्धि की। इसके साथ ही आंग्ल-तुर्की-सम्बन्ध में काफी सुधार होने लगा। जब 1938 में ब्रिटिश सम्राट् का राजतिलक हुआ तो उस अवसर पर तुर्की का प्रतिनिधि भी उसमें शामिल हुआ। मई 1938 में तुर्की और ब्रिटेन के बीच एक व्यापारिक समझौता हुआ। इसके अनुसार ब्रिटेन ने तुर्की को कर्ज देने का वादा किया। 1939 में इन दोनों देशों के बीच भी एक अनाक्रमण संधि पर हस्ताक्षर हो गये। अब अगस्त, 1939 में हिटलर और स्टालिन के बीच समझौता हुआ तो इस घटना से तुर्की को अत्यधिक चोट पहुँची और वह रूस से सतर्क होकर रहने लगा। इसी वर्ष रूस के कहने पर भी तुर्की उसके साथ समझौता करने के लिए सहमत नहीं हुआ। जब द्वितीय विश्व युद्ध छिड़ा तो तुर्की ने तटस्थ रहने का प्रयत्न किया और इसमें उसको अत्यधिक सीमा तक सफलता भी मिली।

12

निःशस्त्रीकरण

विश्व युद्ध में दुनिया के सभी देशों को बहुत क्षति हुई। भविष्य में ऐसी घटना की पुनरावृत्ति नही हो इसके लिए निःशस्त्रीकरण जरूरी था। परंतु कोई भी राष्ट्र अपनी सैनिक शक्ति और शस्त्रों को कम करने के लिए तैयार नहीं था। राष्ट्रसंघ द्वारा आठवें अनुच्छेद में निःशस्त्रीकरण संबंधी विभिन्न उपाय किये गये।

राष्ट्रसंघ ने 1920 में सैनिक सदस्यों के आयोग का गठन किया। बाद में असैनिक सदस्यों को भी शामिल किया गया। इसने निःशस्त्रीकरण के लिए काम किए परंतु असफल हो गया। आयोग 1920 से काम करना बंद कर दिया।

प्रारम्भिक आयोग का कार्य निःशस्त्रीकरण सम्मेलन के लिये सामग्री उपलब्ध कराना था। 1390 ई. में अधिवेशन में सैनिक कार्यकाल को कम करके रासायनिक तथा जीवाणु फैलाने वाले युद्धों को रोकने के लिए आयोग की स्थापना का निर्णय किया गया।

राष्ट्र संघ द्वारा निःशस्त्रीकरण के लिये सम्मेलन जेनेवा में जनवरी 1932 ई. में आर्थर हैंडरसन के नेतृत्व में आरम्भ हुआ। यह सम्मेलन निःशस्त्रीकरण की प्राप्ति तथा शान्ति के आश्वासन के लिये किया गया एक महत्वपूर्ण प्रयत्न था। इसमें 57 राज्यों का प्रतिनिधित्व करने वाले 232 प्रतिनिधियों ने भाग लिया। इसमें विभिन्न देशों के कुछ ऐसे प्रतिनिधि भी सम्मिलित हुए जो राष्ट्र संघ के सदस्य नहीं थे।

प्रत्येक प्रतिनिधि के अपने-अपने निःशस्त्रीकरण के प्रस्ताव थे। फ्राँस का विचार था कि एक अन्तर्राष्ट्रीय पुलिस की व्यवस्था होनी चाहिए। इसमें सभी आक्रामक शस्त्रों, तोपखाने, पनडुब्बियों आदि को राष्ट्र संघ को सौंप देने को कहा गया था। इसी प्रस्ताव में अन्तर्राष्ट्रीय विवाद का निपटारा जरूरी रूप से मध्यस्थता द्वारा किए जाने की व्यवस्था थी। छोटे राष्ट्रों ने इसका समर्थन किया परन्तु ग्रेट ब्रिटेन, अमेरिका और जर्मनी ने फ्राँस के प्रस्ताव का समर्थन नहीं किया। कुछ-कुछ विशिष्ट प्रकार के शस्त्रों पर प्रतिबन्ध लगाने की व्यवस्था थी। इस प्रस्ताव को समर्थन तो प्राप्त हुआ परन्तु कई बातों पर सदस्यों में मतभेद भी पैदा हो गए। विभिन्न सदस्य विभिन्न शस्त्रों को खतरनाक बतलाते थे। इस सम्बन्ध में जर्मनी ने प्रतिनिधि के तर्कसंगत विचार प्रस्तुत किया। उसके अनुसार वर्साय की सन्धि में सभी प्रकार के शस्त्र आक्रामक कोटि में और शेष सभी रक्षात्मक कोटि में आते हैं। अमेरिका के प्रतिनिधि के अनुरूप राज्यों की वर्तमान शस्त्र सेना और हथियारों में एक-तिहाई कमी की जाये। इस तरह विभिन्न प्रतिनिधियों के प्रस्ताव में मतैक्य नहीं था। इसी कारण अक्टूबर 1932 ई. में जब सम्मेलन का अधिवेशन फिर आरंभ हुआ तो जर्मनी ने इसका बहिष्कार किया। जब उसे सम्मेलन में सम्मिलित होने का समान अधिकार मिल गया तो उसने फिर भाग लेना आरंभ कर दिया।

जनवरी 1933 में एक और सभा का आयोजन किया गया। इस सभा में मार्च तक फ्राँस की सुरक्षा की माँग और जर्मनी की निःशस्त्रीकरण की माँग को लेकर गतिरोध पैदा हो गया। इसी समय ब्रिटेन के प्रधानमंत्री मेकडानल्ड ने प्रस्ताव रखा कि यूरोप से प्रत्येक देश द्वारा सैनिकों और शस्त्रों की संख्या सीमित करके निश्चित कर देनी चाहिए। प्रारम्भ में इस बात को समर्थन मिला परन्तु आगे चलकर इसमें भी मतभेद पैदा हो गया। फ्रांस और जर्मनी के दृष्टिकोणों में काफी मतभेद था। वास्तव में इस समय तक हिटलर का उत्कर्ष तेजी से हो रहा था। फ्राँस निःशस्त्रीकरण से पहले सुरक्षा समझौते को लागू करना चाहता था जबकि जर्मनी और इटली इसके विरुद्ध थे। मई 1933 ई. में अमेरिका के राष्ट्रपति रूजवेल्ट ने अपने एक सन्देश द्वारा आक्रामक शस्त्रों पर पूर्ण रूप से रोक लगाने की बात कही।

आगे चलकर जर्मनी निःशस्त्रीकरण के विरोध के सम्बन्ध में एकमत हो गया। इसके साथ एक प्रकार से जेनेवा कान्फ्रेस खत्म हो गई। इसकी अन्तिम बैठक 29 मार्च 1934 ई. को हुई थी। इसके उपरांत भी निःशस्त्रीकरण के लिये आल्पाधिक प्रयत्न चलते रहे। जर्मनी ने आगे चलकर वर्साय सन्धि की अनेक धाराओं का

उल्लंघन किया। हिटलर के उत्कर्ष और जर्मनी के पुनःशस्त्रीकरण के परिणामस्वरूप जर्मनी में शस्त्रीकरण की प्रक्रिया फिर आरंभ हुई।

निःशस्त्रीकरण के अन्य प्रयास

राष्ट्र संघ के अलावा विभिन्न देशों ने भी निःशस्त्रीकरण के लिए प्रयास किये गये जो निम्न प्रकार हैं–

(1) वाशिंगटन सम्मेलन–यह सम्मेलन नवम्बर 1921 ई. में अमेरिका के राष्ट्रपति के नेतृत्व में सम्पन्न हुआ। इस सम्मेलन में अमेरिका, ब्रिटेन, जापान, इटली, फ्राँस, पोलैण्ड, पुर्तगाल, बेल्जियम और चीन ने भाग लिया। इन सैनिक सन्धियों के अलावा इस सम्मेलन में दो राजनैतिक सन्धियाँ–चतुर्शक्ति समझौता और नौ शक्ति समझौता भी हुए। यह सम्मेलन निःशस्त्रीकरण सम्मेलनों में महत्वपूर्ण स्थान रखता है। इसकी विशेषता यह थी कि इसमें नौ-सेना में वृद्धि करने पर कुछ समय के लिये रोक लगा दी।

(2) जेनेवा सम्मेलन– फ्राँस और इटली ने जेनेवा सम्मेलन में भाग नहीं लिया इसलिए अमेरिका, ब्रिटेन और जापान ने मिलकर जेनेवा में जून 1927 ई. में सम्मेलन किया। संयुक्त राज्य अमेरिका ने प्रस्ताव रखा कि उसके एवं ग्रेट-ब्रिटेन के बीच सभी प्रकार के क्रूजर टनों की समान मात्रा निश्चित की जाये। ब्रिटेन ने इसे मानने से इनकार कर दिया।

(3) लन्दन का सम्मेलन– निःशस्त्रीकरण के सम्बन्ध में 21 जनवरी 1930 ई. को लन्दन में एक नौसेना सम्मेलन का आयोजन किया गया। इसमें अमेरिका, जापान, फ्राँस, इटली और ब्रिटेन सम्मिलित हुए। इस सम्मेलन में फ्राँस और इटली के मध्य काफी मतभेद रहा। अमेरिका, जापान और ब्रिटेन के मध्य नौसैनिक शक्ति सीमित करने के लिये कुछ निर्णय लिए गए। इस सन्धि द्वारा तीनों महाशक्तियों ने नए बड़े युद्धपोत नहीं बनाने, जंगी जहाजों की संख्या सीमित करने, वायुयान वाहनों में बड़ी तोपें न लगाने और उनकी संख्या घटाने आदि के विषय में निर्णय लिए। इस सन्धि की अवधि 1936 ई. तक रखी गयी। जापान की कुछ माँगों और हिटलर के उदय के कारण महाशक्तियों ने इस सन्धि का पालन नहीं किया।

(4) अंगोरा प्रोटोकोल–31 अक्टूबर, 1930 ई. को यूनान और तुर्की ने अंगोरा प्रोटोकोल पर हस्ताक्षर किए। इस सम्मेलन का उद्देश्य नौसेना में प्रतियोगिता

को खत्म करना था। इस तरह के एक प्रोटोकोल पर टर्की तथा सोवियत संघ के मध्य हस्ताक्षर हुए।

(5) द्वितीय लन्दन सम्मेलन—यह निःशस्त्रीकरण के सम्बन्ध में आखिरी सम्मेलन था जिसका आयोजन सन् 1933 में हुआ था। इसमें अमेरिका, ब्रिटेन, फ्राँस, जर्मनी और इटली ने भाग लिया। सम्मेलन में जापान ने ब्रिटेन और अमेरिका के बराबर जलसेना रखने की माँग की। परन्तु ब्रिटेन और अमेरिका ने इनकार कर दिया। 1936 ई. में जापान सम्मेलन से अलग हो गया। अबीसीनिया संकट के कारण इटली ने भी सम्मेलन का परित्याग कर दिया। अन्त में अमेरिका, ब्रिटेन और फ्राँस के मध्य सन्धि हुई जो परिसीमन की सन्धि के नाम से प्रसिद्ध है। लेकिन यह सन्धि भी स्थायी नहीं रही।

निःशस्त्रीकरण की असफलता के प्रमुख कारण

विश्व में निःशस्त्रीकरण के लिये अनेक अन्तर्राष्ट्रीय सम्मेलन किए गए परन्तु कोई विशेष सफलता नहीं मिली क्योंकि जर्मनी, इटली और जापान जैसे अनेक छोटे राष्ट्र अपने साम्राज्य प्रसार में लगे हुए थे। इससे निःशस्त्रीकरण के कार्यों में पर्याप्त बाधा पैदा होती थी। निःशस्त्रीकरण के सम्मेलनों में इस बात पर निर्णय नहीं हो सका कि आत्मरक्षा के लिये कौनसे शस्त्रों का प्रयोग करना चाहिए। वे कौन-से शस्त्र हैं जो विनाशकारी सिद्ध हो सकते हैं। इस विवाद के कारण किसी बात पर निश्चित निर्णय नहीं लिया जा सकता था। साम्राज्यवादी देशों के औपनिवेशिक स्वार्थ निःशस्त्रीकरण के प्रयासों के मार्ग में प्रमुख रोड़ा थे। निःशस्त्रीकरण का प्रयास सिर्फ सैद्धान्तिक रूप से किया गया, इसको व्यवहार रूप में लाने का प्रयत्न नहीं किया गया। जर्मनी में नाजीदल और हिटलर के कारण निःशस्त्रीकरण के प्रयत्न समाप्त हो गए। यूरोपीय राष्ट्रों को वास्तविक शान्ति स्थापित करने में विशेष रुचि नहीं थी। महाशक्तियाँ ऊपर से तो निःशस्त्रीकरण का आडम्बर दिखाती थीं लेकिन अन्दर-अन्दर वे युद्ध की तैयारी में लगी रहती थीं। सभी राष्ट्र अपने अस्त्र-शस्त्र के उत्पादन को राष्ट्रीय सुरक्षा मानते थे, राष्ट्र संघ के सदस्यों के साथ शान्ति संतुलन नहीं था। इसके कारण स्पष्ट निर्णय नहीं लिए जा सकते थे। विभिन्न राष्ट्रों के उद्देश्यों में काफी मतभेद था। फ्राँस जैसा राष्ट्र पहले सुरक्षा की व्यवस्था करना चाहता था, जबकि इसके विपरीत ग्रेट-ब्रिटेन निःशस्त्रीकरण के उपरांत सुरक्षा का प्रश्न उठाना चाहता था। शस्त्र बनाने वाली कम्पनियों ने

निःशस्त्रीकरण सम्मेलनों को विफल बनाने का प्रयत्न किया। अपने फायदे के लिये ये कम्पनियाँ अपने प्रतिनिधियों द्वारा उसमें बाधा पैदा करती थीं।

इस प्रकार कहा जा सकता है कि साम्राज्यवादी देशों की ओर से भले ही निःशस्त्रीकरण के लिए प्रयास प्रारम्भ किया गया परन्तु वास्तव में वे औपनिवेशिक हितों को त्यागना नहीं चाहते थे जिसके कारण निःशस्त्रीकरण के प्रयासों को सफलता नहीं मिली। राष्ट्र संघ इस सम्बन्ध में पूरी तरह से अप्रभावी रहा।

13

द्वितीय विश्व युद्ध व युद्ध के बाद संयुक्त राष्ट्र संघ

द्वितीय विश्व युद्ध की शुरुआत 1939 ई. में हुई। यह प्रथम विश्व युद्ध से अधिक विनाशक था। द्वितीय विश्व युद्ध के अनेक कारण थे जो निम्नलिखित हैं–

(1) दो प्रतिद्वन्द्वी सैनिक खेमों का उदय–सन् 1937 तक विश्व दो खेमों में बँट गया था। एक तरफ जर्मनी, इटली और जापान तो दूसरी तरफ ब्रिटेन और फ्राँस का पोलैंड को समर्थन।

(2) धुरी राष्ट्रों का युद्ध आरम्भ कराने हेतु उत्तरदायित्त्व—वर्साय की सन्धि द्वितीय विश्व युद्ध का प्रमुख कारण बनी। प्रथम महायुद्ध की अपमानजनक पराजय और ऊपर से थोपी गई अपमानजनक वर्साय की सन्धि ने जर्मन जनता के हृदय में प्रतिशोध एवं उग्र राष्ट्रवाद का संचार कर दिया। जर्मनी का अधिकतर भाग पोलैंड और फ्राँस में मिला लिया गया। युद्ध अपराध की धारा जर्मन राज्य के लिए कलंक था। जर्मनी को अंग-भंग कर दिया गया।

हिटलर ने जर्मनी में एक नई उम्मीद को जगाया और 'करो या मरो' की नीति अपनायी। हिटलर का नवीन दृष्टिकोण और प्रचार अभियान युद्ध का प्रमुख कारण बन गए। उसने अपने देशवासियों के हृदय में ये भाव भर दिए कि उसकी समस्त योजनाएँ राष्ट्रीय विकास के लिए हैं। उसने निःशस्त्रीकरण के प्रयासों को तिलाञ्जलि

दे सैनिकीकरण अनिवार्य कर दिया, ऑस्ट्रिया का अपहरण कर लिया, चेकोस्लोवाकिया को निगल लिया और हिटलर ने जर्मन जनता को विश्वास दिला दिया कि 'देश में उसके समान अधिकार-सम्पन्न अथवा विश्वासपात्र अन्य होई व्यक्ति कभी नहीं होगा। यह समय चूकने का नहीं है। मेरे समय में युद्ध छिड़ जाना चाहिए।" इसी अर्थ में केटेल्बी (Ketelby) ने द्वितीय महायुद्ध को 'हिटलर का युद्ध' (War of Hitler) कहकर सम्बोधित किया है और कहा है कि यह एक व्यक्ति की स्वतः नीति है जो दलीय शक्ति के विश्वास का महान् जुआ है।" हिटलर ने उग्र जर्मन राष्ट्रवाद की नीति कर पोलैण्ड पर हमला करके अन्त में द्वितीय महायुद्ध का भयानक विस्फोट कर दिया।

इटली और जापान में उग्रतम राष्ट्रवाद और चरमवाद ने द्वितीय महायुद्ध का मार्ग प्रशस्त किया। मुसोलिनी युद्ध का पुजारी था और युद्ध में ही समस्त मानव-शक्तियों के चरमोत्कर्ष का दर्शन करता था। उसके लिए युद्ध जीवन था, शान्ति मृत्यु। जापान, इटली और जर्मनी में से कोई भी देश उपनिवेश छीनने के किसी भी मौका से वंचित नहीं रहना चाहता था। इसीलिए अगर जापान ने मंचूरिया पर हमला किया तो इटली ने एब्रीसीनिया के साथ बलात्कार किया और म्यूनिख-दुर्घटना के उपरांत तो हिटलर दुनिया के धन के उचित वितरण पर जोर देने लगा। इस तरह उपनिवेशों को लेकर इटली, जर्मनी और जापान में सैनिकवाद पर आधारित साम्राज्यवाद की नीति का अनुसरण खुलेआम किया जाने लगा। इन तीनों धुरीराष्ट्रों के सैनिक राष्ट्रवाद ने अन्तर्राष्ट्रीय क्षेत्र में एक संकट उपस्थित कर दिया और अन्तर्राष्ट्रीय शक्तियों को पीछे धकेल दिया, जिसके परिणामस्वरूप द्वितीय विश्व युद्ध का जन्म हुआ। धुरीराष्ट्रों द्वारा अपनाए गए उग्र राष्ट्रवाद की निन्दा करते हुए गैयॉर्न-हार्डी का कथन है—"राष्ट्रवाद की भावना को त्यागने व उसकी निन्दा करने का एक प्रबल कारण प्रो. टॉयनबी का इसे 'मानव जाति का घोर शत्रु' कहना है। राष्ट्रवाद एक पिशाच के समान है क्योंकि इसके द्वारा अन्य दुष्ट प्रेतों का उद्भव होता है जो मानव स्वतन्त्रता व न्याय के लिए कम विनाशकारी नहीं होते।"

(३) अल्पसंख्यक जातियों का असन्तोष—वर्साय की सन्धि और बाद ही अन्य सन्धियों के द्वारा विभिन्न अल्पसंख्यक जातियों का निर्माण हो गया। राष्ट्रपति विल्सन ने शान्ति-सन्धि का आधार आत्म-निर्णय के सिद्धान्त को बनाना चाहा परंतु आर्थिक, सैनिक, सामाजिक और धार्मिक कारणों की वजह से उस सिद्धान्त को सभी जगह कठोरतापूर्वक लागू करना सम्भव नहीं था। अनेक स्थानों पर एक-दूसरे की विरोधी अल्पसंख्यक जातियाँ एक ही शासन के अन्तर्गत रह गईं। इसके परिणामस्वरूप

अनेक राज्यों में अल्पसंख्यक जातियों में भयँकर असन्तोष पैदा हो गया। हिटलर ने इस असन्तोष का फायदा उठाया, उसने पश्चिमी शक्तियों से सौदेबाजी की और 'अल्पसंख्यकों पर कुशासन' के बहाने की आड़ में ऑस्ट्रिया एवं सूडान प्रदेश पर बलपूर्वक अधिकार कर लिया और पोलैण्ड पर आक्रमण कर दिया।

(4) राष्ट्रों के अपने-अपने स्वार्थ—प्रथम विश्व युद्ध से जर्मनी और इटली को कोई फायदा नहीं हुआ। दुनिया में आर्थिक सम्पन्नता तथा नए बाजारों की खौफ और कच्चे माल पर अधिकार को लेकर होड़ मची थी। जापान भी निवास और औद्योगीकरण के लिए पर्याप्त साधन जुटाना चाहता था।

साम्राज्य-प्रसार सम्बन्धी भावनाओं में एक तरफ तो कशमकश चल रही थी और दूसरी तरफ आन्तरिक व्यापार की उन्नति के परिणामस्वरूप अपने तैयार माल की खपत के लिए बाजारों के ढूँढ़ निकालने की तीव्र आवश्यकता विभिन्न राष्ट्रों को उकसा रही थी। सन् 1925 से 1929 के बीच इस दिशा में और साथ ही कच्चे माल को प्राप्त करने में इन राष्ट्रों ने किसी सीमा तक सफलता प्राप्त की। लेकिन सन् 1929-1930 के आर्थिक संकट ने एक नई स्थिति पैदा कर दी थी जिसके परिणामस्वरूप प्रत्येक राज्य ने अपने निजी उद्योगों की रक्षा के लिए व्यापार कर, भारी कर-प्रणाली, समुद्री व्यापार पर प्रतिबन्ध, आयात-निर्यात सम्बन्धी नियन्त्रण आदि लागू कर दिए। इस नीति का नतीजा यह हुआ कि सम्पन्न देशों में इतना अधिक माल जमा हो गया कि उसकी खपत की गम्भीर समस्या उठ खड़ी हुई। लेकिन इससे भी अधिक असुविधा उन देशों को हुई जिनके पास कच्चे माल और उपनिवेश दोनों का ही अभाव था। उनके लिए जीवन-मरण का प्रश्न उठ खड़ा हुआ और उनके सम्मुख यह प्रश्न-चिन्ह उपस्थित हो गया कि इसमें कहाँ तक न्याय है कि कुछ देश तो कच्चे माल के सड़कर विनष्ट हो जाने की चिंता न करें जबकि दूसरे देश कच्चे माल के लिए तड़पते रहें और दाने-दाने के लिए मोहताज हों। स्वभावतः समृद्ध देशों का सर्वाधिकार और विकसित स्वामित्व अनेक अल्प-विकसित तथा महायुद्ध में पराज्य के कारण साधनहीन हो गए देशों को चूसने लगे। अब उन्हें स्वयं को समृद्ध बनाने तथा समस्याओं के हल करने का एकमात्र उपाय युद्ध ही दिखाई देने लगा। फलतः जापान, इटली और जर्मनी आदि धुरीराष्ट्र कूटनीतिक दृष्टि से निकट आते चले गए एवं एक-दूसरे के सहयोग से साम्राज्यवादी आकांक्षाओं की पूर्ति हेतु सचेष्ट हो गए। इस प्रकार इन राष्ट्रों के विभिन्न स्वार्थ द्वितीय महासागर के अग्रदूत बन गए।

(5) विश्व आर्थिक संकट—सन् 1930 में विश्वव्यापी आर्थिक मंदी का सभी

देशों पर बुरा प्रभाव पड़ा था। इस आर्थिक संकट के परिणामस्वरूप राष्ट्रों में निःशस्त्रीकरण की भावना लुप्तप्राय हो गई, वे शस्त्रों की होड़ में एक-दूसरे से बाजी मार ले जाने को लालायित हो गए और सभी में यह तीव्र आकांक्षा जाग्रत हो गई कि उनका देश शस्त्र और सेना की दृष्टि से अन्य देशों से पिछड़ा न रहे। आर्थिक संकट ने जर्मनी में नाजीवाद के उत्कर्ष में मदद पहुँचाई, इससे इटली में फासीवाद को बढ़ावा मिला एवं यूरोप के अनेक राष्ट्रों में साम्यवादी दलों का विस्तार और प्रभाव बढ़ने लगा। आर्थिक संकट का फायदा उठाकर ही जापान ने सन् 1931 में मंचूरिया पर चढ़ाई कर दी और सन् 1935 में एबीसीनिया पर इटली का आक्रमण भी इसी आर्थिक संकट का एक अप्रत्यक्ष परिणाम था।

(6) ब्रिटेन और फ्राँस के दृष्टिकोणों में भिन्नता—प्रथम महायुद्ध के उपरांत से ही ब्रिटेन और फ्राँस के मध्य मतभेद पैदा हो गए थे जो दोनों महायुद्धों के बीच की लगभग समस्त अवधि पर्यन्त चलते रहे। ब्रिटेन 'शक्ति-सन्तुलन' (Balance of Power) की अपनी परम्परागत नीति में विश्वास करता था। न तो वह जर्मनी को एकदम पंगु बनने देना चाहता था और न फ्राँस को एकदम शक्तिशाली। इसके विपरीत फ्राँस स्वयं को हर तरह से सुरक्षित करके यूरोप का सबसे अधिक शाक्तिशाली राष्ट्र बनने का अभिलाषी था। जर्मनी के सम्बन्ध में दोनों ही राष्ट्रों के बीच उग्र मतभेद थे। हिटलर ने वर्साय की संधि के नियमों को ठुकरा दिया। फ्राँस का विरोध किया। लेकिन ब्रिटेन के साथ फ्राँस का साथ नही दिया। फ्राँस जर्मनी को कमजोर करना चाहता था। 19 जून, 1935 को ब्रिटिश-जर्मन नौ-सेना समझौता फ्राँस का विरोध होते हुए भी सम्पन्न किया गया। जब सन् 1936 में हिटलर ने लोकार्नो समझौते को अस्वीकृत किया और राइन प्रदेश का सैन्यीकरण प्रारम्भ किया तो भी ब्रिटेन जर्मनी के प्रति उदारवादी तुष्टिकरण की नीति का समर्थक बना रहा। फ्रांस को ब्रिटिश नीति के आगे हार खानी पड़ी। जब नाजी हमला म्यूनिख-वार्ता की स्थिति तक पहुँच गया, तब अनिच्छा होते हुए भी विवशता के कारण फ्रांस को ब्रिटिश-मत के अनुरूप कार्य करना पड़ा।

सोवियत रूस का प्रभाव अधिक नहीं हो इसलिए ब्रिटेन जर्मनी को सशक्त देश के रूप में देखना चाहता था। पुनश्च, ब्रिटेन समुद्री यातायात में स्वतन्त्रता की नीति अपनाने के पक्ष में था। वह समुद्री यातायात को बढ़ाना और सुरक्षित करना चाहता था जो फ्रांस की नीति के विपरीत था। क्षतिपूर्ति के सम्बन्ध में भी दोनों राष्ट्रों में उग्र मतभेद रहे और राष्ट्रसंघ के प्रति भी उनके दृष्टिकोणों में असमानता थी।

फ्राँस और ब्रिटेन के मध्य मतभेदों का धुरीराष्ट्रों ने पूरा फायदा उठाया। वे स्वयं

को अधिकाधिक शक्तिशाली बनाते गए, फ्राँस के सुरक्षा-संगठन को निर्बल करते गए, अपने अन्तर्राष्ट्रीय दायित्वों से मुकरते गए और राष्ट्रसंघ की अवहेलना करते में सफल हुए। इन सब बातों का अनिवार्य परिणाम यह हुआ कि विश्व एक बार फिर पहले से भी अधिक भयानक महायुद्ध की चपेट में आ गया। ब्रिटेन की तुष्टिकरण की नीति ने हिटलर के दुस्साहस को बढ़ाने में बहुत योग दिया।

(7) राष्ट्रसंघ की निर्बलता—राष्ट्रसंघ की स्थापना अन्तर्राष्ट्रीय शान्ति की प्राप्ति के लक्ष्य को लेकर हुई थी, परंतु महाशक्तियों के असहयोगी रुख के कारण और जर्मनी, इटली तथा जापान की घोर उपेक्षा के कारण यह संस्था अपने उद्देश्य को पूरा करने में सफल नहीं हुई क्योंकि संघ की स्थापना ही बदनाम वर्साय सन्धि के अन्तर्गत हुई थी, और इसके उदय के साथ ही अमेरिका द्वारा इसे स्वीकार न करना उस पर तुषारापात था तथा आरम्भ से ही पराजित राष्ट्रों को इसकी सदस्यता न देने और रूस को इसका सदस्य बनने के लिए निमन्त्रित न करने से अनेक राज्यों के मन में यह भावना बैठकर गई थी कि राष्ट्रसंघ विजेताओं का एक गुट है जो अन्तर्राष्ट्रीय संस्था बनने का ढोंग रचता है और जिसका सिर्फ मात्र उद्देश्य यही है कि वह पेरिस के मनमाने समझौते को कायम रखे। यद्यपि सन् 1925 से 1928 के मध्य किए गए राष्ट्रसंघ के आर्थिक और पुनर्निर्माण के कार्यों से प्रभावित होकर 56 राष्ट्रों ने इसकी सदस्यता स्वीकार कर ली थी, लेकिन यह अभिवृत्ति क्षणिक थी। जब बड़े-बड़े राज्यों के स्वार्थों के प्रश्न राष्ट्रसंघ के उद्देश्यों से टकराए तो पवित्र प्रस्ताव पारित करने और आयोगों की नियुक्ति करने के सिवाय राष्ट्रसंघ कुछ भी न कर सका। राष्ट्रसंघ की शक्ति में तब कुछ बढ़ोत्तरी हुई थी जब सन् 1925 में जर्मनी ने इसकी सदस्यता ग्रहण की। परन्तु जर्मनी द्वारा हिटलर के उदय के उपरांत सदस्यता त्याग देने के उपरान्त संघ निरन्तर निर्बल होता गया।

राष्ट्रसंघ की नपुंसकता से प्रोत्साहित होकर फासिस्ट और नाजी शक्तियाँ आक्रामक हो गईं और उन्होंने द्वितीय महायुद्ध का रास्ता बता दिया। जापान ने अन्तर्राष्ट्रीय सुरक्षा में सहयोग देने सम्बन्धी अपने वचनों को ठुकराते हुए सन् 1931 में मंचूरिया पर अधिकार कर लिया और सन् 1937 में चीन पर आक्रमण कर दिया। लेकिन जापान को रोकने में राष्ट्रसंघ बिल्कुल समर्थ नहीं रहा और जब चीन पर हमले के लिए राष्ट्रसंघ ने जापान के खिलाफ प्रतिबन्ध लगाए तो उसने संघ का परित्याग कर दिया। सन् 1935 और 1936 में इटली ने क्रमशः एबीसीनिया और अल्बानिया पर अधिकार कर लिया। यद्यपि राष्ट्रसंघ ने इटली पर आर्थिक प्रतिबन्ध लगाए परन्तु संघ के सदस्य प्रतिबन्धों को प्रभावकारी बनाने के लिए बिल्कुल उत्सुक न थे।

राष्ट्रसंघ की दुर्बलता को समझ कर इटली ने भी संघ से अपनी सदस्यता खत्म कर ली। सन् 1936 में जर्मनी ने वर्साय की सन्धि के उपबन्धों को तोड़ा और लोकार्नो समझौतों के प्रति अवज्ञा प्रदर्शित की। उसने राइनलैण्ड का सैन्यीकरण प्रारम्भ कर दिया और ऑस्ट्रिया मूकदर्शक बना रहा। सन् 1939 में जब रूस ने फिनलैण्ड पर आक्रमण किया तो राष्ट्रसंघ पुनः असहाय सिद्ध हुआ।

यूरोपीय देश शक्ति संतुलन के लिए आपस में गठबंधन कर लिया जिससे द्वितीय विश्व युद्ध की पृष्ठभूमि तैयार हो गई। निम्नलिखित कारणों से राष्ट्रसंघ परिस्थितियों को बिगड़ने से नहीं रोक पाया। क्योंकि वह सांविधानिक निर्बलता का शिकार था और उसके पास आर्थिक तथा सैनिक शक्ति की कमी थी; संघ के प्रति सदस्य-राज्यों के विभिन्न दृष्टिकोण थे और वे संघ को अपनी स्वार्थ-पूर्ति का साधन बनाने पर तुले थे, सन् 1930 के आर्थिक संकट ने राष्ट्रवादी शक्तियों को इतना ज्यादा शक्तिशाली बना दिया था कि उनके द्वारा सामूहिक सुरक्षा और हमले के सामूहिक प्रतिरोध के अन्तर्राष्ट्रीय सिद्धान्तों की उपेक्षा होने लगी; महाशक्तियों का असहयोग था; राष्ट्रसंघ के सिद्धान्तों के प्रति सदस्यों में निष्ठा की कमी थी; अधिनायकवाद के विकास और 'लहू और लोहे' की नीति में विश्वास रखने वाले हिटलर और मुसोलिनी के कार्यों ने 'शान्ति' के सभी प्रयासों का जनाजा निकाल दिया। शूमैन के अनुसार संघ तभी सफल होगा जब सदस्य राज्य इसके सिद्धांत का पालन करता।

(8) स्पेन का गृहयुद्ध और धुरीराष्ट्रों द्वारा समर्थन—सन् 1936 में जनरल फ्रांको ने स्पेन का गृहयुद्ध आरंभ कर दिया जिसमें ब्रिटेन और फ्राँस ने तटस्थता अवश्य बरती, लेकिन उनकी आन्तरिक सहानुभूति जनरल फ्रांको के साथ ही रही। हिटलर और मुसोलिनी ने फ्रांको को खुलकर सक्रिय सहयोग दिया। इसके परिणामस्वरूप सन् 1939 में स्पेन की प्रजातान्त्रिक सरकार पूर्ण रूप से हार गई और वहाँ फ्रांको की तानाशाही सरकार स्थापित हो गई। फ्रांको की इस विजय से फासिस्ट राष्ट्रों की शक्ति में काफी वृद्धि हुई और वे ब्रिटेन एवं फ्रांस की धमकियों को कोरी गीदड़-भभकी समझने लगे।

(9) जर्मनी का पोलैण्ड पर आक्रमण—उपरोक्त सब कारणों के परिणामस्वरूप द्वितीय महायुद्ध के लिए बारूद का महल खड़ा हो चुका था। सिर्फ उसमें चिनगारी लगने की देर थी और यह काम पोलैण्ड पर जर्मन हमले से हो गया। 1 सितम्बर, 1939 को हिटलर ने यक-ब-यक पोलैण्ड पर हमला किया, ब्रिटेन और फ्राँस ने 3 सितम्बर को जर्मनी को युद्ध बन्द करने की चेतावनी दी और इस चेतावनी की

अवहेलना होने पर उन्होंने जर्मनी के खिलाफ युद्ध में सम्मिलित होने की घोषणा कर दी। शीघ्र ही युद्ध ने विस्तृत महायुद्ध का रूप धारण कर लिया।

द्वितीय विश्वयुद्ध की गतिविधि

हम सुविधा की दृष्टि से द्वितीय महायुद्ध के इतिहास को पाँच भागों में विभाजित कर सकते हैं जो निम्नवत् है–

(1) 1 सितम्बर, 1939 से 21 जून, 1941 तक, जिसमें जर्मनी ने पोलैण्ड, डेनमार्क, नार्वे, बेल्जियम, नीदरलैण्ड, लक्जमबर्ग, ब्रिटेन, फ्रांस, यूनान एवं क्रेट पर हमला किया।

(2) 22 जून, 1941 से 6 दिसम्बर, 1941 तक जिसमें धुरीराष्ट्रों का अफ्रीका पर एवं जर्मनी का रूस पर हमला हुआ।

(3) 7 दिसम्बर, 1941 से 7 नवम्बर, 1942 तक, जिसमें जापान का पर्लहार्बर पर हमला तथा मित्रराष्ट्रों के सैन्य-बल का नीदरलैण्ड, वेस्टइंडीज एवं उत्तरी काकेशस पर अधिकार हुआ।

(4) 8 नवम्बर, 1942 से 6 मई 1945 तक, जिसके अन्तर्गत उत्तरी अफ्रीका पर अमेरिका का हमला तथा जर्मनी का आत्मसमर्पण हुआ।

(5) 7 मई, 1945 से 14 अगस्त, 1945 तक, जिसमें जापान का आत्मसमर्पण हुआ।

द्वितीय विश्वयुद्ध के परिणाम

द्वितीय महायुद्ध इतना विनाशकारी था कि अभी तक इस विनाश का सही-सही अनुमान लगाना मुश्किल है फिर भी, लगभग 2,000 करोड़ रुपये के मूल्य की सम्पत्ति अकेले ब्रिटेन में विनष्ट हुई। रूस, फ्राँस, जर्मनी, पोलैंड आदि देशों में भी भारी क्षति हुई।

द्वितीय विश्व युद्ध के पश्चात् ब्रिटिश साम्राज्य के भारत, पाकिस्तान, बर्मा, मिश्र, मलाया आदि देशों को स्वतन्त्रता प्रदान की। उपरांत में अफ्रीकी हिन्द चीन में फ्राँसीसी साम्राज्य खत्म हो गया। लाओस, कम्बोडिया एवं वियतनाम (दो भागों में) स्वतन्त्र हो गए। हॉलैण्ड के उपनिवेशों–जावा, सुमात्रा, बोर्निया आदि ने हिन्देशिया नामक संघ-राज्य की स्थापना की और वह भी स्वतन्त्र हो गया। जर्मन दो हिस्सों में बँट गए–पूर्वी जर्मनी और पश्चिमी जर्मनी मित्र राष्ट्रों के प्रभाव क्षेत्र में आ गया। विश्व के और भी प्रमुख मार्गों पर अमेरिका, रूस, चीन ने अपना अधिकार

कर लिया। जापान को महायुद्ध से पहले जो द्वीप संरक्षण व्यवस्था के अन्तर्गत दिए गए थे वे संयुक्त राष्ट्रसंघ की देख-रेख में न्याय-व्यवस्था के अन्तर्गत संयुक्त राज्य को हस्तान्तरित कर दिए गए। इस तरह 4 मुख्य द्वीपों और समीपवर्ती छोटे-छोटे द्वीपों पर ही जापान की सम्प्रभुता शेष रह गई। यह सम्प्रभुता भी पूर्ण नहीं थी चूँकि मित्रराष्ट्रों की तरफ से संयुक्तराज्य का मैकार्थर जापान में सर्वोच्च सेनानायक था जो व्यावहारिक दृष्टि से वहाँ का अधिनायक था। लीबिया, इरीटीरिया और इटालवी सोमालीलैण्ड पर इटली का अधिकार नहीं रहा। उसने एबीसीनिया एवं अल्बानिया की स्वतन्त्रता और सम्प्रभुता को मान्यता प्रदान कर दी। उत्तर-पश्चिमी सीमा पर फ्राँस को एवं यूगोस्लाविया को कुछ भू-क्षेत्र दिए गए। एड्रियाटिक क्षेत्र में भी कुछ भाग यूगोलाविया को मिल गया।

फ्राँस की स्थिति भी अत्यधिक दयनीय थी क्योंकि जर्मनी के आधिपत्य ने उसे तहस-नहस कर डाला था और उसकी कूटनीतिक व आर्थिक स्थिति बहुत चिन्ताजनक हो गई थी। पराजय के कलंक और उसकी लज्जा ने फ्राँस की जनता के नैतिक साहस पर गहरा आघात किया था। इण्डोचाइना, चीन, बर्मा, स्याम आदि ने धन-जन की भारी क्षति सही थी और वे मानव-जाति के इतिहास में सबसे अधिक भयानक आर्थिक एवं कूटनीतिक संकट में फँस गए थे। बल्गेरिया, रूमानिया, फिनलैण्ड, हंगरी, आदि देशों की सीमाएँ निश्चित कर दी गईं और उन्होंने मानव-अधिकारों तथा आधारभूत स्वतन्त्रताओं को प्रदान करने का आश्वासन दिया। बल्गेरिया की सीमाओं में वृद्धि हो गई चूँकि उसे रूमानिया से डोबूजा मिल गया। रूमानिया को वेसरेबिया प्रान्त रूस को देना पड़ा। हंगरी ने ट्रांसिलवानिया रूमानिया को लौटा दिया एवं स्लावक क्षेत्र चेकोस्लोवाकिया को देने पड़े। फिनलैण्ड ने कैरेलिन डमरूमध्य एवं पैट्सामों प्रान्त रूस को दे दिए।

विश्व का नेतृत्व ग्रेट ब्रिटेन के हाथ से निकल कर संयुक्त राज्य अमेरिका के हाथों में चला गया और उधर साम्यवादी रूस में विश्व-नेतृत्व की महत्त्वाकांक्षा ने घर कर लिया। युद्ध ने यह स्पष्ट कर दिया कि अव जगत में दो ही महानतम शक्तियाँ हैं—सोवियत संघ और संयुक्त राज्य अमेरिका। सोवियत संघ साम्यवादी विचार की विजय का सूचक बन गया एवं संयुक्तराज्य अमेरिका लोकतन्त्रवादी आकांक्षाओं का। संयुक्तराज्य अमेरिका ही जगत में एकमात्र ऐसा देश था जिसे युद्ध सिर्फ नगण्य क्षति पहुँचा सका था। युद्ध न तो उसकी भूमि पर लड़ा गया था और न उसे जन-धन की कोई क्षति पहुँची थी। इसके विपरीत युद्ध के परिणामस्वरूप उसके

उद्योगों में लगभग 50 प्रतिशत और खेती में 36 प्रतिशत वृद्धि हुई थी। उसके पास अणु बम का रहस्य था जो उसे जगत में सबसे अधिक शक्ति प्रदान कर रहा था। उसकी मुद्रा स्थिर थी और वह सारे युद्ध-पीड़ित जगत के लिए एक आर्थिक सहारा बन गया था। प्रत्येक देश उसकी मदद के लिए लालायित था।

विश्व का अशान्ति को दूर करने के लिए मानव ने अपने हृदय को पुनः टटोला। एक बार फिर लोकतान्त्रिक देशों ने शान्ति की खोज के प्रयत्न किए और 24 अक्टूबर, 1945 को संयुक्त राष्ट्रसंघ की स्थापना कर दी गई। युद्ध के परिणामस्वरूप सबसे ज्यादा लाभ अगर किसी राज्य को पहुँचा अथवा उसकी भूमि का प्रसार हुआ तो वह रूस था। उसके राज्य में आधा पोलैण्ड, एस्टोनिया, लाटविया, लेटविया, लिथुआनिया, फिनलैण्ड का कुछ भाग, रुथेनिया, पूर्वी प्रशा का कुछ भाग आदि मिला दिए गए और रूस का जर्मन-क्षेत्र बर्लिन से एल्ब तक बना दिया गया। रूस अब यूरोप में एक काफी शक्तिशाली राष्ट्र बन गया। केन्द्रीय यूरोप और बाल्कन देशों की स्वतन्त्र अभिव्यक्ति रूस के अन्तर्गत विलीन हो गई। यहाँ की आन्तरिक एवं विदेश नीति में रूस का प्रभाव बढ़ गया और मुद्रण एवं भाषण की स्वतन्त्रता इन प्रदेशों में कहने भर के लिए रह गई। पूर्वी और केन्द्रीय यूरोप में प्रजातन्त्रीय व्यवस्था घर न कर सकी चूँकि प्रथम तो हिटलर ने इन परम्पराओं को खत्म कर दिया था और दूसरे रही-सही परम्पराओं का अस्तित्व समाजवादी प्रचार ने खत्म कर दिया।

शांति समझौता विश्व युद्ध की समाप्ति के बाद भी जारी रहा जिससे फिर से युद्ध की ज्वाला न भड़के और दुनिया को फिर से भारी नुकसान न उठाना पड़े।

संयुक्त राष्ट्रसंघ का गठन

संयुक्त राष्ट्रसंघ का उदय प्रथम विश्वयुद्ध के बाद हुआ। महाशक्तियों के सहयोग नहीं मिलने से संघ शांति की स्थापना करने में सफल नहीं हो पाया। सन् 1939 में फिर से विश्व युद्ध शुरू हो गया जिसका नाम द्वितीय विश्वयुद्ध पड़ा। सन् 1945 में विश्व युद्ध की समाप्ति के बाद 24 अक्टूबर को संयुक्त राष्ट्रसंघ का विधिवत् गठन हुआ।

संयुक्त राष्ट्रसंघ के प्रमुख उद्देश्य—राष्ट्रों की आर्थिक, सामाजिक, सांस्कृतिक और मानवीय समस्याओं का समाधान करना, अन्तर्राष्ट्रीय शांति व सुरक्षा बनाये रखना, मानव अधिकारों की रक्षा करना संयुक्त राष्ट्रसंघ का प्रमुख उद्देश्य है—

निम्नलिखित सिद्धान्तों के आधार पर संयुक्त राष्ट्र अपना कार्य करता है—

वह सम्पूर्ण सदस्यों की समान प्रभुता पर आधारित है। हर सदस्य को चार्टर के अधीन अपनी जिम्मेदारियों को नेकनीयती के साथ पूरा करना है। संयुक्त राष्ट्रसंघ को अन्तर्राष्ट्रीय विवादों को शान्ति के साथ और इस प्रकार हल करना है कि शान्ति, सुरक्षा और न्याय को कोई खतरा पैदा न हो।

सदस्य-राष्ट्र अपने अन्तर्राष्ट्रीय सम्बन्धों में न तो धमकी देंगे और न दूसरे राष्ट्रों पर आक्रमण करेंगे। यदि संयुक्त राष्ट्रसंघ चार्टर के अनुरूप कोई कदम उठाएगा तो सभी सदस्यों को उसे पूरी तरह मदद देनी होगी और उन देशों की मदद नहीं करनी होगी जिनके विरुद्ध रोकथाम अथवा किसी फैसले को लागू करने के लिए कदम उठाया जा रहा हो। चार्टर के अधीन संयुक्त राष्ट्रसंघ को किसी राष्ट्र के आन्तरिक मामले में हस्तक्षेप करने का अधिकार प्राप्त नहीं है।

सदस्यता–संयुक्त राष्ट्रसंघ के सदस्य की संख्या 51 थी। इन सभी राष्ट्रों ने सन-फ्रांसिस्को में हस्ताक्षर किए थे। संघ की सदस्यता उन सभी राज्यों के लिए खुली है जो शान्तिप्रिय हों और संयुक्त राष्ट्रसंघ में विश्वास रखते हों।

निम्नलिखित शर्तें चार्टर के अनुच्छेद 4 में नए सदस्य बनने के लिए रखी गई हैं जिनको मानना जरूरी है–

वह एक राज्य हो, शान्तिप्रिय हो, चार्टर के द्वारा प्रस्तावित कर्त्तव्यों को स्वीकार करता हो, संघ के निर्णयों के अनुरूप उन कर्त्तव्यों को पूरा करने में समर्थ हो, संघ के निर्णयानुसार उन कर्त्तव्यों को पूरा करने की इच्छा रखता हो।

उपर्युक्त शर्तों को पूरा करने वाला राज्य संयुक्त राष्ट्रसंघ का सदस्य तभी बन सकता है जब उसे महासभा का दो-तिहाई बहुमत एवं सुरक्षा-परिषद् की स्वीकृति प्राप्त हो जाए। सुरक्षा-परिषद् के वर्तमान 15 में से 9 सदस्यों का बहुमत एवं स्थायी सदस्यों का निर्णायक मत उसके पक्ष में होना चाहिए। महासभा में सदस्यता के विषय में निर्णय होने से पूर्व सुरक्षा-परिषद् की स्वीकृति जरूरी है। वर्तमान समय में संयुक्त राष्ट्रसंघ की सदस्य संख्या 159 है।

स्वीकृत भाषाएँ–अंग्रेजी, चीनी, स्पेनी, रूसी एवं फ्राँसीसी संघ की मान्य भाषाएँ हैं। उसकी अधिकांश कार्यवाही अंग्रेजी और फ्राँसीसी भाषाओं में होती है।

अंग–अन्तर्राष्ट्रीय सम्बन्धों के सम्पूर्ण क्षेत्र में संयुक्त राष्ट्रसंघ का कार्यक्षेत्र समान रूप से विस्तृत है। उसकी व्यवस्था के लिए अलग-अलग विभागों की स्थापना की गई है। चार्टर के अनुरूप राष्ट्रसंघ के महासभा, सुरक्षा-परिषद्, आर्थिक और सामाजिक परिषद्, अन्तर्राष्ट्रीय न्यायालय और सचिवालय ये छः प्रमुख विभाग जिन पर संक्षिप्त प्रकाश नीचे डाला गया है–

"नर-नारी की पात्रता पर कोई पाबन्दी नहीं लगाएगा।"

महासभा की रचना

संयुक्त राष्ट्र के चार्टर के अध्याय चार में अनुच्छेद 9 से लेकर 22 तक महासभा की रचना, उसके कार्यों एवं शक्तियों का वर्णन किया गया है। महासभा को संघ की व्यवस्थापिका सभा कहा जाता है। यद्यपि इसके प्रस्ताव बाध्यकारी नहीं हैं। संघ के सभी सदस्य महासभा के सदस्य होते हैं। प्रत्येक सदस्य-राज्य को महासभा में पाँच प्रतिनिधि एवं पाँच वैकल्पिक प्रतिनिधि भेजने का अधिकार है, लेकिन उसका मत एक ही होता है। महासभा का एक अध्यक्ष और सात उपाध्यक्ष होते हैं। महासभा प्रत्येक अधिवेशन के लिए अपना सभापति चुनती है।

महासभा के अधिवेशन—वर्ष में एक बार महासभा का अधिवेशन होना जरूरी है, लेकिन महासचिव द्वारा सुरक्षा-परिषद् की या संघ के सदस्यों के बहुमत की प्रार्थना पर विशेष अधिवेशन भी बुलाया जा सकता है। ऐसे विशेष अधिवेशन कई मौकों पर बुलाए जा चुके हैं जैसे—फिलीस्तीन की समस्या पर 28 अप्रैल से 15 मई, 1947 को एवं 16 अप्रैल से 1948 को, मध्यपूर्व की स्थिति पर 1 से 10 नवम्बर, 1956 को हंगरी की स्थिति पर 4 से 10 नवम्बर, 1956 को, लेबनान की समस्या पर 8 अगस्त से 21 अगस्त, 1958 को, कांगो की समस्या पर 17 से 20 सितम्बर, 1960 को विशेष अधिवेशन बुलाए गए। जून, 1967 में अरब-इजराइल संघर्ष पर विचार-विमर्श के लिए भी महासभा का विशेष अधिवेशन बुलाया गया था। सन् 1971 में भारत-पाक युद्ध के समय भी महासभा का विशेष अधिवेशन आमन्त्रित किया गया।

संयुक्त राष्ट्रसंघ के उस सदस्य देशों का मताधिकार समाप्त कर दिया जाता है जो संघ का पूरा चन्दा नहीं देता है।

महासभा की समितियाँ—महासभा का कार्य मुख्य रूप से सात समितियों में विभाजित किया गया है। प्रत्येक सदस्य इनमें अपना एक प्रतिनिधि भेज सकता है। ये सात समितियाँ हैं—कूटनीतिक और सुरक्षा समिति, आर्थिक एवं वित्तीय समिति, प्रशासकीय तथा बजट समिति, कानूनी समिति, सामाजिक, मानवीय तथा सांस्कृतिक समिति तथा विशेष कूटनीतिक समिति। इनके अतिरिक्त दो अन्य प्रक्रिया सम्बन्धी (Procedual) समितियाँ भी होती हैं—सामान्य समिति जो उपर्युक्त समितियों की कार्यवाहियों में समन्वय स्थापित करती है तथा प्रमाण-पत्र समिति जो प्रतिनिधियों के प्रमाण-पत्रों की जाँच करता है।

महासभा के कार्य और उसकी शक्तियाँ—महासभा के प्रमुख कार्य हैं—

शान्ति और सुरक्षा को प्रभावित करने वाली समस्या पर विचार-विमर्श करना एवं उस पर सिफारिशें करना बशर्ते कि उस समस्या पर तब सुरक्षा-परिषद् में विवाद न चल रहा हो, शान्ति और सुरक्षा बनाए रखने के लिए अन्तर्राष्ट्रीय सहयोग के सिद्धान्तों के अनुरूप सिफारिशें करना। इसमें निःशस्त्रीकरण एवं शस्त्रों के नियमन की सिफारिशें भी शामिल हैं। सुरक्षा-परिषद् और संयुक्त राष्ट्रसंघ के अन्य अंगों से रिपोर्ट प्राप्त करना और उन पर विचार करना। अन्तर्राष्ट्रीय कूटनीतिक सहयोग, अन्तर्राष्ट्रीय कानून के विकास एवं निर्माण, मानव-अधिकारों और आधारभूत स्वतन्त्रताओं की प्राप्ति एवं सांस्कृतिक-सामाजिक, आर्थिक-शैक्षणिक और स्वास्थ्य सम्बन्धी क्षेत्रों में जरूरी अध्ययन को प्रेरित करना एवं इन सब बातों के विकास के लिए समुचित सिफारिशें करना। सुरक्षा-परिषद् के दस अस्थायी सदस्यों, आर्थिक एवं सामाजिक परिषद् के 27 सदस्यों और न्यास-परिषद् के निर्वाचित होने वाले सदस्यों को चुनना, अन्तर्राष्ट्रीय न्यायालय के न्यायाधीशों के निर्वाचन तथा सुरक्षा परिषद् की सिफारिश पर महासचिव की नियुक्ति करना। न्याय-समझौतों के अनुपालन का न्यास-परिषद् द्वारा निरीक्षण करना। राष्ट्रों के बीच मैत्रीपूर्ण सम्बन्धों पर प्रहार करने वाले किसी भी मामले के शान्तिपूर्ण समाधान के लिए सिफारिशें करना और संयुक्त राष्ट्रसंघ के बजट पर विचार करना तथा उसे मान्यता प्रदान करना, राष्ट्रों द्वारा देय चन्दे की राशि नियत करना और विशिष्ट अभिकरणों के बजटों की जाँच करना।

शान्ति के लिए एकता का प्रस्ताव—महासभा की शक्तियों में 3 नवम्बर, 1950 के 'शान्ति के लिए एकता' प्रस्ताव पास होने के उपरांत से महत्त्वपूर्ण वृद्धि हो गई है। इस प्रस्ताव के अनुसार—शान्ति को खतरा, भंग अथवा हमले के भय के सम्बन्ध में स्थायी सदस्यों के एकमत न होने के कारण अगर सुरक्षा-परिषद् अपने कार्य-संचालन में विफल रहे तो महासभा तुरन्त ही उस मामले पर विचार कर सकती है और सामूहिक कदम उठाने के लिए उचित सिफारिशें कर सकती है। शान्ति-भंग होने तथा हमला होने की हालत में शक्ति के प्रयोग पर अपनी सिफारिश दे सकती है ताकि अन्तर्राष्ट्रीय शान्ति और सुरक्षा कायम रहे। प्रस्ताव के अनुरूप सुरक्षा-परिषद् के 9 सदस्यों के साधारण मत से अथवा संघ के सदस्यों के बहुमत से 24 घण्टे का नोटिस देकर महासभा का आपातकालीन अधिवेशन बुलाया जा सकता है।

'शान्ति के लिए एकता प्रस्ताव' ने महासभा की स्थिति को काफी महत्त्वपूर्ण बना दिया है। इस बात की सम्भावना कम हो गई है कि महाशक्तियाँ बार-बार

निषेधाधिकार के प्रयोग से सुरक्षा-परिषद् को एकदम निष्क्रिय बनाकर अपना उल्लू सीधा कर सकें। नवम्बर, 1956 को मिस्त्र पर इजराइल, ग्रेट ब्रिटेन और फ्राँस के संयुक्त हमला होने पर महासभा के अधिवेशन ने इस प्रस्ताव के अनुरूप कार्य करते हुए सफलतापूर्वक शान्ति स्थापित की थी।

महासभा की शक्ति में बढ़ोतरी के प्रमुख कारण—महासभा निरन्तर प्रभावशाली होती जा रही है लेकिन उसकी शक्तियों व अधिकारों मे वांछित वृद्धि नहीं हुई क्योंकि 'शान्ति के लिए एकता प्रस्ताव' ने महासभा की शक्ति बढ़ाने में काफी योगदान दिया है, आपात्कालीन सेना की नियुक्ति से भी महासभा की शक्ति और महत्ता बढ़ी है, संघ के सभी सदस्य महासभा के भी सदस्य हैं, अतः यह एक प्रभावशाली सार्वजनिक मंच है, निषेधाधिकार के दुरुपयोग के परिणामस्वरूप सुरक्षा-परिषद् की स्थिति पहले के समान लाभकारी नहीं रही है और राज्य विश्व-जनमत को अपने पक्ष में करने के लिए महासभा को ज्यादा उपर्युक्त स्थान समझते हैं। महासभा को भी सुरक्षा-परिषद् के साथ ही अन्तर्राष्ट्रीय शान्ति तथा सुरक्षा के प्रश्नों पर विचार करने का अधिकार है। इस अधिकार के उचित प्रयोग ने महासभा के प्रभाव को बढ़ाया है। महासभा का अन्वेषणात्मक और निरीक्षणात्मक अधिकार इसे संघ के अन्य अंगों से कुछ ज्यादा महत्त्वपूर्ण स्थिति प्रदान करता है।

महासभा ने अपने अधिकार का प्रयोग कर बहुत से विवादों का शांतिपूर्ण निपटारा किया है।

सुरक्षा-परिषद्

अंतर्राष्ट्रीय शांति बनाये रखने रखने का दायित्व सुरक्षा परिषद् के जिम्मे है। सुरक्षा-परिषद् को 'संयुक्त राष्ट्रसंघ की कुँजी' (Key-organ of the U.N.) कहा जाता है। चार्टर की मूल अवस्था के अनुरूप परिषद् में पहले 11 सदस्य थे—5 स्थायी और 6 अस्थायी, लेकिन दिसम्बर, 1965 में चार्टर के एक संशोधन के अनुरूप सदस्यों की संख्या बढ़ाकर 15 कर दी गई है—5 स्थायी और 10 अस्थायी। परिषद् के निर्णयों के न्यूनतम जरूरी मतों की संख्या भी 7 से 9 कर दी गई है। अस्थायी सदस्यों का चुनाव 2 वर्ष के लिए किया जाता है। अवधि की समाप्ति पर कोई भी सदस्य तुरन्त पुनः चुनाव में खड़ा नहीं हो सकता है।

संगठन परिषद् का इस प्रकार का है कि वे लगातार काम कर सकें। इसलिए संघ-मुख्यालय में परिषद् के प्रत्येक सदस्य राज्य के प्रतिनिधि का हर समय रहना जरूरी है। कार्यविधि के नियमों के अनुरूप परिषद् की बैठकों के बीच 14 दिन से

अधिक का अन्तर नहीं होना चाहिए। परिषद् संघ मुख्यालय के अलावा कहीं और भी इच्छानुसार अपनी बैठकें कर सकती है। अपने कार्यों के सही रूप से निर्वाह के लिए वह सहायक अंगों की स्थापना भी कर सकती है। परिषद् की दो स्थायी समितियाँ हैं–(क) विशेषज्ञ समिति, जो कार्यविधि की नियमावली का काम देखती हैं, तथा (ख) नवीन सदस्यों के प्रवेश का काम देखने वाली समिति। इनके अलावा परिषद् समय-समय पर तदर्थ समितियों और आयोगों की नियुक्ति भी करती रहती है। सैनिक आवश्यकताओं, शस्त्रों के नियन्त्रण आदि पर स्वतन्त्र परामर्श एवं मदद के लिए एक सैन्य स्टाफ समिति की व्यवस्था भी है। परिषद् के अन्तर्गत एक निःशस्त्रीकरण आयोग भी है जिसकी स्थापना जनवरी, 1952 में की गई थी।

परिषद् का सभापतित्व परिषद् के सदस्यों में से अंग्रेजी वर्णमाला के अनुरूप सदस्य-राष्ट्रों के नाम के क्रम से हर महीने बदलता रहता है। परिषद् के हर सदस्य-राष्ट्र को एक मत प्राप्त है। परिषद् के निर्णय दो प्रकार के होते हैं–

कार्य और अधिकार–सुरक्षा परिषद् को अन्तर्राष्ट्रीय शान्ति तथा सुरक्षा की स्थापना की दृष्टि से व्यापाक शक्तियाँ प्रदान की गई हैं। चार्टर के अनुच्छेद 24 में स्पष्ट उल्लिखित है कि अन्तर्राष्ट्रीय शान्ति और सुरक्षा की मुख्य जिम्मेदारी सुरक्षा-परिषद् की है और उसे यह देखना है कि संघ की ओर हर कार्यवाही शीघ्र और प्रभावपूर्ण ढंग से हो। अनुच्छेद 25 के अन्तर्गत संयुक्त राष्ट्रसंघ के सदस्यों का कर्त्तव्य है कि वे चार्टर के अनुरूप सुरक्षा परिषद् के फैसलों को मानें और उन पर अमल करें। सुरक्षा परिषद् को जिन अधिकारों व शक्तियों से सम्पन्न बनाया हुआ है उनका वर्णन चार्टर के 6, 7, 8, और 12 वें अध्याय में किया गया है। इन अध्यायों के अनुरूप शान्ति तथा सुरक्षा की दिशा में अन्तर्राष्ट्रीय राजनीति को प्रभावित करने की दृष्टि से परिषद् को विभिन्न अधिकार दिए गए–

अनुच्छेद 24 के अनुरूप सुरक्षा-परिषद् का मुख्य कार्य अन्तर्राष्ट्रीय शान्ति और सुरक्षा बनाए रखना है। परिषद् उन विवादों और परिस्थितियों पर शीघ्र विचार करती है जो शान्ति के लिए खतरा पैदा कर रही हो अथवा इस तरह की सम्भावना हो गई हो। अपने कर्त्तव्यों की सुरक्षा-परिषद् संघ के उद्देश्यों तथा सिद्धान्तों के अनुरूप ही पूरा करती हैं। अनुच्छेद 24 में ही इस प्रकार की व्यवस्था की गई है कि महासभा को सुरक्षा-परिषद् विचार करने के लिए वापिस प्रतिवेदन या आवश्यकता पड़ने पर विशेष प्रतिवेदन देगी। अनुच्छेद 39 से 51 तक अशांति फैलाने का कार्य अनाक्रमक कार्यों को रोकने से संबंधित है। इसके द्वारा ही निर्धारित करती है कि अन्तर्राष्ट्रीय शान्ति और सुरक्षा बनाए

रखने या उसे फिर से स्थापित करने के लिए निम्नलिखित में से कौन-सी कार्यवाहियाँ करे—(क) ऐसी कार्यवाहियाँ जिनमें सशस्त्र सेना का प्रयोग न हो। परिषद् संघ के सदस्यों से आर्थिक सम्बन्ध पूर्ण अथवा आंशिक रूप से खत्म करने की माँग कर सकती है। इन कार्यवाहियों के अनुरूप डाक, समुद्र, तार, रेडियो एवं यातायात के अन्य साधन बन्द किए जा सकते हैं या कूटनीतिक सम्बन्ध तोड़े जा सकते हैं। (ख) अगर सुरक्षा-परिषद् इन कार्यवाहियों को पर्याप्त न समझे तो अन्तर्राष्ट्रीय शान्ति और सुरक्षा बनाए रखने अथवा दुबारा स्थापित करने के लिए सैनिक कार्यवाही कर सकती है। संयुक्त राष्ट्रसंघ के सभी सदस्य देश अनुच्छेद 43 के तहत शांति और सुरक्षा के प्रति वचनबद्ध है।अनुच्छेद 47 के अनुरूप सुरक्षा-परिषद् सशस्त्र सेनाओं का उपयोग में लाने की योजनाएँ एक सैनिक स्टाफ समिति (Military Staff Committee)की सलाह और मदद से तैयार करेगी। अनुच्छेद 47 में वर्णन है कि सुरक्षा परिषद् के उपयोग के लिए जो सशस्त्र सेनाएँ दी जायेंगी उनका युद्ध सम्बन्धी निर्देशन सैनिक स्टाफ समिति के हाथ में रहेगा और यह समिति सुरक्षा-परिषद् के अधीन रहेगी। परिषद् द्वारा किए जाने पर सैनिक स्टाफ समिति अपनी प्रादेशिक उप-समितियाँ भी बना सकती हैं। अनुच्छेद 47 में इस तरह की व्यवस्था है कि सैनिक स्टाफ समिति का काम सुरक्षा-परिषद् का निम्नांकित प्रश्नों पर सलाह और मदद देना होगा—(1) शस्त्रों पर नियन्त्रण और (2) सम्भावित निःशस्त्रीकरण। सैनिक स्टाफ समिति के सदस्य सुरक्षा परिषद् के स्थायी सदस्यों के मुख्य सैनिक-प्रमुख (Chief of Staff) या उसके प्रतिनिधि होंगे (3) अन्तर्राष्ट्रीय शान्ति और सुरक्षा-परिषद् की सैनिक आवश्यकताएँ, (4) उसके अधीन सेनाओं का प्रयोग और उनकी कमान। अनुच्छेद 48 के अनुरूप सुरक्षा-परिषद् के निर्णयों पर जो कार्यवाही होगी उसको परिषद् के निर्णय के अनुरूप संघ के सब सदस्यों को अथवा उनमें से कुछेक को करना होगा। अनुच्छेद 49 में इस तरह की व्यवस्था है कि सुरक्षा-परिषद् जो भी कार्यवाही तय करेगी उसको पूरा करने में संयुक्त राष्ट्रसंघ के सब सदस्य सामूहिक रूप से एक-दूसरे को सहयोग देंगे। अनुच्छेद 51 में उल्लेख है कि—"यदि संयुक्त राष्ट्रसंघ के किसी सदस्य पर कोई सशस्त्र हमला होता है तो वह व्यक्तिगत या सामूहिक रूप से आत्मरक्षा करने का अधिकारी है। चार्टर के अनुरूप उस पर उस समय तक कोई रोक नहीं होगी जब तक सुरक्षा-परिषद् अन्तर्राष्ट्रीय शान्ति और सुरक्षा के लिए स्वयं कोई

कार्यवाही न करे। आत्मरक्षा के लिए सदस्य जो भी कार्यवाही करेंगे, उसकी सूचना तुरन्त ही सुरक्षा-परिषद् को देंगे। पर चार्टर के अनुरूप इससे सुरक्षा-परिषद् के अधिकारों तथा दायित्वों पर कोई प्रभाव नही पड़ेगा। वह अन्तर्राष्ट्रीय शान्ति और सुरक्षा बनाए रखने के लिए फिर से स्थापित करने के लिए जब कभी भी जो भी कार्यवाही चाहे कर सकती है।" जब सुरक्षा-परिषद् किसी राष्ट्र के खिलाफ कोई कार्यवाही कर रही हो उस समय हो सकता है कि किसी दूसरे राष्ट्र के सामने कुछ विशेष आर्थिक समस्याएँ उठ खड़ी हों। ऐसी स्थिति में उस राष्ट्र को, चाहे वह संघ का सदस्य हो अथवा नहीं, अपनी समस्याओं को हल करने के लिए सुरक्षा-परिषद् से सलाह लेने का अधिकार होगा (अनुच्छेद 50)। सुरक्षा परिषद् एजेंसियों को शांति तथा सुरक्षा के लिए माध्यम के रूप में उपयोग कर सकती है। सामरिक रूप से महत्त्वपूर्ण क्षेत्रों के सम्बन्ध में संयुक्त राष्ट्रसंघ ने जो दायित्व ग्रहण किया है उसे निभाने का भार सुरक्षा-परिषद् पर ही है। संरक्षित प्रदेशों को किसी भी राष्ट्र के संरक्षण में देते समय संरक्षण सम्बन्धी शर्तें भी सुरक्षा-परिषद् द्वारा ही तय की जाती हैं। वही इन शर्तों में फेरबदल अथवा संशोधन कर सकती है। अगर सामरिक दृष्टि से महत्त्वपूर्ण ऐसे कुछ क्षेत्र हों जो संयुक्त राष्ट्रसंघ के संरक्षण में है तो इन क्षेत्रों की राजनीतिक, सामाजिक, आर्थिक एवं शैक्षणिक प्रगति के लिए सुरक्षा-परिषद् आवश्यक कदम उठा सकती है।

सुरक्षा-परिषद् महासभा के साथ मिलकर प्रारम्भिक निरीक्षणात्मक और निर्वाचनात्मक कार्य करती है । निर्माताओं द्वारा परिषद् को ये कार्य इस दृष्टि से सौंपे गए हैं कि महाशक्तियाँ महत्त्वपूर्ण संगठनात्मक मामलों पर अपना कुछ नियन्त्रण रख सकें। अंतर्राष्ट्रीय न्यायालय के न्यायाधीश के चयन में सुरक्षा परिषद का प्रमुख रोल रहता है।

3. आर्थिक और सामाजिक परिषद्

चार्टर के अध्याय 10 में जो अनुच्छेद 61 से 72 हैं वह विश्व में सामाजिक, आर्थिक, सांस्कृतिक कार्यों से संबंधित हैं।

संगठन और मतदान—आर्थिक तथा सामाजिक परिषद् में पहले महासभा द्वारा चुने हुए संयुक्त राष्ट्रसंघ के 18 सदस्य होते थे, लेकिन चार्टर में सन् 1965 के एक संशोधन के परिणामस्वरूप अब 27 सदस्य होते हैं। इनमें से 9 सदस्य प्रति तीन वर्ष के लिए चुने जाते हैं यानी एक तिहाई सदस्य हर तीसरे वर्ष छोड़ देते हैं।

पद-निवृत्त सदस्य शीघ्र पुनः चुनाव में खड़े हो सकते हैं। परिषद् में प्रत्येक सदस्य-राज्य का एक प्रतिनिधि होता है। इसमें न तो किसी राष्ट्र को निषेधाधिकार प्राप्त है और न ही स्थायी सदस्यता। अपनी स्वेच्छा के अनुरूप महासभा किसी भी सदस्य-राष्ट्र को इस परिषद् में चुन सकती है। सन् 1965 के संशोधन के अनुरूप जो 9 सीटों की वृद्धि हुई उसके बँटवारे की व्यवस्था इस तरह की गई है–सात सीटें अफ्रीकी-एशियाई देशों को एक लेटिन अमेरिकी देशों को एवं एक पश्चिमी यूरोप के देशों को।

आर्थिक तथा सामाजिक परिषद् के सभी निर्णय उपस्थित सदस्यों के साधारण बहुमत द्वारा किए जाते हैं। परिषद् के हर सदस्य का एक वोट होता है। गैर सदस्य राज्य को भी, अगर वह परिषद् में प्रस्तुत मामले से सम्बन्धित है, विचार-विमर्श में भाग लेने के लिए बुलाया जा सकता है, पर उसे मतदान का अधिकार नहीं होता।

क्रियाविधि तथा सहायक अंग–परिषद् आर्थिक और सामाजिक क्षेत्रों में मानव जीवन को समृद्ध करने के लिए और अपने कार्यों की पूर्ति के लिए आयोगों एवं समितियों की स्थापना करती है। अभी तक अनेक कार्यकारी आयोगों की स्थापना की जा चुकी है जिसमें प्रमुख हैं–यातायात एवं संचार आयोग, परिगणन आयोग, सामाजिक आयोग, जनसंख्या आयोग, मानव अधिकार आयोग, नारी अधिकार आयोग, अन्तर्राष्ट्रीय वस्तु व्यापार आयोग, मादक पदार्थ आयोग। आयोगों के सदस्य परिषद् द्वारा चुने जाते हैं। मादक पदार्थ आयोग के प्रतिनिधि सीधे उनकी सरकारों द्वारा नियुक्त किए जाते हैं। परिषद् ने एक उप-आयोग भी स्थापित किया है जिसका मुख्य कार्य है भेदभाव की रोकथाम करना। इसी तरह एक अल्पसंख्यक-सुरक्षा सम्बन्धी आयोग है। तीन प्रादेशिक आयोग भी स्थापित किए गए हैं–यूरोपीय आर्थिक आयोग, एशिया तथा सुदूरपूर्व आर्थिक आयोग एवं लेटिन अमेरिकी आयोग। परिष्द् की कुछ विशेष संस्थाएँ भी हैं–जैसे अन्तर्राष्ट्रीय बाल-कल्याण निधि जिसका उद्देश्य बाल-कल्याण के विभिन्न प्रकार के कार्यक्रमों को मदद प्रदान करना है। स्थाई केन्द्रीय अफीम बोर्ड भी परिषद् की एक विशेष संस्था है।

अपनी क्रियाविधि के नियम आर्थिक तथा सामाजिक परिषद् स्वयं बनाती है। अपना अध्यक्ष चुनने की विधि भी वह निर्धारित तय करती है। परिषद् की सभाएँ आवश्यकतानुसार अपने नियमों के अनुरूप होती हैं। इन नियमों के अन्तर्गत यह व्यवस्था भी है कि जब कभी परिषद् के सदस्यों का बहुमत प्रार्थना करे तभी परिषद् की सभा बुलाई जाए।

समितियाँ—अपने काम में सहयोग के लिए परिषद् अन्तर्राष्ट्रीय सम्पर्क समिति, प्राविधिक मदद समिति, गैर-सरकारी संगठन परामर्श समिति, कार्यविधि समिति और बैठकों के कार्यक्रम की आन्तरिक समिति। इन समितियों में प्राविधिक मदद समिति सबसे ज्यादा महत्त्वपूर्ण है।

कार्य तथा शक्तियाँ—सामाजिक तथा आर्थिक परिषद् के कार्यों तथा शक्तियों का वर्णन अनुच्छेद 62 से 66 में किया गया है।

(1) सामाजिक तथा आर्थिक और सामाजिक संस्थाओं से समझौता कर महासभा के पास अनुमोदन के लिए भेज देता है। यह अर्द्ध-विकसित देशों को विशेषज्ञ भेजती है और उन्हें मशीनों, उपकरणों आदि की पूर्ति के लिए आर्थिक मदद प्रदान करती है। यह सड़कों, भवनों, बन्दरगाहों इत्यादि के विकास में और उद्योग एवं कृषि उत्पादन को बढ़ाने में मदद करती है। परिषद् ने जो प्राविधिक मदद बोर्ड स्थापित किया है वह महत्त्वपूर्ण कार्य कर रहा है।

परिषद् का मुख्य उद्देश्य मानव अधिकारों को प्रोत्साहन देना है तथा इस दायित्व की पूर्ति के लिए परिषद् द्वारा विभिन्न आयोग स्थापित किए गए हैं। परिषद् के एक आयोग की सिफारिश पर ही महासभा ने 10 सितम्बर, 1948 को मानव अधिकार सम्बन्धी घोषणा-पत्र (Declaration of Human Rights) में स्वीकार किया गया था जिसमें राजनीतिक, आर्थिक तथा सामाजिक अधिकारों का विस्तृत रूप में वर्णन किया गया है। इन मानव अधिकारों का महत्त्व उजागर करने के लिए ही प्रतिवर्ष 10 सितम्बर को 'मानव अधिकार दिवस' मनाया जाता है। परिषद् ने शरणार्थियों एवं राज्यहीन व्यक्तियों के लिए नियम बनाए है। ट्रेड यूनियनों के अधिकारों, दासता और बेगार प्रथा का अध्ययन किया है। स्त्रियों की स्थिति पर सूचना देने तथा व्यापार में स्वतन्त्रता पर आयोग स्थापित किया है और इन विषयों से सम्बन्धित विभिन्न समझौते के प्रारूप तैयार किए हैं।

विभिन्न अन्तर्राष्ट्रीय संस्थाओं के साथ सम्बन्ध कायम करना आर्थिक तथा सामाजिक परिषद् की जिम्मेदारी है। जिन प्रमुख संस्थाओं के साथ अभी तक संयुक्त राष्ट्रसंघ का समझौता हुआ है, वे हैं—अन्तर्राष्ट्रीय श्रम संगठन (I. L.O.),संयुक्त राष्ट्र खाद्य तथा कृषि संगठन (FAO), विश्व स्वास्थ्य संगठन, अन्तर्राष्ट्रीय वित्त निगम, अन्तर्राष्ट्रीय मुद्रा कोष, अन्तर्राष्ट्रीय पुनर्निर्माण व विकास बैंक, विश्व डाक संघ, अन्तर्राष्ट्रीय नागरिक उड्डयन, अन्तर्राष्ट्रीय दूरसंचार व्यवस्था संघ तथा ॠतु-विज्ञान संगठन।

अपने अधिकार-क्षेत्र के भीतर आने वाले मामलों के सम्बन्ध में परिषद्

महासभा में करने के लिए अभिसमयों के प्रारूप तैयार कर सकती है। संघ के नियमों के अनुरूप अपने अधिकार-क्षेत्र के अन्तर्गत आने वाले मामलों पर वह अन्तर्राष्ट्रीय सम्मेलन भी करा सकती है। यह परिषद् अन्तर्राष्ट्रीय सामाजिक, आर्थिक, सांस्कृतिक, शिक्षा, स्वास्थ्य तथा तत्सम्बन्धी मामलों का अध्ययन करती है। पर वह अपनी रिपोर्ट इन मामलों पर सौंपती है और महासभा, संयुक्त राष्ट्रसंघ के सदस्यों एवं विशिष्ट संस्थाओं को सिफारिशें कर सकती है। परिषद् मानव अधिकारों और मौलिक स्वतन्त्रताओं के प्रति बढ़ाने तथा पालन करने के लिए सिफाारिशें कर सकती है।

न्याय परिषद्

संघ चार्टर के अध्याय 12 में अनुच्छेद 75 से 85 तक अन्तर्राष्ट्रीय न्यास परिषद् की व्यवस्था (International Trusteeship System) का विवरण है और अध्याय 13 में अनुच्छेद 86 से 91 तक न्यास परिषद् की रचना, शक्तियों कार्यविधियों आदि का उल्लेख है। न्याय व्यवस्था का मुख्य सिद्धांत है कि पिछड़े प्रदेश का विकास तभी हो पाएगा जब जबकि सभ्य और विकसित देश उन्हें सहयोग प्रदान करें। अतः विकसित देशों का यह कर्त्तव्य है कि वे स्वयं को न्यासी (Trustee) समझकर अविकसित प्रदेशों के हितों की देखभाल करते हुए उनके विकास में हरसम्भव सहयोग दें। जहाँ राष्ट्रसंघ की संरक्षण व्यवस्था केवल जर्मनी, तुर्की आदि से पीड़ित प्रदेशों के लिए ही थी वहाँ न्यास पद्धति का क्षेत्र उपनिवेशवाद और साम्राज्यवाद द्वारा पराधीन बनाए गए सभी प्रदेशों के लिए है। न्यास पद्धति के मूल उद्देश्य निम्नलिखित हैं–(क) अन्तर्राष्ट्रीय शान्ति तथा सुरक्षा को बढ़ाना, (ख) न्यास प्रदेशों के निवासियों का स्वशासन की दिशा में विकास करना, (ग) मानव अधिकारों एवं मूल स्वतन्त्रताओं के प्रति सम्मान की भावना को प्रोत्साहन देना एवं यह भाव जाग्रत करना कि जगत के सभी लोग अन्योन्याश्रित हैं, (घ) आर्थिक, सामाजिक तथा वाणिज्यिक मामलों में संयुक्त राष्ट्रसंघ के सब सदस्यों और उनके नागरिकों के प्रति समानता के व्यवहार का विकास दिलाया।

न्यास पद्धति के अस्वशासित प्रदेश तथा न्यास अथवा संरक्षित प्रदेश दो भागों में बाँट सकते हैं–

प्रथम प्रकार के प्रदेश (स्वशासन न करने वाले वे पराधीन प्रदेश एवं उपनिवेश जो न्यास-प्रदेश नहीं बने हैं) ब्रिटेन, फ्रॉंस आदि पश्चिमी देशों के साम्राज्य के अधीन हैं। दूसरे प्रकार के अर्थात् न्यास प्रदेश वे हैं जो सम्बन्धित राज्यों के मध्य न्यास समझौतों के द्वारा, महासभा की स्वीकृति से न्यास प्रदेश बना दिए जाते हैं।

वर्तमान समय में सभी न्यास प्रदेश स्वतंत्र हो चुके हैं।

संगठन तथा कार्य-प्रणाली—न्यास-परिषद् ने मार्च, 1947 से कार्य आरम्भ कर दिया था। इस परिषद् में संघ के विभिन्न सदस्य सम्मिलित हो सकते हैं—जिनमें प्रमुख हैं— महासभा द्वारा तीन वर्ष के लिए निर्वाचित किए जाने वाले उतने सदस्य जितने न्यास-परिषद् के न्यास-प्रदेशों पर शासन करने वाले और न करने वाले सदस्यों की संख्या को समान करने के लिए जरूरी हों। संयुक्त राष्ट्रसंघ के वे सदस्य जो न्यास प्रदेशों का प्रशासन करते हों। सुरक्षा परिषद् के स्थायी सदस्य चाहे वे न्यास प्रदेश पर प्रशासन करते हैं या नहीं।

परिषद् के हर एक सदस्य का एक मत होता है। इसके निर्णय परिषद् में उपस्थित एवं मत देने वाले सदस्यों के बहुमत से किए जाते हैं। न्यास-परिषद् अपनी कार्यविधि के नियम स्वयं बनाती है। वह अपने अध्यक्ष चुनने का तरीका भी स्वयं निर्धारित करती है। न्यास-परिषद् की बैठकें नियमानुसार की जाती हैं। सदस्यों की प्रार्थना पर विशेष बैठक भी बुलाई जाती है। आवश्यकतानुसार यह परिषद् आर्थिक एवं सामाजिक परिषद् और संस्थाओं से मदद ले सकती है।

कार्य तथा अधिकार—

(1) न्यास-परिषद् महासभा से आदेश लेती है और न्यास-प्रदेशों के शासन की देख-रेख करती है। प्रशासी अधिकारी अपने प्रतिवेदन प्रतिवर्ष न्यास-परिषद् के समक्ष रखते हैं जिन पर जरूरी विचार-विमर्श करने के पश्चात् परिषद् महासभा और सुरक्षा-परिषद् के समक्ष आवश्यकतानुसार विभिन्न प्रकार की सिफारिशें भेजती है। न्यास-परिषद् की सिफारिशें इस तरह की रहती हैं उदाहरणार्थ—मूल निवासियों के सरकार के विभिन्न विभागों में स्थान दिलाना, चिकित्सा एवं अधिक लाभप्रद स्वास्थ्य सेवाएँ सुलभ कराना, उनके वेतन तथा जीवन-स्तर को उन्नत कराना, दण्ड पद्धति में सुधार कराना, सामाजिक कुरीतियों को खत्म कर मूल निवासियों की कला तथा संस्कृति को प्रोत्साहन देना। न्यास-परिषद् ने न्यास-प्रदेशों में होने वाले अणु विस्फोटों पर भी विचार किया था। न्यास-परिषद् का दूसरा कार्य न्यास-प्रदेश के निवासियों के लिखित तथा मौखिक आवेदन-पत्रों पर विचार करना है। यह परिषद् की सबसे ज्यादा महत्त्वपूर्ण गतिविधि है जिसके माध्यम से परिषद् और न्यास-प्रदेशों की जनता के बीच सीधा सम्पर्क स्थापित होता है।

निरीक्षक मंडल के द्वारा विभाजित प्रदेशों पर अन्तर्राष्ट्रीय नियन्त्रण रखा जाता है। ये न्यास-प्रदेशों के आर्थिक विकास, श्रम-व्यवस्था, शिक्षा-प्रसार, सामाजिक

सुधार आदि से सम्बन्धित नीतियों का अध्ययन करते हैं और सुधार के लिए जरूरी सुझाव देते हैं। जिससे प्रदेशों को मदद मिलती है।

न्यास-परिषद् समस्या के समाधान के लिए–ग्रामीण विकास समिति शिक्षा समिति, तथा प्रशासी संघ समिति को स्थापित किया है। महासभा की चौथी समिति और स्वयं महासभा ने न्यास-पद्धति के विकास में काफी हाथ बँटाया है।

4. अन्तर्राष्ट्रीय न्यायालय

संयुक्त राष्ट्रसंघ ने सन् 1922 में हेग में अंतर्राष्ट्रीय न्यायालय की स्थापना की थी। नवीन न्यायालय अपने पूर्ववर्ती न्यायालय की अपेक्षा कई प्रकार से दोष-मुक्त हैं।

संगठन–इस न्यायालय में सिर्फ 15 न्यायाधीश होते हैं जिनका चुनाव सुरक्षा-परिषद् तथा महासभा द्वारा 9 वर्ष के लिए किया जाता है और कार्यविधि की समाप्ति के उपरांत पुनः निर्वाचित हो सकते हैं। एक राज्य से दो न्यायाधीश नहीं लिए जा सकते। न्यायाधीश अगर वह सदस्यों की सर्वसम्मति से जरूरी शर्तों को भंग करने का दोषी पाया जाए।

15 न्यायाधीश जिस राज्य से हैं अगर उसके अतिरिक्त किसी राज्य का मामला आता है तो वह एक अस्थायी न्यायाधीश की नियुक्ति कर सकता है। इस न्यायधीश से मामले के सम्बन्ध में कानूनी सलाह ली जाती है, परंतु निर्णय में उसका कोई हाथ नहीं रहता। अन्तर्राष्ट्रीय न्यायालय की गणपूर्ति (Quorum) 9 में रखी गई है। सभी निर्णय न्यायालय में बहुमत से लिए जाते हैं। बहुमत के अभाव में सभापति का निर्णायक मत मान्य होता है। विशेष स्थितियाँ पैदा होने पर न्यायालय अपने निर्णय पर पुनर्विचार कर सकता है। न्यायालय की भाषा फ्रेंच एवं अंग्रेजी हैं। अन्य भाषाओं को भी अधिकृत रूप से प्रयोग किया जा सकता है।

न्यायिक निर्णय का निष्पादन–संयुक्त राष्ट्रसंघ के निर्णयों को क्रियान्वित करने के लिए संघ के चार्टर की धारा 94 में व्यवस्था की गई है। इसके अनुसार संघ का प्रत्येक सदस्य यह प्रतिज्ञा करता है कि वह किसी मामले में विवादी होने पर अन्तर्राष्ट्रीय न्यायालय के फैसले को मानेगा। अगर एक पक्ष न्यायालय के निर्णयों को नहीं मानता तो दूसरा पक्ष सुरक्षा-परिषद् का आश्रय ले सकता है। सुरक्षा-परिषद् जैसा आवश्यक समझे वैसी सिफारिश या कार्यवाही करेगा। न्यायाधीश के निर्णय यद्यपि सर्वसम्मति के लिए जाते हैं, फिर भी प्रत्येक न्यायाधीश अपना पृथक् विचार निर्णय-पत्र के साथ नत्थी कर सकता है।

सुरक्षा-परिषद् के 9 सदस्यों की स्वीकृति न्यायालय के निर्णय को कार्यान्वित कराने के लिए जरूरी कार्यवाही निश्चित करते समय जरूरी है जिनमें से पाँच स्थायी सदस्य होते हैं। क्रियान्विति के उपाय धारा 41 एवं 42 में लिखे गए हैं। धारा 41 के अनुरूप सुरक्षा-परिषद् सैनिक बल-प्रयोग की छोड़कर ऐसे उपायों का प्रयोग कर सकती है जिनमें आर्थिक सम्बन्ध, समुद्र, रेल, रेडियो, डाक, यातायात के साधन तथा राजनीतिक सम्बन्धों का विच्छेद सम्मिलित है। अगर वे उपाय सफल नहीं होते हैं तो धारा 42 के अनुरूप सुरक्षा-परिषद् जल, स्थल तथा वायु सेना द्वारा ऐसी कार्यवाही कर सकता है जो अन्तर्राष्ट्रीय शान्ति और सुरक्षा के लिए जरूरी हो।

क्षेत्राधिकार—अन्तर्राष्ट्रीय न्यायालय का क्षेत्राधिकार तीन वर्गों में विभाजित किया जा सकता है—अनिवार्य क्षेत्राधिकार, ऐच्छिक क्षेत्राधिकार एवं परामर्शवादी क्षेत्राधिकार। इन तीनों पर संक्षिप्त अधिकार नीचे डाला जा रहा है।

(1) **अनिवार्य क्षेत्राधिकार**—इससे वैकल्पिक अनिवार्य क्षेत्राधिकार (Optional Compulsory Jurisdiction) भी कहा जाता है जिसके अनुसार राज्य स्वयं घोषणा करके विभिन्न क्षेत्रों में न्यायालय के जरूरी क्षेत्राधिकार को स्वीकार कर लेता है—सन्धि की व्याख्या, अन्तर्राष्ट्रीय कानून के क्षेत्र से सम्बन्धित सभी मामले, किसी ऐसे तथ्य का अस्तित्व जिसके सिद्ध होने पर किसी अन्तर्राष्ट्रीय कर्त्तव्य का उल्लंघन समझा जाए एवं किसी अन्तर्राष्ट्रीय विधि के उल्लंघन पर क्षतिपूर्ति का स्वरूप और परिणाम। राज्य घोषणा करते समय कोई भी शर्त लगा सकता है। कभी-कभी तो ऐसी शर्तों के कारण यह घोषणा व्यावहारिक रूप में निरर्थक बन जाती है तथापि सशर्त होते हुए भी वैकल्पिक धारा अनिवार्य न्यायिक निर्णय की सर्वाधिक महत्त्वपूर्ण व्यवस्था है।

(2) **ऐच्छिक क्षेत्राधिकार** इसमें न्यायालय अपनी संविधि की धारा 36 के अनुरूप राज्य से संबंधित सभी मामलों पर विचार कर सकती है। केवल राज्य ही न्यायालय के विचारणीय पक्ष हो सकते हैं व्यक्ति नहीं।

(3) **परामर्शदात्री क्षेत्राधिकार**—अन्तर्राष्ट्रीय न्यायालय ने विभिन्न महत्त्वपूर्ण विवादों के समाधान में सहयोग दिया है। जैसे मोरक्को विवाद, ऐंग्लो-ईरानी विवाद, भारतीय प्रदेशों में से पुर्तगाल को मार्ग देने के अधिकार का विवाद, कोर्फ-चेनल विवाद, ऐंग्लो-नार्वेजियन मछलीगाह विवाद आदि को लिया जा सकता है। विभिन्न देशों में एवं गुटों की अवहेलना के कारण अन्तर्राष्ट्रीय न्यायालय अधिक उपयोगी एवं सफल नहीं हो पाया।

सचिवालय

संयुक्त राष्ट्रसंघ के विभिन्न देशों एवं गुटों की अवहेलना के कारण अन्तर्राष्ट्रीय न्यायालय अधिक उपयोगी एवं सफल नहीं हो पाया। चार्टर के अध्याय 15 में अनुच्छेद 97 से 101 सचिवालय की स्थापना तथा इसके कार्य संबंधित उल्लेख मिलते हैं। यह सचिवालय सामान्यतः राष्ट्रसंघ (लीग) के सचिवालय का प्रतिरूप है।

संगठन तथा विभाग—सचिवालय में एक महासचिव और वे कर्मचारी शामिल हैं जो संघ के कार्यों के सम्पादन के लिए जरूरी हों। महासचिव सचिवालय की मदद से अपने सब कार्य करता है। महासचिव की नियुक्ति सुरक्ष-परिषद् की सिफारिश पर महासभा द्वारा की जाती है। वही संघ का प्रमुख अधिशासी अधिकारी है। संघ के पदाधिकारियों अथवा कर्मचारियों की नियुक्ति महासचिव ही महासभा द्वारा बनाए गए नियमों के अनुरूप करता है। कर्मचारियों की भर्ती और उनकी नौकरियों की शर्तों को निर्धारित करने में सर्वाधिक ध्यान इस बात पर दिया जाता है कि वे कार्यकुशल और ईमानदार हों। महासचिव यह भी ध्यान रखता है कि भर्ती ज्यादा से ज्यादा विस्तृत भौगोलिक आधार पर हो। अनुच्छेद 101 में यह व्यवस्था है कि आर्थिक और सामाजिक परिषद् एवं न्यास-परिषद् को स्थायी रूप में यथोचित कर्मचारी दिए जाएँगे और संघ अन्य अंगों को भी आवश्यकता के अनुसार कर्मचारी दिए जाएँगे। ये सभी कर्मचारी सचिवालय का ही एक अंग होंगे।

महासचिव और उनके कर्मचारी केवल संयुक्त राष्ट्रसंघ के प्रति निष्ठावान् होते हैं। अनुच्छेद 100 में स्पष्ट लिखा है कि "अपने कर्त्तव्यों की पूर्ति में महासचिव और कर्मचारी किसी राज्य से अथवा संघ के बाहर किसी अन्य अधिकारी से सलाह नहीं माँगेंगे और न पाएँगे। वे अन्तर्राष्ट्रीय अधिकारी हैं और सिर्फ संघ के प्रति उत्तरदायी हैं।" प्रत्येक सदस्य संयुक्त राष्ट्रसंघ का प्रतिबद्ध है कि वह महासचिव और इसके कर्मचारियों की जिम्मेवारियों के अन्तर्राष्ट्रीय स्वरूप को मानेगा। प्रत्येक सदस्य-राज्य वह प्रतिज्ञा करता है कि वह महासचिव और कर्मचारियों के दायित्वों के निर्वाह में किसी प्रकार का प्रभाव डालने का प्रयास नहीं करेगा।

सचिवालय प्रशासनिक और अन्य कार्यों की दृष्टि से, अन्य भागों में बँटा हुआ है। इसके प्रमुख भाग हैं—सामाजिक विभाग, आर्थिक विभाग, न्याय एवं अस्वशासित क्षेत्रों से सूचना सम्बन्धी विभाग, सम्मेलन तथा सामान्य सेवा, प्रशासकीय तथा वित्तीय सेवा एवं वैधानिक अथवा कानूनी सेवा विभाग। महासचिव की मदद के लिए एक कार्यकारी सहायक और एक औद्योगिक मदद प्रशासक भी होता है। तकनीकी मदद हेतु प्रशासन एक महासंचालक की देख-रेख में कार्य करता है। 10 अप्रैल, 1953

को स्वीडन के डॉग हैमरशोल्ड को महासचिव बनाया गया। उपरांत में 26 सितम्बर, 1957 को उन्हें अगले 5 वर्ष के लिए दुबारा महासचिव नियुक्त किया गया, लेकिन कांगो में शान्ति अभियान के समय 18 सितम्बर, 1961 को हवाई-दुर्घटना में उनकी मृत्यु हो गई। तब बर्मा के ऊ-थाण्ट को कार्यवाहक महासचिव नियुक्त किया गया और फिर उनकी नियुक्ति 5 वर्ष के पूरे कार्यकाल के लिए कर दी गई। अक्टूबर, 1966 में उनका कार्यकाल खत्म हो रहा था, लेकिन उन्हें पुनः सर्वसम्मति से महासचिव चुन लिया गया। उसके बाद ऑस्ट्रिया के डॉ. कुर्त वाल्दहीम को महासचिव बनाया गया हैं जो 1 जनवरी, 1972 से काम कर रहे थे।

संयुक्त राष्ट्रसंघ की विश्व-शान्ति में योगदान

संयुक्त राष्ट्रसंघ का प्रमुख उद्देश्य विश्व के शांति और सद्भावना की स्थापना कर दे। वर्तमान समय तक संघ के समक्ष आए विवाद को सुलझाने में सफलता और विफलता दोनों मिली है।

संयुक्त राष्ट्रसंघ के समक्ष निम्नलिखित प्रमुख विवाद प्रस्तुत हुए थे–

(1) रूस-ईरान विवाद–ईरान ने संयुक्त राष्ट्रसंघ के सामने यह प्रस्ताव प्रस्तुत किया कि रूस उसके आंतरिक मामलों में दखल नहीं देता है। यूनान में मौजूद अन्य देशों के सैनिक को बाहर निकाला जाए। अमेरिका और सोवियत रूस अपने शीत-युद्ध (Cold-War) को संयुक्त राष्ट्रसंघ में जबर्दस्ती खींच लाए। रूस ने इसी विवाद में अपने प्रथम वीटो का प्रयोग किया। परिषद् के हस्तक्षेप से रूस-ईरान विवाद सुलझ गया।

ईरानी समस्य के समाधान करने में सुरक्षा-परिषद् का यद्यपि विशेष हाथ नहीं रहा, तथापि परिषद् में हुई बहसों ने रूस के खिलाफ कर दिया और रूस ने अपनी सेनाएँ ईरानी भूमि से हटा लेना उचित समझा। यह सिद्ध हो गया कि संयुक्त राष्ट्रसंघ लोकमत को जाग्रत करने का एक काफी उपयोगी मंच है।

(2) यूनान विवाद–रूस ने पहले 3 जनवरी, 1946 को सुरक्षा-परिषद् में शिकायत की कि महायुद्ध खत्म हो जाने के उपरांत ब्रिटिश फौज यूनानी भूमि पर बनी हुई है और यूनान के आन्तरिक मामलों में हस्तक्षेप एवं अन्तर्राष्ट्रीय तनाव पैदा कर रही थी। परिषद् में विचार-विमर्श के दौरान यूनानी प्रतिनिधि ने कहा कि यूनानी जनता अपनी सुरक्षा के लिए ब्रिटिश सैनिकों की उपस्थिति जरूरी समझती है। इस स्थिति में स्वभावतः सुरक्षा-परिषद् ने मामले की सुनवाई खत्म करने का निश्चय कर लिया। दिसम्बर, 1946 में यूनान ने परिषद् से शिकायत की कि पड़ोसी साम्यवादी

देश छापामारों को सहायता प्रदान कर रहे हैं और यूनान के साथ तनाव पैदा कर रहे हैं। परिषद् ने जब आगे जाँच-पड़ताल के लिए आयोग नियुक्त किया, जिसे अल्बानिया, बल्गेरिया और यूगोस्लाविया ने अपनी सीमाओं में प्रवेश की आइना नहीं दी। अन्त में प्रमुख तीन मुख्य कारणों से यूनानी समस्या का समाधान हो गया—संयुक्त राष्ट्रसंघ के निरीक्षण में अमेरिका द्वारा यूनान को पूरी-पूरी आर्थिक व सैनिक मदद प्रदान की गई। दूसरा टीटो-स्टालिन-विवाद के कारण यूनानी छापामारों को यूगोस्लाविया की मदद बन्द हो गई और तीसरा कारण यह था कि महासभा द्वारा नियुक्त आयोग की उपस्थिति में साम्यवादी देश छापामारों को पूरी मदद नहीं दे सके।

इस प्रकार संयुक्त राष्ट्रसंघ के सामयिक और साहसिक हस्तक्षेप से दक्षिणी यूरोप का एक महत्त्वपूर्ण देश यूनान साम्यवादी नियन्त्रण में जाते-जाते बच गया।

(3) बर्लिन की समस्या—सन् 1945 में पोट्सडम समझौते के अनुरूप बर्लिन नगर फ्राँस, रूस, ब्रिटेन तथा अमेरिका के नियन्त्रण में विभाजित कर दिया गया। पश्चिमी बर्लिन मित्रराष्ट्रों के नियन्त्रण में और पूर्वी बर्लिन रूस के नियन्त्रण में आया था। पोट्सडम सम्मेलन में यह भी तय हुआ था कि दोनों जर्मनी की आर्थिक एकता बनायी रखी जाएगी, लेकिन चारों देश इस निर्णय का पालन कर सके। पश्चिमी राष्ट्रों द्वारा नई मुद्रा प्रचलित करने से नाराज होकर रूस ने 1 मार्च, 1948 को पश्चिमी बर्लिन के जल और स्थल मार्ग बन्द कर दिए। इस नाकेबन्दी का प्रत्युत्तर पश्चिमी राष्ट्रों ने हवाई मार्ग का अधिकाधिक प्रयोग करके दिया।

सुरक्षा-परिषद् में 23 सितम्बर, 1948 को रूसी नाकेबन्दी के विरुद्ध शिकायत की गई थी और इस कार्यवाही को शान्ति के लिए खतरनाक बताया गया। चूँकि झगड़ा महाशक्तियों के बीच था, अतः सुरक्षा-परिषद् समस्या पर विचार करने के अलावा और कुछ भी कर सकने में असमर्थ रही। इस बीच चारों महाशक्तियों के बीच अनौपचारिक रूप से समस्या को सुलझाने की बातचीत चलती रही और 4 मई, 1949 को ब्रिटेन, फ्रांस व अमेरिका ने सुरक्षा-परिषद् को सूचित किया कि बर्लिन समस्या पर रूस से उनका समझौता हो गया है।

महाशक्तियों के आपसी समझौते से यद्यपि समस्या का हल हुआ, तथापि संयुक्त राष्ट्रसंघ ने विचार-विमर्श, पत्र-व्यवहार और सम्पर्क आदि द्वारा दोनों पक्षों को परस्पर मिलने के लिए महत्त्वपूर्ण तथा उपयोगी पृष्ठभूमि तैयार की और स्थान एवं सुविधाएँ उपलब्ध कीं।

(4) कोरिया संकट—उत्तरी कोरिया ने जून 1950 में दक्षिणी कोरिया पर हमला कर दिया जिसके बाद 16 राष्ट्रों की संयुक्त सेना ने उत्तरी कोरिया के विरुद्ध सैनिक

कार्यवाही की। उत्तरी कोरिया के समर्थन में चीन भी लड़ाई में कूद पड़ा। एक ओर तो संयुक्त राष्ट्रसंघ की सैन्य कार्यवाही जारी रही एवं दूसरी ओर शान्तिपूर्ण समझौते के प्रयत्न भी। अन्त में जुलाई, 1961 में दोनों पक्षों में समझौता हो गया। संयुक्त राष्ट्रसंघ की कोशिश कोरिया का युद्ध विश्वयुद्ध बनने से रुक गया।

(5) फिलीस्तीन विभाजन की समस्या—महासभा के द्वारा एक समिति का गठन किया गया। जिसने 1947 में फिलीस्तीन को दो भागों में बाँटने की सिफारिश कर दी– एक भाग में अरब राज्य की स्थापना हो और दूसरे में यहूदी राज्य की। महासभा ने सिफारिश स्वीकार कर ली। लेकिन फिलीस्तीन-बँटवारे के प्रश्न पर अरबों और यहूदियों में संघर्ष बढ़ता गया। दोनों पक्षों में युद्ध-विराम के सभी संयुक्त राष्ट्रसंघीय प्रयत्न विफल हो गए। 14 मई, 1948 को ब्रिटेन ने फिलीस्तीन से अपना शासन हटा लिया जिसकी घोषणा 15 मई को की गई और यहूदियों ने फिलीस्तीन में इजराइल राज्य की घोषणा कर दी। बदले में लेबनान, ईराक, ट्रांसजोर्डन आदि अरब राष्ट्र नहीं भेज सके। 11 जून, 1948 को संयुक्त राष्ट्रसंघीय प्रतिनिधि बर्नाडोट की कोशिश से दोनों पक्षों में चार सप्ताह के लिए युद्ध-विराम हो गया, परंतु उपद्रव चलते रहे और 17 सितम्बर को बर्नाडोट भी गोली के शिकार हो गए। सुरक्षा-परिषद् ने अब डॉ. राल्फ जे. बंच को कार्यवाहक मध्यस्थ नियुक्त किया। 29 दिसम्बर को तीसरी बार युद्ध-विराम किया गया। इसके पश्चात् महासभा ने एक 'संयुक्त राष्ट्र समझौता आयोग' नियुक्त किया जिसने अनेक मुश्किल प्रश्नों को सुलझाया और इजराइल व पड़ोसी राज्यों से सीमा-सम्बन्धी सन्धियाँ सम्पन्न हुईं।

यद्यपि संयुक्त राष्ट्रसंघ की कोशिशों से फिलीस्तीन के विभाजन की समस्या के समाधानस्वरूप इजराइल और अरब राष्ट्रों में सन्धियाँ हो गईं, तथापि इस क्षेत्र में स्थायी शान्ति की समस्या आज भी वैसी बनी हुई है। अक्तूबर, 1956 में मिस्र और इजराइल के मध्य पुनः युद्ध छिड़ गया एवं रूसी हस्तक्षेप व राष्ट्र-संघीय कोशिशों से शान्ति स्थापित हुई। इसके उपरांत सन् 1967 और फिर सन् 1973 में अरब राष्ट्रों और इजराइल के बीच घोर युद्ध हुआ परंतु संयुक्त राष्ट्रसंघीय प्रयत्नों से अस्थायी तौर पर शान्ति स्थापित की गई।

(6) इण्डोनेशिया विवाद—द्वितीय महायुद्ध के पूर्व इण्डोनेशिया पर हॉलैण्ड का अधिकार था। युद्धकाल में जापान ने अधिकार स्थापित कर लिया। जापान की पराजय के उपरांत इण्डोनेशिया के राष्ट्रवादियों ने अपने यहाँ एक स्वतन्त्र राज्य की स्थापना की। परिणामस्वरूप हॉलैण्ड और इण्डोनेशिया में युद्ध छिड़ गया। मामला सुरक्षा-परिषद् में आया। सुरक्षा-परिषद् द्वारा नियुक्त 'सद्भाव समिति' (Good

Offices Committee) के प्रयत्नों से अगस्त, 1947 में दोनों पक्षों में युद्ध बन्द हो गया और स्थायी सन्धि-वार्ता चालू हुई। लेकिन दिसम्बर, 1948 में हॉलैण्ड ने इण्डोनेशिया गणराज्य के विरुद्ध दुबारा युद्ध छेड़ दिया एवं इण्डोनेशिया के राष्ट्रपति तथा अन्य नेताओं को गिरफ्तार कर लिया। सुरक्षा-परिषद् ने इस कार्य का विरोध करते हुए हॉलैण्ड से कहा कि इण्डोनेशिया में एक सर्वोच्च सत्ता सम्पन्न संघात्मक गणराज्य की स्थापना की जाए और डच सरकार उसे 1 जूलाई, 1949 तक सम्प्रभुता हस्तान्तरित कर दे। इस उद्देश्य की पूर्ति के लिए 'सद्भावना समिति' को 'इण्डोनेशिया आयोग' में परिवर्तित कर दिया गया।

डचों ने गहन विचार-विमर्श और दबाव के उपरांत इण्डोनेशियाई राजधानी से अपनी फौजें हटाने को तैयार हुई और यह सहमति उजागर की कि 30 दिसम्बर, 1949 तक इण्डोनेशिया के गणराज्य को सर्वोच्च सत्ता हस्तान्तरित कर दी जाएगी। कालांतर में 27 दिसम्बर, 1949 को इण्डोनेशिया को एक स्वतन्त्र सम्प्रभु गणराज्य के रूप में मान्यता प्रदान की गई और 28 दिसम्बर, 1950 को उसे संयुक्त राष्ट्रसंघ की सदस्यता भी प्रदान की गई। इण्डोनेशिया विवाद को हल करने में इस तरह संयुक्त राष्ट्रसंघ का महत्त्वपूर्ण सफलता मिली।

(7) दक्षिण अफ्रीका में भारतीयों के साथ दुर्व्यवहार का प्रश्न—भारत ने सन् 1946 में संयुक्त राष्ट्रसंघ के अधिवेशन में दक्षिणी अफ्रीकी सरकार की 'काले गोरे' भेद की शिकायत की गई। सन् 1949 में यह प्रश्न पुनः महासभा में उठाया गया जिसने एक प्रस्ताव द्वारा सिफारिश की कि भारत, पाकिस्तान और दक्षिण अफ्रीका एक गोलमेज सम्मेलन करके समस्या का निदान करें। सम्मेलन में दक्षिण अफ्रीका की हठ के कारण कोई निर्णय न हो सका। संयुक्त राष्ट्रसंघ की महासभा में अब तक यह प्रश्न बार-बार उठाया जाता है, लेकिन दक्षिण अफ्रीका के व्यवहार में कोई बदलाव नहीं आया। इस समस्या का समाधान नहीं कर पाना राष्ट्रसंघ की भारी विफलता है।

(8) कश्मीर समस्या—15 अगस्त, 1947 को स्वतंत्रता देने से पहले ब्रिटिश शासक ने यह व्यवस्था की कि देशी राज्य अपनी इच्छानुसार अपनी स्थिति का निर्धारण कर सकते हैं। वे चाहें तो भारत अथवा पाकिस्तान के साथ मिल सकते हैं या स्वतन्त्र रह सकते हैं। कश्मीर भी इसी प्रकार का एक देशी राज्य था। इस राज्य ने स्वतन्त्र रहने का निर्णय किया।

पाकिस्तान की नियत कश्मीर को जबरदस्ती अपने साथ मिलाने की थी। अतः 22 अक्तूबर, 1947 को उसने उत्तर-पश्चिमी सीमा-प्रान्त के कबाइलियों द्वारा कश्मीर

पर आक्रमण करवा दिया। पाकिस्तान की नियमित सेना के एक बड़े भाग ने भी इस हमले में भाग लिया। राजधानी श्रीनगर का पतन सन्निकट होने पर कश्मीर के महाराजा ने 26 अक्टूबर, 1947 को भारत सरकार से कश्मीर को भारत में सम्मिलित कर अविलम्ब सैनिक मदद देने का अनुरोध किया। महाराजा ने प्रवेश-पत्रक पर हस्ताक्षर कर दिए। तदोपरान्त भारतीय सेनाएँ कश्मीर की रक्षा के लिए भेज दी गईं। कश्मीर में पाकिस्तान का नग्न हमला जारी रहा और 1 जनवरी, 1948 को भारत ने सुरक्षा-परिषद् में शिकायत की कि इस हमले से अन्तर्राष्ट्रीय शान्ति को खतरा है। भारत ने यह भी स्पष्ट कर दिया कि पाकिस्तान का कश्मीर पर हमला स्वयं भारत के खिलाफ किया गया हमला है। भारत के तत्कालीन प्रधानमन्त्री पण्डित नेहरू ने घोषणा की कि भारत में कश्मीर का स्थायी विलयन वहाँ जनमत संग्रह के (Plebiscite) आधार पर ही होगा।

सुरक्षा-परिषद् में दोनों पक्षों की तरफ से आरोप-प्रत्यारोप होते रहे। 20 जनवरी, 1948 को सुरक्षा-परिषद् ने एक मध्यस्थता आयोग की स्थापना की। जिसे युद्ध बन्दी और जनमत संग्रह का कठिन काम सौंपा गया। आयोग के प्रयास से युद्ध विराम हो गया और एक-तिहाई कश्मीर पाकिस्तान के कब्जे में रह गया। आयोग ने जनमत-संग्रह कराने के लिए दोनों देशों पर कुछ प्रतिबन्ध लगाए जिन्हें पाकिस्तान ने भंग कर दिया। कश्मीर में परिस्थितियाँ तेजी से बदल गईं और भारत व पाकिस्तान में समझौता कराने के संयुक्त राष्ट्रसंघीय प्रयत्न सफलता प्राप्त न कर सके। पाकिस्तान को पश्चिमी राष्ट्रों का खुला समर्थन मिलता रहा और उनके हाथों में खेलते हुए सुरक्षा-परिषद् भारत के साथ अन्याय करती रही। सन् 1954 में कश्मीर की संविधान सभा ने कश्मीर के विधिपूर्वक भारत में विलय का अनुमोदन कर दिया। सन् 1956 में कश्मीर के लिए एक नया संविधान स्वीकार किया गया जिसके द्वारा कश्मीर प्रत्येक दृष्टि से भारत का कानूनी अंग बन गया। इस तरह अब कश्मीर समस्या का स्वरूप बिल्कुल परिवर्तित हो गया और जनमत-संग्रह का कोई मूल्य नहीं रह गया। पाकिस्तान द्वारा अमेंरिकी सैनिक गुट में सम्मिलित हो जाने के कारण कोई मूल्य नहीं रह गया। पाकिस्तान द्वारा अमेरिकी सैनिक गुट में सम्मिलित हो जाने के कारण और कश्मीर को बलपूर्वक लेने की कूटनीति के कारण जनमत-संग्रह की बात बहुत पहले ही निरर्थक हो चुकी थी।

सुरक्षा परिषद् में कश्मीर का मामला वर्तमान समय में भी विषय सूची में विद्यमान है। पाकिस्तान को अब यह बात समझ में आ गई है कि सुरक्षा परिषद द्वारा भारत पर कोई निर्णय थोपना अब संभव नहीं है।

संयुक्त राष्ट्रसंघ के लिए सही मायने में कश्मीर का विवाद राहू के समान साबित हुआ। यद्यपि इस प्रश्न को लेकर भारत और पाकिस्तान के बीच होने वाले युद्धों को वह शान्त कर सका है, तथापि पश्चिमी शक्तियों के हाथों में खेलते हुए उसने जो पक्षपातपूर्ण निर्णय अपनाया है, उससे इस महान् संस्था के गौरव को ठेस ही लगी है। न्याय और निष्पक्षता की आवश्यकता यही है कि संयुक्त राष्ट्रसंघ हमला पाकिस्तान की सेनाओं को कश्मीर की भूमि से हटाने की कार्यवाही करे।

(9) स्वेज नहर विवाद—स्वेज नहर का निर्माण 1969 में किया गया जिसका संचालन एक स्वेज नहर कम्पनी करती थी जिसमें ब्रिटेन और फ्रॉंस के अधिकांश शेयर थे। स्वेज नहर से ब्रिटिश सैनिक को हटाने को लेकर मिस्र से1954 में समझौत हुआ जिसके बाद ब्रिटिश सेना को हटना पड़ा। उक्त समझौते के उपरांत भी मिस्र और ब्रिटेन व अन्य पश्चिमी राष्ट्रों के सम्बन्धों में किसी प्रकार का कोई सुधार नहीं हुआ और 26 जुलाई, 1956 को नासिर ने स्वेज नहर का राष्ट्रीयकरण कर दिया एवं मिस्र में स्वेज नहर कम्पनी की सम्पत्ति जब्त कर ली। यह समस्त विवाद ब्रिटेन और फ्रॉंस ने 26 सितम्बर को सुरक्षा-परिषद् के सम्मुख रख दिया। परिषद् ने 13 अक्टूबर, 1956 को समस्या के हल के लिए एक प्रस्ताव के रूप में 6 सिद्धान्तों का प्रतिपादन किया जिसमें स्वेज नहर पर अन्तर्राष्ट्रीय नियन्त्रण रखने का भी सुझाव दिया गया, लेकिन सोवियत वीटो से यह प्रस्ताव रद्द हो गया।

आपसी तनाव इतने बढ़ गए कि 29 अक्टूबर, 1956 को ब्रिटेन और फ्रॉंस की प्रेरणा पर इजराइल ने स्वेज नहर क्षेत्र पर हमला कर दिया। इसके दो दिन उपरांत ही ब्रिटेन और फ्रांस भी इजराइल के साथ युद्ध में कूद पड़े। फ्रॉंस और ब्रिटेन के वीटो के कारण सुरक्षा-परिषद् में युद्ध बन्द करने का प्रस्ताव पास न हो सका। संयुक्त राष्ट्रसंघ के जीवन में यह भारी संकट का समय था जब सुरक्षा-परिषद् के स्थायी सदस्य स्वयं संघ के चार्टर का उल्लंघन करके संघ के एक सदस्य राज्य पर आक्रमण कर रहे थे। महासभा के एक विशेष अधिवेशन में 2 नवम्बर, 1956 को अमेरिका का एक प्रस्ताव पारित किया जिसमें ब्रिटेन और फ्रॉंस की सैन्य कार्यवाही की आलोचना करते हुए शीघ्र युद्ध बन्द करने पर बल दिया। 4 नवम्बर को यह प्रस्ताव पास किया गया कि महासचिव श्री डॉग हैमशोल्ड संयुक्त राष्ट्रसंघ की एक आपात्कालीन सेना तैयार करे जा मिस्र में लड़ाई बन्द कराने जाए एवं युद्धबन्दी का कार्य करे। 10 राष्ट्रों ने मिलकर 6 हजार सैनिक दिए जो संयुक्त राष्ट्रसंघ के नीले और श्वेत झंडे के नीचे एकत्र हुए। 5 नवम्बर को सोवियत रूस ने ब्रिटेन और फ्रॉंस को चेतावनी दी कि अगर एक निश्चित समय के अन्दर मिस्र पर आक्रमण बन्द

नहीं किया गया तो सोवियत संघ नवीनतम शस्त्रों के साथ इस संकट में हस्तक्षेप करेगा। इस चेतावनी से तृतीय महायुद्ध की सम्भावना दिखाई पड़ने लगी एवं ब्रिटेन एवं फ्राँस व इजराइल की सेनाएँ मिस्र से हट जाएँ एवं स्वेज नहर क्षेत्र में अन्तर्राष्ट्रीय पुलिस की व्यवस्था की जाए। इस प्रस्ताव के परिणामस्वरूप युद्ध पूरी तरह बन्द हो गया और 15 नवम्बर को संयुक्त राष्ट्रसंघीय आपात्कालीन सेना का पहला दस्ता मिस्र पहुँच गया। मिस्र ने संघ की सेनाओं को तभी घुसने का आदेश दिया जब मिस्र की प्रभुसत्ता को हानि न पहुँचाने का वादा किया। अप्रैल, 1957 में स्वेज नहर से जहाजों का आना-जाना दुबारा आरंभ हो गया।

मिस्त्र में युद्ध के बन्द कराने तथा विदेशी सेनाओं को हटाने में संयुक्त राष्ट्रसंघ को पूरी तरह सफलता मिली और स्वेज नहर पर ब्रिटेन व फ्राँस के पुनः आधिपत्य करने की महत्त्वाकांक्षा विनष्ट हो गई।

(10) कांगो समस्या—संयुक्त राष्ट्र संघ की सबसे कठिन परीक्षा कांगो समस्या के दौरान हुई और सौभाग्यवश इसमें वह सफल हुआ। जुलाई, 1960 में कांगो में भीषण गृहयुद्ध छिड़ गया जिसे भड़काने में बेल्जियम का मुख्य षड्यन्त्र था। संयुक्त राष्ट्रसंघ ने सैनिक उपायों द्वारा कांगो का विघटन होने से बचा लिया। सितम्बर, 1962 में महासचिव हेमरशोल्ड कांगो के संघर्षरत नेताओं से बातचीत के लिए स्वयं कांगो गए और वहीं मार्ग में वायु-दुर्घटना में खत्म हो गए। उसके उपरांत नए महासचिव ऊथांट द्वारा ये कोशिशें जारी रखी गईं। अन्त में विरोधी प्रान्त कटंगा ने अपने घुटने टेक दिए और जनवरी, 1963 में कांगो में शान्ति का मार्ग प्रशस्त हो गया। संयुक्त राष्ट्रसंघ का शान्ति स्थापना का कार्य कांगो के एकीकरण के साथ खत्म हुआ।

(11) यमन की समस्या—राजतन्त्रवादी और गणतन्त्रवादी के मध्य यमन से अपनी-अपनी सरकार के गठन के लिए संघर्ष होने लगा। सऊदी अरब और जोर्डन ने राजतन्त्रवादियों की मदद की और मिस्र ने गणतन्त्रवादियों की। गृहयुद्ध को व्यापक बनाने से रोकने के लिए संयुक्त राष्ट्रसंघ द्वारा हस्तक्षेप किया गया। मार्च, 1963 में संघ की तरफ से राल्फबुंच ने प्रत्यक्ष भेंट द्वारा दोनों पक्षों को इस बात के लिए तैयार किया कि वे अपने-अपने सैनिकों को वापस बुला लें और समस्या का शान्तिपूर्ण हल खोजें। संयुक्त राष्ट्रसंघ के उपरांत के प्रभावपूर्ण प्रयासों के परिणामस्वरूप धीरे-धीरे बाह्य शक्तियों ने यमन से अपनी सेनाएँ हटा लीं और यमन में शान्ति स्थापित हो गई।

(12) साइप्रस की समस्या—साइप्रस 13 अगस्त, 1960 को ब्रिटिश सत्ता से

मुक्त होने के बाद साइप्रस के राष्ट्रपति ने संविधान में संशोधन के लिए प्रस्ताव पेश किया जिससे वहाँ गृहयुद्ध आरंभ हो गया। समस्या पर यूनान, टर्की और साइप्रस के बीच इंग्लैंड में शान्ति-सम्मेलन आरंभ हुआ। ब्रिटेन ने साइप्रस में नाटो फौजें भेजने का कुछ जाल रचा। राष्ट्रपति मकारियोस ने दिसम्बर, 1963 में सारा मामला सुरक्षा-परिषद् के सामने प्रस्तुत कर संयुक्त राष्ट्रसंघीय पर्यवेक्षक भेजने तथा स्थिति सँभालने के लिए संघ के हस्तक्षेप की माँग की। लम्बे विचार-विमर्श के उपरांत मार्च, 1964 में साइप्रस में शान्ति-स्थापना हेतु संयुक्त राष्ट्रसंघीय शान्ति-सेना भेजने का निर्णय किया गया। शीघ्र ही अन्तर्राष्ट्रीय सेना साइप्रस पहुँच गई जिसने वहाँ कानून तथा व्यवस्था बनाए रखने में उल्लेखनीय सफलता प्राप्त की। इसके पश्चात् इस आपात्कालीन सेना की अवधि बढ़ाई जाती रही।

(13) डोमिनिकन गणराज्य-विवाद—1965 में लेटिन अमेरिका के इस छोटे-से देश में अप्रेल में गृह-युद्ध छिड़ गया। अमेरिकी राष्ट्रपति ने अपने पक्ष की सरकार को बचाने के लिए हस्तक्षेप किया। यह बहाना किया गया कि डोमिनिकन गणराज्य को साम्यवादियों से बचाने के लिए यह कार्यवाही की गई है। रूस ने सुरक्षा-परिषद् से अनुरोध किया कि वह मामले में हस्तक्षेप करे। परिषद् द्वारा अन्त में यह प्रस्ताव पास किया गया कि युद्धरत दोनों पक्ष युद्ध-विराम करें और महासचिव डोमिनिकन गणराज्य में जरूरी जाँच-पड़ताल के लिए प्रतिनिधि भेजें। अमेरिकी राज्यों के संगठन ने भी समस्या निराकरण की दिशा में कुछ ठोस कदम उठाए। अन्त में अमेरिकी राज्यों के संगठन और संयुक्त राष्ट्रसंघ के प्रयासों से 4 माह के गृहयुद्ध के पश्चात् 31 अगस्त, 1965 को दोनों पक्षों में समझौता हो गया और वहाँ शान्ति स्थापित हो गई। युद्धविराम की कोशिशों में संघ ने अपनी रिपोर्ट में दृढ़ शब्दों में कहा कि डोमिनिकन गणराज्य में युद्ध बन्द कराने के कार्य में संघ ने अत्यंत महत्त्वपूर्ण कार्य किया है।

(14) अरब-इजरायल संघर्ष—संयुक्त राष्ट्रसंघ की अन्तर्राष्ट्रीय सेना सन् 1956 के अरब-इजरायल संघर्ष में युद्ध-विराम होने पर गाजा और मिस्र की अन्तर्राष्ट्रीय सीमा पर तैनात हो गई थी ताकि इजरायल और अरबों में पुनः संघर्ष न छिड़ जाए, लेकिन दोनों पक्षों में तनाव बढ़ता गया। सन् 1967 में काफी जोर-शोर से युद्ध की तैयारियाँ आरंभ हो गईं। मई में राष्ट्रपति नासिर के जिद करने पर संयुक्त राष्ट्रसंघ के सैनिक हटा लिए गए। अब संयुक्त अरब गणराज्य और इजरायल की सेनाएँ आमने-सामने हो गईं। एक-दूसरे की कार्यवाहियों से स्थिति बिगड़ गई और 5 जून को एकाएक इजरायल ने अरबों पर अपना विनाशकारी हमला कर दिया।

सीरिया, जोर्डन, इराक, मिस्र आदि 10 करोड़ वाली जनसंख्या के देश छोटे-से इजरायल का हमला न बर्दाश्त कर सके। सिर्फ 5 दिन की लड़ाई में ही अरब-राष्ट्रों की सामरिक क्षमता का विनाश हो गया। सुरक्षा परिषद् युद्ध विराम के लिए अथक प्रयास करती रही एवं 7 जून को एक आदेश पास किया कि सभी देश युद्ध विराम कर दें। 16 जुलाई से स्वेज नहर क्षेत्र में संघ के पर्यवेक्षकों की देख-रेख में युद्ध-विराम लागू हो गया। परंतु फिर भी पूर्ण शान्ति स्थापित न हो सकी और आज भी इस क्षेत्र में दोनों पक्षों में सैनिक झड़पें होती रहती हैं। आपसी तनाव पुनः विस्फोटक स्थिति में पहुँचता जा रहा है और स्थायी शान्ति की दूर-दूर तक किसी प्रकार की संभावना नहीं दिखाई देती है। अरब-राष्ट्रों और इजरायल के बीच बार-बार युद्ध-विराम कराने में संघ को सफलता अवश्य मिली है, लेकिन इसे समस्या का स्थायी समाधान नहीं कहा जा सकता। इस क्षेत्र में शान्ति तभी सम्भव हो सकेगी जब विश्व की महाशक्तियाँ बीच में पड़कर रुचिपूर्वक कोई हल निकालने का प्रयास करेंगी।

(15) भारत-पाक संघर्ष, 1965—कश्मीर को हड़पने के लिए पाकिस्तानी सैनिकों ने 1965 में छिपकर आक्रमण कर दिया। परंतु इस युद्ध में पाकिस्तान को मुँह की खानी पड़ी और अंत में संयुक्त राष्ट्रसंघ के प्रयास से पाकिस्तान का विनाश होने से बच गया।

संयुक्त राष्ट्रसंघ आरंभ से अन्त तक युद्ध-विराम के प्रयास करता रहा। स्वयं महासचिव ने दिल्ली और कराची पहुँच कर श्री शास्त्री और अयूब से सीधा सम्पर्क स्थापित किया। अपनी प्रारम्भिक रिपोर्ट में महासचिव ने सुरक्षा-परिषद् को बताया कि अगर पाकिस्तान तैयार हो तो भारत बिना शर्त युद्ध बन्द करने को तैयार है, परंतु पाकिस्तान ने युद्ध-विराम प्रस्ताव को सीधे तौर पर ठुकरा दिया। महासचिव ने माँग की कि परिषद् दोनों पक्षों को बिना किसी देरी के युद्ध बन्द करने का आदेश दे और युद्ध बन्द न होने पर ठोस कार्यवाही करे। भारत ने स्पष्ट रूप से कह दिया कि परिषद् पहले यह निश्चित करे कि आक्रामक कौन है। भारत ने यह भी कह दिया कि संयुक्त राष्ट्रसंघीय पर्यवेक्षकों की रिपोर्ट ही इस बात का स्पष्ट प्रमाण है कि कश्मीर में घुसपैठी हमला पाकिस्तान ने आरंभ किया और उपरांत में पूरी तरह आक्रमण कर दिया। अन्त में काफी उतार-चढ़ाव के उपरांत परिषद् द्वारा यह प्रस्ताव स्वीकार किया गया कि भारत और पाकिस्तान 22 सितम्बर को दोपहर से युद्ध बन्द कर दें और युद्ध-विराम लागू होने के उपरांत अपनी सेनाओं को 5 अगस्त, 1965 की स्थिति में लौटा लें। पाकिस्तान द्वारा सहमति की सूचना देने पर युद्ध 23 सितम्बर, 1965 को प्रातः 3½ बजे बन्द हो गया।

22 सितम्बर का सुरक्षा-परिषद् का प्रस्ताव भारत के साथ न्याय नहीं था। इसमें दोनों देशों को युद्ध बन्द करने का आदेश दिया गया था जबकि यह आदेश सिर्फ आक्रमणकारी पाकिस्तान को ही दिया जाना चाहिए था, चूँकि उसने ही परिषद् के युद्ध बन्दी के पूर्व प्रस्ताव को ठुकराया था। आक्रामक और आक्रान्त दोनों के साथ एक-सा व्यवहार करना न्यायसंगत नहीं था। भारत ने केवल यही सोचकर इसे मान लिया कि उसकी शान्तिप्रियता पर कोई अँगुली न उठा सके।

(16) चेकोस्लोवाकिया का संकट—सोवियत संघ एवं वारसा सन्धि के अन्य साम्यवादी देशों ने 21 अगस्त, 1968 को चेकोस्लोवाकिया में सैन्य कार्यवाही के कई कारण थे। मूल कारण यह घोषित किया गया कि चेकोस्लोवाकिया के साम्यवादी शासन को प्रतिक्रियावादी तत्त्वों से बचाने के लिए सैनिक हस्तक्षेप अनिवार्य हो गया है। इस मामले को शीघ्र ही सुरक्षा-परिषद् में उठाया गया, परिषद् के 7 सदस्य राष्ट्रों की तरफ से एक प्रस्ताव रखा गया जिसमें रूसी कार्यवाही को स्वतन्त्र और प्रभुत्व सम्पन्न राष्ट्र पर हमला बताकर उसकी निन्दा की गई एवं यह माँग रखी गई कि रूस और वारसा राष्ट्रों की सेनाएँ शीघ्र ही चेकोस्लोवाकिया से लौट जाएँ। विभिन्न कारणों से यह प्रस्ताव बेकार सिद्ध हुआ। इस प्रस्ताव का स्वयं चेकोस्लोवाकिया की सरकार ने विरोध किया। उपरांत में सितम्बर में महासभा के अधिवेशन में इस विवाद को दुबारा उठाने का प्रयास किया गया, लेकिन इस बार भी कोई नतीजा नहीं निकला। सही मायने में चेकोस्लोवाकिया संकट के सम्बन्ध में संयुक्त राष्ट्रसंघ ने एक मूकदर्शक से अधिक कोई भूमिका नहीं निभाई।

(17) संयुक्त राष्ट्रसंघ में साम्यवादी चीन का प्रवेश—1971 में साम्यवादी चीन को संघ की सदस्यता प्रदान कर ही दी गई जिससे संयुक्त राष्ट्रसंघ में एक नये युग का जन्म हुआ।

(18) बंगलादेश की समस्या—पाकिस्तान ने अपने ही पूर्वी भाग को कुचलने के लिए सैनिक शक्ति का प्रयोग किया परिणामस्वरूप मार्च 1971 में पूर्वी पाकिस्तान की जनता ने अपनी स्वतंत्रता का एलान कर दिया। भारत अन्य देशों के साथ स्वयं बंगलादेश के प्रतिनिधिमण्डल ने इस स्थिति की गम्भीरता की ओर संयुक्त राष्ट्रसंघ का ध्यान आकर्षित किया। लेकिन अमेरिका के पाक-समर्थक और बंगलादेश विरोधी रुख के कारण संयुक्त राष्ट्रसंघ इस समस्या को सुलझाने और बंगलादेश में पाकिस्तान द्वारा मानवीय अधिकारों के हनन को रुकवाने में किसी प्रकार की विशेष मदद नहीं कर सका। पाकिस्तान के भीषण अत्याचार के उपरांत बंगलादेश में भारत की मदद से मुक्ति संग्राम सफल हुआ और बंगलादेश संयुक्त राष्ट्रसंघ का सदस्य बन गया।

(19) भारत-पाक संघर्ष—संयुक्त-राष्ट्रसंघ ने पाकिस्तान और बंगलादेश विवाद को भारत से जोड़ दिया।

अमेरिका ने परिषद् में प्रस्ताव रखा कि भारत और पाकिस्तान युद्ध-विराम करें और तुरन्त अपनी-अपनी सेनाएँ पीछे हटा लें। अन्य राष्ट्रों द्वारा भी दो प्रस्ताव रखे गए जिनमें से एक में युद्ध-विराम कर सेनाएँ वापस हटाने की बात थी। चौथा प्रस्ताव रूस द्वारा पेश किया गया जिसमें कहा गया कि पूर्वी पाकिस्तान की समस्या का कूटनीतिक हल निकाला जाए जो स्वाभाविक रूप से अन्त में संघर्ष को खत्म करेगा। अमेरिका के प्रस्ताव पर रूसी वीटो के प्रयोग से भारत के समक्ष उपस्थित एक भारी संकट टल गया। 24 घण्टे के भीतर ही परिषद् की दूसरी बैठक में दुबारा युद्ध-विराम एवं दोनों पक्षों के सैनिकों के लौट जाने का प्रस्ताव पेश किया गया जिसे रूस ने दुबारा वीटो कर दिया। चीन ने अपने विफल प्रस्ताव में भारत पर हमला करने का आरोप लगाया। सुरक्षा-परिषद् में विफल होने पर विवाद महासभा के सम्मुख प्रस्तुत हुआ जिसमें अमेरिका तथा उसके साथी राष्ट्रों के प्रभाव ने स्पष्ट कर दिया कि कोई भी युद्ध-विराम तब तक लागू नहीं किया जा सकता जब तक बंगलादेश के मुक्ति आन्दोलन को और वहाँ से पश्चिमी पाकिस्तान की फौजों की वापसी की बात को नहीं माना जाता। रूस ने 14 दिसम्बर को परिषद् की तीसरी बैठक में अमेरिका के पहले जैसे ही प्रस्ताव पर तीसरी बार वीटो का प्रयोग किया। परिषद् की अगली बैठक बुलाई जाने और कोई अन्य प्रपंच किए जाने से पूर्व ही 16 दिसम्बर को भारत द्वारा एकपक्षीय युद्ध-विराम की घोषणा कर दी गयी। भारत का उद्देश्य बंगलादेश को पाकिस्तानी कब्जे से मुक्ति दिलाना था। यह उद्देश्य पूरा होते ही उसने युद्धबन्दी का आदेश दे दिया और युद्ध में बुरी तरह हार रहे पाकिस्तान ने युद्ध रोक देने में ही अपनी कुशलता समझी।

(20) अरब-इजरायल युद्ध, 1973—अक्टूबर, 1973 में चौथा अरब-इजरायल युद्ध छिड़ गया, लेकिन महाशक्तियों की उदासीनता के कारण सुरक्षा-परिषद् में तत्काल सारी स्थिति पर विचार नहीं हो सका। रूस द्वारा इसलिए दिलचस्पी नहीं ली गयी कि युद्ध के प्रारम्भ में जीत अरबों की हो रही थी। अमेरिका ने दिलचस्पी नहीं ली चूँकि वह उस मौके के इंतजार में था जब इजरायल सम्भल कर जवाबी आक्रमण करके अपना पक्ष मजबूत कर लेता। इसी मध्य संयुक्त राष्ट्रसंघ के महासचिव वाल्दहीम ने सुझाव रखा कि युद्धरत राष्ट्रों से लड़ाई अविलम्ब बन्द करने की अपील की जाए। 7 अक्तूबर को सुरक्षा-परिषद् की गुप्त बैठक में इस सुझाव पर विचार हुआ लेकिन रूस और चीन के विरोध की वजह से कोई प्रस्ताव पास नहीं हो सका।

ज्यादातर सदस्यों का विचार था कि ऐसी किसी भी अपील का कोई फायदा तब तक नहीं होगा जब तक कि उसके साथ ही यह माँग भी न की जाए कि इजरायली फौजें सन् 1967 के युद्ध से पूर्व की विराम रेखा पर लौट जाएँ। 9 अक्टूबर को अमेरिका ने सुरक्षा-परिषद् की बैठक बुलाने की पहल की। उसने अपने प्रस्ताव में माँग रखी कि इजरायल, मिस्र और सीरिया से युद्ध बन्द करने और युद्ध पूर्व की स्थिति तक अपनी-अपनी फौजें लौटा लेने की अपील की जाए। यह प्रस्ताव अरब देशों के हित में नहीं था।

युद्ध को किस प्रकार रोका जाए इसमें सहमति नहीं बन पाई। जब स्थिति भयावह हो गई तो सुरक्षा परिषद् के अनुरोध पर इजरायल ओर मिस्र ने युद्ध बंद कर दिया, लेकिन सीरिया ने इसे नहीं माना, अतः गोलन पहाड़ियों पर भीषण युद्ध जारी रहा। स्थिति इतनी बिगड़ गयी कि रूस के प्रत्यक्ष हस्तक्षेप की सम्भावना प्रतीत होने लगी। 26 अक्टूबर को अमेरिका ने भी विश्व भर में अपने सैनिकों को सतर्क रहने का आदेश दे दिया। 27 अक्टूबर को सुरक्षा-परिषद् की बैठक में युद्ध-विराम की निगरानी के लिए और उसके उल्लंघन को रोकने के लिए एक संयुक्त राष्ट्रीय आपात् सेना के निर्माण पर विचार-विमर्श हुआ और परिषद् ने भारत के एक प्रस्ताव जिससे पश्चिमी एशिया की भयानक स्थिति में कुछ बदलाव हुआ। समझौता-वार्ता चलती रही और तब अन्त में 11 नवम्बर, 1973 को इजरायल और मिस्र के मध्य एक 6 सूत्री समझौते पर हस्ताक्षर हो गए। संयुक्त राष्ट्रसंघ की भूमिका से पुनः यह स्पष्ट हो गया कि वह महाशक्तियों के हाथ का खिलौना है।

संयुक्त राष्ट्रसंघ के कूटनीतिक क्रियाकलापों के इस विवेचन से स्पष्ट है कि संघ ने विवादों का निराकरण करने में अपनी जागरूकता दिखाई है लेकिन वह महाशक्तियों की अड़ंगेबाजी का शिकार रहा है। वियतनाम के संघर्ष, कश्मीर के प्रश्न, दक्षिण अफ्रीका की रंग-भेद की नीति, निःशस्त्रीकरण, अणुशक्ति के प्रयोग पर प्रतिबन्ध, पश्चिमी एशिया के संकट के स्थायी निदान आदि में संघ को विफलता का मुँह देखना पड़ा है। फिर भी उनमें से कुछ समस्याओं को ज्यादा विस्फोटक बनने को रोकने की दिशा में संघ के प्रयत्न प्रशंसनीय रहे हैं। विभिन्न अवसरों पर संघ के सामयिक हस्तक्षेप के कारण ही स्थिति विस्फोटक बनने से रुकी है। यद्यपि संघ विश्व-शान्ति और सुरक्षा के सूचक के रूप में पूर्ण कारगर सिद्ध नहीं हुआ है तथापि प्रत्यक्ष-अप्रत्यक्ष रूप में शान्ति बनाए रखने के इसने अनेक बार सफल प्रयास किए हैं।

संयुक्त राष्ट्रसंघ के गैर-राजनीतिक कार्य

संयुक्त राष्ट्रसंघ का सबसे महत्वपूर्ण कार्य विश्व में शान्ति और सुरक्षा बनाए रखना एवं राष्ट्रों के बीच पैदा राजनीतिक विवादों को सुलझाना है, लेकिन चार्टर ने संघ पर कुछ गैर-राजनीतिक कार्यों का भार भी डाला है जिनका उद्देश्य मानव-समाज के भौतिक, आर्थिक तथा सांस्कृतिक विकास में सहयोग देना है। चार्टर में अन्तर्राष्ट्रीय आर्थिक और सामाजिक सहयोग पर विशेष बल दिया गया है। अनुच्छेद 55 में व्यवस्था है कि–

''समानाधिकार और स्वाधीनता के आधार पर राष्ट्रों के बीच शान्ति और मित्रता के सम्बन्ध स्थापित करने हेतु जनहित और स्थिरता की जो स्थितियाँ जरूरी हैं, उनको पैदा करने के लिए संयुक्त राष्ट्रसंघ निम्नांकित बातों को बढ़ावा देगा–

(क) रहन-सहन का स्तर ऊँचा करना, सबको काम दिलाना, आर्थिक और सामाजिक उन्नति के विकास के लिए अनुकूल परिस्थितियाँ पैदा करना।

(ख) अन्तर्राष्ट्रीय आर्थिक, सामाजिक, स्वास्थ्य सम्बन्धी समस्याओं को सुलझाना और संस्कृति एवं शिक्षा के क्षेत्र में अन्तर्राष्ट्रीय सहयोग प्रदान करना।

(ग) जाति, लिंग, भाषा और धर्म का भेदभाव किए बिना सबके लिए मानव-अधिकारों और मूल स्वतन्त्रताओं के प्रति सर्वत्र सम्मान और उनका पालन करना।''

विभिन्न प्रकार के इन उद्देश्यों की पूर्ति के लिए संयुक्त राष्ट्रसंघ अपनी स्थापना के समय से ही प्रयत्नशील है। इन कार्यों को संघ कई विशिष्ट अभिकरणों और संस्थाओं की मदद से करता है। संयुक्त राष्ट्रसंघ के साथ जिन अभिकरणों और संस्थाओं का सम्बन्ध है, उन्हें कार्यों की दृष्टि से चार समूहों में रखा जा सकता है–आर्थिक, संचार, सांस्कृतिक तथा स्वास्थ्य एवं कल्याण सम्बन्धी।

आर्थिक संगठन–आर्थिक कार्यों के संपादन के लिए अंतर्राष्ट्रीय मुद्राकोष, अंतर्राष्ट्रीय श्रम संगठन और खाद्य तथा कृषि संगठन संस्था का निर्माण किया गया।

संचार सम्बन्धी संगठन–संयुक्त राष्ट्रसंघ के विशिष्ट संचार सम्बन्धी अभिकरणों में ये महत्वपूर्ण हैं–विश्व डाक, संघ, विश्व ऋतु-विज्ञान संगठन, अन्तर्राष्ट्रीय दूर-संचार संघ अन्तर्राष्ट्रीय नागरिक उड्डयन संगठन और अन्तर-सरकारी जहाजरानी परामर्शदात्री संगठन।

सांस्कृतिक संगठन–यूनेस्को —संयुक्त राष्ट्रसंघ के विशिष्ट अभिकरणों में 'यूनेस्को' (संयुक्त राष्ट्रीय शिक्षा, विज्ञान और सांस्कृतिक संगठन) का अपना विशेष महत्व है। इस संस्था की स्थापना 4 नवंबर 1946 को की गई। इसके तीन प्रमुख

अंग हैं—सामान्य सभा, कार्यकारिणी तथा सचिवालय। संयुक्त राष्ट्र के करीब सभी सदस्य यूनेस्को के भी सदस्य हैं। यूनेस्को बिना किसी भेदभाव के मानव अधिकारों एवं शांति की स्थापना में पूर्ण रूप से सहयोग करती है। अन्तर्राष्ट्रीय श्रम संगठन के पश्चात् संयुक्त-राष्ट्रसंघ के विशिष्ट अभिकरणों में सर्वाधिक सफलता यूनेस्को को ही प्राप्त हुई है।

स्वास्थ्य तथा कल्याणकारी संगठन—संयुक्त राष्ट्रसंघ से सम्बद्ध स्वास्थ्य तथा कल्याणकारी संगठनों में विशेष महत्वपूर्ण ये हैं—विश्व स्वास्थ्य संगठन, अन्तर्राष्ट्रीय अणुशक्ति एजेन्सी, तथा अन्तर्राष्ट्रीय बाल आपातकालीन कोष।

संयुक्त राष्ट्रसंघ की प्रमुख समस्याएँ

लम्बे समय तक संयुक्त राष्ट्रसंघ सार्वदेशिक संगठन नहीं बन सका चूँकि 80 करोड़ की जनसंख्या वाला साम्यवादी चीन 26 अक्टूबर, 1971 से पहले इसका सदस्य नहीं बन पाया। दोनों जर्मनी (पश्चिमी जर्मनी और पूर्वी जर्मनी) भी 19 सितम्बर, 1973 को संघ के सदस्य बन पाए। चीन एवं दोनों जर्मनी के प्रवेश से संयुक्त राष्ट्रसंघ यथार्थ रूप में हाल ही में एक सार्वभौमिक अथवा विश्वव्यापी संगठन कहा जा सकता है। फिर भी दक्षिण कोरिया, उत्तर कोरिया, उत्तर वियतमनाम और दक्षिण वियतनाम अभी तक संघ के सदस्य नहीं बन पाए हैं। अगर निकट भविष्य में इन राज्यों को सदस्यता मिल गई तो संयुक्त राष्ट्रसंघ पूर्ण रूप से एक सार्वभौमिक संगठन बन जाएगा। दीर्घ समय तक संयुक्त राष्ट्रसंघ में साम्यवादी चीन, जर्मनी आदि राष्ट्रों को प्रवेश न मिलने के कारण विश्व-शान्ति और सुरक्षा बनाए रखने में संघ की कोशिशें उतनी प्रभावी नहीं हो सकीं जितनी होनी चाहिए थीं। कारण भी स्पष्ट है कि संघ से बाहर रहने वाले देशों की मनोवृत्ति स्वयं को अन्तर्राष्ट्रीय क्षेत्र में शान्ति बनाए रखने के उत्तरदायित्व से मुक्त रखने की होती है। इस बात का संघ की कार्यक्षमता पर विपरीत प्रभाव पड़ता है। संघ के वाद-विवाद और निर्णय ज्यादातर पक्षपातपूर्ण या शक्तियों के हितों और निर्णयों से प्रभावित रहे हैं। अधिकांश समस्याएँ शक्ति-राजनीति द्वारा तय की जाती हैं। पश्चिमी गुट के बहुमत का जवाब देने के लिए रूस अपने निषेधाधिकार का बहुलता से प्रयोग करता है। स्वयं महासचिव यह स्वीकार करते रहे हैं कि गुटबन्दी और बड़े राष्ट्रों के संघर्ष ने विश्व-संस्था को पंगु बना दिया है। निषेधाधिकार के दुरुपयोग का संघ मंच बना हुआ है। स्थायी सदस्य किसी भी उचित परंतु

विरोधी दावे को निषेधाधिकार के प्रयोग से अमान्य करार देते हैं। यह विचित्र स्थिति है कि कोई एक महाशक्ति शेष सदस्यों की इच्छाओं को कुचल दे यहाँ तक कि महासभा की इच्छा पर भी कुठाराघात कर दे। पर यह भी मानना होगा कि कुछ मामलों में इस निषेधाधिकार की व्यवस्था से ही न्याय की रक्षा हो सकी है जैसे कश्मीर के मामले में अथवा भारत-पाक संघर्षों के सम्बन्ध में।

महासभा विश्व-जनमत का प्रतिनिधित्व करते हुए भी उसके निर्णय का प्रतिनिधित्व नहीं करती। वास्तव में 'शान्ति के लिए एकता का प्रस्ताव' पारित किए जाने के उपरांत भी व्यवहार में महासभा आज भी अपनी उपयोगिता में बहुत कुछ सुरक्षा परिषद् पर आश्रित है। अगर महासभा किसी कार्य की सिफारिश दो-तिहाई बहुमत से भी करे तो परिषद् उसे अपने विवेक के आधार पर स्वीकार करने से मना कर सकती है। यह एक गम्भीर सांविधानिक विरूपता है कि एक ही समय संघ के दो अंग अलग-अलग राय व्यक्त कर सकते हैं। शक्ति-वितरण में महाशक्तियों की मनमानी को कायम रखने की व्यवस्था के परिणामस्वरूप संघ की सुरक्षा-परिषद द्वारा अन्तर्राष्ट्रीय सरकार' की स्थिति बनी हुई है। संघ के चार्टर में कानून का सम्मान सिद्धांत का वर्णन नहीं है एवं वह खुद विरोधाभास का शिकार है। महासभा में घरेलू क्षेत्र का निर्णय वस्तुस्थिति के आधार पर होता है।

संयुक्त राष्ट्रसंघ 'यथास्थिति सम्बन्धी अस्पष्टता' के कारण भी कुछ कम प्रभावशाली रहा है। सही मायने में कोरिया, जर्मनी, पूर्वी यूरोप, वियतनाम आदि सभी अस्थायी व्यवस्थाओं के नतीजे हैं और यथास्थिति को बनाए रखने के बारे में संघ के सदस्यों में बहुत अस्पष्टता है। जिसके परिणामस्वरूप प्रभावशाली और निश्चित कार्यवाही करने की दृष्टि से संघ प्रायः अस्थिर रहा है। अंतर्राष्ट्रीय शांति एवं सुरक्षा के लिए संयुक्त राष्ट्र के पास स्वयं की सैनिक शक्ति नहीं है। महासभा की कार्यविधि भी दोषपूर्ण है। सभा के सम्मुख वाद-विवादों की संख्या पहले ही बहुत ज्यादा रहती है और इस पर भी लम्बे-लम्बे भाषणों द्वारा सभा का अधिकांश विनष्ट कर दिया जाता है। इसके अलावा समितियों के समक्ष जो प्रस्ताव आ चुके होते हैं उन्हें भी कभी-कभी पुनः सभा में पेश कर दिया जाता है। इस पुनरावृत्ति से फायदा कम होता है, समय का नुकसान ज्यादा।

महासभा के अधिवेशनों में राष्ट्रों के प्रमुख कूटनीतिज्ञ उपस्थिति रहने की परवाह नहीं करते और साधारण प्रतिनिधियों के उपस्थित रहने से सभा की

कार्यवाही ज्यादा प्रभावशाली नहीं हो पाती। संघ के निर्णयों का महत्त्व सिफारिशों से ज्यादा कुछ नहीं है। सदस्य राज्यों को छूट है कि वह उन्हें स्वीकार करें अथवा ठुकरा दें। एक बड़ी कमजोरी यह है कि महासचिव की शक्तियों का भी अभी तक समुचित रूप से निश्चय नहीं किया जा सका है। अतः परिषद् द्वारा प्रस्तावित कदमों को उठाना कई बार महासचिव के लिए कठिन हो जाता है। चार्टर में आत्मरक्षा एवं हमले के बीच के भेद को स्पष्ट नहीं किया गया है। यह स्पष्ट तौर पर परिभाषित नहीं किया गया है कि किसी देश द्वारा किए जाने वाले किस प्रकार के कार्य हमला माने जाएँगे। चार्टर के अनुसार हमले का अर्थ 'शक्ति का अवैधानिक प्रयोग' है, परंतु 'शक्ति का अवैधानिक प्रयोग' क्या है, यह प्रश्न विवादास्पद बना रहा। सौभाग्यवश 15 दिसम्बर, 1974 को लगभग 350 शब्दों में 'आक्रमण' की परिभाषा कर दी गई है। संघ के बाहर की गई सैनिक सन्धियों के कारण भी इसका महत्त्व कुछ कम हो गया है। विडम्बना यह भी है कि महासभा और सुरक्षा-परिषद् को सदस्यगण प्रचार-संस्था के रूप में प्रयोग करते हैं। उनका प्रमुख उद्देश्य कूटनीतिक कलाबाजियों द्वारा विश्व जनमत को अनुचित रूप से अपने पक्ष में तैयार करना होता है।

उपर्युक्त वर्जित समस्याओं का समाधान करके संयुक्त राष्ट्र संघ की शक्तियों की वृद्धि की जा सकती थी। क्योंकि शक्ति बढ़ने से यह विश्व शांति स्थापित करने में महत्वपूर्ण भूमिका निभायेगा।